당신의 과거, 현재, 미래를 꿰뚫어 볼수 있는

운세·사주
묘법과 신비

편저 윤재옥

十二天星表

당신의 과거, 현재, 미래를 꿰뚫어 볼수 있는

운세·사주
묘법과 신비

편저 윤재옥

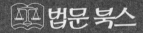
법문 북스

머 리 말

人間은 누구나 生에서 葬에 이르기 까지의 運과 命을 타고난 것임은 부인할 수 없다.

우리는 哲學이 人生을 大別하는 것같은 느낌이 들며 哲學은 道學으로 인간의 生存을 유익하게하여 준다고 하겠다.

그러므로 우리는 哲學 研究에 신념을 바쳐 人間의 運命을 개척해 주는 仁術을 발휘함으로써 후세들의 運路의 길잡이가 되어야겠다. 이를 위해서는 推命學의 眞理를 학문적으로 체계있게 연구하면서 새로운 학설을 발견개발하여 서로 교류하고 일깨워 주어야 하겠음을 새삼 느끼게 한다. 본 四柱學書는 運命감정의 모든 분야에 걸쳐 많은 事例를 들어 가장 이해하기 쉽게 해설하였으므로 四柱學의 최초의 決定版이라 자부하겠다.

고로 東洋哲學 내지는 推命學에 뜻을 가진 분들은 이책을 통하여 학문적 기초를 다룰수 있다고 생각되며 실지 실무에 종사하는 분에게서는 가장 필요한 비법들이 있으므로 매우 유익하리라 믿어 의심치 않는 바이다.

앞으로 더욱 연구하여 四柱學의 후편을 編輯發刊코져하니 江湖諸賢들의 좋은 비법을 제공하여 주시며 각별한 편달이 있으시기를 고대하면서 序文에 가늠하는 바이다.

丁卯年 四月

宰 嶽 書

목   차

第1編   四柱學의 原理

第1章   四柱의 기초

一. 天干과 十二支

1. 天干 (十幹)

甲 乙 丙 丁 戊 己 庚 辛 壬 癸

2. 地支 〈十二枝〉

子 丑 寅 卯 辰 巳 午 未 申 酉 戌 亥

天干 十字와 地支 十二字를 서로 합하여 만든 것으로 하늘은 陽 (양), 땅은 陰 (음) 으로 배합한 것을 말한다. 다시 말한다면 天干이란 하늘 (天) 이므로 하늘의 구조와 내부의 조직을 학술적으로 배합하여 하나의 五行 (오행) 으로 구분한 학설이다.   또한 地支 (지지) 란 땅이란 뜻이다.   땅의 음 (陰) 과 양 (陽) 을 五行에 배속하여 만든 학설이다.

◎ 天干 도표

天　干	甲 乙 丙 丁 戊 己 庚 辛 壬 癸 갑 을 병 정 무 기 경 신 임 계
陰陽의 구　별	양 음 양 음 양 음 양 음 양 음

◎ 地支 도표

地 支	子 丑 寅 卯 辰 巳 午 未 申 酉 戌 亥 자 축 인 묘 진 사 오 미 신 유 술 해
띠 의 구 별	쥐 소 범 토끼 용 뱀 말 양 원숭이 닭 개 돼지
음양의 구 별	양 음 양 음 양 음 양 음 양 음 양 음

二. 六十 甲子

六十甲子는 天干과 地支를 서로 배합하여 五行을 구성한 학설이다.

다음 六十甲子 도표

甲子	乙丑	丙寅	丁卯	戊辰	己巳	庚午	辛未	壬申	癸酉
甲戌	乙亥	丙子	丁丑	戊寅	己卯	庚辰	辛巳	壬午	癸未
甲申	乙酉	丙戌	丁亥	戊子	己丑	庚寅	辛卯	壬辰	癸巳
甲午	乙未	丙申	丁酉	戊戌	己亥	庚子	辛丑	壬寅	癸卯
甲辰	乙巳	丙午	丁未	戊申	己酉	庚戌	辛亥	壬子	癸丑
甲寅	乙卯	丙辰	丁巳	戊午	己未	庚申	辛酉	壬戌	癸亥

三. 四柱의 構成

1. 年柱 作成法

年柱를 세울때는 그 出生한 年度 太歲를 말하는데 다시 말해서 庚寅年에 출생하였다면 庚寅을 그대로 기록하면 된다. 그러나 절기 立春節을 기준으로 하여 定하는 것이므로 아무리 正月에 출생하였다하여도 立春節이 들기전이면 (時間까지를 보라) 그 前年度 太歲 (生年 年柱) 로 정하고 出生月이 十二月이라도 立春節이 入節後에 출생하였다면 新年度로 年柱를 (太歲) 定하는 것이므로 명심하여야 한다.

예를들면 ①

丁酉年 立春은 正月 五日 巳時에 入節하였다. 그러기 때문에 正月五日 巳時까지 출생한자는 丁酉年으로 보면 안된다. 이사람은 立春入節 前에 출생하였기 때문에 반드시 그전년도인 丙申年 太歲로 기록하여야 된다.

예 ②

戊戌年 十二月 二十七日 亥時에 己亥年 立春이 들었기 때문에 그날 亥時부터는 아무리 戊戌年에 출생하였어도 戊戌生으로 하면 안된다. 반드시 己亥年 太歲로 하는 것이다.

다시 말해서 立春을 기준으로 하여 太歲를 定하기 때문에 立春入節 時間前까지는 前年度生으로 定하는 것이 정법이라 하겠다. 즉 立春入節 時間後부터는 新年度生으로 定하는 것이다. 이점을 잘 명심하여 주기 바란다.

2. 月柱 정하는 法

月 년별월건	一	二	三	四	五	六	七	八	九	十	十一	十二
甲己年 丙寅頭	丙寅	丁卯	戊辰	己巳	庚午	辛未	壬申	癸酉	甲戌	乙亥	丙子	丁丑
乙庚年 戊寅頭	戊寅	己卯	庚辰	辛巳	壬午	癸未	甲申	乙酉	丙戌	丁亥	戊子	己丑
丙辛年 庚寅頭	庚寅	辛卯	壬辰	癸巳	甲午	乙未	丙申	丁酉	戊戌	己亥	庚子	辛丑
丁壬年 壬寅頭	壬寅	癸卯	甲辰	乙巳	丙午	丁未	戊申	己酉	庚戌	辛亥	壬子	癸丑
戊癸年 甲寅頭	甲寅	乙卯	丙辰	丁巳	戊午	己未	庚申	辛酉	壬戌	癸亥	甲子	乙丑

〈 설 명 〉

◎ 甲己之年 丙寅頭라 함은 甲年이나 己年에 출생한 사람은 正月을 丙寅月으로 시작하여 二月丁卯, 三月戊辰, 四月己巳, 五月은庚午 六月辛未, 七月壬申, 八月癸酉, 九月甲戌, 十月乙亥, 十一月丙子,十二月丁丑 등의 순서로 순행하고

◎ 乙庚之年에 戊寅頭라 함은 乙年이나 庚年生은 正月을 戊寅으로 시작하여 二月己卯, 三月庚辰, 四月辛巳, 五月壬午, 六月癸未, 七月甲申, 八月乙酉, 九月丙戌, 十月丁亥, 十一月戊子, 十二月己丑 식으로 순행하면 된다. 이하 동일한 방식이다.

◎ 이 月建을 定함에 있어도 十二支 배열표에도 원칙외에 특별 례가 있으니 그것은 十二節을 표준으로 하여 月建을 정하는 것이다. 十二支 配列表에 의하여 正月은 寅月이 원칙이지만 十二

節을 其準으로 한다면 正月生이라 할지라도 立春節이 들기 전이면 前年度 丑月로 정하여야 한다. 또한 正月이 분명하더라도 驚蟄이 入節한 후에 출생하였다고 보면 그것은 분명 寅月로 하지 않고 卯月로 하여야 한다.

예를들면,

戊戌年 五月 二十二日 子時正에 小暑가 入節하고 있으므로 十二支 配列表에 의하면 五月은 午月로 되어 있지만, 十二節을 표준하여 보면 小暑節은 六月로 되여 있으므로 五月 二十二日 子時부터는 六月節 未月로 보게되는 것이다.

다시 말한다면 月建을 정할때는 節氣를 따라 正月이라 할지라도 驚蟄부터는 二月節이 되며, 아무리 正月이라도 立春節이 들기前까지는 前年度 小寒節 (十二月) 이 되는것과 같다. 그러므로 모두가 十二節에 의하여 月建이 결정된다는 점을 명심하여야 한다.

3. 十二支 配節表 (節氣)

一年에는 二十四節氣가 있다. 그러나 四柱를 감정할때는 十二節氣만 사용한다.

正月은 立春 (입춘) 이 되는 날부터 驚蟄 (경칩) 전까지를 말한다.

二月은 驚蟄 (경칩) 부터 淸明이 되는 전날까지를 말한다.

三月은 淸明부터 立夏 (입하) 전까지를 말한다.

이상 도표를 참고하라.

※ 도표에 명시된 절기외에는 사용치 않는다.

正月	二月	三月	四月	五月	六月	七月	八月	九月	十月	十一月	十二月
立春	驚蟄	淸明	立夏	芒種	小暑	立秋	白露	寒露	立冬	大雪	小寒

4. 日柱 定하는 法

이 法은 간단하다. 만세력을 보고 그 사람의 출생한 生年 生月을 찾고 출생한 日辰을 그대로 기입하면 된다.

5. 時柱 定하는 法

가. 時頭法의 도표

시간 生時 生日	밤 11-1 子	새벽 1-3 丑	3-5 寅	오전 5-7 卯	7-9 辰	9-11 巳	낮 11-1 午	오후 1-3 未	3-5 申	5-7 酉	저녁 7-9 戌	9-11 亥
甲己일	甲子	乙丑	丙寅	丁卯	戊辰	己巳	庚午	辛未	壬申	癸酉	甲戌	乙亥
乙庚일	丙子	丁丑	戊寅	己卯	庚辰	辛巳	壬午	癸未	甲申	乙酉	丙戌	丁亥
丙辛일	戊子	己丑	庚寅	辛卯	壬辰	癸巳	甲午	乙未	丙申	丁酉	戊戌	己亥
丁壬일	庚子	辛丑	壬寅	癸卯	甲辰	乙巳	丙午	丁未	戊申	己酉	庚戌	辛亥
戊癸일	壬子	癸丑	甲寅	乙卯	丙辰	丁巳	戊午	己未	庚申	辛酉	壬戌	癸亥

〈 時頭法의 설명 〉

甲己夜半生甲子・乙庚夜半生丙子　丙辛夜半生戊子　丁壬夜半生庚子 戊癸夜半生壬子.

「가령」 庚申日 丑時 (새벽 1～3시사이)에 출생하였다면 앞의 도표에 따라 乙庚日의 丑時는 丁丑임을 찾아 보면 된다.

나. 출생시간 정돈법

밤 十一時부터 새벽一時까지　子時

새벽一時부터 새벽三時까지　丑時

새벽三時부터 새벽五時까지　寅時

새벽五時부터 아침七時까지　卯時

아침七時부터	아침九時까지	辰時
아침九時부터	낮十一時까지	巳時
낮十一時부터	오후一時까지	午時
오후一時부터	오후三時까지	未時
오후三時부터	오후五時까지	申時
오후五時부터	밤 七時까지	酉時
밤 七時부터	밤 九時까지	戌時
밤 九時부터	밤十一時까지	亥時

자기의 출생시간을 알기위해서 도표로도 정리하였다. 하루 二十四時間을 二分의一로 十二시간으로 나누어 기술하였으며 十二支에 배속해서 놓았다.

다. 夜子時와 正子時

夜子時라 함은 밤十一時에서 밤十二時 사이의 시간을 말하는데 正子時와 區別하는 것이다.

夜子時와 正子時는 어떻게 구분하는가? 보편적으로 子時하면 그날밤 十一時에서 이튿날 午前一時까지 사이를 말하는데, 夜子時는 밤十一時에서 그날밤 十二時(子正) 사이 까지를 말하는 것이다. 또한 正子時는 밤十二時(영시)에서 새벽一時까지를 말한다.

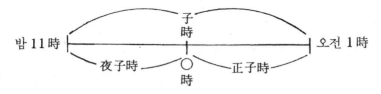

라. 夜子時와 正子時의 구분

예 A.　己酉年　三月 十日 밤十二時一分生 (十一日　零時一分)
　　　　己酉年
　　　　戊辰日
　　　　壬申日
　　　　庚子時 (正子時)

예 B.　己酉年　正月 一日 밤十一時　四十分生.
　　　　己酉年
　　　　丙寅月
　　　　己酉日
　　　　甲子時 (夜子時)

밤 十二時가 지나지 않았고 子正이 되지 않았으므로　夜子時生
으로 보아야 된다.

　6. 出生時를 알수없을 때의　定時法

　누구나 출생시간이 있다.　그러나 출산시간을 정확히　알수없는
경우가 허다하게 많다.　왜냐하면 임산부의 주위사람들이 출산순
간 당황한 나머지 여러시간이 흐른 다음에야 생각이 나게　마련이
다.　그러나 지금은 병원등에서는 정확히 기록하므로 정확한　시
간을 알수있으나 지금도 시골이든가 완고한 가정에서는 병원을
찾지않는 경우가 있어 시간의 혼동을 초래하는 경우가 있다.

　그러므로 얼굴을 보고 아는 방법, 남자아이 경우는 아버지의 出
生年 天干으로 알수있는 방법, 여자아이 경우는 모친의 출생년 地
支로 시를 아는 방법이 있다.

　그러나 時를 아는 방법 역시 출생아이가 오전인가 오후인가 또

는 아침인가 새벽인가를 알아야 한다.

가. 男子는 아버지의 출생년 天干으로 본다.

	初 (초)	中(중)	末(말)		初 (초)	中(중)	末(말)
子時	甲乙年	丙丁年	戊己年	丑時	庚辛年	壬癸年	甲乙年
寅時	丙丁年	戊己年	庚辛年	卯時	壬癸年	甲乙年	丙丁年
辰時	戊己年	庚辛年	壬癸年	巳時	甲乙年	丙丁年	戊己年
午時	庚辛年	壬癸年	甲乙年	未時	丙丁年	戊己年	庚辛年
申時	壬癸年	甲乙年	丙丁年	酉時	戊己年	庚辛年	壬癸年
戌時	甲乙年	丙丁年	戊己年	亥時	庚辛年	壬癸年	甲乙年

나. 女子는 어머니의 出生年 地支로 본다.

	初(초)	中(중)	末(말)		初(초)	中(중)	末(말)
子時	子丑年	寅卯年	辰巳年	丑時	午未年	申酉年	戌亥年
寅時	子丑年	寅卯年	辰巳年	卯時	午未年	申酉年	戌亥年
辰時	子丑年	寅卯年	辰巳年	巳時	午未年	申酉年	戌亥年
午時	子丑年	寅卯年	辰巳年	未時	午未年	卟酉年	戌亥年
申時	子丑年	寅卯年	辰巳年	酉時	午未年	申酉年	戌亥年
戌時	子丑年	寅卯年	辰巳年	亥時	午未年	申酉年	戌亥年

다. 얼굴 관상으로 時를 알 때

㉮ 寅申巳亥時에 출생자는 얼굴이 길고 귀가 크다고 본다.
㉯ 子午卯酉時에 출생한자는 얼굴이 좁고 아래하관이 좁다고 본다.
㉰ 辰戌丑未時에 출생한 자는 얼굴이 둥글고 후하게 보이며 신체가 비대하게 보인다.
이 방법은 남녀공통하게 보면 된다.

「참 고」

　　동물의 음양관계의 연구

　어떤 짐승이건 발톱을 보고 「음양」을 구분하여 볼 수 있다는 것이다. 즉 陽에 속하는 짐승의 발톱을 보면 하나 또는 다섯개로 홀수이며 陰에 속하는 짐승은 발톱이 둘이나 넷으로서 짝수로 되어있다. 그러므로 쥐의 발톱은 夜子時를 상징하고 있다는 것이다. 예를들어 살펴보면 말, 노새, 당나귀 등은 陽에 속하는 통발굽이며 돼지, 노루, 사슴, 소, 양 등은 陰에 속하는 짝발굽 (두발톱) 이고 범, 고양이, 개, 원숭이, 늑대 등은 陽에 속하는 다섯발톱으로 되여 있다. 그리고 토끼, 닭, 꿩, 까치, 비둘기, 매, 독수리 등은 모두가 발톱이 네개이므로 陰에 속하는 짐승들이 되는 것이다. 그러므로 陰陽의 판단법을 연구하여 보면 매우 흥미스럽다고 보겠다.

第二編 五行定法

一. 五行 (오행) 이란

五行이란 우주간에 운행 (運行) 하는 다섯가지의 원기 (元氣)를 말하는데 즉 木・火・土・金・水를 가르켜 五行이라 한다. 또한 이 五行을 가지고 天干地支에 배속한 것이다.

1. 五行相生法 (오행상생법)

• 水生木・木生火・火生土・土生金・金生水

즉 水는 木을 도와준다.

木은 火를 도와주며, 火는 土를 도와주며,

土는 金을 도와주며, 金은 水를 도와 주는 것이다.

※ 木〈나무〉은 水〈물〉를 주어야 자라며, 火〈불〉는 木〈나무〉
　이 있으므로 더욱 왕성하게 된다는 원리이다.

2. 五行 相剋法 (오행상극법)

• 木剋土・水剋火・土剋水・火剋金・金剋木

즉 金은 木을 剋하고,

　木은 土를 剋하며

　土는 水를 剋하고

　水는 火를 剋하며

　火는 金을 剋한다는 원리이다.

※ 土〈땅〉에 木〈나무〉이 자라니 뿌리가 땅을 파헤치므로 土가
　피해를 입는다는 것이며, 金〈쇠〉을 火〈불〉로 녹이는 피해를
　보게되며 水〈물〉를 土〈땅〉가 흡수하니 피해를 당하는 원
　리이다.

3. 五行 相剋制動法 (상극제동법)

　•木은 土를 충하나 金이 오면 중화되어 제동 중지한다.

　○ 火는 金을 충하나 水가 오면　　〃

　○ 土는 水를 충하나 木이 오면　　〃

　○ 金은 木을 충하나 火가 오면　　〃

　○ 水는 火를 충하나 土가 오면 중화제동 되어 중지하게 된다.

이상 상충 제동의 원리를 설명하였다. 그러나 상충법이란 서로 만나서 원수가 된다는 원리인데 누구가 더 많은 손해 즉 피해를 보느냐가 문제이므로 위에 설명한 상충법의 연구가 필요하다고 본다.

4. 五行 (오행) 배속법

음양 \ 오행		木	火	土	金	水
천　간	양	甲	丙	戊	庚	壬
	음	乙	丁	己	辛	癸
지　지	양	寅	午	辰 戌	申	子
	음	卯	巳	丑 未	酉	亥
방　　향		東 方	南 方	中 央	西 方	北 方

5. 五行 味色法 (오행미색법)

　○ 木은 그맛이 시며〈酸〉 色은 푸르고〈靑〉

　○ 火는 그맛이 쓰며〈苦〉 色은 붉으며〈赤〉

　○ 土는 그맛이 달며〈甘〉 色은 노랗고〈黃〉

　○ 金은 그맛이 매우며〈辛〉 色은 희고〈白〉

　○ 水는 그맛이 짜고〈鹹〉 色은 검다〈黑〉

〔연구〕 ○甲은 陽이되며 목〈木〉에 속하고 청색이며 방향은 東쪽에 속한다.

○ 乙은 陰이 되며 木에 속하고 청색이며 東方에 속한다. 이와 같이 암기하면 매우 유익하다.

6. 天干 五行의 方數法
   ○ 東方＝甲乙 三・八木
   ○ 南方＝丙丁 二・七火
   ○ 西方＝庚辛 四・九金
   ○ 北方＝壬癸 一・六水
   ○ 中央＝戊己 五・十土

7. 地支 五行 方數法
   ○ 東方＝寅卯 三・八木
   ○ 南方＝巳午 二・七火
   ○ 西方＝申酉 四・九金
   ○ 北方＝亥子 一・六水

四季는 辰戌丑未로 辰은 巽方으로 東南間이요, 戌은 乾方으로 西北間이며, 丑은 艮方으로 東北間이요, 未는 坤方으로 西南間이다.

8. 五行의 기초 운세

세상 만물이 그렇듯이 하늘과 땅이 음과 양으로 구분되어 있으며 사람의 구조도 음과 양으로 五行에 배속 되어 있다. 고로 우리 사주 (四柱) 에 오행이 너무 많다든가 (같은 것이 三개이상) 전혀 없다 든가 하는것이 그사람의 운 (運) 을 결정짓는데 커다란 요소가 되는 것이라 하겠다. 그러므로 이런 현상이 도우기도 하며 해치는 경우도 있어 五行 運路을 잘 이해하며 연구하여야 될줄 믿는다.

㉮ 四柱속에 같은 五行이 많을 경우 (三개이상 있을때)

土가 많으면＝재산이 많으므로 부귀 영화를 누리게 된다.

火가 많으면＝신체가 허약하고 병이 떨어질 날이 없다.

木이 많으면＝성품이 온순하며 몸이 단정하여 여자처럼 생긴다.

金이 많으면＝두뇌가 발달하여 매우 영리하다.

水가 많으면＝음란하여 바람둥이다.

㉯ 四柱속에 五行의 어느것 하나가 없을때

土가 없으면＝일생동안 집을 마련치 못하여 셋방살이를 면하지 못한다.

火가 없으면＝신체가 허약하며 결혼에 실패하여 여러번 반복하게 된다.

木이 없으면＝근원이 허약하므로 의식주에 고난을 당한다.

金이 없으면＝일생고독하고 남과 융화가 되지 않는다.

水가 없으면＝신체의 건강이 나쁘므로 부부불화 이별 또는 타향살이를 하게된다.

9. 十二支 配獸法 (성격과 관계 있음)

子鼠 (쥐) 丑牛 (소) 寅虎 (범) 卯兎 (토끼) 辰龍 (용)
巳蛇 (뱀) 午馬 (말) 未羊 (양) 申猿 (원숭이) 酉鷄 (닭)
戌狗 (개) 亥猪 (돼지)

10. 五行 生剋法

五行 生剋法은 命理學에서는 가장 중요한 것임을 명심하여야한다. 一年中에 四時도 (春夏秋多) 五行을 벗어 나지 못하며 세상의 만물도 五行의 작용에 의하여 움직인다고 본다. 그러므로 五行의 相生과 相剋의 원리를 얼마나 빨리 터득하느냐에 따라서 易學

의 이해가 쉽게 되리라 믿는다.

㉮ 五行 相生法

木生火　火生土　土生金　金生水　水生木

㉯ 五行 相剋法

木剋土　土剋水　水剋火　火剋金　金剋木

좀더 알기쉽게 설명코져 한다면 다음 도표와 같다.

五行相生圖　　　　　　　五行相剋圖

이상도표를 참고하면 매우 이해하기 쉬울줄 믿으며 반드시 암기하기 바란다.

11. 天干 合冲法

天干合은 一名 六合이라고도 한다.

㉮ 天干合·甲己合·乙庚合·丙辛合·丁壬合·戊癸合.

〔원리〕甲에서 己까지는 六번째이며 乙에서 庚까지 또한 六번째 닿는곳에 合이 이루어진다하여 六合이라고도 한다. 다시 말하면 數理學으로 보면 甲乙丙丁의 순으로 一과 六의 生數와 成數의 合作用이라고도 할수 있다. 그 구성원리는 陰과 陽이 配合인바 어떠한 물건도 변화가 있을 수 없는 것이다. 고로 五行(木火土金水)은 正 五行으로 天干과 天干이 陰陽相剋하여 五行에 변화를 가져오므로 일체가 된다. 예를 들면 陽(甲木)은 男子라하고 陰(己土)는 여자라고 볼때 男女가 화합하여 一體가 되는것과 같다고 볼수 있다. 그러므로 甲木과 己土의 관계는

실지로 木剋土로 剋의 작용이 되지만 生成의 法則은 剋이 있는 후에는 器物이 되는 것으로 陽만으로 物을 生하지 못하며 陰만으로도 物을 生하지 못하는 것이라 하겠다.

㉯ 天干冲 (一名七冲이라고 한다)

甲庚相冲・乙辛相冲・丙壬相冲・丁癸相冲

〔해설〕甲木을 기준으로 하여 七번째 닿는 庚이 冲에 해당되며, 乙을 기준으로 한다면 辛에 七번째가 닿게 되므로 七冲이라 한다. 數理學的면에서 볼때 生數와 成數의 기본수는 六으로 作用하는데 여기서 일보전진 한다면 七數로서 生成基本數의 原理則에 어긋남으로 이탈형태라고 보면 되겠다. 따라서 離脱은 冲突을 意味하게 되는데 七번째는 冲에 해당하는 것이라 보겠다.

12. 地支合冲法

가. 地支合法

子丑合 寅亥合 卯戌合 辰酉合 巳申合 午未合

나. 地支相冲法

子午相冲 丑未相冲 寅申相冲 卯酉相冲 辰戌相冲 巳亥相冲

㉮ 〔地支合의 해설〕

地支合은 十二支를 하늘과 땅을 짝하여 天地六合으로 四時 順行을 (天地 春夏秋多) 말하는데 하늘은 공간으로 목표가 없으므로 太陽을 하늘의 표준으로하여 氣體인 太陽의 自轉과 固體인 地球의 自轉을 通한 公轉과의 사이에서 發生하는 陰陽 즉 陰支와 陽支가 合體가 되는 것을 支合이라고 한다. 즉 天은 左旋하고 地는 右轉하여 하늘과 땅이 相合하기 때문에 天地相合이라고도 하는 것이다. 또한 地合은 未를 기준으로 하여 수를 天으로(陽日太陽) 未 (太陽日陰) 地로 하여 位置를 정하고 天은 左旋地로 右

轉하면서 각각 合致占이 地支 六合으로 作用하고 있는데 다음 도
표를 보고 연구하기 바란다.

(巳) 申	(辰) 酉	(卯) 戌	(寅) 亥
(午) 未			(丑) 子
(未) 午			(子) 丑
(申) 巳	(酉) 辰	(戌) 卯	(亥) 寅

㉺〔地支相冲의 해설〕

冲은 六位를 지나서 七位는 對照의 地支가 되며 모두 相剋작
용으로 구성된다. 順七位와 逆七位는 모두 戰剋인데 六位의 剋
은 有情의 剋이며 七位의 剋은 陰과陰 陽과陽의 同性剋으로 無
情의 剋이라고 칭한다. 七冲은 방위적 대항이기도 하며 백팔십
도의 正反對이다. 여기서 특이할것은 丑과未 辰과戌의 관계인
바 일명 明冲이라고도하며 暗藏의 藏干은 戰剋이 되기 때문에 七
冲이 성립이 되는 것이라 하겠다.

다음은 地支冲의 관계를 도표로 알아 보고저 한다.

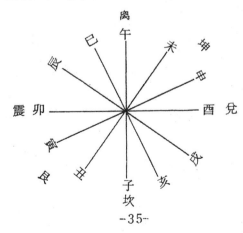

〔연구〕다음은 七冲이 될때에는 五行의 변화는 생기지 않으나 氣勢的 변화가 있게 되는데, 이는 七冲의 冲化를 말하는 것임을 명심하기 바라며, 특히 이 학설은 命理學에는 사용치 않고 있으나 상식적으로 알아두는 것이 좋으므로 다음과 같이 서술한다.

子午冲化　小陰熱氣　　巳亥冲化　厥陰風氣

寅申冲化　小陽火氣　　辰戌冲化　太陽窮氣

卯酉冲化　陽明燥氣　　丑未冲化　太陰溫氣

13. 十二支 三合法

三合＝申子辰合水局　亥卯未合木局

　　　寅午戌合火局　巳酉丑合金局

① 〔三合法 설명〕

地支三合이란 四正인 子午卯酉를 中心으로 五位次 닿는곳의 地支와 三會하여 五行의 변화하는 과정을 말하는 것이다. 다시 말하면 申子辰 水局은 水를 중심으로 申에서 生하고 子에 旺하며 辰에서 入墓하면서 有始有終하는 것이라 하겠다. 즉 生은 생산을 말하는 것이며 旺은 성장을 말함이며 墓은 庫藏하면서 絕處逢生하는 과정을 말함이라 하겠다.

亥卯未 三合 역시 木局으로 亥에 生하고 卯에 旺하게 되며 未에 入墓 하다는 것으로 寅午戌 巳酉丑 등 역시 같은 원리임을 명심하면 되리라 믿는다.

여기서 다시 강조하고져 하는 것은 三合會局의 五行인 水木火金은 春夏秋冬의 四節을 말하는 것이며 土局은 속하지 않고 중앙에 속하며 四陽(艮巽坤乾)에 寄隅하고 있음을 알아두어야 겠다.

또한 三合구성 원리에 있어서

○ 申子辰水局하면 申宮壬水 子中癸水 辰中癸水와 같은 水로 會合하여 하나의 局을 형성하게 되는 것이다.

○ 亥卯未 木局은 亥中甲木 卯中乙木 未中乙木으로 同性인 木끼리 會合하여 局을 이루게 되므로 亥卯未는 木局이 되는 것이다.

○ 寅午戌火局은 寅中丙火 午中丁火 戌中丁火로 同性인 火들과 같이 會合하여 寅午戌은 火局을 이루게 되는 것이다.

○ 巳酉丑 金局은 巳中庚金 酉中辛金 丑中辛金으로 같은 金牲들이 會合하여 局을 형성하여 巳酉丑은 金局이 되는 것이다.

특히 三合의 三字를 父子孫의 相連生을 살펴 보면, 申子辰의 경우 辰土는 土生 申金하고 申金은 다시 申金生 子水하고 있으며 寅午戌의 경우 寅木生 午火하고 午火生 戌土하고 있게 된다.

亥卯未 경우 木局은 亥水生 卯木하고 卯木은 다시 卯木生 未中丁火하고 있으며, 巳酉丑金局 경우 巳火生 丑土하고 다시 丑土는 丑土生 酉金하고 있다.

다음은 도표로 다시 연구코져 한다.

도표①

-37-

도표②

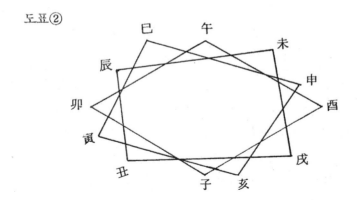

도표①은 각으로 연결 三合을 구성하고 있으며, 도표②는 방으로 연결하여 寅申巳亥 四生之局 (四孟)과 子午卯酉 四旺之局 (四正四敗)과 辰戌丑未 四庫之局 (四墓)을 각각 구성하고 있는 것을 알수있다. 여기서 특이한 사항은 三合에 있어서 子午卯酉의 四正이 三合中 없을때는 合 作用이 안된다고 하고 있으나, 실제 경험으로 보아 子午卯酉가 없다하여도 合작용이 되는것으로 보는 것이 정확하다고 판단된다. 즉 申子辰水局에 子가 없다고 한다면 申과 辰만으로 水局作用과 申辰合 作用이 성립된다고 보기 때문이다. 왜냐하면 申宮壬水와 辰中癸水의 작용이며 申子 申辰 모두 合局이 되기 때문이다.

14. 十二支 季節合 方位合法

　◎ 寅卯辰合木局 (春節東方)

　◎ 巳午未合火局 (夏節南方)

　◎ 申酉戌合金局 (秋節西方)

　◎ 亥子丑合水局 (冬節北方)

이상 方合도 三合과 같이 작용되고 있어 一名 季節合으로도 칭한다.

「구성의 原理」

寅卯辰은 一月, 二月, 三月은 春節로, 春節은 木으로 東方에 속하기 때문이다.　고로 寅中甲木 卯中乙未 辰中乙木으로 동일한 木氣가 내포되어 있기 때문이라 하겠다.　(이하 동일한 원리라 보겠다)

15. 天干 合化法

　天干合化法＝甲己化土乙庚金・丙辛化水丁壬木・戊癸化火單一合

　「원리」◎ 甲己合化土는　甲己之年　丙寅頭로 (虎) 始作하여　順行하다가 辰 (龍) 이 닿는곳에 멈추게 되는 것이다.　즉　戊辰으로 辰土위에 天干 戊土를 이용하여　甲己化土라 하였다.

　◎　乙庚合化金을 乙庚之年　戊寅頭로 (虎) 시작하여 순행하다가 辰 (龍) 에　멈추니　庚辰으로　辰위에　天干　庚金을 이용하여　乙庚合化는 金이 된다.

　◎　丙辛化水는　丙辛之年　庚寅頭(虎)로 시작하여　壬辰이되며　丁壬之年　壬寅頭로 시작하여　甲辰이되며 戊癸之年　甲寅頭로 시작하여 丙辰으로 각각　丙辛化水가 된다.

　丁壬化木이며　戊癸合化가 되는 것임을 암기하여 두어야 한다.

16. 地支合化法

　地支合化法 ＝子丑合地寅亥木　卯戌合火辰酉金　巳申合水午未天.

　「原理」地支合化는 앞에　地支合에서 설명하였으므로 도표로 설명코져 한다.

　地支合化法에　子丑合地는　子丑合　土가 되는 것이며 午未合　天은 午太陽 (日) 未太陰 (月) 이 되는 것이다.

午 (日)　天 未 (月)	巳 水多 申	辰 金秋 酉	卯 火夏 戌	寅 木春 亥	子 (土) 地 丑

17. 十二支 暗藏 (암장) 五行法

子藏癸水是祿位 寅藏甲卯乙木 巳藏丙戊及庚金 丑己三分辛及癸 辰有戊金乙光癸・午宮却有火己 未宮丁乙己同臨 丙宮辛金一位美・亥藏壬甲二天干 申宮庚金壬水是・戌有丁辛戊土至・十二宮中須記取.

「原理」

子中에는 癸가 自己祿이 되는 자리를 차지하고 있고 丑字 가운데는 己 辛 癸가 있고 寅中에는 甲과 丙이 있으며 卯字中에는 乙木이 있고 그에 祿자리에 있는 것이다. 또한 辰中에는 戊乙癸가 있으며 巳中에는 丙戊及庚金이 있으며 午中에는 丁火와 己土가 그에 祿자리를 차지하고 있다. 未中에는 丁乙己의 三天干이 있으며 申宮에는 庚金과 壬水가 있으며 酉宮에는 그의 祿인 辛이 차지하고 있다. 戌中에는 丁辛戊가 있으며 亥中에는 壬甲 二天干이 있으므로 十二宮中에 암장되어 있는 것을 잘 명심하여 두기를 바란다. 특히 명심할 점은 이 十二支 暗藏은 十二支 月律分野圖와는 근본적으로 다르다는 것을 알아두어 혼동하지 않기를 바란다.

18. 十二支 暗藏의 구성

地支	子	丑	寅	卯	辰	巳	午	未	申	酉	戌	亥
藏	癸	己	甲	乙	戊	丙	丁	己	庚	辛	戊	壬
		辛	丙		乙	戊	己	乙	壬		丁	甲
干		癸			癸	庚		丁	戊		辛	

藏干의 작용에 있어서 六親法에 의하여 적시적소에 적용하고 있는데 여기서 주의할 점은 **亥子巳午**라 보겠다.

즉 巳와 亥는 陰이지만 (體) 작용은 (月藏干) 巳中 丙戊庚・亥中壬甲을 각각 사용하게 되며 子와 午는 陽이지만 (體) 作用은 (用) 子는 子中癸水 午는 午中丁火 己土를 각각 사용하게 되는 것이다.

-40-

그러므로 作用面에서 陰陽을 달리하고 있는 것이다.   또한 巳와 亥   體는 陰이지만, 作用은 잠깐 陽 (巳中丙戊庚 庚中壬甲) 을 적용하는 것이고 子와 午 體는 陽이지만 작용은 잠깐 陰 (子中癸水 午中己土) 을 적용하는 것이므로 體와 用에 있어서 陰陽을 달리하고 있으니 이점을 중요시 하여 연구하기 바란다.

第三編 刑·剋·破·害殺의 특징

一. 刑殺法

① 寅巳申 (持勢之刑)

② 丑戌未 (無恩之刑)

　　寅刑巳 巳刑申 申刑寅 丑刑戌 戌刑未 未刑丑

③ 相刑殺 子卯 (無禮之刑)

　　子刑卯 卯刑子

④ 自刑殺 辰午酉亥

　　辰刑辰 午刑午 酉刑酉 亥刑亥

「原理」 三刑의 구성에 있어 五行 旺衰의 변화하는 이치에 해당하는 것이며 옛부터 전해오고 있는 "四惑十惡"도 三刑을 말하고 있다. 즉 順位가 四惑이고 逆行 十位가 十惡에 해당하는데 여기서 寅巳申 丑戌未 三刑의 구성도 寅에서 巳까지나 순행 四位이며 寅에서 逆行十位가 巳에 해당하며, 巳에서 順行 四位가 申이며 巳에서 逆行 十位가 申임으로 각각 刑을 한다.

一은 殺의 첫째요, 十은 끝으로 모든 만물이 極하면 악기가 생(生)함으로 十殺은 空이 된다고 본다.

또한 모든 물정이 차면 기울고·기울면 역전반기 한다는 원리이다. 辰午亥酉는 서로의 세력을 믿고 刑을 하기 때문에 일명 자형이라고 한다. 또한 寅申巳亥중 亥·辰戌丑未中 辰·子午卯酉中午酉가 각각 형에 구성되지 않고, 「단」자형 (自刑)에서 작용하고 있는 것은 强과 剛으로서 分을 넘어 스스로 自刑하고 있는 관계라 하겠다.

〈연구〉
刑 (형) 살 (殺) 이 있는 四柱

형살이라 함은 벌을 받는다든가 또는 벌을 준다하는 것이다. 고로 벌을 받는자나 벌을 주는자나 인간 자체의 성품이 인자하지 못하고 난폭하다고 보면 적합하다.

刑殺을 네가지로 구분하여 상세히 연구코저 한다.

① 지세지형 (寅巳申)

四柱地支에 寅巳申이 있으면 여자는 고독하고 남자는 자만심이 있으며 十二운성에 吉星 (生旺帶) 이 지세지형 되는 地支에 있으면 군인 또는 법관으로 성공하나 凶星 (死墓絕) 이 있으면 성격이 교활하고 비굴한 사람이 된다.

② 무은지형 (丑戌未)

四柱內에 (丑戌未) 무은지형이 있으면 성격이 냉혹하고 은인을 해치고 예의를 모르며 은혜를 모르는 사람이라, 특히 여자는 임신중 곤란을 받는일이 생기며 남의 도움을 받고도 보답할 줄 모르는 매우 욕심이 많은 사람이다.

③ 무례지형 (子卯)

四柱內에 이살이 있으면 자비로운 마음은 전혀 없으며 횡폭하고 예의를 무시하며 타인에게 불쾌함을 저지르는 악질적 성격의 소유자이다. 十二운성에 凶星이 있으면 마음까지 매우 나쁘고 부모를 해치며 부부자녀 모두 이별하게 되는 殺이다.

④ 自刑 (辰辰 酉酉 午午 亥亥)

四柱內 二자씩 있으면 자형살이 있는사주인데 자기일을 스스로 하지 못하며 매사에 열의가 부족하고 고집이 세서 남에게 미움을 사는일이 있으며, 십이운성에 凶星이 모두있으면 불구자가 되는경

우도 있으며 日時에 있으면 처에게 병이 있고 자녀에게도 병이 있다. 여자의 경우는 남편이 병이 있게 된다.

　예 A. 丁亥年·甲寅月·丙辰日·乙亥時生

　　　　年 ; 丁亥, 月 ; 甲寅, 日 ; 丙辰, 時 ; 乙亥

　이런 사주일 경우 年亥와 時亥가 있으니 자형살이 되는데 마음이 독하고 의심이 많으며 고집을 부리며 한평생 고독하고 남에게 원수를 사며 말년에 서서히 세상을 떠나게 된다. 특히 寅月이 되며 亥를 合하여 破土가 되니 부모형제운이 대흉하게 되는데 이런 사주를 타고난 사람은 양보와 자선사업에 주력하면 그 액을 면할 수 있다.

　예 B. 戊午年·甲午月·丁未日·戊辰時生

　　　　年 ; 戊午, 月 ; 甲午, 日 : 丁未, 時 ; 戊辰

　이런 사주는 年月이 자형이 되는데 사회적으로나 또는 부모와의 덕이 없으며 매사가 고집으로 실패가 연속되며, 日未 午와 合이되니 자형살이 크게 발작 못하는 것이므로 큰 해를 당하지 않으나 성격의 나쁨을 고쳐야 한다.

　※ 매년運을 볼때

　년주와 당연태세 年支와 自刑이 되면 訟事가 생기며, 지세지형이 되면 권세를 박탈당하게 되며, 무은지형이 되면 은혜를 원수로 갚으며, 무례지형이 되면 다른사람에게 害를 끼치게 된다는 점을 명심하라.

二. 破害怨嗔法

　① 破害相破殺

　　　子酉相破·申巳相破·丑辰相破

午卯相破　寅亥相破　未戌相破

이 破는 橫으로 相冲되면 從으로 相破가 되고 從으로 相破가 되면 橫으로 相冲이 되는데, 이는 物이 冲突되면 破損되는 현상을 나타낸 것으로서 이破가 六種이 됨으로 六破가 된다.

※ 破 (파) 가 있는 四柱

子는 酉를 破하며 午는 卯, 申은 巳, 辰은 未를 破한다.

四柱內에 破가 있으면 파패살이라 하여 ◎年柱를 파괴하면 사회적으로 성취되는 일이 없으며 사업에 종종 실패운이 따른다. 破는 이별 실패 운이 자주 온다. ◎月柱를 타주가 파하면 가정에 변동수가 따르며 자주 이사 또는 자기집을 마련하지 못하는 경우도 있다. 그러나 空亡이 되면 이살이 중지된다. ◎日柱를 타주가 파해오면 자신이 남에게 항상 침해를 당하며 부부 이별하게 된다. ◉時柱를 타의 파주가 파 (破) 해 오면 子女에게 害를 주게 된다.

※ 〈空亡이 되면 파괴되지 않는다〉

② 六害殺

　　子未六害　寅巳六害　卯辰六害

　　丑午六害　亥申六害　戌酉六害

이살도 橫으로 合할려면 X字로 冲하여 從으로 妨害하고 있음을 알수있다. 즉 物이 合하려들면 冲하고 妨害하면 利됨이 없이 害가 됨으로 害字를 붙이고 이것이 六種인 관계로 六字를 이용 총괄하여 六害라고 한다.

※ 害 (해) 가 있는 四柱

害殺은 死別을 말한다. 害살이 있는 四柱는 한 평생 질병과 재해 (災害) 등으로 害을 당한다. 궁합이나 결혼일을 정할때는 반드시 꼭 四大殺인 충 (冲), 파 (破), 害 (해), 형 (刑) 殺을 살

-45-

펴야 한다.

　◎ 年柱를 害해오면 조실부모하고 고향을 등지며 불안속에 직업
이 일정하지 못하다.

　◎ 月柱를 害해오면 수명도 단명하고, 가정에 불길한 일이 생긴
다.

　◎ 日柱를 害해오면 몸에 질병이 떠날 줄 모른다.

　◎ 時柱를 害해오면 자녀가 사망 또는 성공하기 힘들다.

　※ 궁합을 볼때도 반드시 男女 四柱를 정리하여 대조하면 좋은
운명을 가릴 수 있다.

三. 地支相剋殺 (지지상극살)

　子子 丑丑 寅寅 卯卯 辰辰 午午 酉酉 巳巳 未未 申申 戌戌이 상
극이며 辰辰 酉酉 午午는 상극이 되면서 자형살도 된다.

　四柱에 이런 살이 ◎年柱에 있으면 부모와 이별하며, ◎ 月柱에
있으면 집이 없이 고독하게 타향으로 떠다닌다. ◎日柱에 있으면
부부이별하고 혹 재산의 손실이 온다. 특히 十二支가 모두 상충
이 될 때는 무조건 흉 (凶) 하다고 보아야 한다.

四. 怨嗔殺

　子未怨嗔 丑午怨嗔 寅酉怨嗔 卯申怨嗔 辰亥怨嗔 巳戌怨嗔
이살의 구성은 冲突하고 나면 反目실시하는 것과 같이 地支 六冲
을 기준으로 하여 구성되고 있는데, 子未怨嗔은 子와 午가 冲突하
면 다음은 反目怨視하므로 子와 午는 陽이되여 順行으로 다음번인
未는 子와 怨嗔이되며, 丑午怨嗔은 丑과 未가 충돌하고 난다음 丑

과 未는 陰으로 逆行하여 未의 앞자리인 午와 丑은 怨嗔이 구성되
는 것이다.

五. 空亡 (공망)

공망살이란 나쁜살을 깨뜨리기도 하고 또는 좋은 것을 나쁘게
변동시키는 일도 하므로 그 작용력은 무궁무진하다고 본다.

〈보는 방법〉

甲子·乙丑·丙寅·丁卯·戊辰 己巳·庚午·辛未·壬申. 癸酉까
지 해서 그 마지막 (癸酉) 이 天干癸가 되는데 이癸 다음의 또 甲
에서 시작되어 乙까지의 밑의 地支 戌亥 (甲戌·乙亥) 가 공망이
된다.

〔 공망 도표 〕

										공망
甲子	乙丑	丙寅	丁卯	戊辰	己巳	庚午	辛未	壬申	癸酉	戌亥
甲戌	乙亥	丙子	丁丑	戊寅	己卯	庚辰	辛巳	壬午	癸未	申酉
甲申	乙酉	丙戌	丁亥	戊子	己丑	庚寅	辛卯	壬辰	癸巳	午未
甲午	乙未	丙申	丁酉	戊戌	己亥	庚子	辛丑	壬寅	癸卯	辰巳
甲辰	乙巳	丙午	丁未	戊申	己酉	庚戌	辛亥	壬子	癸丑	寅卯
甲寅	乙卯	丙辰	丁巳	戊午	己未	庚申	辛酉	壬戌	癸亥	子丑

① 공망은 日柱를 주동으로 年月時에 공망이 있다고 보며 年을
주동으로 日柱가 공망이 되는 지도 대조하여 본다.

② 日柱를 주동으로 年支에 공망이 되면 부모와 인연이 없다고
본다.

③ 年柱가 타주와 合이되면 합을 깨뜨리는 작용을 하기 때문에 힘이 약해지고 만약 충이 되면 충을 깨뜨린다. 그러면 運이 좋아진다.

④ 月柱에 공망이 들면 형제운이 凶하여지고 合이되어도 凶하다고 본다.

⑤ 時柱에 공망이 들면 자손궁이 없고 장수하지 못하며 冲破害刑등이 되었을때는 공망이 되면 吉해진다.

⑥ 年을 기점으로 日柱가 공망이 되면 부부 이별하고 日柱가 충이 되었을 때는 공망이 들면 吉하다.

第四編 凶殺・吉神

第一章 凶殺編

一. 凶殺 (흉살)

운명학을 연구함에 있어 吉神보다는 흉살 (凶殺) 을 더욱 깊이 연구하여야 한다.

※ 各種凶殺

다음은 각종 흉살을 도표로 표시하고 그의 설명을 하기로 한다.

(A) 各種凶殺 (각종흉살) 圖表 (도표)

殺名＼生日	寅	卯	辰	巳	午	未	申	酉	戌	亥	子	丑
急脚殺	子	子	子	未	未	未	戌	戌	戌	辰	辰	辰
	亥	亥	亥	卯	卯	卯	寅	寅	寅	丑	丑	丑
斷橋關殺	寅	卯	申	丑	戌	酉	辰	巳	午	未	亥	子
天轉殺	卯	卯	卯	午	午	午	酉	酉	酉	子	子	子
	乙	乙	乙	丙	丙	丙	辛	辛	辛	午	午	午
地轉殺	卯	卯	卯	午	午	午	酉	酉	酉	子	子	子
	辛	辛	辛	戊	戊	戊	癸	癸	癸	丙	丙	丙
斧劈殺	酉	巳	丑	酉	巳	丑	酉	巳	丑	酉	巳	丑

（B）

殺	日柱 혹은 時間		
湯火殺	寅	午	丑

（C）

地支 \ 殺名	子	丑	寅	卯	辰	巳	午	未	申	酉	戌	亥	四柱의대비관계
孤辰殺	寅	寅	巳	巳	巳	申	申	申	亥	亥	亥	寅	年支主動 月·日·時柱
寡宿殺	戌	戌	丑	丑	丑	辰	辰	辰	未	未	未	戌	年支主動 月·日·時柱
桃花殺	酉	午	卯	子	酉	午	卯	子	酉	午	卯	子	年·月柱(주로年柱) 主動 日柱
囚獄殺	午	卯	子	酉	午	卯	子	酉	午	卯	子	酉	日支主動 年·日·時
鬼門關殺	酉	午	未	申	亥	戌	丑	寅	卯	子	巳	辰	日支主動 年·日·時

（D）

生日 \ 殺名	甲	乙	丙	丁	戊	巳	庚	辛	壬	癸	적요	
落井殺	巳	子	申	戌	卯	巳	子	申	戌	卯	日 或 時	
自虎大殺	辰	未	戌	丑	辰				戌	丑	柱 中	
魁罡殺					戌		辰戌		辰戌		日 主	
陰錯殺		丑未					酉卯		亥巳		日 或 時	
陽差殺			子午		寅申				辰戌		日 或 時	
孤鸞殺	寅	巳		巳	申			亥			日 主	
羊刃殺	卯	辰	午	未	午	未	酉	戌	子	丑	柱 中	
截路空亡	申酉	午未	辰巳	寅卯	子丑	申酉	午未	辰巳	寅卯	子丑	時	
梟神殺	子	亥	寅	卯	午	巳	辰戌	丑未	申	酉	日 主	

1. 急脚殺 (급각살)

一月, 二月, 三月生은 四柱內에 亥子

四月, 五月, 六月生은 四柱內에 卯未

七月, 八月, 九月生은 四柱內에 寅戌

十月, 十一月, 十二月生은 四柱內에 丑辰이 있는 자는 소아마비, 신경병, 추락, 부상등으로 인하여 질병이 생긴다.

2. 斷稿關殺 (단교관살)

正月生이 四柱中에 寅이 있으면

二月生이 四柱中에 卯가 있으면

三月生이 四柱中에 申이 있으면

四月生이 四柱中에 丑이 있으면

五月生이 四柱中에 戌이 있으면

六月生이 五柱中에 酉가 있으면

七月生이 四柱中에 辰이 있으면

八月生이 四柱中에 巳가 있으면

九月生이 四柱中에 午가 있으면

十月生이 四柱中에 未가 있으면

十一月生이 四柱中에 亥가 있으면

十二月生이 四柱中에 子가 있으면 넘어지든가 떨어지든가 하여 팔다리 등 흉터가 있게 되며, 이살이 있는자가 刑殺이 겹치면 팔다리에 이상이 있든가 병신으로 불구자가 되는 수가 있다.

3. 鬼門關殺 (귀문관살)

四柱 日支가 子日生이 酉年을 만나면

　　　　　　　丑日生이 午年을 만나면

　　　　　　　寅日生이 未年을 만나면

四柱 日支가 卯日生이 申年을 만나면

辰日生이 亥年을 만나면

巳日生이 戌年을 만나면

酉日生이 子年을 만나면

午日生이 丑年을 만나면

未日生이 寅年을 만나면

申日生이 卯年을 만나면

亥日生이 辰年을 만나면

戌日生이 巳年을 만나면 정신이상, 신경쇠약에 걸린다고 본다. 즉 귀신이 몸에 붙어다닌다는 살이다. 또한 이 살이 日과 時에 있으면 부부는 변태성 성격의 소유자며 여자가 이 살이 있으면 남편이 정신이상 질환에 걸린다.

4. 湯火殺 (탕화살)

이살은 子午卯酉日生이 柱中에 午가 있으면

辰戌丑未日生이 柱中에 未가 있으면

寅申巳亥日生이 柱中에 寅이 있으면 탕화살이 되는데 이 살이 있는자는 二十세이전에 불이나 더운 물에 상처를 입은 (화상) 자국이 있든가, 총탄환, 파편등으로 부상을 입든가, 수면제 복용 식 중독을 입은 경험이 있다고 본다. 특히 戊寅日生이 四柱中에 寅이 三개, 戊子日生이 寅巳 또는 巳申·寅申이 있는 四柱는 독극물을 복용한 사실이 있다고 본다.

5. 落井殺 (낙정살)

甲己日生이 巳時, 乙庚日生이 子時, 丙辛日生이 申時, 丁壬日生이 戌時, 戊癸日生이 卯時인 경우다. 이살이 있으면 우물, 강물 화장실, 연못등에 빠진다는 것이다. 또한 이살이 왕 할때는 익망

한다고 하니 매우 중요시할 살이라 본다.

6. 白虎大殺 (백호대살)

戊辰, 丁丑, 丙戌, 乙未, 甲辰, 癸丑, 壬戌이 四柱中에 든 경우는 백호대살에 해당된다. 이살은 일명 七살이라고 한다. 이살은 피를 본다고 하여 악살중에 악살로 평가하여야 한다. 여자가 官星백호대살이 있을 경우 남편이 흉망한다고 한다. 또 이살은 日時, 日月로써 정하여 있지 않으며 그 범위가 광범하므로 육친범에 활용하여 生年에 있든 月, 日, 時에 있든간에 偏財 백호살일 경우 부친 또는 처나 첩이 흉망하다고 보면 될줄 믿는다.

7. 魁罡殺 (괴강살)

庚辰, 壬辰, 庚戌, 壬戌이 四柱中에 있으면 괴강이 된다. 辰戌은 괴강이라 하여 戊辰 壬戌 모두 괴강이라 하고 있으나 괴강 四日 최우신이라 하여 庚戌, 庚辰, 壬辰, 壬戌 四日만으로 정하고 있는데 여자 四柱에 이 살이 있으면 男便에게 흉살이 온다고 한다. 가령 다른 남자에게 납치 (拉致)를 당한다든가 흉망한다든가 그렇지 않으면 무책임한 성격의 남자를 만나 재산을 탕진하게 된다는 殺이다.

8. 陰錯殺 (음착살)·陽差殺 (양착살)

陰錯·陽差殺의 兩살은 동일하게 보면 된다. 丙子·丁丑·丙午·丁未·戊申·辛卯·壬辰·癸巳·辛酉·壬戌·癸亥가 四柱에 있으면 이 살이 있다고 본다.

이殺은 離神에서 말한 退神, 交神, 伏神으로 구성된 것으로 十二日 외에 있으므로 나의 외가 (外家) 즉 妻家의 고독을 나타내는 殺이라 이는 陽에 속하면 陽差殺이며, 陰에 속하면 陰錯殺이라고 한다. 이살이 生日에 있으면 그 사주가 있는자의 外叔 (외삼촌)

이 고독하게 살든가, 없든가 하며 時柱에 있으면 妻男이 고독하거나 없다고 본다. 또한 여자의 四柱에 이살이 있으면 부모나 형제가 고독하게 살든가 유명무실하다고 보면 된다.

9. 孤鸞殺 (고란살) 一名 신음살

甲寅, 乙巳, 戊申, 辛亥가 든 경우이다. 이살은 특히 여자에게 해당되는 살이라 하겠다. 四柱에 財官星이 잘 조화되어 있을때는 무방하다. 그러나 이살은 결혼하면 첩을보아 자연히 이혼 또는 이별하고 여자는 독수공방으로 지낸다는 살이다.

10. 孤寡殺 (고과살)

寅卯辰生에 巳,

巳午未生에 申,

申酉戌生에 亥,

亥子丑生에 寅이 있으면 상처살이 된다.

寅卯辰生에 丑,

巳午未生에 辰,

申酉戌生에 未,

亥子丑生에 戌이 있으면 상부살이 된다.

이살은 生年對生月 또는 時柱를 대조하여 보는데 상처나 상부하지 않으면 생이별하게 된다는 살이다.

11. 羊刃殺 (양인살)

四柱日天干이 甲日生에 卯, 乙日生에 辰, 丙戊日生에 午, 丁己日生에 未, 庚日生이 酉, 辛日生이 戌, 壬日生이 子, 癸日生이 丑이 이살에 해당하는데 남자에 있으면 부모,처나 재산을 극하게 되고, 여자에 있으면 남편을 극하게 된다. 그런데 甲日卯, 丙戊日午 庚日酉, 壬日子만을 陽刃 (羊刃=양인) 이라하고 乙丁己辛癸日의 辰

戊丑未는 陰刃 (음인) 이라 한다. 특히 丙午, 戊午, 壬子日生은
日刃이라 하여 더욱 중요시 함으로 잘 관찰하기 바란다.

12. 桃花殺 (도화살) · 年殺 (년살) ＝咸池殺 (함지살)

寅午戌生이 卯가 있으면,

申子辰生이 酉가 있으면,

巳酉丑生이 午가 있으면,

亥卯未生이 子가 있으면 함지살 또는 도화살이라 하고, 生年柱에
있으면 소실의 태생 (후처의 소생) 이며, 日柱에 있으면 본인이 연애결혼
하였다고 보며 時柱에 있으면 화류계 기생등의 직업을 가진다고
본다. 다시말하자면 출생年을 위주로 하기도 하고 日柱를 위주로
하기도 하며 혹 시주을 보기도 한다. 그러나 年柱支를 위주로하
는 것이 경험에 비추어 적중률이 많다. 이살이 있으면 주색으로
망하며 풍류를 즐기며 남자는 남을 무시하는 마음이 많고 女子는
바람끼가 많다. 특히 도화가 合이되면 돌아다니기를 좋아한다.

또한 도화살이 日柱宮에 해당하면 처의 덕이 많다. 도화살이 있
고 十二운성에 旺生등이 있으면 색으로 인하여 망신 당한다.

13. 囚獄殺 (수옥살) · 災殺 (재살)

寅午戌生은 子가 있으면,

申子辰生은 午가 있으면,

巳酉丑生은 卯가 있으면,

亥卯未生은 酉가 있으면 囚獄殺이 된다. 이살이 있는자는 경찰
관, 형무관, 수사기관등의 직업이 매우 吉하다. 그리고 이살이 있
는자는 납치·구금·감금등의 일을 당하는 살이므로 전기 직업을 가
지면 그 액은 면한다고 한다.

14. 天轉殺 (천전살)

春生 乙卯 一, 二, 三月生은 乙卯

夏生 丙午 四, 五, 六月生은 丙午

秋生 辛酉 七, 八, 九月生은 辛酉

多生 壬子 十, 十一, 十二月生은 壬子이다.

이살이 있으면 하는일이 매사 성립되지 않고 직업을 가진자는 계속 직업을 변경하며 재산은 계속 실패하는 흉살이다.

15. 地轉殺 (지전살)

寅卯辰 月柱生에 辛卯日

巳午未 月柱生에 戊午日

申酉戌 月柱生에 癸酉日

亥子丑 月柱生·丙子日生이면 地轉殺이다.

이살이 들면 사사건건 조석으로 실패하며 노력하여도 모두 허사이고 불의의 재변으로 실패 전업되는 일이 생긴다.

16. 斧劈殺 (부벽살)

子午卯酉月生이 巳日이나 巳時

寅申亥月生이 酉日이나 酉時生일 경우

二. 十二神殺 (십이신살)

十二支殺은 年柱地支를 주동으로 하여 月柱支를 대결하고 또 日柱支를 상대하여 보기도 한다.

年에 출생한 사람은 도표와 같이 대결하여 보면 된다. 寅年 辰月生은 月을 보니 月殺이 되며 生日과 대결시는 時와 대결하여 도표를 찾아보면 된다.

◎ 十二神殺 (십이신살)

神殺名\年生	劫겁殺살	災재殺살	天천殺살	地지殺살	年년殺살	月월殺살	亡망身신殺살	將장星성殺살	攀반鞍안殺살	驛역馬마	六육害해	華화蓋개
申子辰	巳	午	未	申	酉	戌	亥	子	丑	寅	卯	辰
亥卯未	申	酉	戌	亥	子	丑	寅	卯	辰	巳	午	未
寅午戌	亥	子	丑	寅	卯	辰	巳	午	未	申	酉	戌
巳酉丑	寅	卯	辰	巳	午	未	申	酉	戌	亥	子	丑

「해설」

1. 劫殺 (겁살)

　A. 月劫殺 (월겁살)

성격이 급하고 부모와 형제를 등지고 타향살이를 하며　사업에
여러번 실패하게 된다.　중년이후에 자수성가하여 의식주는　해결
된다고 본다.

　B. 日劫殺 (일겁살)

　육친의 덕이 없으며 직업을 자주 이동하고 처궁은 나쁘므로　한
탄만하게 된다.

　C. 時劫殺 (시겁살)

　재성이 물러나고 빈곤이 오므로 의지할곳 없이 갈팡질팡하는 신
세가 된다.

2. 災殺 (재살)

　A. 月災殺 (월재살)

중이 될 팔자다.　육친의 덕이 없고 재앙이 떠날줄 모른다.

B. 日災殺 (일재살)

十二운성에 왕이 들면 상처할 팔자며 관재수가 계속되는 악운이다.

C. 時災殺 (시재살)

매사에 재난이 발생하게 되며 자손이 성공하지 못하며 독수공방 홀로 지낸다.

3. 天殺 (천살)

A. 月天殺 (월천살)

몸이 허약하다. 즉 장, 간장, 신장, 심장 등에 병이 온다. 신경도 쇠약하여 고생하나 재산은 있다.

B. 日天殺 (일천살)

성격이 변덕스러워 친구나 친척이 따르지 않아 고독하게 지내며 일가 친척과 사별하는 팔자이나 자신의 노력으로 대길할 수도 있다.

C. 時天殺 (시천살)

집안에 질병이 떠날줄 모른다. 그러나 노력하는데서 성공을 이룬다.

4. 地殺 (지살)

A. 月地殺 (월지살)

조실부모하거나 두어머니를 거느리며 반드시 타향살이할 팔자이다.

B. 日地殺 (일지살)

농사지을 팔자이며 부부가 백년해로 못한다.

C. 時天殺 (시천살)

농업에 종사하면 부자가 된다. 그러나 단명하다고 본다.

5. 年殺 (년살)

A. 月年殺 (월년살)

육친의 덕은 없으나 의식주의 걱정이 없는 부자운이며 성격이 좋아 주위의 호평을 받는다.

B. 日年殺 (일년살)

흉함이 없어지고 길한운으로 바뀌는데 학문과 의식주의 걱정이 없다. 간혹 실패운이 따르나 주의하면 된다.

C. 時年殺 (시년살)

부모와 이별하며 농업에 종사하면 吉하고 타업에 종사하면 실패운이 있다.

6. 月殺 (월살)

A. 月月殺 (월월살)

관재구설이 항시 따르며 이살이 있으면 승려의 팔자이다.

B. 日月殺 (일월살)

조기 출타하여 타향살이를 하며 사업 및 직업을 계속 영유하지 못하고 변경을 자주하게 된다.

C. 時月殺 (시월살)

사업에 자주 실패하고 부부간 이별하기 쉽다.

7. 亡身殺 (망신살)

A. 月亡殺 (월망살)

관재구설수가 따르며 형무소를 가기도 한다. 이런사람은 년운수에 관재수가 있는가를 차세히 살펴 예방부적을 지녀야 한다.

B. 日亡殺 (일망살)

남으로 인하여 재산상의 손해를 입게되며 일찍 결혼하면 불길하고 부모의 유산도 탕진한다.

C. 時亡殺 (시망살)

자손운이 흉하게 되고 실패운이 겹치며 부부 이별하고 홀로 떠난다.

8. 將星殺 (장성살)

A. 月將星殺 (월장성살)

남의 존경과 관록을 한몸에 받을 사람이다. 그러나 부모 형제와 이별하여 타향살이를 하게 된다.

B. 日將星殺 (일장성살)

맹호같은 성격의 소유자이며 권세가 하늘에 닿고 귀인이 되는 팔자이다.

C. 時將星殺 (시장성살)

무관의 관록을 한몸에 지닌자이다.

9. 攀鞍殺 (반안살)

A. 月攀鞍殺 (월반안살)

관운이 좋을 팔자이나 만약 관록이 아니면 평생 고정직업으로 한평생을 보낸다. 또한 과거급제할 팔자이기도 하다.

B. 日攀鞍殺 (일반안살)

평생 재물이 많으며 부귀영화를 누릴 팔자이다.

C. 時攀鞍殺 (시반안살)

자손궁이 발전되어 있으며 부자로써 일생을 吉하게 산다.

10. 驛馬殺 (역마살)

A. 月驛馬殺 (월역마살)

성격이 온순하다. 벼슬과 재산을 모을 운이 있으며 간혹 실패운도 따르며 부부 생이별하고 허송세월을 보내는 경우도 있다.

B. 日驛馬殺 (일역마살)

부부운은 약운이나 착실한 노력에 있으면 성공할 수 있으나 자 칫잘못하면 세상을 한탄하고 사처팔로 (四處八路) 유랑길에 오른다.

C. 時驛馬殺 (시역마살)

남자는 가출하며 여자는 음란하다. 또는 사방을 떠돌아 다니 며 주색을 즐긴다.

11. 六害殺 (육해살)

A. 月六害殺 (월육해살)

부모와 헤어지며 성격이 급하고 분주하나 수익이 없고 부부화 합하기 어렵다.

B. 日六害殺 (일육해살)

동분서주하면서 재산이 흩어지고 형제와 멀리 떨어져 고독한 평 생을 지낸다.

C. 時六害殺 (시육해살)

승려가 될 팔자이며 사업을 하면 실패하며 가산을 탕진한다.

12. 入夏殺 (입화살) =華蓋殺 (화개살)

A. 月入夏殺 (월입하살)

형제간에 불화하나 중년부터 성공하고 재산을 얻으면 말년은 한가할 팔자이다.

B. 日入夏殺 (일입화살)

머리가 총명하고 관찰력이 특출하여 성공하나 상처할 운이다.

C. 時入夏殺 (시입하살)

귀인이 될 상이며 문필이 뛰어나고 고급 공무원이나 불심이 강 하게 된다.

지금까지 十二神殺에 대하여 상세히 설명한바 있다. 그러나 神 殺의 義意와 異稱과 작용을 다시한번 기술코져 한다.

※ 十二神殺의 義意와 名稱 그리고 作用의 해설

◉겁살이란 뜻은 「劫者奪也自外奪之謂劫」이라하여 劫奪 當하는 것을 말하는 것이다.

예를 들어본다면 申子辰 水局은 巳中戊土에 剋을 당하여 劫이 되고 巳酉丑金局은 寅中丙火에 剋을 당하여 劫이 되며 亥卯未木局은 申宮庚金에 剋을 당하여 劫이되며 寅午戌火局은 亥中壬水에 剋을 당하여 劫이되어 있는中 그 劫은 寅申巳亥로서 金木水火의 絶宮에 임하는 것이기도 하다고 본다. 고로 이살은 損財 盜難을 많이 당하게 되며 불의의 재난을 당하게 되는 것이다.

◉ 災殺은 일명 囚獄殺이라고도 하여 訟事 拉致 감금 포로 등 신상에 구속됨이 있어서 재난을 많이 겪게 된다는 殺이다.

◉ 天殺은 불의의 天災 (早災水災등)를 당하게 되는 것이다.

◉ 地殺은 地變 또는 踏地로서 他道, 他國에 遠行이 있게 된다는 것이며 一名 桃花殺이라며 女色難이 있게 된다는 殺이기도 한다.

◉ 月殺은 一名 枯焦殺로서 枯湯된다는 殺인데 擇日法에 있어서도 이날만은 피하고 있다. 즉 이날은 종자를 심으면 나지않고 계란을 안기면 병아리가 깨이지 않는다는 것이다.

◉ 亡身殺은 一名 破軍殺로서 모든 계획이 수포로 돌아가게 되고 마침내는 폐가 망신하게 되는 殺인데 三命通會라는 글에 말하기를 「亡者失也요 自內失之謂亡身」이라고 하였다는 것이다. 즉 申子辰水局은 亥가 亡身인데 亥中甲木에 水가 泄氣되여 망하고 巳酉丑金局은 申宮壬水에 泄氣되어 망하고 寅午戌火局은 巳中戊土에 泄氣되어 망하는 까닭에 亡身이란 명칭을 붙이게 된것 같다.

◉ 將星은 「將星者는 如將制 中軍也」라 故로 以三合中位가 謂文將星이라 하여 三合例를 들어보면 寅午戌 巳酉丑 申子辰 亥卯未의

중간字 즉 寅午戌에는 午, 巳酉丑에는 酉, 申子辰에는 子, 亥卯未에는 卯가 장성이 되는 것이다. 이 장성살이 日柱에 놓여있다면 중심이 있는 사람으로서 남에게 유혹됨이 없는 吉星이다.

◎ 攀鞍殺은 안장 (馬裝具) 즉 말등에 놓고 사람이 앉은 기구을 말한다. 그러므로 출세를 의미하는 것으로서 장성 攀鞍·驛馬가 구비된자는 말위에 안장을 끼고 장군이 행군하는 형상으로 크게 출세한다는 것이라 보겠다.

◎ 驛馬殺은 말을 타고 멀리 달리는 것을 의미한다. 즉 타향살이 또는 매사출입을 말한다. 寅午戌火局과 亥卯未木局은 陽이니 (冬至後·夏至前) 子에서 起하여 順行하고, 巳酉丑金局과 申子辰水局은 陰이니 (夏至後·冬至) 午에서 起하여 順行, 그數는 合局의 총수를 나타내는 것인데 如 寅午戌生하면 寅은 七이며 (先天數로함) 午는 九요, 戌은 五이니 合 二十一이되고 亥卯未生은 亥는 四, 卯는六, 未는 八로 合 十八이 된다. 前記와 같이 寅午戌 火局과 亥卯未 木局은 陽으로서 子에서 起하여 順行하는데 그 數字 닿는곳이 驛馬라고 하였다. 如 寅午戌生 역마는 二十一로 子에서 一로 起하여 順行 함으로 丑에 二, 寅에 三 卯에 四, 辰에 五 이상 동일 식으로 順行계산하여 申에 二十一이 닿게 되므로 寅午戌 역마는 申이 되고, 다음 亥卯未生은 合數十八임으로 子에서 起하여 丑에 二, 寅三卯에 四, 辰에 五, 이상 식으로 順行 계산하면 十八位는 巳에 닿게 됨으로 亥卯未生역마는 巳가 되는 것이다. 또 申子辰은 申七子九辰五로 합二十一되는데 이것은 陰으로 午에서 起하여 未에 二, 申 三, 酉에 四, 戌에 五, 이상 계산 순행하면 二十一이 寅에 닿게됨으로 申子辰의 역마는 寅이되는 것이다. 巳酉丑에 있어서는 巳四酉六丑八 로 합十八이 되는데 이것 역시 陰이 되

여 午에서 一로 起하여 未에二, 申에三, 酉에四, 戌에五 이상 계산순행하면 十八位가 亥에 닿게 됨으로 巳酉丑生 역마는 亥가 되는 것이다.

이상 수리법 (數理法) 이것을 다시 총정리하여 보면 寅午戌역마는 二十一로서 申이되며, 亥卯未역마는 十八로서 巳되며, 巳酉丑 역마는 十八로 亥가되며, 申子辰역마는 二十一로서 寅이 역마가 되는 것이다. 역마를 위치상으로 해석하여 보면,

이 역마는 寅申巳亥의 위치를 차지하고 있는데 方位的으로 寅은 艮方으로 東北間이 되며, 申은 坤方으로 西南間方이요, 巳는 巽方으로 東南間이되며, 亥는 乾方으로 西北間에 위치하여 四間方으로 東西, 南北의 中斷役割을 하고 있는 正方形이 된다. 그러므로 역마살은 항상 동서남북으로 달려야하는 역할이기 때문에 멀리 뛰는것 즉 타향살이 또는 타국출입으로 해석하게 되는 것이다.

◎ 六害殺은 驛馬의 앞자리로 해석하여 馬廊이라고도 하는데 驛馬가 있어도 六害가 있으면 驛馬가 冲을 만나기 前에는 (驛馬冲을 加鞭驛馬라고도 함) 馬房에 매어둔 말이되며 원행을 못하는 살이요 또 오랫동안 앓는다. (火病)이라고도 해석하여 진병 앓아 본다는 凶殺이기도 하다.

◎ 華蓋殺은 「大帝之坐以三合底一處요 得庫謂之華蓋」라 하여 三合의 第一 끝자 즉 三合의 庫藏닿는 곳인데 貴客이 앉은자리라 하여 방석이며 화려하다. 「寶玉之象이다」 라고 해석하여 화려하며 안정되며 빛이 난다는 吉星이다.

여기서 十二神殺을 둘러집지 않고 빨리 찾는법이 있다. 즉 三合을 기준하여 三合의 첫자는 地殺이요, 中間字는 將星이요 마지막자는 華蓋殺이라, 三合의 첫자를 冲하는자는 역마요 중간자를 冲하

-64-

하는자는 囚獄殺이라, 마지막자를 冲하는자는 枯焦殺 (月殺) 이다.
三合의 첫자 다음자는 年殺이라 (桃花殺), 三合의 中間字 다음字는
攀鞍殺이며, 三合의 마지막字 다음字는 劫殺이다. 三合의 첫자 바
로 앞字는 天殺이며 三合의 중간자 앞자는 亡身殺이다. 또한 끝
자 앞자는 六害殺이라고 암기하면 매우 쉽게 기억할 수 있다고
본다.

第二章 吉神編

역리학상 吉凶을 판단함에 있어 응용코져 吉神을 도표로 표시
하고 여기서 중요한것은 간추려서 설명코져 한다. 왜냐하면 많은
吉神이 있으나 중요한 것 외는 논의하지 않아도 무방하다고 생각
되여 더이상 설명치 않는다.

◎ 吉神 (길신) 도표 1

生月 貴人	寅	卯	辰	巳	午	未	申	酉	戌	亥	子	丑	참 고
天德貴人 천덕귀인	丁	甲	壬	辛	亥	甲	癸	寅	丙	乙	巳	庚	공망이 아니면, 육친덕이 있다.
月德貴人 월덕귀인	酉	甲	壬	庚	丙	甲	壬	庚	丙	甲	壬	庚	정도 강하며, 부부덕이 있다.
進神 진신	甲子	甲子	甲子	甲午	甲午	甲午	己卯	己卯	己卯	己酉	己酉	己酉	
天赦星 천사성	戊寅	戊寅	戊寅	甲午	甲午	甲午	戊申	戊申	戊申	甲子	甲子	甲子	
天喜神 천희신	未	午	巳	辰	卯	寅	丑	子	亥	戌	酉	申	
紅鸞星 홍란성	丑	子	亥	戌	酉	申	未	午	巳	辰	卯	寅	
皇恩大赦 황은대사	戌	丑	寅	巳	酉	卯	子	午	亥	辰	申	未	

◉ 吉神 (길신)　도표 2

貴星 ＼ 日柱	甲	乙	丙	丁	戊	己	庚	申	壬	癸	참　고
十干祿 십간록	寅	卯	巳	午	巳	午	申	酉	亥	子	
天乙貴人 천을귀인	丑未	子申	亥酉	亥酉	丑未	子申	丑未	午寅	巳卯	巳卯	귀인인 사주는 길하다.
太極貴人 태극귀인	子午	子午	卯酉	卯酉	辰戌丑未	辰戌丑未	寅卯	寅卯	巳申	巳申	횡재수가 있다
天廚貴人 천주귀인	巳月	午月	巳月	午月	申月	酉月	亥月	子月	寅月	卯月	재산복이 많다
官貴學舘 관귀학관	巳	巳	申	申	亥	亥	寅	寅	申	申	
文昌貴人 문창귀인	巳	午	申	酉	申	酉	亥	子	寅	卯	학문에 성공한다
文曲貴人 문곡귀인	亥	子	寅	卯	寅	卯	巳	午	申	酉	
學堂貴人 학당귀인	亥	午	寅	酉	寅	酉	巳	子	申	卯	문학에 성공. 十二 운성吉・凶유무
金與祿 금여록	辰	巳	未	申	未	申	戌	亥	丑	寅	처가 미인이고 영리함.
暗祿 암록	亥	戌	申	未	申	未	巳	辰	寅	丑	
夾祿 협록	丑卯	寅辰	辰午	巳未	辰午	巳未	未酉	申戌	戌子	亥丑	
交祿 교록	甲申 庚寅	乙酉 辛卯	丙子 癸巳	丁亥 壬午	戊子 癸巳	己亥 庚午	庚寅 乙申	辛卯 甲寅	壬午 己亥	癸巳 戊子	

1. 十干祿

　　○甲祿在寅　　○乙祿在卯　　○丙戊祿在巳　　○丁己祿在午

　　○庚祿在申　　○辛祿在酉　　○壬祿在亥　　　○癸祿在子

　十干祿이란 甲日生人이 柱中에 見寅, 乙日生人이 柱中에 見卯, 丙戊日生人 柱中에 見巳, 丁己日生人이 柱中에 見午, 庚日生이 柱中에 見申, 辛日生人이 柱中에 見酉, 壬日生이 柱中에 見亥, 癸日生이 柱中에 見子 한자 등은 모두 十干祿으로 將祿福貴가 臨한다는 吉星이다. 특히 祿官은 각자 日主對 臨官宮인데 人生이 冠帶를 갖추고 임관하게 되면 혈기왕성으로 국가를 위하여 노력하게 되는데 그 노동에는 반드시 댓가가 보상되는 것으로 그 댓가가 바로 식록인 것이다. 그 祿位가 十干 (天干十位)에 각각 有하기 때문에 十干祿이라 칭한다. 그리고 一名 正祿이라고도 하는데 그 이유는 祿은 정당하게 근무한 댓가이기 때문에 正字을 붙인 것이다. 그래서 이 正祿은 不正之位되는 辰戌丑未에는 臨하지 않는다는 것을 명심하여야겠다.

2. 天月德 貴人

　正丁丙　二申甲　三壬壬　四辛庚　五亥丙　六甲甲　七癸壬　八寅庚　九丙丙　十乙甲　十一巳壬　十二庚庚

　前者는 天德 後者는 月德이니 즉 正月 丁丙하면 正月에는 丁이 天德이되고 丙은 月德이 된다는 뜻이다.

　다시 말하면,

　正月生이 柱中에 丁이 있으면 天德이며 丙이 있으면 月德이다.

　二月生이 柱中에 申이 있으면 天德이며 甲이 있으면 月德이다.

　三月生이 柱中에 壬이 있으면 天德이며 壬이 있으면 月德이다.

（壬壬겹함）

四月生이 柱中에 辛이 있으면 天德이고 庚이 있으면 月德이된다.

五月生이 柱中에 亥가 있으면 天德이고 丙이 있으면 月德이다.

六月生이 柱中에 甲이 있으면 天德이고 甲이 있으면 月德이다.

(甲甲겹)

七月生이 柱中에 癸가 있으면 天德이고 壬이 있으면 月德이다.

八月生이 柱中에 寅이 있으면 天德이고 庚이 있으면 月德이다.

九月生이 柱中에 丙이 있으면 天德이며 丙이 있으면 月德이다.

(丙丙겹)

十月生이 柱中에 乙이 있으면 天德이며 甲이 있으면 月德이다.

十一月生이 柱中에 巳가 있으면 天德이고 壬이 있으면 月德이다.

十二月生이 柱中에 庚이 있으면 天德이고 庚이 있으면 月德이다.

(庚庚겹)

그런데 이 天德貴人을 놓은자는 선조의 귀한 덕이 있고 천지신명의 은혜를 입어 재난이 감소되고 해소된다하여 매우 吉星이다. 月德貴人 역시 선조의 귀덕이 있고 관재 또는 흉한살이 소멸된다·하여 매우 吉星이다.

3. 天乙貴人 (천을귀인) 出生日干과 地支

◎ 甲戊庚日生이 柱中에 丑, 未가 있으면

◎ 乙己日 生이 柱中에 子, 申이 있으면

◎ 丙·丁日生이 柱中에 亥·酉가 있으면

◎ 壬癸日生이 柱中에 巳·卯가 있으면

天乙貴人이 있는자다. 그 天乙貴人이 있는자는 고귀한 출생으로 모든 흉신이 길성으로 변하는 사주이다.

※ 辰戌之地만은 不正之位 (魁罡 惡殺之地) 故로 天乙貴人 星이 臨하지 않음을 알아두기 바란다.

-68-

4. 太極貴人 (태극귀인)

　　◉ 甲, 乙日生이 子, 午年에 출생하면

　　◉ 丙, 丁日生이 卯, 酉年에 출생하면

　　◉ 戊, 己日生이 辰戌未年에 출생하면

　　◉ 庚, 辛日生이 寅, 卯年에 출생하면

　　◉ 壬, 癸日生이 巳, 申年에 출생하였으면 太極貴人인데　福과
吉星이 집중한 사주이므로 영원히 부귀 영화를 누린다고 한다.

5. 天廚貴人 (천주귀인)

　　◉ 甲·丙日生이 生月支에 巳가 있으면

　　◉ 乙·丁日生이 生月支에 午가 있으면

　　◉ 戊日生이 生月支에 申이 있으면

　　◉ 庚日生이 生月支에 亥가 있으면

　　◉ 辛日生이 生月支에 子가 있으면

　　◉ 壬日生이 生月支에 寅이 있으면

　　◉ 癸日生이 生月支에　卯가 들어있으면 天廚貴人인데　一生동
안 의식주가 풍부하게 지내는 吉星 사주이다.

6. 官貴學舘 (관귀학관)

　　◉甲·乙日生이 柱中에 巳가 있을때

　　◉ 丙·丁日生이 柱中에 申이 있을때

　　◉ 戊·己日生이 柱中에 亥가 있을때

　　◉ 庚·辛日生이 柱中에 寅이 있을때

　　◉ 壬·癸日生이 柱中에 申이 있을때 이 사람은 관직　생활을
하게 되면 높은 직위에 오를수 있는 사주이다.

7. 文昌貴人 (문창귀인)

◎ 甲日生이 柱中에 巳가 있으면

◎ 乙日生이 柱中에 午가 있으면

◎ 丙·戊日生이 柱中에 申이 있으면

◎ 丁·己日生이 柱中에 酉가 있을때

◎ 庚日生이 柱中에 亥가 있을때

◎ 辛日生이 柱中에 子가 있을때

◎ 壬日生이 柱中에 寅이 있을때

◎ 癸日生이 柱中에 卯가 있으면 文昌貴人으로 문학으로 출세
한다는 吉한사주인데 예를들면 교직자,예술가 등으로 출세할 수
있다.

8. 文曲貴人 (문곡귀인)

◎ 甲日生이 柱中에 亥가 있으면

◎ 乙日生이 柱中에 子가 있으면

◎ 丙戊日生이 柱中에 寅이 있으면

◎ 丁己日生이 柱中에 卯가 있으면

◎ 庚日生이 柱中에 巳가 있으면

◎ 辛日生이 柱中에 午가 있으면

◎ 壬日生이 柱中에 申이 있으면

◎ 癸日生이 柱中에 酉가 있으면 文曲貴人인데 문인으로 출세
하여 그업적이 후세에 길이 빛나는 吉사주이다.

9. 學堂貴人 (학당귀인)

◎ 甲日生이 亥月이나 亥時에 出生한자

◎ 丙戊日生이 寅月이나 寅時에 出生한자

◎ 丁己日生이 酉月이나 酉時에 出生한자

◎ 庚日生이 巳月이나 巳時에 出生한자

◎ 辛日生이 子月이나 子時에 출생한자

◎ 壬日生이 申月이나 申時에 출생한자

◎ 癸日生이 卯月이나 卯時에 출생한자 인데 학문이 높고 문장에 뛰어난 소질이 있는 사주이다.

10. 金與祿 (금여록)

◎ 甲日生이 柱中에 辰이 있으면

◎ 乙日生이 柱中에 巳가 있으면

◎ 丙戊日生이 柱中에 未가 있으면

◎ 丁己日生이 柱中에 申이 있으면

◎ 庚日生이 柱中에 戊이 있으면

◎ 辛日生이 柱中에 亥가 있으면

◎ 壬日生이 柱中에 丑이 있으면

◎ 癸日生이 柱中에 寅이 있으면 金與祿이 있는 四柱인데 이 사주는 미모의 처를 거느리고 처의 협조와 처가 재물의 덕으로 출세하는 사주이다.

11. 暗祿 (암록)

◎ 甲日生이 亥

◎ 乙日生이 戊

◎ 丙戊日生이 申

◎ 丁己日生이 未

◎ 庚日生이 巳

◎ 辛日生이 辰

◎ 壬日生이 寅

◎ 癸日生이 丑이 사주중에 있으면 暗祿星인데 평생 금전에 걱정이 없으며 만약 금전이 없더라도 뜻하지 않게 금전이 생기는 매

우 吉星의 사주라 하겠다.

12. 夾祿 (협록)

이 夾祿이 있는 四柱는 친척 친구 또는 타인의 도움을 많이 받는다는 四柱로서 일생동안 재산이 풍부하며 여생을 편안하게 지내는 吉星의 사주이다.

◎ 甲日生이 柱中에 丑·卯가 있으면

◎ 乙日生이 柱中에 寅·辰이 있으면

◎ 丙·戊日生이 柱中에 辰·午가 있으면

◎ 丁己日生이 柱中에 巳·未가 있으면

◎ 庚日生이 柱中에 未·酉가 있으면

◎ 辛日生이 柱中에 申·戌이 있으면

◎ 壬日生이 柱中에 戌·子가 있으면

◎ 癸日生이 柱中에 亥·丑이 있을 때는 夾祿의 사주가 된다.

13. 交祿 (교록)

◎ 甲申日生이 타주에 庚寅이 있으면

◎ 庚寅日生이 타주에 甲申이 있으면

◎ 乙酉日生이 타주에 辛卯가 있으면

◎ 辛卯日生이 타주에 乙酉가 있으면

◎ 癸巳日生이 타주에 丙子戊子가 있으면

◎ 戊子日生이 타주에 癸巳가 있으면

◎ 壬午日生이 타주에 丁亥 己亥가 있으면

◎ 丁亥·己亥日生이 타주에 壬午가 있으면 交祿星이 되는데 이사람은 무역법등 무역에 관계하는 사업을 하면 발전할 수 있다. 특히 이星은 상거래를 함에 있어 상호거래하는 과정에서 상대의 복이 이곳으로 옮겨온다는 吉星이다.

14. 進神 (진신)

春生 甲子＝正月 二月 三月生은 甲子日

夏生 甲午＝四月 五月 六月生은 甲午日

秋生 己卯＝七月 八月 九月生은 己卯日

冬生 己酉＝十月 十一月 十二月生은 己酉日

이 進神이 四柱에 있으면 모든 계획이 진취적으로 장애없이 순조롭게 풀려 간다는 吉星이다.

15. 天赦 (천사)

봄 戊寅＝一月 二月 三月生은 戊寅日生

여름 甲午＝四月 五月 六月生은 甲午日生

가을 戊申＝七月 八月 九月生은 戊申日生

겨울 甲子＝十月 十一月 十二月生은 甲子日生

四柱에 天赦가 있는자는 재난이나 질병으로 몰살당하기 일보직전에 구사일생으로 凶神이 吉神으로 운이 바뀌는 운명으로 태어난 사람이다.

16. 皇恩大赦 (황은대사)

一月生이 日時中에 戌이 있으면

二月生이 日時中에 丑이 있으면

三月生이 日時中에 寅이 있으면

四月生이 日時中에 巳가 있으면

五月生이 日時中에 酉가 있으면

六月生이 日時中에 卯가 있으면

七月生이 日時中에 子가 있으면

八月生이 日時中에 午가 있으면

九月生이 日時中에 亥가 있으면

十月生이 日時中에 辰이 있으면

十一月生이 日時中에 申이 있으면

十二月生이 日時中에 未가 있으면 황은대사로서 중한죄를 지었다가도 특사등으로 방면된다는 좋은 사주이다.

17. 天喜神 (천희신)

一月生이 日時中에 未

二月生이 日時中에 午

三月生이 日時中에 巳

四月生이 日時中에 辰

五月生이 日時中에 卯

六月生이 日時中에 寅

七月生이 日時中에 丑

八月生이 日時中에 子

九月生이 日時中에 亥

十月生이 日時中에 戌

十一月生이 日時中에 酉

十二月生이 日時中에 申이 있으면 天喜神으로 凶한 일이 자연히 길하게 변하는 四柱이다.

18. 紅鸞星 (홍란성)

一月生이 日時中에 丑

二月生이 日時中에 子

三月生이 日時中에 亥

四月生이 日時中에 戌

五月生이 日時中에 酉

六月生이 日時中에 申

七月生이 日時中에 未

八月生이 日時中에 午

九月生이 日時中에 巳

十月生이 日時中에 辰

十一月生이 日時中에 卯

十二月生이 日時中에 寅이 있으면 홍란성인데 흉한일은 면제되고 길신이 연출되는 吉神이다.

홍란성은 年柱支를 주동하여 月日時를 대조하여 보기도 하는데 이에 해당되는 사주는 여자의 경우는 대개 미인이라 한다.

다시 도표로 설명코져 한다.

年 支	子 丑 寅 卯 辰 巳 午 未 申 酉 戌 亥
홍란성	卯 寅 丑 子 亥 戌 酉 申 未 午 巳 辰

〔연구〕

○난희신 (鸞喜神)

子에 卯 丑에 寅, 寅에 丑으로 하여 二月子 三月은 亥,四月은 戌로 또 역행하여 닿는 곳이 홍란성이 되며 그밖에 그와 冲 (충) 이 되는 一月은 未, 二月은 午, 三月의 巳는 天喜神이 된다. 이상을 응용하면 암기하기 편리하리라 믿는다.

第三章 胞胎五行 (十二運星法)

一. 胞胎五行의 構成

胞, 胎・養・生・浴・帶・冠・旺・衰・病・死・墓

다시말하면 長生 (장생), 沐浴 (목욕), 冠帶 (관대), 建祿 (건록) 帝旺 (제왕), 衰 (쇠), 病 (병), 死亡 (사망), 墓 (묘), 絶 (절) 胎 (태), 養 (양)

二. 起胞法式

金寅水土巳 木申火亥當 (陽日主)

金卯水土午 木酉火子當 (陰日主)

十二運星의 速見表

日干\十二星	甲日 갑일	乙日 을일	丙日 병일	丁日 정일	戊日 무일	己日 기일	庚日 경일	辛日 신일	壬日 임일	癸日 계일
長生·장생	亥해	午오	寅인	酉유	寅인	酉유	巳사	子자	申신	卯묘
沐浴·목욕	子자	巳사	卯묘	申신	卯묘	申신	午오	亥해	酉유	寅인
冠帶·관대	丑축	辰진	辰진	未미	辰진	未미	未미	戌술	戌술	丑축
建祿·건록	寅인	卯묘	巳사	午오	巳사	午오	申신	酉유	亥해	子자
帝旺·제왕	卯묘	寅인	午오	巳사	午오	巳사	酉유	申신	子자	亥해
衰·쇠	辰진	丑축	未미	辰진	未미	辰진	戌술	未미	丑축	戌술
病·병	巳사	子자	申신	卯묘	申신	卯묘	亥해	午오	寅인	酉유
死亡·사망	午오	亥해	酉유	寅인	酉유	寅인	子자	巳사	卯묘	申신
墓·묘	未미	戌술	戌술	丑축	戌술	丑축	丑축	辰진	辰진	未미
絶·절	申신	酉유	亥해	子자	亥해	子자	寅인	卯묘	巳사	午오
胎·태	酉유	申신	子자	亥해	子자	亥해	卯묘	寅인	午오	巳사
養·양	戌술	未미	丑축	戌술	丑축	戌술	辰진	丑축	未미	辰진

三. 胞胎 十二運星 發用形象的 觀察

인간이 세상에 태어나서 죽을때까지의 과정에 따라 논한 학설 이다. 즉 인간은 처음 잉태 (胎) 임신중을 胎라 칭하게 되는 것

되는 것이다. 이 胎는 어떠한 형상으로 차츰 형성되어 나갈뿐 아직 뚜렷한 형체가 나타나 있지 않는것과 같이 그운에 있어서도 胎運은 어떠한 지망 또는 어떠한 업체가 腹案으로만 구성되었을 뿐 뚜렷이 化現되어 나오지 못하는 형상이다.

다음 人生은 懷胎되면 腹中에서 무럭무럭 성장하는 법이니 그자라나는 것을 養이라 칭하게 되는 것이다. 이 養運은 만사가 漸漸 養成一路로 전진하게 되는 것이다. 다음 人生에 있어서는 기간 腹中에서 養育된 연후 現世에 出生되는 것이니 이것을 生이라 칭하게 되는 것이다. 이生은 形成된 胎가 양육되어 완전히 어떠한 형체가 발생하여 漸漸발달하여 나가는 형상이다.

다음에 인생은 出生하면서 沐浴하게 되는 것이니 이것을 浴이라 칭하게 되는데, 이 沐浴은 물에 넣었다 내었다 하는것과 같이 運에 있어서도 浴運은 苦運에 빠졌다 樂에 나왔다하며 사회조류에 洗鍊되며 성패빈번한 형상이라고 본다. 또한 沐浴한 후에는 옷을 입고 띠 (帶) 를 매게되는 法이니 이것을 冠帶라 칭하는 것이다. 이 冠帶는 上下의복을 갖추어 입는것과 같이 그 運에 있어서도 冠帶運은 上下정비하여 過去의 苦를 옛 말하면서 만인의 존경을 받게되며 외부적 미관과 내부적 실질을 갖추어 實事求正의 미를 획득하게 되는 것이고, 다음 冠帶를 갖춘후 官位에 임하는 것이니 그것을 臨冠이라 칭하게 되는 것이다. 그 冠에 臨하게되면 日益으로 勢力을 확대하려는 것과 運에 있어서도 臨冠運은 모든일이 上昇하며 노력이 날로 번영하여 지는 것이니 이것을 旺이라 칭하게 되는 것이다.

故로 이 旺은 臨官하여 그의 세력이 극도로 上昇하여 以上 더 進展할 수 없는것과 같이 그運에 있어서도 旺運은 모든 사물을 완전히 왕성하여 이상더 진취할 수 없는 만족을 채우게 되는 형상이고 이와같이 혈기왕성한 시기를 지나면 노쇠하여지는 法이니 이것을 쇠라 칭하게 되는 것이다. 이 쇠는 氣가 盡하여 감퇴하다시피 運에 있어서도 모든 사물이 漸退하는 형상이니 昨成今破요 富去貧來의 悲事가 있게되며 또한 人生이 노쇠하면 病이 드는 法이니 이것을 病이라 칭하였다.

病이 들면 혈액이 잘 순환되지 못하고 呻吟이 많다시피 運에 있어서도 病運은 자력융통이 여의치 못하고 또는 간단히 중단되어 고심하게 되어 人生은 病들면 죽는 法이니 이것을 死라 칭하였다. 이 死는 혈압이 통하지 못하고 호흡이 불가능하고 맥박이 높지 못하는 것과 같이 運에 있어서도 死運은 모든 자력이 동결되며 집약이 불능하고 사물을 좀더 활용할 수 없다시피 종식되는 것이고, 다음 人生이 死하면 무덤으로 화하는 법이니 이것을 墓라고 칭하는 것이다. 이 墓는 死體 (즉시체) 를 收藏하게 되는 것이며 다음 人生이 죽어 墓에 들어가면 絕滅하게 되는 것이니 이것을 絕이라고 칭하게 되는 것이다.

이 絕은 아무런 形體없이 寂寞한 상태이므로 그運에 있어서도 絕運은 모두 사물이 절멸되어 영원한 상태에 의하여 다음 起生을 기대하고 있는 형상이라 하겠다. 絕은 다시 絕處逢生으로 起絕하는 형상이되어 이것을 絕이라고도 하고 또 胞라고도 칭하게 되는 것이다.

四. 十二運星의 표출 방법

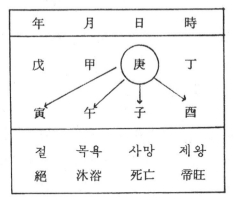

이상 도표와 같이 본인의 四柱日辰 天干을 주동으로 (도표참고) 寅午子酉순으로 표출하면 된다. 十二運星은 앞으로 계속 사용하여야함으로 반드시 암기하기 바란다.

다음은 암기하기 쉬운 방법을 적는다.

甲亥乙午·丙戊寅하니 丁己酉라 庚巳난네 辛子가 壬申 癸卯라.

五. 十二運星의 特性

① 胎= 四柱內 어디 있어도 해당주는 풍파가 있다.

② 養= 四柱內 年柱에 있으면 兩母를 섬기고 時柱에 있으면 이복자식이 있다.

③ 長生= 四柱內 어디 있더라도 장수한다.
月은 부친, 日은 본인, 時는 자식이다.

④ 沐浴= 음란하고 연정관계로 풍파 있다.

⑤ 冠帶= 성공 및 출세하게 된다.

⑥ 建祿= 재산운이 좋다

⑦ 帝旺= 왕성하고 부귀 공명한다.

⑧ 衰＝ 쇠퇴 병약 단명한다.

⑨ 病＝ 병약 단명한다.

⑩ 死＝ 조망 (早亡), 행망 (行亡), 객망 (客亡), 등의 약운이 있다.

⑪ 墓＝ 만사 쇠퇴하여지는 운세이다.

⑫ 絕·胞＝ 풍파가 생기는 운이다.

이상과 같이 설명한 내용의 年柱는 부모에 해당하고, 月柱는 형제에 해당되며, 日柱는 본인 부부에 해당되며, 時柱는 자녀에게 해당됨을 알아두어야 한다.

※ 生帶冠旺 (생대관왕) 四개가 吉하다.

※ 衰病死絕 (쇠병사절) 四개는 凶하다.

※ 浴墓胎養 (욕묘태양) 四개는 吉凶중간이다.

六. 十二運星의 운세 해설

① 胎 (태)

丙子·丁亥·戊子·己亥·壬午·癸巳日에 출생한 사람으로 어릴 때 허약하며 재물운은 비교적 吉하나 성격이 변덕과 반발심이 강하며 부모와 인연이 박하며 재혼등을 하는 경우가 있다.

② 養 (양)

甲戌·乙未·庚辰·辛丑日生으로 부모운이 없으며 남녀모두 호색가로 재혼 또는 부부풍파가 있게되며, 혹 효자 효부가 있기도하다. 성격은 매우 저항심이 많다.

③ 長生 (장생)

丙寅·丁酉·戊寅·己酉·壬申·癸卯日生으로 언어 행동이 올바르며 부부간 화목하고 자손들이 매우 발전적이다.

④ 沐浴 (목욕)

甲子・己巳・庚午・辛亥日生으로 부모와 인연이 없으며 타향살이 하면서 자수성가 하게되며 부부가 불화하고 남녀모두 음란하다.

⑤ 冠帶 (관대)

丙辰・丁未・戊辰・己未・壬戌・癸丑日生으로 성격이 총명하고 타인의 총애를 받으면서 일생을 보내고 부부운도 매우 吉하다.

⑥ 建祿 (건록)

甲寅・乙卯・庚申・辛酉日生으로 겸손하고 재능있고 세인의 모범이되며 중년부터 발전운이 있는자다.

⑦ 帝旺 (제왕)

丙午・丁巳・戊午・己巳・壬子・癸亥日生으로 胎病亡墓가 四柱內에 있으면 생가를 버리고 타향살이하며 부부운도 흉하게 된다. 癸亥・丙午日生이 午月에 출생하거나, 壬子日生이 子月, 丁巳日生이 巳月에 출생한 사람은 부모가 조망할 경우가 있다.

⑧ 衰 (쇠)

甲辰・乙丑・庚戌・辛未日生인데 겸손하고 고지식하여 교편, 의사 종교인등의 팔자나 부부이별 자손운도 凶하다.

⑨ 病 (병)

丙申・丁卯・戊寅・癸酉日生인데 몸이 허약하고 부모의 재산을 상속치 못하며 혹 상속하게되면 부부운이 매우 凶하게 된다. 자손 역시 허약하고 사업에 실패를 거듭한다.

⑩ 死 (사)

甲午・乙亥・庚子・辛巳日生인데 조실부모하며 재산을 상속하면 부모와 원한을 사게되며 성질이 조급하나 결단성이 있고 부부운은 凶하다.

⑪ 墓 (묘)

丙戌·丁丑·戊戌·己丑·壬辰 癸未日에 출생한자로서 부모 형제 사이가 나쁘다. 그러나 재산복은 많으나 중년이후에는 다소 쇠퇴 된다고 본다.

⑫ 胞 (포)

胞는 絶이라고도 한다. 甲申·乙酉·庚寅·辛卯日에 출생한자로 서 초년은 좋은 운이나 말년이 흉함이 있다. 또한 주색으로 자기 운을 스스로 망치는 경우가 발생한다.

第四章 知子論

一. 十二星 知子法

이법은 天干對 生時地支로 보는데

生時에 死宮이 臨하면 無子요, 生時에 墓宮이 臨하면 一子요

生時에 絶宮이 臨하면 一子요, 生時에 胎宮이 臨하면 一子요

生時에 養宮에 臨하면 三,四子 낳으나 二子가 종신한다.

生時에 生宮에 臨하면 五·七子다.

生時에 浴宮에 臨하면 二子요, 生時에 帶宮에 臨하면 三子요

生時에 冠宮에 臨하면 三子요, 生時에 旺宮에 臨하면 五子요

生時에 衰宮에 臨하면 二子요, 生時에 病宮에 臨하면 一子요.

◎ 知子 速見表

十二星	生	浴	帶	冠	旺	衰	病	死	墓	胞	胎	養
子孫數	五 合七	二	三	三	五	二	一	無	一	一	一	三四 中二

〔연구〕

乙日　申時는　胎宮으로서　一子에　該當되나　乙日의　아들은 庚
金陽官이요　庚金의　祿이　臨하여　三子를　두게　되는　것이　많다. 丙
日亥時　역시　絕宮으로서　〈胞〉一子에　해당되나　丙日의　陽官　즉
壬水의　祿官은　亥의　分野祿으로　三子를　두는　것이　많다.　甲子日
甲子時는　　庚金〈아들〉의　死宮으로서 (甲의　子孫은　庚金　七
殺이며　庚金은　子時에　死宮이되는　것이다)　無子라고　말하고　있으
나　沐浴宮으로　二子을　두는것이　많다고들　한다.

戊日　丁巳時는　양자를　키워줌이　있으며　卯日酉時　酉日卯時는　無
子하는　경우가　대부분이다.

이　法은　子孫을　보는것과　같이　日干對月支로　兄弟數를　보는　것
이다.

第五章　月建分野 및 五行暗藏法

一. 十二支　暗藏法 (암장법)

六神法 (六親法)에서　사용되는　法이다.　즉　巳와　亥는　陰이지
만　작용은　巳中丙戊庚　亥中壬甲을　각각　사용하여　또　子와　午는　陽
이지만　작용면에　있어서는　子는　子中癸水, 午는　午中丁火・己土를
각각　사용함으로써　음양을　달리하고　있는것이다.

◎ 十二支　암장법　도표

地支	子	丑	寅	卯	辰	巳	午	未	申	酉	戌	亥
藏干	癸	己辛癸	甲丙	乙	戊乙癸	丙戊庚	丁己丁	己乙丁	庚壬	辛	戊丁辛	壬甲

二. 五行 藏干造化圖 (장간조화도)

五行 장간조화도 또는 月建分野도라고 부르는데 各月에 氣의 配布는 다음 도표로 설명코자 한다.

申		酉		戌		亥	
戊己共七日	二分	庚 十日	三分	辛 九日	三分	戊 七日	二分
壬 七日	二分			丁 三日	一分	甲 七日	二分
庚 十六日	五分	辛 二十日	六分	戊 十八日	六分	壬 十六日	五分

未		五行藏干造化圖	子	
丁 九日	三分		壬 十日	三分
乙 三日	一八分			
己 十八日	六分	(月建分野)	癸 二十日	三分

午			丑	
丙 十日	三分		癸 九日	三分
己 十日	一分		辛 三日	一分
丁 十一日	二分		己 十八日	六分

巳		辰		卯		寅	
戊 七日	二分	乙 九日	三分	甲 十日	三分	戊 七日	二分
庚 七日	二分	癸 三日	一分			丙 七日	二分
丙 十六日	五分	戊 十八日	六分	乙 二十日	六分	甲 十六日	五分

初氣 (초기) · 中氣 (중기) · 正氣 (정기) 를 알아야 한다.   초
기라는 것은 入節 (입절) 한 후에도 전월 기운이 아직 다 가지 않
은 채 入節 (입절) 한 달의 氣運 (기운) 이 시작하는 단계를 말하
는 것이며, 中氣는 초기와 정기를 제외한 중간의 氣를 말하며, 正
氣 (정기) 는 그 달의 주인공이 되는 氣運을 말하는 것이다. 그러
므로 다음 도표로서 자세히 구분하기로 한다.

※ 도표 ①

月 \ 氣區分	初　　　氣	正　　　　氣
子 (十一月)	壬이 十日 三分	癸가 二十日 三分
午 (五　月)	丙이 十日 三分	己가 十日 一分, 丁이 十一日 二分
卯 (二　月)	甲이 十日 三分	乙이 二十日 六分
酉 (八　月)	庚이 十日 三分	辛이 二十日 六分

※ 도표 ②

月 \ 氣區分	初　氣	中　氣	正　　氣
寅 (正)	戊 七日 二分	丙 七日 二分	甲 十六日 五分
申 (七)	戊 七日 二分	壬 七日 二分	庚 十六日 五分
巳 (四)	戊 七日 二分	庚 七日 二分	丙 十六日 五分
亥 (十)	戊 七日 二分	甲 七日 二分	壬 十六日 五分

※ 도표 ③

月＼氣區分	初　　氣	中　　氣	正　　氣
辰 (三)	乙 九日 三分	癸 三日 一分	戊 十八日 六分
戌 (九)	辛 九日 三分	丁 三日 一分	戊 十八日 六分
丑 (十二)	癸 九日 三分	辛 三日 一分	己 十八日 六分
未 (六)	丁 九日 三分	乙 三日 一分	己 十八日 六分

설명 ; 一月 五日에 입춘절 (立春節) 이 입절 (入節) 하고 一月 十一
日에 출생하였으면 표② 도표를 보면 寅月란에 초기 (初氣)
「戊土」가 七日 二分으로 되어 있다. 그러므로 아직 완전히
丙火와 甲木氣가 발동을 하지 못하는 때이다. 전월 (前月)
「丑土」의 土氣 分野에 배속하였다가 一月 十二日이 지나면
서 八日간 (五日 立春부터 八日間, 戊土 分野를 넘어 十二
日) 즉 一月 十九日까지는 丙火 分野에 들어 丙火의 氣를
행사하고, 一月 二十日이 지나면서 다음 달 二月 五日 경에
야 완전한 甲木의 分野로서 행세를 하게 된다고 본다.

第五編 六神(六親)의 構成

六神을 六親이라고 하는데 흔히 六神을 配合하여야 한다고들 말하고 있다. 즉 五行(木水土金火)이 陰陽으로 구분되어 있기 때문에 이것이 소위 六親과 배합하는 동기가 되는 것이다.

六親이란 부모·형제·처·자식·자신(본인=아신)을 말함이다.

第一章 六神 작성법 및 배합법

一. 六神(육신) 작성의 요령

다음 표에서와 같이 日天干을 중심으로 표출 작성한다.

육신	四	柱	天 干	地 支	음양오행
年	戊	寅	상 관	인 수	양 양
月	丁	卯	비 견	편 인	음 음
日	丁	丑	아 신 (본인)	식 신	음 음
時	壬	子	정 관	편 관	양 음

※ 六神法에서의 음양·五行(음양에 일부 예외가 있음을 유의할것)

五 行	木	木	火	火	土	土	金	金	水	水
음 양	양	음	양	음	양	음	양	음	양	음
天 干	甲	乙	丙	丁	戊	己	庚	辛	壬	癸
地 支	寅	卯	巳	午	辰戌	丑未	申	酉	亥	子

二. 配合 六神 (배합육신)의 의미

◎ 比肩·劫財 (비견·겁재) = 兄弟 (형제)

◎ 食神·傷官 (식신·상관) = 子孫 (자손)

◎ 偏財·正財 (편재·정재) = 財星 (재성)·妻財 (처재)

◎ 偏官·正官 (편관·정관) = 官殺 (관살)

◎ 偏印·印綬 (편인·인수) = 父母 (부모)

　다시 상세히 기술하면

◎ 比肩 (비견) = 형제·친구·남편 또는 처

◎ 劫財 (겁재) = 비견과 같으나 이복 형제

◎ 食神 (식신) = 남자에게는 장인·손자·편모, 여자에게는
배다른 자식

◎ 傷官 (상관) = 배다른 자식 또는 수술 건강

◎ 偏財 (편재) = 남자에게는 아버지와 처, 여자에게는 아버지
와 재취인 시어머니

◎ 正財 (정재) = 남자에게는 본처, 여자에게는 시어머니

◎ 偏官 (편관) = 남자에게는 친자식, 여자에게는 정혼의 남편

◎ 正官 (정관) = 남자에게는 배다른 자식, 여자에게는 정부·
조모

◎ 偏印 (편인) = 남자에게는 생부모·계모·유모, 여자에게는
어머니·형제

◎ 印綬 (인수) = 남자에게는 친어머니·양모·계모·유모, 여
자에게는 어머니·사촌형제

三. 六神 (六親) 通變 (통변)의 구성

㉮ 陽星 인수 (印綬)는 母이고 편재 (偏財)는 父로 본다.

㉯ 陰星 정재 (正財)는 父이고 편인 (偏印), 인수 (印綬)는 母
로 본다. 그러므로 男女 모두 인수는 父母星이다.

㉰ 男子는 日干이 충 (沖) 하는 財는 처성 (妻星)으로 본다.

㉱ 男子는 日干을 충 (沖) 하는 官殺은 子女로 본다.

㉲ 男女 모두 비견·겁재는 형제로 본다.

㉳ 女子는 日干을 충 (沖) 하는 官殺은 夫星이다.

㉴ 女子는 日干이 生하는 食神 (식신), 傷官 (상관)은 子星
이다.

四. 宮位 (궁위)

年柱는 조모이며 가정이고
月柱는 부모 형제이며
日柱는 부부궁 이다.
時柱는 자녀궁이다.

五. 六神 암기법

① 비견·겁재＝日干을 돕는다.
② 식신·상관＝日干을 生하여 주며, 힘을 빼므로 약해진다.
③ 편재·정재＝日干이 충하여 주므로 日干이 약해진다.
④ 편관·정관＝日干을 충하므로 日天干은 약해진다 (관살이다)
⑤ 편인·인수＝日干을 生하여 준다.

六. 六神의 구성상의 원리

① 비견＝日干과 五行이 同一하고 陰陽이 同一하다.

② 겁재＝日干과 五行이 同一하나 陰陽이 다르다.

③ 식신＝五行 日干이 生하는 것으로 陰陽이 同一하다.

④ 상관＝五行 日干이 生하는 것으로 陰陽이 다르다.

⑤ 편재＝五行 日干이 冲하고 음양이 동일하다.

⑥ 정재＝五行 日干이 冲하고 음양이 다르다.

⑦ 편관＝五行上 日干을 冲하는 것으로 陰陽이 同一하다.

⑧ 정관＝五行上 日干을 충하는 것으로 陰陽이 다르다.

⑨ 편인＝五行上 日干을 生하며 음양이 같다.

⑩ 인수＝五行上 日干을 生하나 陰陽이 다르다.

七. 六神 도표(天干에 의한 六神 早見表)

◎ 天干에 의한 六神 早見表

六神 (六親) ＼ 陰陽 日柱	陽 甲	陰 乙	陽 丙	陰 丁	陽 戊	陰 己	陽 庚	陰 辛	陽 壬	陰 癸
印綬·인수	癸	壬	乙	甲	丁	丙	己	戊	辛	庚
偏印·편인	壬	癸	甲	乙	丙	丁	戊	己	庚	辛
比肩·비견	甲	乙	丙	丁	戊	己	庚	辛	壬	癸
劫財·겁재	乙	甲	丁	丙	己	戊	辛	庚	癸	壬
食神·식신	丙	丁	戊	己	庚	辛	壬	癸	甲	乙
傷官·상관	丁	丙	己	戊	辛	庚	癸	壬	乙	甲
正官·정관	辛	庚	癸	壬	乙	甲	丁	丙	己	戊
偏官·편관	庚	辛	壬	癸	甲	乙	丙	丁	戊	己
正財·정재	己	戊	辛	庚	癸	壬	乙	甲	庚	丙
偏財·편재	戊	己	庚	辛	壬	癸	甲	乙	丙	丁

八. 六神도표 (地支에 의한 六神 早見表)

◎ 地支에 의한 六神 早見表

六神 (六親) ＼ 日柱	陽 甲	陰 乙	陽 丙	陰 丁	陽 戊	陰 己	陽 庚	陰 辛	陽 壬	陰 癸
印綬・인수	子	亥	卯	寅	午	巳	丑未	辰戌	酉	申
偏印・편인	亥	子	寅	卯	巳	午	辰戌	丑未	申	酉
比肩・비견	寅	卯	巳	午	辰戌	丑未	申	酉	亥	子
劫財・겁재	卯	寅	午	巳	丑未	辰戌	酉	申	子	亥
食神・식신	巳	午	辰戌	丑未	申	酉	亥	子	寅	卯
傷官・상관	午	巳	丑未	辰戌	酉	申	子	亥	卯	寅
正財・정재	丑未	辰戌	酉	申	子	亥	卯	寅	午	巳
偏財・편재	辰戌	丑未	申	酉	亥	子	寅	卯	巳	午
正官・정관	酉	申	子	亥	卯	寅	午	巳	丑未	辰戌
偏官・편관	申	酉	亥	子	寅	卯	巳	午	辰戌	丑未

九. 六神의 解說上의 요소

① 비견
   남자＝형제, 친구, 신규사업
   여자＝남편, 친구, 형제, 신규사업
② 겁재
   남자＝장모, 장인, 손자, 사업시작
   여자＝배다른 형제 겁탈당함. 손재

③ 식신

　　남자=수술건강 재산상의 손재, 재혼으로 온 장모

　　여자=자식, 조카, 손자, 나의 도움을 받는 자

④ 상관

　　남자=구설수 수술건강 조모

　　여자=배다른 자식, 수술건강

⑤ 편재

　　남자=부친, 처 또는 사기 당하는 등

　　여자=부친, 시어머니, 손자, 식록

⑥ 정재

　　남자=정처 (본처) 재산상의 수입

　　여자=시어머니 또는 재산상의 수입

⑦ 편관

　　남자=친자식

　　여자=결혼하지 않은 남자 또는 간부 및 귀신이라 한다.

⑧ 정관

　　남자=관록, 관재, 관살

　　여자=남편, 조모, 이복자식

⑨ 편인

　　남자=문서, 계약, 계모, 조부

　　여자=문서, 계약, 형제, 어머니

⑩ 인수

　　남자=학문, 시험합격, 명예

　　여자=학문, 친정어머니, 시험합격

十. 六神 (六親) 法의 研究

印綬라 함은 나를 生하여 주는것을 말한다.　如甲乙日生은　五行으로 木이며 木을 生하는 者가 水星인데 壬癸亥子라.　故로 甲乙日에 인수는 壬癸亥子되는 것이다.　丙丁日生은 丙丁은　火요 火를 生하는 자는 木星이 되는 것인데 木星은 甲乙寅卯라.　그러므로 丙丁日에 인수는 甲乙寅卯가 되는 것이다.

다음 比肩 比劫은 나와 동등한 자를 말하는 것인데 如 甲乙日은 五行으로 木이요, 木과 같은 자 역시 木이다.　故로 甲乙日에 비견겁재는 甲乙寅卯가 되는 것이다.　丙丁日生은 火요 火는 같은 자 역시 火가 된다.　故로 丙丁日에 비견겁재는　丙丁巳午가 되는 것이다.

또한 식신상관이라 함은 자신이 他를 生하여 주는 것을 말함인데 如 甲乙日生은 木이요, 木이 生하는 자는 火星인데 火는　丙丁巳午가 된다.　故로 甲乙日에 상관 식신은 丙丁巳午가 되는 것이다.

丙丁日生이라면 丙丁은 火요 火가 生하는 자는 土星　卽　戊己辰戌丑未가 된다.　故로 丙丁日生 상관식신은 戊己辰戌丑未가 되는 것이다.

官鬼라 함은 他가 나를 剋하는 者를 말하는데 如　甲乙日生은 木이요, 木을 剋하는 자는 金星 卽 庚辛申酉라, 故로 甲乙日에 官鬼는 庚辛申酉가 되는 것이고 또 丙丁日은 火요, 火를 剋하는 자 水星 卽 壬癸亥子가 된다.　故로 丙丁日의 官鬼는 壬癸亥子가 되는 것이다.　以下 戊己, 庚辛, 壬癸의 官鬼도 동일하다.

다음은 상세히 六神을 설명코져 한다.

1. 印綬 · 偏印

正印 · 偏印의　區別

印綬를 다시　正印 · 偏印으로 분석 구별하는데　陰見陽, 陽見陰式으로 음양이　相對가 되어　生하는 것을　正印이라고 하며,　陰見陰, 陽見陽式으로　陰陽이　偏重되어　生하는 것을　偏印이라고 칭하게 된다.

甲乙生이라면　甲은　陽木이요,　陽에　正은　陰이고　印綬는　水星이니　陰水 즉　癸와　子 (子中癸水作用)　水는　甲木의　正印이　되는 것이며, 또　甲陽木에　偏은　亦是　陽이요, 인수는　水星이니　陽水 즉　壬亥 (亥申壬水作用)水는　甲木의　偏印이 되는 것이라 하겠다.

乙日生이라면　乙은　陰木이요,　陰에　正은　陽이고 인수는　水星이니,　陽水 즉　壬水와　亥水는　乙木의　正印이 되는 것이다.

乙木　陰에　偏은 역시　陰이요, 인수는　水星이니　陰水 즉　癸水와　子水는　乙木의 편인이 되는 것이다.　이상　戊己, 庚辛, 壬癸日도 동일하게 본다.

偏印을　一名　倒食이라고도 하는데 그 이유는　食神星을　打倒시키는 까닭이라 한다.

예를들면　甲日生의　食神은　丙火요　偏印은　壬水가 되는데　壬水偏印은　丙火,　食神을　水尅火로　打倒하는 까닭이라 하겠다.　따라서　四柱에 식신이 작용하는 경우 편인이 있으면 편인은　倒食이라 호칭하고 편인이라 칭하지 않는다.　이외에　日柱地支에서　天干을　生하는　梟神 즉　偏印(集神殺참고)과　天干　地支가 모두　偏印으로서 나를　生하는　集印이 있다.

2. 比肩 · 劫財

比肩 · 劫財의　區別

比肩比劫을　分析, 區別하는 것인데　陰見陽, 陽見陰式으로　陰陽

이 正으로 同類임을 比劫이라 칭하고 陰見陰, 陽見陽式으로 陰陽
이 偏으로 同等함을 比肩이라 칭한다.

甲日生이라면 甲은 陽木이요, 이에 對한 正同數 卽 陰木은 乙
과 卯이니 甲木에 比劫은 乙과 卯가 되는 것이고, 또 甲木陽日에
즉 陽木은 甲과 寅이 되는 것이니 甲에 比肩은 甲과 寅이 되는
것이다.

乙日生은 乙은 陰木이요, 이에 對한 正同類 즉 陽木은 甲과 寅
이 되는 것이니 乙에 比劫은 甲과 寅이 되는 것이고, 乙木陰日에
偏同類 즉 陰木은 乙과 卯이니 乙日에 比肩은 乙과 卯가 되는것
이다. 이하 丙丁, 戊己, 庚辛, 壬癸日로 동일하다. 以外에 陽日生
이 見比劫을 劫財라 하고 陰日生의 見比劫을 敗財라고도 칭한다.

3. 傷官・食神

傷官 食神의 區別

傷官 食神을 分析 區別하는데 陰見陽, 陽見陰式으로 陰陽이 相對
되어 자신이 生함을 傷官이라 칭하고 또 陰見陰, 陽見陽式으로 陰
陽이 偏重되어 자신이 生함을 食神이라 칭한다.

甲日生이라면 甲은 陽木이요, 陽木이 生하는 陰火子孫 (便宜上
食神을 陽子孫傷官을 陰子孫으로 표기한다)은 丁과 午가 (午中丁
火作用)이니 甲日에 傷官은 丁과 午가 되는 것이고 또 陽 甲木日
에 生하는 陽火 子孫은 丙과 巳 (巳中丙火作用)이니 甲日에 食神
은 丙과 巳가 되는 것이다.

乙日生이라면 乙은 陰木이요, 陰木이 生하는 陽火子孫은 丙과
巳이니 乙日에 傷官은 丙과 巳가 되는 것이고, 또 陰木이 生하는
陰火子孫은 丁과 午이니 乙日에 食神은 丁과 午가 된다.

以外에 傷官을 盜氣라고도 하는데 그 이유는 我生者로서 나의

氣가 盜氣되기 때문이다. 그래서 딸 子孫에 예쁜盜賦이라고 하
는 그 理由도 여기에 있는 것이고, 또 食神을 수성(壽星)이라고도
하는데 그 理由는 養命之源이 되는 財를 生하는 까닭이고 나를
尅하는 七殺偏官을 制하는 까닭이다 (七殺외 七殺의 作用) 財가 있
어야 生活하며 수명을 연장하기 때문에 財를 養命之源이라고 한
다. 가령 甲日生의 財는 戊己土.요, 食神은 丙火로 丙火 食神은
生戊己土財함으로 養命이 되고 또 甲에 食神은 丙火요, 甲에 七殺
은 庚金이 되는데 丙火 食神은 나를 尅하는 庚金七殺을 制하여
수명을 연장하여 준다. 고로 食神을 一名 수성(壽星)이라 고도
한다.

4. 正官・偏官

正官・偏官의 區別

官殺은 다시 正官, 偏官으로 分析區別 하는데 陽見陰, 陰見陽으
로 陰陽이 相對되어 尅하는 것을 正官이라 하고 陰見陰, 陽見陽
式으로 陰陽이 偏重되어 尅하는 것을 偏官이라 칭한다.

甲日生이라면 甲木은 陽木이요, 陽木에 正은 陰이고 官鬼는 金
星이니 즉 辛과 酉는 正官이 되며, 또 甲木에 偏은 역시 陽이요,
官鬼는 金星이니 즉 陰木이요, 陰木에 正은 陽이고 官鬼는 金星이니
즉 庚과 申은 乙木에 正官이 되는 것이고, 또 陰木에 偏은 陰이
니 官鬼는 金星으로 즉 辛과 酉는 乙木에 偏官이 되는 것이다.
이외에 偏官을 七殺이라고도 하는데 그 이유는 偏官은 모두 자신
으로부터 七位에 위치하여 我尅하는 까닭이다. 甲木日生의 偏
官은 庚金인데 甲으로부터 庚은 (甲乙丙丁戊己庚) 七位에 닿고
庚金은 甲木을 尅하게 된다.

또한 어떤 경우에 七殺이다 또는 偏官이라 칭하게 되는가하면

有制者 偏官이요, 無制者 七殺이라고 칭하고 있다.

가령 甲日生에 庚金七殺이 있는데 다시 丙火가 있어 庚金七殺을 剋하는 경우를 有制라 하고 (偏官) 丙火가 없는 경우를 無制者(七殺)라고 한다.

5. 正財·偏財

正財·偏財의 區別

妻財를 다시 正財偏財로 分析區別하는데 陰見陽, 陽見陰式 으로 陰陽이 相對되어 他를 剋하는 것을 正財라 하며 陰見陰, 陽見陽式으로 陰陽이 偏重되어 他를 剋하는 것을 偏財라 칭한다.

甲日生이라면 甲은 陽木이요, 陽에 正은 陰이고 財는 土이니 陰土 즉 己丑未는 甲木에 正財가 되며 또 陽 甲木日에 對한 偏은 역시 陽이고 財는 土이니 陽土 즉 戊辰戌은 甲木에 偏財가 된다. 以外에 財를 壞印 또는 助殺 生官이라고도 하는데 理由는 甲日生의 財는 土요, 印綬는 水로 土財는 剋水 印綬하여 破壞하므로 壞印이라 하는 것이고 또 甲木日生의 財는 土요, 官殺은 金으로 身弱(日主弱)한 경우에 土財는 生金殺하므로 因하여 助殺이라고 하는 것이다. 身强 官喪인 경우는 財는 生官하는 것이다.

十一. 六親化現法 (男命을 基準)

一. 母系論

1. 正印은 正母요, 偏印은 偏母이다.

生하여 주는 者는 인수요, 나를 世上에 낳게 하는 者, 母親이 되는데 가령 甲日에 印綬는 壬癸亥子요, 그中 癸와 子는 正印(正母=生母)가 된다. 壬과 亥는 偏印 즉 偏母(서모, 유모, 양모,

계모, 전모)가 된다. 故로 인수는 母親인데 正印은 正母, 偏印은 偏母가 되는 것이다.

2. 印綬는 外叔이요, 姨母다.

왜냐하면 外叔 姨母는 모두 母親의 兄弟姉妹가 되는데 (인수의 비견 겁재)如 甲日의 母親 壬癸亥子의 형제는 역시 壬癸亥子가 된다.   고로 인수는 外叔이요, 姨母가 되는 것이라 하겠다.

3. 偏官은 外祖母이다.

外祖母는 나의 母親의 母親 다시 말하여 인수의 인수가 되는데 如甲日生의 母親 癸子水 正印에 母親 正印은 庚金이 되는 것이요, 庚金은 甲日對 偏官이 되는 것이다.   故로 偏官은 外祖母가 되는 것이다.   이상을 도표로 설명코져한다.

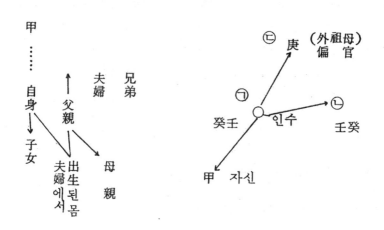

※ 도표설명

甲 자신   ㉠ 正印   ㉡ 外叔   ㉢ 外祖母
              生母   姨母

二. 父系論

1. 偏財는 父親이 된다.

父親은 母親의 男便인데 如 甲日生의 生母는 癸子水 正印이 된다. 그 癸子水 男便 즉 正印의 正官은 戊辰戌土요, 이는 甲日對 偏財가 된다. 故로 偏財는 父親이 된다.

2. 偏印은 祖父가 된다.

祖父는 父親의 父親 卽 偏財의 偏財가 되는데 如 甲日生의 偏財는 戊辰戌土요, 戊辰戌의 偏財는 壬亥水가 된다. 이 壬亥水는 甲日의 偏印이 되니 偏印은 祖父가 되는 것이라 하겠다.

3. 傷官은 祖母이다.

祖母는 父親의 母親이요, 祖父의 正妻다. 즉 偏財의 正印이요, 偏印의 正財다. 如 甲日의 父親은 戊辰戌 偏財요, 戊辰戌 父의 生母는 丁午火가 되고 甲日의 祖父 偏印은 壬水의 正財를 丁午火라 연이나 이 丁午火는 甲日의 傷官이 되므로 偏官은 祖母가 된다.

4. 正財는 姑母, 叔父다.

姑母, 叔父는 父親의 兄弟 卽 偏財의 비견겁재가 되는데 甲日生의 偏財 父親은 戊辰戌土요, 土의 比肩比劫은 亦是 戊己辰戌丑未로 이는 甲日對 正偏財가 되므로 正偏財는 姑母, 叔父가 된다.

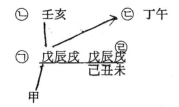

甲 = 자신	㉠ = 父親
㉡ = 祖父	㉢ = 祖母
㉣ = 姑母, 叔父, 伯父	

三. 子孫系論

1. 偏官은 아들이다.

아들이란 나의 처가 낳은 陽子孫인 까닭이다. 如 甲日生의 正妻는 己丑未土요, 그 土가 生하는 陽 子孫은 庚申金이요, 이는 甲日對 偏官이 되므로 偏官은 아들이 되는 것이라 보겠다.

2. 正官은 딸이다.

딸이란 妻가 낳은 陰子孫이기 때문이다. 如甲日生의 妻는 己丑未 土요, 이 土가 낳은 陰子孫은 辛酉金이요, 이는 甲日對 正官이 됨으로 正官은 女息이 되는 것이다.

3. 食神은 孫子다.

孫子는 아들의 아들이 되는데 즉 偏官의 偏官으로 甲日의 子孫은 庚金, 偏官이요, 庚申金의 丙巳火가 되므로 食神은 孫子가 되는 것이다.

4. 傷官은 孫女이다.

孫女는 아들의 딸 즉 傷官의 正官이 되는데 如甲日生의 아들은 偏官, 庚金이요, 庚申金딸 正官은 丁午火가 되는데 이는 甲日對 傷官으로 孫女는 傷官이 된다.

5. 比劫은 子婦이다.

子婦는 아들의 처 즉 偏官의 正財가 되는데 甲日生에 偏官은 庚申金이요, 이에 妻財는 乙卯木으로 이는 甲日對 比劫이 된다. 고로 比劫은 子婦이다.

6. 正官은 孫婦이다.

孫婦는 孫子의 妻 즉 食神의 正財가 되는데 如 甲日의 孫子는 丙巳火요, 이에 妻 즉 正財는 辛酉金으로 이는 甲日對 正官이 되

므로 正官은 孫婦이다.(도표참조)

甲 = 자신　㉠ = 아들
㉡ = 딸　　㉢ = 손자
㉣ = 손녀　㉤ = 자부
㉥ = 손부

四. 妻系論

1. 正財는 妻 偏財는 妾이 된다.

妻妾은 자신이 尅하는 者인데 如 甲日生이라면 戊己辰戌丑未가
되는데 이中 戊辰戌은 陽으로 偏財 즉 偏妻(소실, 애인, 재처)가
되고 己丑未는 陰士로서 正財가 된다. 故로 正財는 正妻요, 偏財
는 偏妻가 되는 것이다.

2. 正財, 偏財는 妻兄弟이다.

妻男兄弟는 妻의 兄弟 즉 正財의 比肩, 比劫이 되는데 甲日生의
妻 己丑未土의 兄弟는 역시 戊己辰戌丑未로 이는 甲日對 正財 偏
財가 되므로 正偏은 妻男兄弟가 된다고 본다.

3. 食神은 丈母이다.

丈母는 妻의 生母 즉 正財의 正印이 되는데 甲日生의 처는 己
丑未土요, 이에 생모는 丙巳火가 되는데 이는 甲日對 食神이 된다.
故로 食神은 丈母가 된다.

4. 正印은 丈人이다.

丈人은 丈母의 男便 즉 食神의 正官이 되는데 如 甲日生의 食神
丈母는 丙巳火요 이에 남편 正官은 癸亥가 되는데 이는 甲日對 正

印이 되는 것이다. 고로 正印은 丈人이 된다.

五. 女系論

　1. 正官은 딸이다.

딸은 妻가 낳은 陰子孫이 되는데 如 甲日生이라면 그의 妻　己
丑未土가 生하는 陰子孫은 辛酉金인데 이는 甲日對 正官이 된다.
고로 正官은 딸이 되는 것이다.

　2. 食神은 사위가 된다.

사위는 딸의 男便 즉 正官의　正官이 되는데 如 甲日生 이라면
딸은 正官이요(辛酉金) 正官 딸의 辛金 男便은 丙巳火가 되는데
이는 甲日對 食神이 된다. 故로 사위는 食神이 된다.

　3. 比劫은 딸의 媤母다.

딸의 媤母는 사위의 生母 즉 食神의 正印이 되는데 如　甲日生
人의 사위는 丙巳火요 이에 正印은 乙卯木으로 이는 甲日對　比劫
이 된다. 그러므로 比劫은 딸의　媤母가 되는 것이다.

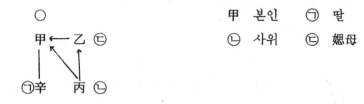

甲 본인　　㉠ 딸

㉡ 사위　　㉢ 媤母

六. 兄弟系論 (男兄弟)

　1. 比肩, 比劫은 兄弟姉妹가 된다.

형제자매란 나와 같은 자 즉 比我者를 말하는데 如 甲日生 이라

면 甲은 陽木이요 이와 같은 자 甲寅木은 兄弟가 되는 것이요 또 乙卯木은 같은者 陰木으로서 陰陽同氣間이니 姉妹가 되는 것이다. 고로 比肩, 比劫은 형제자매가 된다.

2. 正財, 偏財는 형제嫂가 된다.

兄弟嫂는 형제의 처 즉 비견겁재의 財를 말하며 甲日生의 형제는 역시 甲乙寅卯木이 된다. 甲乙木은 妻財는 戊己辰戌丑未土 가 되는데 이는 甲日對 正財 偏財가 된다. 그러므로 正財, 偏財는 형제嫂가 되는 것이라 하겠다.

3. 正官, 偏官은 姪子 姪女가 된다.

姪子 姪女는 형제의 아들 딸인데 如甲日生의 형제는 역시 갑을목(甲乙木)이며 이에 子孫은 正官, 偏官이 되니 庚申, 辛酉라 이는 甲日對 正官 偏官이 된다. 고로 正官 偏官은 姪子 姪女가 된다.

七. 姉妹系論 (女兄弟)

1. 比肩, 比劫은 姉妹가 된다.

比肩, 比劫은 나와 같은 자 比我者를 말하는데 이는 곧 동기간이다. 고로 比肩, 比劫은 姉妹가 되는 것이다.

2. 正官, 偏官은 妹夫다.

妹夫는 女兄弟의 男便인데 如 甲日生의 女兄弟는 역시 甲乙木이요, 이에 男便은 庚申辛酉라 이는 甲日對 正偏官이 된다. 즉 正官, 偏官은 妹夫 (妹兄, 妹弟)가 된다.

3. 傷官 食神은 甥姪 甥姪女가 된다.

甥姪 甥姪女는 女兄弟가 낳은 子女인데 如 甲日生이라면 그에

女兄弟 역시 甲乙木이 되는데 木이 낳은 者 丙丁巳午火요 이는 甲日對 傷官 食神이 된다. 故로 傷官 食神은 甥姪 甥姪女가 되는 것이다.

十二. 生尅六親 化現法 (女命基準)

女命에 있어서는 男命과 차이가 없이 공통 되는데 夫婦系와 子孫系만이 다르므로 男女가 다른 부분만 설명코져 한다.

一. 夫婦論

1. 正官은 正夫, 偏官은 偏夫가 된다.

官은 尅我者로서 나를 管制한다는 뜻으로 男便을 官으로 하기 때문이다.

如 甲日生이라면 甲木을 尅하는 者이니 正夫 偏夫가 되는 것이다. 故로 正官은 正夫 偏官은 偏夫가 된다.

2. 偏官은 媤同氣間이 된다.

偏官은 나의 男便 즉 正官의 比劫이 되는 까닭이다. 甲日生이라면 正官 男便은 辛金이요, 辛金의 형제간은 庚金인데 이는 甲日對 偏官이 된다. 따라서 偏官은 媤同氣間이 된다고 하겠다.

3. 偏財는 媤母요, 正財는 媤外叔, 媤姨母이다.

媤母는 男便의 母親 즉 正官의 正印이 되는데 如 甲日生이라면 正官 男便은 辛이요, 辛의 正印은 戊土가 되는데 이는 甲日對 偏財가 되고 媤外叔, 媤姨母는 戊土, 媤母의 比劫 즉 己土가 되는데 이는 甲日對 正財가 된다. 그러므로 偏財는 媤母, 正財는 媤姨母 媤外叔이라 하는 것이다.

4. 比劫은 媤父이다.

媤夫는 媤母의 男便 즉 偏財의 正官이 되는 까닭에 如 甲日生이라면 媤母는 戊土요, 戊土의 正官은 乙木인데 이는 甲日對 比劫이 되므로 媤父는 比劫이 되는 것이다.

5. 比肩, 比劫은 동서간이다.

동서는 나의 남편 형제간의 처 즉 정관의 比肩, 比劫의 財가 되는데 如 甲日生이라면 그에 男便은 辛金이요 辛金의 형제 比肩,比劫 역시 庚辛金이요, 庚辛金(媤同生)의 妻 甲乙木은 甲日對 比肩 比劫이다. 고로 比肩, 比劫은 동서간이 되는 것이라 하겠다.

二. 子孫論

1. 傷官은 아들이요, 食神은 딸이다.

傷官, 食神은 내가 生하는 것을 말함이요, 내가 生하는 者는 아들, 딸이 되기때문이다. 乙日生이라면 乙木이 生하는 陽子孫 즉 아들은 丙火요, 陰子孫 즉 딸은 丁火인데 이는 甲日對 傷官 食神이 되므로 상관 식신은 자손이 된다.

2. 正印은 사위가 된다.

사위는 딸의 남편 즉 食神의 正官이 되는데 如 乙日生이라면 그가 낳은 陰子孫 丁火딸의 正官은 壬水요, 壬水는 乙日對 正印이 됨으로 正印은 사위가 되는 것이다.

3. 偏官은 子婦이다.

子婦는 아들의 妻 즉 상관의 정재가 되는데 如 乙日生이라면 그가 낳은 陽子孫 丙火의 正財는 辛金이요 이는 乙木對 偏官이 되기때문에 偏官을 子婦라 하는 것이다.

4. 正印은 孫子가 된다.

손자는 아들의 아들 즉 상관의 편관이 되는데 乙日生의 陽子孫은 丙火요, 丙火의 아들 偏官은 壬水가 되는데 이는 乙日의 正印이 된다. 故로 正印은 孫子가 되는데 孫女도 이에 기준하면 된다.

5. 正財는 外孫子가 된다.

乙日生이 낳은 陰子孫 즉 딸은 丁火요 딸 丁火가 生하는 아들 즉 戊土 外孫子는 乙日對 正財가 되기때문에 正財는 外孫子가 된다.

이상과 같이 설명한 六親化現外에 더욱 상세히 도표를 통하여 설명코져 한다.

※ 男命 基準 六親化現表

· 正　印 ― 生母 姨母 外孫女 曾孫女 高孫女 子婦의偏母 妻男의妻
· 偏　印 ― 偏母 祖父 外叔 曾孫男 外孫男 子婦의生母
· 比　肩 ― 兄弟 姉妹 妻男의아들 女兄弟의媤父
· 比　劫 ― 兄弟 姉妹 子婦 딸의媤母 高祖母 女兄弟의媤父 妻男의딸
· 傷　官 ― 祖母 孫女 生姪 生姪女 曾孫婦 外祖父 外叔母 딸의媤 同氣間
· 食　神 ― 曾祖父 丈母 사위 孫男 祖母 生姪 生姪女
· 正　官 ― 女息 曾祖母 姪 姪女 妹夫
· 偏　官 ― 아들 高祖父 外祖母 딸의媤父 姪 姪女 妹夫
· 正　財 ― 妻 姑母 叔父 高孫女 兄嫂 弟嫂 女兄弟의媤母 妻兄 妻弟妻男
· 偏　財 ― 父 伯父 妾 妻男 高孫女 兄弟嫂 外四寸 女兄弟의 媤母

-106-

※女命　基準　六親化現表

- 正　　印 ─ 生母　孫女　大姑母　從祖父　사위의女同生
- 偏　　印 ─ 偏母　孫子　祖父　사위　媤外祖父（媤母의父）媤祖母　사위의兄弟
- 比　　肩 ─ 男女兄弟　媤父　媤叔父　媤姑母　媤伯父　동서간
- 比　　劫 ─ 男女兄弟　媤父　媤叔父　媤姑母　媤伯父　아들의丈人　男便의妾　동서간
- 傷　　官 ─ 아들　딸　外孫婦　祖母　媤누이의男便
- 食　　神 ─ 아들　딸　孫子의妾　曾祖父　偏祖母　사위의　父　媤누이의男便
- 正　　官 ─ 正夫　媤同生　媤누이　子婦　子婦의　女兄弟　사위의母
- 偏　　官 ─ 偏夫　媤兄　媤누이　아들의妾　子婦의　오빠　曾祖母
- 正　　財 ─ 偏媤母　오빠의妾　伯父　媤姨母　外孫女　叔·姑母　媤祖父　曾孫女
- 偏　　財 ─ 正媤母　오빠의妾　媤外叔　外孫子　曾孫子　父　伯父

　이상 도표에서 보는것과 같이 男命 女命에 있어서　근본적으로
다른 점은 男命에서 偏官, 正官이 子孫인데 女命에 있어서는　傷
官·食神이 아들 딸이 된다는 점이다.　이것은 女命에 있어서는 자
신이 직접 生하는 것은 (我生者 子孫이란 女命을 기준으로 하는 말
임) 즉 상관·식신이 되기 때문이다.　男命에 있어서는 자신이 직
접 낳지를 못하고 처로 하여금 생케되어 있으므로 처가 生하는 즉
財가 生하는 상관·식신을 아들로 하게 되는데 이는 자신對 正偏
官이 되므로 正官·偏官을 아들 딸로 하는 것이다.

　지금까지 설명한 것을 반복하여 연구하면 매우 유익하리라　믿
는다.

十三. 四柱의 六神 해석을 위한 표출 요령

다음은 六神 표출 요령을 설명함에 있어 日天干(양)일때의 四柱와 日天干이 (음) 일때의 四柱를 예를들어 보기로 한다.

〈 예 ① 〉 日天干이 양일때

	四 柱	음양오행	天 星	地 星
年	己 丑	음土 양土	正 官	正 官
月	辛 未	양金 양土	印 綬	正 官
日	壬 申	양水 양金	我 身	偏 印
時	甲 子	양木 음水	食 神	劫 財

「설명」日天干이 壬을 중심으로 日天干壬對 年天干 己로써 六神天星 正官이 되며, 壬對 丑으로 地星 正官이 되며, 壬對 辛으로 印綬 壬對未로 正官 壬對 申으로 偏印 壬對 甲으로 食神 壬對子로 劫財등이 표출 작성되는 것이다.

〈 예 ② 〉 日天干이 음일때

	四 柱	음양오행	天 星	地 星
年	戊 辰	양土 양土	印 綬	印 綬
月	己 巳	음土 양火	偏 印	正 官
日	辛 巳	음金 음火	아 신	正 官
時	辛 未	음金 음土	比 肩	偏 印

「설명」 日天干을 중심으로 日天干 辛對 年天干 戊로서 六神天星 印綬 辛對 己 偏印 辛對 巳 正官 辛對 午 偏官 辛對 辛 比肩 辛對 未 偏印 으로 六神 早見表를 참고하면 된다.

十四. 六神 (六親)의 解說

1. 比肩 (비견)이 四柱에 있을 때

A. 年柱에 있으면 차남으로 태생한다.

B. 月柱에 있으면 형제의 자리나 생가를 떠난다.

C. 日柱에 있으면 日天干과 地支가 同一하면 배우자를 충하며 배반한다.

D. 生時柱에 있으면 (타주에도 있으면) 재산을 모으는데 다시 편재나 정재가 타주에 있으면 말년에 빈곤하게 지낸다.

2. 劫財 (겁재)가 四柱에 있을때

A. 年柱에 있으면 형제운이나 부모재산을 상속하여도 실패하며 조상의 덕을 모르는 사람이 된다.

B. 月柱에 있으면 배우자를 沖하고 배신하는 사람이 된다.

C. 日柱에 있으면 양인살이 있게 된다.

D. 時柱에 있으면 남편을 배신하고 여자는 약하므로 자식에게 沖하게 된다.

3. 食神 (식신)이 四柱에 있으면

A. 年柱에 있으면 조상의 덕이 많으며 양반 가문에서 출생하여 복이 많은 사람이다.

B. 月柱에 있으면 刑沖할 시는 몸이 허약하고 신강사주면 비대하고 편인이 있으면 흉하게 된다.

C. 日柱에 있으면 마음이 넓고 의식주의 걱정이 없다. 관인에 충이 있으면 몸이 허약하다.

D. 時柱에 있으면 식신이 왕성하고 장수하며 자녀덕도 많다고 보겠다.

4. 傷官 (상관)이 四柱에 있으면

A. 年柱에 있으면 조실부모하고 재산의 실패를 거듭한다.

B. 月柱에 있으면 백부, 숙모, 형제가 온전하지 못하며 타주에 상관이 또 있으면 빈곤하게 지낸다.

C. 日柱에 있으면 재산이 없다. 남자는 아름다운 처나 첩을 거느리나, 여자는 손상하고 선부 후 빈곤하게 된다. 여자는 결혼하여 백년해로하기 힘들다.

D. 時柱에 있으면 여자는 자식의 녹이 있으나 羊刃과 같이 있으면 근심이 떠날 줄 모른다.

5. 偏財 (편재)가 四柱에 있으면

A. 年柱에 있으면 상업에 종사하는 집안의 태생이다. 부모는 양자의 운명으로 태어났으며 비견겁재가 없으면 유복자이나 비견 겁재가 사주내에 많으면 재산으로 풍파가 일어난다.

B. 月柱에 있을때는 부자의 태생으로 형제가 가정을 이루고 財가 왕하면 문학으로 성공하며 비견이 타주에 자리잡고 있으면 재산 싸움이 생긴다.

C. 日柱에 편재가 있고 또 남자는 타주에 편재 정재가 있으면 삼각관계가 있고, 여자가 관살이 있을때는 정부가 있고 부부관계에 변태성이 생긴다.

D. 時柱에 있을 때 역마살이 아울러 있으면 타향살이 하여 성공하고, 중년 말년에 부귀하게 지내나 후일에는 실패하여 빈곤하게 된다.

6. 正財가 四柱에 있으면

A. 年柱에 있을 때 부모의 덕으로 부가에서 태어난다. 그러나 형제간에 재산으로 투쟁하면서 가운이 기울어간다.

B. 月柱에 있고 식신 상관이 있는 신왕사주이면 부자가 된다. 형, 충, 공망, 파가 없어야 하며 만약 형,충,파가 있으면 처로 인하여 패가 망신한다.

C. 日柱에 있을때 충, 파가 없으면 부자가 되며 정처 (正妻)를 얻어 화목하게 지낸다.

D. 時柱에 있고 十二운성에 녹(祿) 또는 신강사주면 녹의 운으로 선빈 후부하게 된다.

7. 偏官 (편관)이 四柱에 있을때

A. 年柱에 있을때 조상의 덕이 없고 차남으로 출생하며 冲剋이 겹치면 타향살이를 면하지 못한다.

B. 月柱에 있으면 형제간에 우애가 없고 재력도 얻지 못한다. (편관은 七殺이라고 함)

C. 日柱에 있을때 영리하나 성격이 조급하고 부부간에 의견이 맞지 않는다. 그러므로 男女간에 변덕스러운 이성관계가 발생하게 된다.

D. 生時에 있을때 신약 사주면 無子女, 신강일 때는 자녀가 많다.

8. 正官 (정관)이 四柱에 있으면

A. 年柱에 있을때 부모의 재산을 상속 받으며 명문가의 혈통을 받은 자다.

B. 月柱에 있으면 명문가의 재산을 받고 비견 겁재가 있으면 아우의 출신이나 재산을 상속받게 된다.

C. 日柱에 있을때 배우자는 순수한 인격을 소유하고 있는 명문의 가정을 이루고 산다. 만약 충·파가 오면 흉하게 된다.

D. 時柱에 있을때 형·충·공망살 등이 있으면 중년후 명리

를 얻고 남자는 귀한 자식을 얻는다.

9. 偏印 (편인) 이 四柱에 있으면

　A. 年柱에 있을때 편부, 편모 슬하에서 지낸다.　부모의 업을 물려받지 못하고 타향에서 자수성가 한다.

　B. 月柱에 있을때 편인이 타주에 많으면 부모가 이상이 있고 자손을 충하면 말년에 고독해진다.

　C. 日柱에 있고　백년해로 할 배우자를 얻지못하므로 생이별하게 된다.　편인이 겹치면 복이 적다고 본다.

　D. 時柱에 있을때 자손의 덕을 입어 행복하고 장수한다. 관살이 있으면 타인에 의한 고통을 겪게된다.

10. 印綬 (인수) 가 있으면

　A. 年柱에 있으면 총명하고 부귀명문의 태생이다.

　B. 月柱에　있고 파, 충, 공망 형이 없으면 부가 출생이다. 두뇌가 총명하고 지조가 굳으며 실천력이 있다.

　C. 日柱에 있을때 좋은 배우자를 얻기 힘들다.

　D. 時柱에 있을때 식신이 많으면 복이 없고 단명하며　신강 사주라도 복은 있으나 식신이 있으면 좋지 않으며 말년에 고독한 팔자가 된다.

十五. 六親活用槪要

一. 比肩　比劫

1. 比肩

비견은 어깨를 나란히 한다는 뜻이니 가정으로는 형제, 사회로는 동료가 된다.　즉 동조자가 되는 것이니 나는 그힘을 믿고 야만성이 있게되어 他와는 협동심이 없이 독주할려는 기질이 많고 또 타의 의견을 잘 받아 들이지 않는 외고집이 있어 사교에 는 능숙하지 못하다. 경제면으로는 비견은 형제로서 재물을 같이 분배하는 성질이 되어 재물이 많이 분배 또는 분산되는 것이지만은 외부로부터 적이되어 官殺이 강하여 나를(日柱) 尅하여 들어올때에는 비견은 어깨를 나란히하여 나를 보조 방적행위를 하므로 대단히 좋은 역활을 하는 것이다. 간단히 말하여 비견은 財가 있으면 재물 싸움이 되고, 신약한 사주는 힘이 된다는 뜻이다. 六親面으로 볼때 비견은 尅財하는 성질이 있으므로 財는 父요,妻가 되어 비견이 많으면 尅父, 尅妻가 되는 것이라 하겠다.

또한 男命의 日支는 妻의 자리가 되는데 日支에 比肩이 놓여 있으면(甲寅日, 乙卯日) 妻位가 日主와 동등하므로 인하여 女必從 夫의 정신은 조금도 없이 夫君의 말을 잘 듣지않고 가끔 對로 冲돌이 있게되는 短點이 있는 반면에 남편이 가출하면 남편 못지않게 일을 잘 처리하는 장점이 있다고 본다.

女命의 경우 比肩은 男便의 妻가 되는 것이니 甲日生의 男便 官은 辛金인데 男便 辛金의 입장으로 보면 甲木財가 (正財) 妻가 되므로 인하여 자신이나 비견 甲木이나 모두 한가지의 妻가 되는 것이라 하겠다. 따라서 四柱에 비견 겁재가 많으면 나와 동등한 남편의 처가 많은 형상이 되어 소실(小室)을 겪게 되거나 내가 再娶婦人 노릇을 하게 된다는 것이다.

2. 比劫

陽日生이 陰을 만나는 同類(甲日生의 見乙) 劫財라 하고 陰日生이 陽을 만난 同類 (乙日生의 見甲)는 敗財라고 하는데 이 兩者를 총칭하여 比劫이라고 한다.

그런데 劫財는 奪財의 性이 있으므로 積極的 被奪에 該當하고
敗財는 財物의 失敗이므로 소극적 실재에 해당하여 前者는 불의의 강압
에 위하여 破奪 妻財요, 後者는 貪欲的 詐欺에 의한 損財인 것이다.
그리고 比劫은 比肩과 同類인 (甲木, 乙木) 面으로는 같으나 그 陰
陽 相對를 달리하고 있기 때문에 比肩이 表라면 比劫은 裏 比肩이
明이라면 暗에 해당하기 때문에 같은 同類로서 형제자매는 틀림없는 것
이다.

그 表裏面에서는 달라지므로 因하여 비견 비겁이 난잡 또는 태
왕이면 同父異腹의 형제가 아니면 異父同母의 형제가 있게 되는
것이며, 또 劫財가 있으면 表裏가 다른 朋友와 같으므로 (가정의 형
제는 사회의 朋友) 함께 投資하여 사업하거나 또는 동업하면 그
부정으로 인하여 크게 실패하는 것이다. 이상과 같이 比劫은 모
두 不吉한것만 같으나 반드시 그런것만은 아니다. 四柱에 殺이
旺하였을 때는 比劫은 미인계로 이용되 크게 좋아지는 예가 많은
것이니 가령 甲木日生이 旺한 庚金殺의 制를 받고있는 경우 乙木
이 있으면 (卯中乙木化妙) 庚金殺과 그 庚으로 合하여 合殺爲貴
가 되며 자기는 위기일발에서 모면하게 되는 것이다.

이런 경우를 합살위귀 (合殺爲貴) 또는 殺刃 (刃은 羊刃 즉 比
劫) 相停이라 또는 妹氏合殺이라고 하여 凶化위吉로 되는 것이다.
이러한 경우 그의 妹氏 不正은 사실이나 그로서 나를 구출하여
주게된다.

二. 食神 傷官

1. 食神

食神은 옷과 밥이다.

食神은 財를 生하여 養命하는 것이니 養命之本이 되는 源泉이

-114-

되는 것이다. 따라서 '食神有氣 勝財官이라' 食神은 옷과 밥으로 心廣體胖에 衣祿厚로 한 것이다. 食神을 一名 壽星이라고 하는데 그이유는 七殺이 나를 剋하여 壽를 減縮시킬려 하는데 食神이 있으면 七殺을 制하고(食神은 七殺의 七殺) 나를 防衛하여 壽를 補하여 주는 것이다. 甲日生의 七殺은 庚金이요 食神은 丙火인데 이는 庚金의 七殺로서 制하여 나를 위기에서 구명하여 주기 때문에 수성이라고도 한다.

食神이 月令에 든든히 자리잡고 있을때 時間에 殺이 있으면 이 殺이 把하지 못하여 좋아진다는 것이니 이런 경우를 日食居光殺居復면 衣食이 再生 富貴厚라고 말하는 것이다. 六親으로 본다면 食神은 孫子, 丈母가 되므로 食神이 旺하면 孫子 大發하게 된다고 말하는 것이고, 또 食神과 財와 日主合이면 丈母와 妻가 나와 合하기 때문에 丈母를 봉양하게 되며 같이 산다고 하는 것이다. 또 食神은 生財(財는 妻로 됨)하므로 因하여 女子관계가 많고 甚則 女色難을 당하게 된다.

女命에는 陰日生 女는 딸이요, 陽日生 女는 아들이다. 故로 食神이 旺하고 日主가 旺하면 물론 애기를 잘 낳게되는 것이지만 만약 食旺 身衰(日主弱 食神旺)이 되면 生하는 母體가 弱한데 生을 받는 子女는 旺하다하여 이것을 母衰子旺이라고 하며 胞胎常墮하게 된다는 것이고 또 낙태되지 않으면 애기를 크게 낳게되는관계상 呻吟이 많은 것이다.

그리고 食神이나 傷官이 刑殺을 만나면 子孫이 被傷되는 理致로 人工流産이 많게되고, 丙丁日生이 身弱에 辰戌丑未 食神 傷官이 旺하고 다시 刑을 만나면 자신은 辰戌丑未는 庫요 庫는 倉庫 貯藏所요 食神 傷官은 子女로서 旺한 상인즉 자신의 애기집 食神

은 子孫 庫는 저장소로 辰戌丑未 食神은 애기집 즉 자궁弱한데 子孫이 旺하여 집밖에 나오는 刑象이 되어 이러한 경우의 女命은 자궁외 임신함을 많이 보게되고 또 食神은 子女요, 官은 夫君이요 日主는 자신이 되는것인즉 官과 食神 傷官이 日主와 合이 되면 夫와 子女와 내몸이 동시에 합하는 상이 되어 부정임신 (처녀, 과부) 함을 볼수 있다.

2. 傷官

傷官은 官을 尅하는 것을 말한다.

甲日生의 正官은 辛金인데 傷官은 丁火로 尅 辛金하므로 因하여 (傷官은 官星의 七殺이다)傷官이 되는 것이다. 연이나 官은 市郡 경찰관과 같은데 傷官은 그官을 尅하는 形象인 즉 官의 規制에 不服하는 것이 된다. 따라서 傷官을 놓은 자 자신을 높이고, 他를 우습게 여기며 무슨 일이든 他를 누르고 올라 설려는 성질이 있게 된다.

官을 尅하고는 안심할 수 없는것과 같이 傷官運 (流年運에도 해당됨)이 恒常 초조 불안에 떨게되는 것이고,또한 官의 災殃을 많이 당하게 되는 것이다. 따라서 '雜論口訣之 傷官見官에 爲禍百端이라' 그리고 六親으로서 男命에 官은 子女가 되는데 傷官은 官을 尅하여 子女의 厄運을 겪게되어 있고 또는 子女에 근심이 있게 되는 것이다.

女命에 官은 官으로서 자신을 管制하는 者라하여 男便으로 보는데 管은 뚜껑으로도 해석하는 것이다. 女子는 붓이라면 男便은 붓뚜껑 즉 붓통이 되는 것과 같은 의미로 통한다. 傷官은 官을 尅하는 것임으로 女命에 傷官이 旺하면 傷夫한다고 보는데 이點에 주의할 것은 四柱를 보아 傷官만 있으면 무조건 과부가 된다고 말

-116-

하는 자도 있으나 그렇게 단순한 것은 아니다. 물론 상관 四柱에 있어서 官을 쳐서 傷夫되는것 같이 보이지만 그것은 큰 오산이라 하겠다. 적을 칠라할때 적이 없으면 못치는 것 처럼 傷官이 官을 칠려고 만반의 준비를 갖추고 있지만 官이 나타나 있지 않으면 도저히 칠수가 없기때문이다. 이와 같이 傷官은 나쁜 것 같이 보이지만 결코 그런것만은 아니며 傷官이 財를 生하여 規格을 이룬 傷官用財格 또는 傷官一色으로 規格이 이루어진 從兒格外에 傷官用劫 傷官用印 등은 좋은 것이다.

그리고 이 傷官은 食神과 表裏관계이니 食神이 表라면 傷官은 裏인 것이다. 食神이 明이라면 傷官은 暗이 되는 것이므로 이 傷官은 正直에 의해서 보다 權力에 의하여 食祿을 득함이 좋고 또 射倖的일에 吉함이 있게 되는 것이다.

다음 食神이나 傷官은 모두 내가 生하여 氣를 漏泄시키므로 日主가 强할때에는 好泄精英이므로 나의 의사를 충분히 표시하여 설교하는 종교가 교육가, 예술가 등에서 많이 보고 또 他를 生하는 原理로서 사회사업가(육영사업) 등으로 사리사욕을 떠나 사업에 종사하는 경우가 많다. 그러나 반대로 日主弱에 食神 傷官이 旺한 자는 자기의 氣가 너무 盜氣당함을 기화로 허세를 부리기를 좋아 한다.

三. 正官·偏官

1. 正官

官은 管制, 規制를 말한다. 따라서 官은 국민의 안녕질서를 위하여 規制를 정하여 規制하며 또한 管制하므로 官이 있으면 規律된 생활을 하므로 品位를 지키며 우수한 인격을 가지게 되는 것이다.

그리고 陽日主 男命에는 正官이 아들이 되므로 官은 家系에 있어서 후속자가 되는 신분을 가지게 되므로 책임자로서 소중히 하여야 한다. 따라서 부모는 아들, 딸들을 소중히 여기는 것이다.

또한 아들 딸되는 官의 規制를 받게 되는데 이는 부부간의 생활은 자유롭지만 子女가 성장함에 따라 拘碍를 받는 것이고, 또 외출시에도 자녀가 없는 부부는 자유로운 행동을 하겠지만 자녀가 있는 夫婦는 子女에 規制되어 자유로운 행동을 할 수 없고, 또한 일찍 들어 오셔요, 술좀 그만 마셔요, 엄마는 머리 좀 예쁘게 하셔요 등 사실상 規制를 받고 생활하는 것인데 이것은 正官(정당한 規制)이므로 아무리 子女의 말이라도 들어서 충고가 되므로 절대 유익한것과 같이 正官은 후속자 자녀인 동시 그 본질의 충고라고 보아도 과언은 아닐 것이다.

고로 활용하는 예로서는 선조의 자리가 되는 生年에 관이 있으면 선조의 후속은 자신이 맡은 것이므로 장자로 태어났으며 선조의 귀업을 잇게 되는 것이다. 또 父母 형제의 자리되는 生月에 관이 있으면 형제의 후속자로 되는 상이므로 나는 차남으로 태어나거나 또는 맏아들로 출생 되었어도 양자로 가든가, 아니면 부모를 떠나 멀리 살게 되든가, 또는 봉축을 하지 않아 그동생이 선조봉축과 부모봉양의 책임을 갖게 된다. 그리고 月建에 官이 刑冲破害를 당하는 경우 당연 선조의 후견자 되는 형제간에 사고로 인하여 차남으로 출생하였어도 내가 장남신분이 되어 후견을 함이 있게되는 것이라 본다.

女命에 官은 夫君이 되는데 이유는 官은 管으로서 나를 직접 管制하기 때문이다. 또 관은 管 즉 뚜껑으로서 女子가 붓이라면, 남자는 필관으로서 陰陽조직의 配偶生活이 되는 까닭이다.

2. 偏官 (七殺)

偏官은 官은 官이로되 正官과 다른 차이점은 正官은 甲日對 辛, 乙日 對 庚式으로 陽과 陽, 陰과 陰이 偏으로 配合된 점에 차이가 있는 것이다. 따라서 正官은 忠告로서 나를 規制함이라고 보면 偏官은 憎惡으로서 나를 抑制하는 것이라고 보며 또 官職으로 보면 正官은 品行端正하고 秀麗의 性이므로 判事行政官이라고 보면 偏官은 戰尅權力 투쟁의 性이므로 군인•검사등의 직업에 해당한다고 보아야 하겠지만, 그 본질이 사회를 위하여 그 권력으로서 범죄를 경악하여 범죄와 戰尅 투쟁하는 위치이므로 偏官으로 보아야 하는 것이다. 女命에 있어서 正官은 正夫로 처녀, 총각이 정당한 예를 갖추어서 성혼된 부부라면 偏官은 偏夫로서 각각 오다가다 만난 夫婦 또는 不正에 遍倚된 혼인이므로 재혼 또는 同情結婚 등을 보게 되는데 만약 四柱에 正官이 없고 偏官하나만 있으면 그것은 正官과 같이 보는 것이다.

다음 偏官은 나를 正으로 制하지 않고 偏으로 尅하기 때문에 傷身 病厄으로도 해석하며 또 男命에는 官은 子女요 偏된 것이므로 딸만 계속 낳는다든가 또는 아들만 계속 낳는 傾向이 있는데 主로 딸을 많이 낳은 경우가 많다고 본다.

偏官은 本是 아들인데 오히려 딸을 많이 偏生하는 이유는 官은 子女인데 正官은 正道로서 나의 가문을 계승하는 자가 되므로 아들이 되고, 偏官은 偏倚로서 출가하여 他의 가문으로 보게 되므로 딸이 되는 것이다. 이것은 혼동하기 쉬운데 偏官이 아들, 正官은 딸이 분명하지만 用的으로 보면 正官이 아들, 偏官은 딸이 되는 수가 있다는 말이다.

以上의 偏官을 一名 七殺이라고도 하는데 그 이유는 甲日生에

-119-

는 庚金이 偏官이다. 乙日의 偏官은 辛으로 偏官은 日主를 기준하여 七位에 닿으면서 나를 尅하기 때문에 七位의 七字와 정당하게 尅하지 않고 憎惡로 尅한다하여 官字를 使用치 않고 殺字를 붙여서 合칭 七殺이라고도 한다.   七殺이 행폭할려고 할때에 그 七殺을 制하는 食神이 있으면 七殺은 制壓을 받아 악화되기 때문에 이러한 경우에는 偏官이라 칭하며, 또 偏官이 制를 받지않아 기세가 당당하였을 경우를 七殺이라고 칭한다. 이상 正官, 偏官에 對한 論을 볼 때에 偏官을 무조건 나빠 凶殺같이 보이나 결코 그린것은 아니다. 凶한 偏官도 制하면 吉星으로 변하는 법인데 이것 또한 세가지 방법이 있으니 다음과 같다.

㉮ 食神으로서 직접 制殺하는 法이요

㉯ 殺을 유도하여서 吉星으로 만드는 法인데 如 甲日生 偏官庚金이 旺하였을 경우 甲의 妹氏乙로서 妻庚하여 吉로는 法인데 이것을 權(刃), 刃(羊刃卽比劫), 相停(作合)이라하여 귀격이 되는 것이다.

㉰ 殺이 第一 가까운 者에 生合하여 그者로 하여금 나를 生케하는 協相法이 있으니 이것을 殺星拘印이라 하여 亥中和로서 吉星化 되는 것이다.

예를들면 丙寅日生이 亥月生이라면 그 亥中壬水가 丙火의 七殺인데 그 亥水는 日支 寅木과 寅亥로 合하여 亥水生 寅木하는데 寅木은 다시 丙火日主를 生하는 것으로, 卽 亥水는 나를 生하여 주는 원동력이 되어 더욱 좋아진다는 것이다. 둘째는 日主가 약한데 正官이라 하여도 많으면 오히려 신약되어 不吉하여 지는 것이다. '繼善篇之非夭則貧은 身衰爲鬼라'하였는데 身衰爲鬼라는 뜻은 身(日主)弱한 곳에 아무리 正官이라도 많으면 그官은 變하여

-120-

鬼 (殺) 가 된다는 말이다.   또 身이 强한곳에 七殺이 弱하면 그 殺은 權으로 作用하는 法인데 이상과 같은 것이 正官·偏官이다 式으로만은 절대 吉凶을 판정하지 못하는 것이고 四柱 配定에 의하여 판정하는 것은 물론이다. 가정적으로는 正·偏官이 난잡된 男命은 偏子女, 正子女가 잡합되는 상으로 本室, 小室에 得子女하게 되는 것이고, 또 官은 後嗣關係로 官殺이 난잡되면 분쟁이 있게되는 것이다.   그리고 또 女命에는 官이 夫君이 되는데 正·偏官 난잡에 制弱이 되면 두번, 세번 출가하기 쉽고 더욱 加重하면 娼女가 되기 쉬운 것이라 본다.

四. 正財·偏財

  1. 正財

  正財는 내가 制하는 것이 陰陽이 相對로 되는것을 말한다.   甲은 土를 尅하는데 陰陽이 配合되는 尅이므로 甲見己, 乙見戊의 例이다.   먼저 해석한 官은 자신이 管制를 받는 뜻이고 이財는 자신이 他를 管制함을 말하는 것인데 그와같이 制하면 得하는 法이니 打開하고 取得 하는것은 財物이 되는 것이므로 我尅者財라는 명칭이 붙게되는 것이다.

  人事上으로 볼때에 자신이 他를 管制하고 속박하고 임하는 상인데 그렇게 당하는 相對는 妻가 되므로 인하여 妻는 財가 되는 것이다.   이상 二종이 모두 陰見陽, 陽見陰으로 中正之制가 되어 正財라고 하는데 正財는 정당한 財物 故로 實業家 遺産, 俸給 등 고정재물에 속하며 또 正財는 正妻 卽 다시 말하여 本妻에 해당한다.

  이와같이 좋은 財物·좋은 妻라 할지라도 "四柱配定"이 잘 되어 있으면 물론

財福좋고 妻德좋아 호강하지만, 만약 財가 많거나 旺하고 日主가 弱하다면 이것은 財多身弱이라 하여 富局에 貧人格이며 또 그妻에 꼭 쥐어서 맥을 못쓰고 오히려 당하게되니 財生殺로서 因妻致禍하게 되는 것이라 본다. 또한 財가 年日에 있으면 富裕한 가정에 태어나 재산도 많이 상속받게 되는 것인데 그財에 冲破가 있으면 財物은 維持못하게 되고 그에 妻와도 화합하여 백년해로하기 어렵고, 또 財逢冲破나 財多身弱은 夫婦生活에 있어서도 원만을 결하기 쉬운 것이라 하겠다.

② 偏財

편재도 자신이 管制, 取得, 驅使하는 面으로서는 正財와 같으나 다만 다른것은 正財는 陰見陽, 陽見陰 式으로 中正之制가 되는데 반하여, 偏財는 陰見陰, 陽見陽 式으로 正으로 맞지않고 不正으로 制가 되므로 因하여 正財가 正妻라면 偏財는 偏妻 즉 소실, 애인 등으로 보게되는 것이고, 正財를 정당한 재물로 본다면 偏財는 投機, 밀수, 도박, 고리대금 등 유동재물로 보는 것이다.

고로 正財는 正當한 길을 밟아 致富하기 때문에 塵合泰山 格으로 時日이 遲延되어 致富하는 반면에 그 재물이 代를 계승하여 연구하는 법이고, 偏財는 그렇게 정당한 길을 밟지않고 치부하는 것이기 때문에 일악천금으로 단시일내 치부하는 반면에 그의 재물도 속패되기 쉬운 것이다.

따라서 당대 갑부로서 신흥재단소리를 듣는 사람들은 正財格보다 偏財格에서 더욱 많이 보게되는 것이다. 가정면으로 볼때에 偏財는 正道의 妻가 아니므로 小室 또는 私通夫人 등으로 보게된다. 偏財는 비견비겁을 만나면 尅制 당하므로 제일 忌하는데, 正財偏財의 활용예를 들어보면 나의 처되는 正財는 나를 받들어 溫故而知新

으로서 新進代謝하여 가도를 繼承하는 임무가 있기 때문에 前의 位置에 있었던 媤母라 할지라도 管制하여 통설하지 않으면 안되기 때문에 그의 媤母 (남의 생모)도 나의 妻 (正財)에게 正道 아닌 管制를 받아야 하는 것이라 하겠다.

甲日主의 正財 妻는 己土요 甲日主의 正母는 癸水라 己土財는 癸水母를 정도 아닌 偏으로 管制하니, 己土財와 癸水母는 姑婦間이 되기 때문에 女命에 偏財는 媤母가 되며 며느리의 管制를 받아야 하는 것이기 때문에 사회 가정에서 구주권자였던 媤母와 新 주권자 인 子婦간에 일방에서 미워하고, 일방에서는 관제할려고 하여 고부간에는 서로가 誼가 좋지 않은것이 바로 이 五行 相剋原理인 것이다. 따라서 男命에 印綬가(母) 財(妻)와 같이 있어 中和를 이루지 못하면 財와 印綬가 투쟁하므로 母妻간에 불화가 그칠날이 없어 그중간에서 자신의 입장이 대단히 곤경하게 되는 것이다. 正財가 旺하여 得位하고 偏財가 微弱하게 있으면 正財 偏財가 난잡되어 첩을 얻을려고 하되 처불용첩으로 도저히 소실을 용납하지 않게되고, 이에 반하여 偏財가 득위하고 正財가 미약 실위하였으면 妾勝於妻하여 소실이 들어와 자리를 차지하는 형상이니 客反爲主가 되는 것이다. 또한 偏財는 父親에 屬하므로 正財는 叔父, 姑母 또는 偏父 (異父養父)에 해당되는데 이 正·偏財가 난잡되면 배다른 姑母, 叔父가 있게되고, 아니면 異父나 養父가 있게되며 正財 偏財가 난합되어 日支와 合이 있으면 이로써 姑母나 叔父집에서 자라났거나 또는 異父아버지의 밥을 먹어 봄이 있다고 본다.

이상 六親에서 印綬, 官星, 財星은 모두 陰見陽, 陽見陰으로서 그 陰陽이 相對되는 것으로 正을하고 그렇지 않는 것은 偏을 잡았는데 어찌하여 比肩과 食神에 있어서는 음견음, 양견양되는 偏을 吉

하게 취급하고 비겁과 상관에 있어서는 음견양, 양견음되는 正을 오히려 凶하게 여기는가의 문제이다. 이유인 즉 前者의 印綬, 官星, 財星은 모두 배합하여 작용하기 때문에 陰陽相對되는 것으로 正을 잡는 것이다. 후자 비견, 겁재, 식신, 상관은 배합으로 작용하지 않고 나와 꼭 같은 자가 비견이므로 제일 가까이 합하여 행동하고 또 내가 生하는 것이 食神, 傷官이므로 志氣가 꼭 같은 陽과 陽, 陰과 陰을 生하여 내세우게 되므로 인하여 이것이 食神으로 正이되어 활용하게 되는 것이다. 다시말하여 前 三者는 陰陽配合作用으로서 正과 偏을 區別하고 후자는 陰陽側近作用으로서 正과 偏을 區分한 것이라 하겠다.

五. 印綬

1. 正印

印綬는 正印, 偏印의 총칭인데 印綬의 뜻은 印章 標點 즉 다시 말하여 시발점이란 뜻이라 하겠다.

나의 시발점은 모친인 고로 인수는 나의 어머니가 되며 生母는 正印으로 내몸을 生하여 주는 것으로 활동을 조장시켜 주며 후원하여 주는것이 된다.

따라서 年月에 인수가 유하면 선조 父母의 음덕이 많게되는 것이고, 또 年月은 기관장 또는 직속상관이 되므로 인하여 그분들로부터 사랑을 많이 받게되는 것이고, 또 모친은 육체적으로 生할뿐만 아니라 정신적으로 항상 나에게 교양을 준다.

고로 正印은 교육, 수양, 학문에도 해당되는 것이고 또 모친은 나를 항시 칭찬함을 그 본성으로 하기때문에 명성으로도 해당되며 모친이 나를 곱게 입히고 다듬어 주면 흥에겨워 춤추고 노래가 나오게 되므로 인하여 예술에도 해당되는 것이다. 따라서 生月이나 地支局에 인수를 놓으면 교육가가 제일 많다고 한다. 그리고 官이 나를 制하면 흥겹고 춤, 노래는 안나오나 官과 印이 倂立하므로 高官이 직인을 구비하는 형상이 되어 고관대작으로 크게 명성을 떨치게 되는데, 만약 관이 없어 나를 制함이 없이 生하는 인수만 旺하면 밥먹고 여흥에만 빠지는 격으로 춤, 노래에 잠기는 형상으로 技藝에 흐르게 되므로 인하여 흔히 예술가로 나가기 쉽게 되는 것이다.

2. 偏印

주로 정인에 대한 개요이요 偏印으로 본다면 推理論法은 같으나 다만 偏字만 붙여서 해석하게 된다.

偏된 학문, 偏된 교육, 偏된 수양, 偏된 기예가 되므로 정당하게 장구성 있고 신장이 없고 일시적 편파적으로 허리허명에 유명무실 되기가 쉬운 것이다. 그리고 前에도 말한바 있는 印綬(正偏印) 는 수양에도 해당된다고 하였는데 이는 곧 종교로도 通함으로 인수무관자(印綬無官者)로 종교가 많은 것이며 또한 학문을 통하여 印綬를 놓은자 학문공부에도 우수한 성적을 나타내는데 財가 있으면 尅印하기 때문에 학생시절에 공부를 못하여 부모와 선생에 구지람을 많이 받아야 하는 것이다.

甲乙日生에 印綬는 壬癸亥子 水인데 財되는 戊己辰戌丑未土가 있으면 財土는 尅水印綬하여 壞印하는 까닭이다. 그리고 학문의 기준으로는 어학을 바로함에 있는 것이므로 印綬는 語學에 해당하며 正印은 本국어, 偏印은 외국어로서 月建에 偏印이 놓이거나 地支에 偏印局을 이루면 외국어에 상당히 능숙되어 있다고 본다.

六親면으로 보면 正印은 生母, 偏印은 偏母 (계모, 유모, 양모)

가 되는 것이로서 正偏印綬가 난잡되면 一天二地(一父兩母)를 많이 보게되고 印綬와 財가 暗合이면 (印綬에는 官이 됨) 그에 母親은 자신의 父親과 비밀로 합하여 入嫁한 형상이 되어 모친이 연애하여 왔거나 혹은 재처, 소실로 입가한 형상이 된다. 그리고 인수는 모친이요 刑은 질병 파멸이 되므로 인수에 봉형(逢刑)하면 그에 모친은 질병이 있거나 수술하였고, 또는 불구됨이 있는 것이라 하겠다.

  偏印은 食神이요 打開하므로 인하여 一名例食이라고도 하는데 四柱에 食神을 놓은 자 偏印이 倂立했거나, 또는 流年에 偏印(倒食)이 오면 印章, 證書, 文書요, 偏은 不正이요, 例食은 밥 그릇이 엎어지는 형상이니 부도수표 또는 집문서 빌려주는것 등으로 문서상 財産이 크게 손실을 보게 된다는 것이다.

第二章 五行 旺相休囚死法

一. 日主 强弱 測度法

季節　　日主	春	夏	秋	冬	四秀	摘　　　要
甲 乙 木	旺	休	死	相	囚	旺 – 節과 同
丙 丁 火	相	旺	囚	死	休	相 – 節이 生함
戊 己 土	死	相	休	囚	旺	休 – 내가 節을 生함
庚 辛 金	囚	死	旺	休	相	囚 – 내가 節을 尅함
壬 癸 水	休	囚	相	旺	死	死 – 節이 나를 尅함

  이 法은 日主 强弱을 測度하는 法인데 速見表와 같이 生日 天干

對 生月支와 比較하여 보는 것이다.

예를들면 生月과 日主가 같은 者, 즉 比劫, 比肩을(甲乙木이 寅卯木月경우) 旺이라 한다. 生月支가 日干을 生하는 者 즉 인수를 相이라하고, 日干이 生月支를 生하는 者 즉 傷官, 食神을 休라 하게되며, 日干이 生月支를 尅하는 者 즉 財星을 囚라고 하고, 日干이 生月支의 尅을 받는 자 즉 官鬼를 死라고 하는 것이다. 이 中의 旺相을 身旺 또는 身强 또는 日主高强이라 하고 休를 日主泄氣라 하고 死囚를 日主衰弱 또는 身弱이라고 칭하는 것이라 한다.

二. 四柱原理圖

年根	先祖	祖國	機關長	宅基	本洞	過去	影	君	元
月苗	父母兄弟	社會	局課長	後園	隣近	過去現在中間	骨	朋友	亨
日花	自身夫妻	家庭	自身	廚房	自家	現在	皮	臣	利
時實	妻子	第二世	部下使喚	門庭	道路	未來	血	部下	貞

三. 天人地 三才 原理圖

天	時門	天時	時機	心理	造化神	統治權	性圓	轉心療法
	字官觀	正	眞					
人	人間	人和	學力	生理	治化神	國民	精角	食餌療法
	人生觀	合	善					
地	空間	地理	場所	物理	敎化神	領土	命方	軌地療法
	世界觀	反	美					

天	天干　上半身　陽電子　精子慧（精神力） 風伯　司法　虛知育				發祀	道德	道倫
人	暗藏　內藏　中性子　胎子力（治動力） 雲師　立法　國休　體育				政治 敎育	數理	禮倫
地	地支　下半身　陰電子　卵子德（조직력） 兩師　行政　粗　德育				經濟	信仰	受倫

第六編　特定　運路　및　歲運

第一章　특수한　경우의　四柱

1. 故鄕을 떠나 자수성가 할 四柱

生年은 선조요 生日은 自身이다. 地殺은 踏地（땅을 밟는다）다. 그러므로 年에 地殺이 들든가 또는 日柱에 지살이 있는 자는 故基（고향）를 떠나 타향살이 하는 것이되며 또 生月은 나의 몸이다. 生月은 父母宮이며 相冲 相刑은 이탈 배반하는 것으로서 日月刑冲도 부모를 떠나 타향살이 하는 것으로 판단하게 된다. 또한 月建은 부모궁 즉 故基（고향땅）이며 空亡은 破壞 荒廢함이다. 고로 月建空亡도 타향살이를 하게 된다고 본다.

※ 年柱나 日柱에 地殺이 있거나 지살이 돌아오는 해에 분가 또는 고향을 떠난다.

※ 月日이 상충되거나 상형살이 들어오는 해에 고향을 떠난다.

※ 月柱에 空亡（공망）이 되거나 이것이（공망）들어오는 해에 고향을 떠난다.

다음은 실지 예를들어 설명코져한다.

예 ①

年	○	申	金	
月	○	子	水	
日	○	申	金	
時	○	申	金	

이 사주는 申生으로 申이 地殺인데 生年에 地殺이 들어있다. 고로 평생 타향살이 할 팔자이다.

예 ②

年 ○ 未 土
月 ○ 戌 土
日 甲 子 水
時 ○ 卯 木

이사주는 日主甲子日의 旬中 공망 戌이 月建
에 임하였다. 이때 역시 타향살이 하게 된
다고 본다.

예 ③

年 ○ 未 土
月 ○ 寅 木
日 ○ 亥 水
時 ○ 子 水

이사주는 未生으로서 亥가 地殺인데 그亥가
日支에 들어있다. 따라서 타향에서 자수성
가 할 팔자이다.

예 ④

年 ○ 酉 金
月 ○ 卯 木
日 ○ 子 水
時 ○ 丑 土

이사주는 日月이 子卯로 相刑하고 있어 고
향을 떠나 생활하게 된다.

2. 父母·兄弟間 不和할 四柱

日은 己身이며 月은 父母兄弟다. 그런데 冲은 冲突 言爭이며
刑은 無恩 無禮상으로 無理解 沒知覺 利己精神이요 怨嗔은 不和
가 되므로 因하여 日月間에 冲尅·刑·怨嗔한 者는 父母 兄弟間
에 不和 또는 別居하게 된다는 것이다.

※ 日月이 冲尅이 있는 四柱 또는 日과 月이 刑殺이 있을 때는
부모 형제간 불화가 심해진다는 四柱이다.

-130-

예 ①

年 戊 午 土火
月 戊 子 土水
日 甲 午 木火
時 乙 亥 木水

이사주는 生日午와 生月子가 冲하고 있으며
天干 甲戊가 相尅하고 있어 부모, 형제불화
하게 되는 四柱다.

예 ②

年 ○ 戊 土
月 ○ 子 水
日 ○ 午 火
時 ○ 申 金

이사주는 月과 生日이 冲이 되므로 형제간
에 불화가 심하게 되는 사주이다.

예 ③

年 戊 ○
月 戊 ○
日 甲 ○
時 乙 ○

이사주는 月戊와 日甲이 相尅하고 있으므로
부모와 화목하지 못하고 항상 불화가 생기는
四柱이다.

예 ④

年 庚 申 金金
月 壬 午 水火
日 甲 子 木水
時 癸 酉 水金

이사주는 生日 己身 子와 生月 父母兄弟 午
와 相冲하여 부모 형제 별거하고 고독하게
사는 四柱이다.

예 ⑤

年 己 亥 土水   이 사주는 子 본인과 月年 부모 형제가 相冲
月 壬 午 水火   하니 부모 형제 다 별거하는 四柱이다.
日 戊 子 土水
時 甲 寅 木木

예 ⑥

年 庚 午 金火   이 사주는 申과 生月 巳가 巳申으로 刑을 하
月 辛 巳 金火   여 부모간에 불화가 매우 심한 사주이다.
日 甲 申 木金
時 甲 戌 木土

3. 先祖를 봉양하지 못하는 四柱

生日 己身이며 生年은 선조다. 고로 日尅生年은 己身이 尅선조
하는 상이다. 또한 冲과 이탈 刑은 은혜를 망각하고 자기만을 제
일이라하는 성격이며 공망은 日尅生年이나 日과 年 冲刑 空亡한
자는 모두 祖上의 은덕을 망각하여 선조봉양에 성의가 없게 되는
것이다.

※ 日尅生年한 者나 年日이 冲刑 또는 空亡한 자는 선조를 봉
양치 못한다.

예 ①

年 丙 ○   生日 壬水가 生年 丙火를 尅하여 선조봉양에
月 癸 ○   성의가 전혀 없고 자기만 아는 사주이다.
日 壬 ○
時 丙 ○

-132-

예 ②

年	甲	子	木水
月	乙	卯	木木
日	甲	寅	木木
時	丙	戌	火土

이 四柱는 日主 甲寅을 기준으로 子丑이 空인데 生年子에 空亡이 되어있다. 이때 역시 선조를 생각하지 않은 四柱이다.

예 ③

年	○	午
月	○	寅
日	○	午
時	○	巳

이 四柱는 生日午와 生年午가 自刑殺이 되어 선조봉양하지 않은 四柱이다.

예 ④

年	丁	○
月	庚	○
日	癸	○
時	辛	○

이 四柱는 生日癸水가 生年 丁火를 尅하여 선조를 봉양하지 않은 四柱이다.

4. 祖父 凶死하는 四柱

※ 乙未日·甲辰日·戊辰日·丙戌日·壬戌日·丁丑日·癸丑日은 백호살이다.

※ 偏印이 逢刑(백호살) 偏財에 백호살이 있는 四柱

※ 偏印은 祖父요 相刑 相穿(六害)은 逢變之象이요. 또 백호대살은 血光神으로 大凶之象이 되므로 因하여 如斯히 놓인 者 그의 祖父가 凶死하게 되는 것이다.

예 ①

年	戊 午	土火
月	己 丑	土土
日	辛 酉	金金
時	戊 戌	土土

이 사주는 辛日의 偏印 丑中己土가 逢時支戌土와 刑을 이루고 있다. 그의 祖父가 소에 받혀 사망했다. 丑은 소요, 戌은 개다.

예 ②

年	甲 辰	木土
月	甲 子	木水
日	乙 未	木土
時	丙 午	火火

이 사주는 乙日의 偏印인 子中癸水가 子未로. 相六害를 만나고 未中己土의 尅을 당하고 있어 그의 祖父가 流血객사하였다.

예 ③

年	戊 丑	土土
月	壬 戌	水土
日	庚 申	金金
時	甲 戌	木土

이 사주는 戌을 백호대살하였고 다시 年支丑과 丑戌로 刑을 이루고 있다. 그의 祖父는 미친 개에 물려 세상을 떴다 (丑戌은 소나 개가 된다.)

예 ④

年	甲 戌	木土
月	癸 卯	水木
日	乙 未	木土
時	戊 酉	土金

이 사주는 乙日의 偏印 月上癸水가 卯中乙木 未中乙木, 寅中甲木에 逢多泄氣한 중 年支戌土時戌土, 日支未中己土의 多逢尅되어 그의 祖父 凶死하였다.

5. 父親 橫死하는 四柱

甲辰日 乙未日은 모두 백호대살이며 甲日對 辰中戊土는 偏財로 是父요, 乙未日 역시 未中己土는 偏財로 父親이다. 모두 偏財 백호대살이 되어 있으므로 父親橫死의 象이며 또 日主에 직접 대백호살이 아니더라도 他柱에 偏財 백호대살이면 父親橫死하게 되는 것이다.

※ 甲辰日, 乙未日生·戊辰·丙戌·壬戌·丁丑·癸丑

※ 偏財가 逢백호대살한 者

예 ①

年 壬戌 水土   이사주는 甲辰日 偏財 백호대살이 되어있다.
月 甲辰 木土   그의 父親이 병원에서 피를 흘리고 사망했다
日 甲辰 木土   고 본다.
時 甲子 木水

예 ②

年 丁未 火土   이사주는 甲辰月로 偏財백호대살이다. 그의
月 甲辰 木土   父親이 割腹自殺하였다고 본다.
日 甲午 木火
時 戊辰 土土

예 ③

年 丁酉 火金   이사주는 甲日生이 月建辰中戊土 偏財를 놓
月 甲辰 木土   고 다시 甲辰백호대살이 되어 그의 父親이
日 甲子 木水   음독 자살이라 본다.
時 甲戌 木土

-135-

예 ④

年　庚　辰　金土　　　　　癸日生이　父親, 偏財가 戌中에 있고　그
月　丁　亥　火水　　　　　戌이　다시　壬戌로 백호대살이 되었다. 그
日　癸　酉　水金　　　　　의　父親이　凶死하였다고 본다.
時　壬　戌　水土

6. 母親 凶死한 四柱(혹은 불구 및 잔병)

印綬는 母親이다. 백호대살은 血光之神이다.　그리고　刑殺은
크게 변을 당한다는 殺이다.　다음 印綬가 他를 많이 生하면　그
의 몸은 甚히 泄하여 희생되고 또 印綬가 尅을 많이　당하여도
그의 모친이 傷身되는 상으로 위와 같이 놓인 자, 그의 모친이 凶
死하거나 또는 불구자 된다는 것이다.

　※ 印綬逢刑者 또는 印綬가 泄氣甚 또는 多逢受尅한자
　※ 印綬加臨 백호대살 있는 자

예 ①

年　己　未　土土　　　　　이사주는 戌中戊土 印綬가 逢丑하여 丑戌
月　甲　戌　木土　　　　　로 刑을 이루었다.　그의 모친이 사고로
日　辛　丑　金土　　　　　세상을 떠났다고 본다.
時　丁　酉　火金

예 ②

年　辛　亥　金水　　　　　이사주는 時戊土 印綬모친이 戊土　生金
月　辛　卯　金木　　　　　으로 (戊土 印綬에 辛金은 子孫이 됨) 泄
日　辛　丑　金土　　　　　氣가 甚한 中 다시 亥子丑, 亥卯로 水木
時　戊　子　土水　　　　　이 旺하여 逢受尅하고 있다. 그 모친이
　　　　　　　　　　　　　사망하였다고 본다.

-136-

※ 叔母, 伯母도 此法에 준하여 간파하라.

예 ①

年	壬	戌	水	土
月	甲	辰	木	土
日	甲	午	木	火
時	甲	子	木	水

甲日의 偏財인 戊土의 同生己土叔父의 妻 壬水가 壬戌로 백호대살에 임하였다. 또 다시 柱中에 多逢土로 受制하여 그의 叔母가 飮毒自殺하였다고 본다.

예 ②

年	壬	戌	水	土
月	癸	丑	水	土
日	甲	午	木	火
時	甲	子	木	水

이사주는 역시 壬癸印綬가 (印綬는 모친 叔母, 伯母) 모두 壬戌, 癸丑으로 백호대살에 임하였다. 다시 子中癸水 印綬는 子午逢冲하였고 多逢土剋하여 그의 숙모가 飮毒自殺하였다고 본다.

7. 다른 부모밥을 먹어 본 四柱

生日은 己身이요, 財는 母親의 男便 (印綬의 官殺) 즉 父親이며 또 財는 父의 형제간이기도 한다 (編財의 比肩比劫). 더욱 日支에 財가 있고 또 柱中에 庶財 (여러 財를 말함) 가 있어 日支와 合하는 것은 이 아버지에서 저 아버지와 合하는 상이되며, 또 姑母 三寸과도 合하는 상이되어 이와같은 四柱를 가진 者는 다른 父母의 손에서 자라났다고 본다.

※ 日坐 財星이 他柱財와 연합한 者

◎ 참고사항 ◎

이곳에서 合이라는 것은 三合, 六合, 方合만을 말하는것이 아니라 準三合, 準方合, 隅合까지도 포함하는 것이다. 다른 부모밥이라 하면 異父, 叔父, 伯父, 姑母의 밥을 먹고 자라났거나 아니면 출생되어 그 父母를 떠나 타가 (他家)에서 성장했다는 뜻이다.

※ 準三合 = 申子合, 子辰合, 申辰合, 亥卯合, 卯未合, 亥未合, 寅午合, 午戌合, 寅戌合, 巳酉合, 酉丑合, 巳丑合

※ 準方合 = 寅卯合, 卯辰合, 寅辰合, 巳午合, 午未合, 巳未合, 申酉合, 酉戌合, 申戌合, 亥子合, 子丑合, 亥丑合

※ 同 合 = 子見子, 丑見丑, 寅見寅, 卯見卯, 辰見辰, 巳見巳, 午見午, 未見未, 辛見辛, 酉見酉, 戌見戌, 亥見亥

※ 隅 合 = 丑寅合, 辰巳合, 未申合, 戌亥合,

이상과 같이 準三合, 準方合, 同合, 隅合은 아무 책자에도 기록 명시되어 있지 않으나 실지 응용하여야 되기 때문에 기술하니 참고하시기 바란다.

① 準三合이라는 것은 三合에서 하나씩 결하고 있으나 三合으로 준하여 맞기 때문에 準三合이라고 명칭을 붙였다.

② 準方合 = 寅卯辰은 東方合 巳午未는 南方合에 속하는데 이것 역시 寅卯, 卯辰, 寅辰式으로 하나가 결한 둘만으로 合의 작용이 이루어지기 때문에 準方合 이라 칭한다.

③ 同合이라는 것은 亥見亥, 子見子 式으로 같은자 끼리 三合이나 其他의 합과 다름없이 잘합의 작용이 되기때문에 同合이라 칭하였다.

④ 隅合이라는 한 것은 東西南北에 모퉁이 즉 乾(戌亥), 艮 (丑寅), 巽 (辰巳), 坤 (未申)의 合을 명칭하게 된것이다. 이상과 같이 서술한 점은 현재까지 역학계에서는 사용하지 않고 있으나 실지 적중률이 매우 높다는 점을 알리고자 한다.

예 ①

年　丁　酉　火金　　　이사주는 辛亥日生으로 亥中甲木이　日支
月　壬　寅　水木　　　財인데 또 月支 寅으로 寅亥가 六合하였
日　辛　亥　金水　　　고 다시 時支, 卯木으로 亥卯가　準三合
時　辛　卯　金木　　　하여 일찍 부친을 별세하고 그의 모친이
　　　　　　　　　　　나를 데리고 출가하였으므로 異父 아버지
　　　　　　　　　　　한테서 성장한 사주라 하겠다.

예 ②

年　癸　丑　水土　　　이사주는 癸巳日生으로 巳中丙火가　日支
月　己　未　土土　　　正財요, 月支未中丁火로 偏財를 삼는데 巳
日　癸　巳　水火　　　未가 準方合을 이루어 모친이 나를 데리
時　甲　寅　木木　　　고 재출가하여 異父아버지 밑에서　성장
　　　　　　　　　　　하였다고 본다.

◎ 참고 ◎

甲午日, 甲戌, 甲辰日, 乙巳日, 乙未日, 乙丑日, 丙申日, 丙戌日,
丁巳日, 丁酉日, 丁丑日, 戊申日, 戊子日, 戊辰日, 己亥日, 己丑日,
庚寅日, 庚戌日, 辛亥日, 辛卯日, 辛未日, 壬午日, 壬戌日, 壬寅日,
癸巳日, 癸未日이니 이 生日에 출생한 者는 특별히 他柱에 財 三
合, 六合, 準三合, 準方合, 同合의 有無를 잘 살펴야 할 것이다.

8. 계모를 모신 四柱

印綬는 모친인데 四柱에 인수가 많으면 (두개이상 말함)여러 어
머니를 모셨다고 본다.

※ 月建桃花 또는 亡身殺이 놓인 자

※ 印綬가 自己의 官星과 暗合한 자
※ 印綬가 財와 日支와 暗合한 자
◎ 참고 제9항을 참고 하시요

예 ①

年	己 巳 土火
月	己 巳 土火
日	己 未 土土
時	甲 戌 木土

이사주는 巳日生이 年支巳中丙火 月支 巳中丙火, 日支 未中丁火, 時支 戌中丁火로 四重印綬하여 세어머니를 모셨다고 본다.

예 ②

年	乙 丑 木土
月	乙 酉 土金
日	壬 申 水木
時	辛 丑 金土

이사주는 年支 丑中辛金, 月支 酉中辛金, 日支 申中庚金, 時支 丑中辛金으로 四重 印綬하였으니 서모를 모셨다고 본다.

예 ③

年	己 卯 土木
月	乙 亥 木水
日	丁 丑 火土
時	癸 卯 水木

이사주는 年支 卯中乙木, 月上乙木, 月支 亥中甲木, 時支 卯中乙木으로 四重印綬하였다. 서모를 모시는 四柱라 보겠다.

9. 母親이 再娶 (소실포함)로 시집온 사주

月建은 부모궁이요, 桃花는 음란을 의미함이다. 또 七殺은 敗亡 즉 한번 실패함을 말하는 것이다.

그리고 印綬(모친)가 자기의 官星(남편)과 暗合(비밀합)이라 한 것은 모친이 자기의 남편(애인포함)과 공공연하게 만나지 못하고 부정하게 만났음을 의미하는 것이다. 다음 인수는 모친이요, 財는 부친 즉 모친의 남편이다. 日支는 내몸인즉 부모 자신이 공공연하게 못 만나서 출생한 상이 되므로 이와같이 놓인 자 그의 모친이 재혼하였거나 또는 소실로 시집왔다는 것이다.

※ 月建桃花 또는 亡身殺이 놓인 자

※ 印綬가 자기의 官星과 暗合한 자

※ 印綬가 財와 日支와 暗合한 자

예 ①

年	甲午	木火
月	丁卯	火木
日	庚午	金火
時	己卯	土木

이사주는 午年에 卯가 桃花인데 月建에 놓여있어 그의 모친이 후처로 시집왔다고 본다.

예 ②

年	己亥	土木
月	辛未	金土
日	辛卯	金木
時	庚寅	金木

己土인수모가 亥中甲木財와 暗合하였고, 다시 月支와 亥卯로 合하니 인수·財 日支가 俱合하여 그의 모친 역시 소실로 입가 하였다고 본다.

예 ③

年	丙戌	火土
月	癸巳	水火
日	甲子	木水
時	丁卯	火木

이사주는 甲·日生의 癸水 인수가 자기의 관성되는 巳中戊土와 暗合하여 그의 모친은 재출가 온 사실이 있는 사주라 하겠다.

10. 형제자매에게 凶死한 四柱

比肩・比劫은 형제자매가 된다. 刑은 凶殺을 말하는 것이며, 또 比肩・比劫에 임한 백호대살은 형제자매간에 血光之神이 임하는 상으로 역시 血液 凶禍를 의미하는 것이다. 다음 月建은 형제자매궁이요. 比肩・比劫은 兄弟姉妹인데 逢冲하면 심히 약화되어 있는中 다시 官殺이 旺하면 比肩・比劫은 尅傷을 당하는 상이 된다. 따라서 이상에 해당되는 모든 형제자매간에 凶死함이 있게 된다는것이다.

※ 比肩・比劫이 逢凶殺한 자

※ 比肩・比劫에 백호대살이 임한 자

※ 月建・逢冲 또는 比肩・比劫이 逢冲하고 官殺이 旺한 자

예 ①

年	戊	申	土金
月	丙	辰	火土
日	癸	丑	水土
時	癸	丑	水土

이사주는 癸日生의 비견인 時干 癸水가 日支 丑에 암장되어 있으니 癸丑으로 백호대살을 이루고 있다. 그러므로 형제 중 자살한 사람이 있다고 본다.

예 ②

年	乙	亥	木水
月	辛	巳	金火
日	丙	申	火金
時	乙	未	土土

이사주는 丙日生 비견형제 丙火가 月支 巳中에 암장인데 年支亥가 冲하여 亥中 壬水의 尅을 받았고 또 日支 申과 巳申으로 刑하여 中宮壬水 尅制를 받고 있다. 따라서 亥生驛馬는 巳로써 그의 同生이 교통사고 등으로 사망하였다고 본다.

-142-

예 ③

年	壬 申	水金
月	丁 未	火土
日	己 亥	土水
時	戊 辰	土土

이 사주는 己日生의 比劫 戊가 戊辰으로 백호대살을 놓아 그의 형이 매맞아 죽었다고 본다.

예 ④

年	己 亥	土水
月	己 巳	土火
日	丙 戌	火土
時	戊 子	土水

이 사주는 丙日生의 형제, 月支 巳中丙火는 年支 亥와 冲하였고 戌中丁火 형제는 임 백호대살하여 그의 동생이 총을 맞았다고 본다.

11. 異腹兄弟（姉妹）두는 四柱

비견·겁재는 형제성인데 日主 내몸에 있고 또 他柱에 비견·겁재가 있어 내몸과 합하는 것은 내 형제와 다른 형제가 합하는 이치가 되기때문이다. 그리고 비견·겁재는 나의 생모가 낳은 형제간인 동시에 편모가 낳은 형제도 되는 것이기 때문이다. 甲寅日生이라면 寅中甲木은 癸水의 生子로서 형제가 되는데, 亥月이나 寅月生이라면 그 亥中甲木은 나의 偏印 즉 偏母의 生子이기도 한데 寅寅 또는 寅亥로 合하면 나의 正 형제와 偏母의 生子되는 형제와 合하는 상이 되므로 위와 같이 論하는 것이며, 日干合化는 如己日生이 甲木을 逢之면 甲己化土하여 日主外에 化하여서 土 즉비견·겁재를 말하며 이는 庚日主가 乙木을 合하여 化金하는 것또한 같다. 그리고 배다른 형제라 함은 同父異母의 형제를 말하는 것이지만 여기에서는 異父同母의 兄弟도 해당하는 것이다.

※ 日支에 비견·겁재가 있고 타주에 비견·겁재가 合이되는 자

※ 日干이 合化되며 비견 겁재가 되는 자

◎ 특히 참고할 것은 六十甲子中 地支에 비견·겁재가 또한 二十六日이 있으니 他柱에 관련시켜 배다른 형제 유무를 잘 살펴보아야 한다.

甲寅, 甲辰, 乙卯, 乙亥, 乙未, 丙寅, 丙午, 丙戌, 丁巳, 丁未, 戊辰, 戊戌, 戊午, 己丑, 己未, 己巳, 庚申, 庚戌, 辛酉, 辛巳, 辛丑, 壬申, 壬子, 壬辰, 癸亥, 癸丑

예 ①

年　丁 酉　火金
月　壬 子　水水
日　庚 申　金金
時　乙 酉　木金

이사주는 庚日生이 乙庚으로 合하여　化申金 비견이 되므로 인하여 異父同母 형제가 있다고 본다.

예 ②

年　壬 戌　水土
月　甲 辰　木土
日　己 未　土土
時　丁 卯　火木

이사주는 己日生이 甲己로 合하여 化戌土 겁재가 되므로 인하여 배다른 형제가 있다고 본다.

12. 海外出入할 四柱

驛馬는 「말」로서 달리는 것을 의미하는 것이다. 오늘날의 역 즉 정유장에 해당하여 여행으로 볼 수 있는 것이다. 따라서 현대화 하면 해외로 해석하게 되는 것이다. 또 地殺은 땅을 밟는

것 즉 踏地를 의미하며 또 亥子年月 水局 甲乙木은 만경창파에 一片舟의 상이며, 또 亥子年月壬癸日은 水局體로서 백천이 역유하여 進作一海하는 상으로 해양에 해당함으로 이와같이 놓인 자 모두 해외 출입하게 되는 것이라 하겠다.

그리고 간단히 아는 방법은 寅申巳亥字中 자유로이 柱中에서 二字 이상 만나면 해외출입이 있다보고, 또 子亥年月生이 壬癸 甲乙日에 출생이면 이에 해당한다고 보면 된다.

※ 地殺중복된 자

※ 四柱中 역마살이 있으면

※ 亥子年月 甲乙日 또는 亥子年月 壬癸日生

「참 고」

十二神殺은 生年을 기준하나 生日로 기준하여 보는것도 一理있을 것이라 생각되며 많은 四柱를 실지 감정하며 보면 다음의 경우가 매우 신빙성있게 적중된다고 본다. 甲子辰日 劫起巳, 巳酉丑日 劫起寅, 寅午戌日 劫起亥, 亥卯未日 劫起申二 그리고 二字 以上이라 함은 둘도 해당되는 것이라 본다.

예 ①

年	甲	寅	木木
月	丙	寅	火木
日	壬	申	水金
時	壬	寅	水木

寅生에 申은 역마가 된다. 日支 申을 놓아 해외출입 하여 본 사주라 하겠다. 또 寅申巳亥中 二字이상 놓여 있다.

예 ②

年	庚	申	金金:)
月	庚	辰	金土:)
日	庚	申	金金:)
時	丁	亥	火水:)

이사주는 申子辰에 申이 地殺인데 年日에 중복하여 過踏異域한 사주라 하겠다. 또 寅申巳亥字中 二字이상 놓여 있다는 것이다.

-145-

예 ③

年	癸 丑	水土
月	甲 寅	木木
日	甲 寅	木木
時	丙 寅	火木

이사주는 丑生으로 지살 역마가 없으나
일주기준으로 寅日이 多逢地殺하여 해외
출입할 사주라 본다. 寅申巳亥字中 二字
이상 놓였다.

예 ④

年	癸 亥	水水
月	癸 亥	水水
日	壬 子	水水
時	壬 寅	水木

亥年亥月壬日生으로 해외에 많이 출입한
사주이다.
또 寅申巳亥字中二字이상 있다.

13. 路上橫厄의 四柱

지금부터 설명하고자 하는 문제는 우리 주변에 빈번히 발생하고
있는 교통사고를 말하는 것인바 매우 심각하게 관찰하여야 겠다.

※ 癸巳, 癸丑, 癸未日生이 甲寅時 출생한 자

※ 寅申巳亥日에 출생하고 柱中에서 출생된 그星을 冲刑한 자

※ 寅申巳亥日生이 그 출생된 日主를 基準하여 財殺로 局을 이
루고 日主弱에 天干인 官殺이 투출 (透出) 하여 日主를 尅하는 者
(官殺이 無天干이라도 해당되는 경우도 있다)

※ 甲申日生이 柱中에 土와 金이 투출된 자

※ 寅申巳亥日生이 그출생된 日干을 기준하여 傷官 食神局을 이
루고 또 상관 식신중 一字가 투출하여 日主가 심히 약한자 (壬寅
日生이 柱中에서 寅卯亥를 多逢하고 天干에 甲乙木이 투출된 자)

「연구」 癸丑日, 癸未日, 癸巳日生이 甲寅時에 출생한 자에 대하여서는 많은 수의 교통사고를 당한다는 것이다.

또한 癸日甲寅時면 癸酉, 癸未, 癸巳, 癸卯, 癸丑, 癸亥로 六日인데 癸巳, 癸丑, 癸未의 三日로만 구성되고 있는 것은 癸未日은 未中己土, 癸丑日은 丑中己土로 각각 倂七殺되어 大忌하고 癸巳日 甲寅時는 寅巳로 刑하여 刑진실이 되고 있다. 고로 이 三日은 非 眞格으로 하고 위에 해당 안되는 癸亥, 癸酉, 癸卯 三日은 眞格이라고 규정하고 있는 것이다. 이 癸日 甲寅時에 若臨羊刃이나 倂七殺하면 定作黃泉路上入이라 하였는데 癸丑 癸未日은 이에 해당하여 路上에 橫厄(교통사고)이 있게 되는 것이고 癸巳는 前述한바와 같이 刑塡實되어 사고있게 되는 것이다.

그리고 驛馬는 海外여행이요, 교통이다. 刑은 病이며 傷한다. 또 地殺은 踏地(여행 또는 교통)이다 라고 해석하게 된다. 고로 역마 또는 지살에 刑이 놓인 자, 교통사고 있다고 하게되는 것이라 본다. 또한 驛馬地殺은 여행교통이다. 殺局은 내몸을 尅傷하는 것임으로 역마지살이 殺局을 이루고 있는 자, 교통사고에 傷身하는것 定然한 이치라 본다.

역마나 지살이 傷官太旺을 이룬 자 역시 前記와 같이 역마와 지살은 여행교통이며 傷官太旺은 내기운을 泄氣시키는 것으로 心血을 몹시 빼는 것이다. 또한 강자를 충돌하여 반격을 받는 것으로 인하여 사고로도 보게되며 역마 상관태왕자 또한 교통사고 있게 되는 것이라 말할 수 있다.

※ 癸巳丑未日生이 逢甲寅時

※ 驛馬 또는 地殺이 日支刑한 者

※ 驛馬 또는 地殺이 財殺局을 이룬 자

※ 驛馬 또는 地殺로 傷官太旺을 이룬다.

예 ①

年	甲 子	木水
月	丁 丑	火土
日	壬 寅	水木
時	乙 巳	木火

이四柱는 寅驛馬가 時間巳와 刑을 이루어 교통사고의 橫厄이 있을 사주다.

예 ②

年	辛 亥	金水
月	辛 卯	金木
日	丙 申	火金
時	庚 寅	金木

이四柱는 申日기준하여 地殺이 놓여있고 時支寅에 역마살이 있으며, 日支申과 刑(申刑寅) 하여 교통사고가 있을 사주다.

예 ③

年	戊 子	木水
月	己 未	土土
日	癸 卯	水木
時	甲 寅	木木

이四柱는 子生 역마寅이 寅卯未로 상관국을 이루고 또다시 甲木이 투출한 예로써 교통사고가 있을 사주라 본다.

예 ④

年	戊 申	土金
月	庚 申	金金
日	戊 申	土金
時	丙 辰	火土

이四柱는 申地殺이 太旺하고 庚金이 투철하여 三・四번에 해당하는 교통사고를 당할 사주이다.

14. 監禁 당할 四柱

生日은 己身이요 刑殺은 無恩, 無禮, 持勢로서 오만불순하여 他의 제재를 받아야하는 상이다. 또 災殺은 囚獄殺로서 將星을 冲하는 者이기도 하다. 특히 將星은 三命通會라는 글을 보면 '將星者如將制中軍也 故三合中位請爲之將星이라' 하여 軍의 要塞中樞를 말함인데 그를 冲攻당하는 형상 즉 主體原動이 陷落되고 拘束되는 상이된다. 또는 羅網이라는 뜻은 天羅, 地網 즉 辰巳와 戌亥를 말하는 것이라 하겠다. 天은 西北間 戌亥에 臨하여 六陰이 終되며, 子(동지)에서 다시 一陽이 始生되고 地는 東南間 辰巳에 陷하여 六陽이 終이 되며, 다시 午(夏至)에서 一陰이 始生하는 法인데 陰陽에 終極則 暗昧하고 不明하는 法則인 것이다. 그 형상과 같이 캄캄한 감방에 감금, 납치, 망명 등으로 透明없는 暗昧한 연금생활을 하게 되는 상이라 하겠다. 고로 辰戌, 巳亥日生이 柱中에서 辰戌巳亥字中 一字만 만나도 이에 해당되는 것이다.

이상 해당하는 자는 모두 감금, 납치, 포로, 망명 등을 한번 경험해 보아야 하는 사주다. 이 殺이 있는자가 경찰관, 형무관, 헌병, 사법관, 기타 특수기관, 수사기관에 종사하는 자는 그 액을 면하며 오히려 적성에 맞는 직종이라 하겠다.

※ 日支 逢刑한 자   ※ 柱逢囚獄殺한 자
※ 日連羅網殺한자 (辰戌 巳亥) ※ 巳亥日生이 逢巳亥한者 (羅網)

예 ①

年	辛	未	金土
月	壬	辰	水土
日	己	酉	土金
時	癸	酉	水金

이 경우는 未生에 酉囚獄殺이 놓여 있어 六·二五때 포로 되었다가 九死一生으로 脫出한 바 있는 四柱다.

-149-

예 ②

年	甲 子	木水
月	丁 卯	火木
日	戊 戌	土土
時	壬 戌	水土

이 경우는 戊日, 戌時로 地網殺되어 있어 감금 한번 당하여 본 일이 있는 四柱이다.

예 ③

年	丙 寅	火木
月	辛 丑	金土
日	壬 子	水水
時	庚 戌	金土

이 경우는 寅生에 子가 囚獄殺이 되었으니 납치당한적이 있는 四柱다.

예 ④

年	辛 酉	金金
月	戊 戌	土土
日	丁 巳	火火
時	甲 辰	木土

이 사주는 巳日 地網生으로 月支에 戌운을 만나 감금 당하여 본 사주이다.

15. 食中毒 및 火傷을 입을 四柱

寅日生, 午日生, 丑日生이 日湯火殺인데 이殺은 「불」, 「인두」끓는 물에 데어 흉터가 있다는 殺이다. 寅日生 湯火殺이 逢巳나 申하면 三刑殺로서 被禍加重한 殺이다. 午日生은 다시 逢午하면 自刑殺이요, 逢丑하면 相穿(六害) 殺이요, 辰은 隔角殺로서 각각 凶殺이 加重하여 凶禍非輕이요, 丑日生은 逢戌 또는 逢未는 刑殺이요, 午는 六害殺이 되어 이살은 모두 도려낸다, 찢어낸다로 해석하게 되는 것이다.

戊寅日生은 湯火殺이 겹 七殺된중 多逢寅은 湯火七殺이 太旺하는 형상으로 그 피해가 대단하다.

戊子日은 湯火殺은 아니나 日坐 偏財星으로서 本身弱인데 柱中에 寅巳나 巳申이나 寅申을 만나면 三刑殺 또는 冲이 되어 그 災殃 非輕하게 된다고 본다.

※ 寅·午·丑日生
※ 寅日生이 逢巳申한 자
※ 午日生이 逢辰午丑한 자
※ 丑日生이 逢午未戌한 자
※ 戊寅日生이 多逢寅한 자
※ 戊子日生이 逢寅巳申한 자

이상과 같이 6개항의 경우는 火傷, 식중독, 화재, 총탄, 파편부상이 있어 보게 되는데, 男命에는 총포상, 파편상이 있어보게 되는 것이며 아니면 처나 첩 또는 애인에게 식중독이 있게 된다. 女命에는 자신이 식중독을 당하게 되는 것이다.

여기서 한가지 상기하고자 하는 점은 이殺이 있는 者 얼굴이 얽었거나 또는 나타난 곳에 큰 흑점(검은점, 사마귀)이 있거나 또는 홍역열병으로 인한 흉터가 있으면 관계치 않는다는 점이다.

예 ①

年 甲子 木水
月 壬申 水金
日 戊寅 土木
時 壬戌 水土

이경우 寅日, 湯火殺이 月支 申을 만나 寅申冲刑되어 총을 맞아 크게 흉터있는 사주다.

예 ②

年 甲 戌 木土
月 丁 丑 火土
日 壬 寅 水木
時 丙 午 火火

이경우는 日支 寅이 湯火殺이 되어 끓는
물에 데어서 큰 흉터가 있다고 본다.

예 ③

年 甲 子 木水
月 己 巳 土火
日 甲 寅 木木
時 丙 寅 火木

이경우는 坤命인데 日坐寅 湯火殺이 　逢
巳刑하고 있어 양잿물을 먹어본 사주이다.

예 ④

年 丙 寅 火木
月 庚 寅 金木
日 戊 寅 土木
時 甲 寅 木木

이경우는 戊寅日生이 多逢寅하여 식중독
하여 보았던 一女命의 사주이다.

예 ⑤

年 壬 申 水金
月 乙 巳 木火
日 戊 子 土水
時 庚 申 金金

이경우는 戊子日生이 年月에 巳申을 逢하
여 식중독을 경험히여 보았다. 一女命의 四柱
라 본다.

「연구」

※ 寅卯巳午未月生이 丙寅日, 丙午日, 丁卯日, 丁巳日, 丁未日生의

-152-

경우 火旺月 火旺日로 자기의 급급 炎上하는 성질을 억제하지 못하여 일어나는 현상이다.

　※ 寅巳午未月生이 辛未日에 출생한 者의 경우는 火旺으로 인하여 火殺이 太旺한 節에 軟金(辛金은 軟金則 輕金屬)이 되어 녹이는 형상이다. 그러므로 이같은 災殃이 일어나게 되는 것이라 본다.

16. 手足에 異常이 있는 四柱

　急脚殺은 팔, 다리, 이를 다치는 殺이요, 生日時는 己身이므로 이殺이 生日이나 生時에 놓여 있으면 手足에 이상이 있다는 것이다. 또 斷橋關殺이 역시 위의 推理와 같고 年日辰酉에 戊午日生과 戊日三傳에 俱刑者는 著者가 하나 둘의 間或 該當例를 본 것이 아니며 경험에서 수많은 해당자를 발견하고 기록한 것이다. 戊午日이 逢辰을 辰午로 自刑殺을 이루고 있는 까닭이라 본다.

　戊日三傳 寅巳申刑은 戊寅日生이나 戊申日되어 身弱三刑殺 되어서 위에 해당한 것이 아닌가 생각된다. 여기서 年月 辰酉에 戊午日生은 辰年, 酉月 또는 酉年, 辰月에 戊午日生이 共히 같으며 戊日生이 年月日 俱刑者는 巳年 申月 戊寅日, 申年 巳月 戊寅日, 寅年 巳月 戊申日, 巳年 寅月 戊申日 등으로 순서가 바뀌어도 같다고 본다.

　※ 日 혹은 時에 급격 살이 있는 자
　※ 日 또는 時에 斷橋關殺이 있는 자
　※ 年月 辰酉에 戊午日生인 자
　※ 戊日 三傳 (三傳이란 年月日을 말함)에 寅巳申이 전부 있는 자

예 ①

年	辛 酉	金金
月	丙 申	火金
日	丙 辰	火土
時	丙 辰	火土

이 경우는 七月 辰日로 斷橋關殺되고 丙이 多逢金하여 身弱格으로 두다리 모두 折斷으로 不具된 사주다.

예 ②

年	癸 亥	水水
月	乙 卯	木木
日	辛 卯	金木
時	己 丑	土土

이 경우는 卯月 卯日로 斷橋關殺이 놓여 있고 日主 甚弱하여 척추 신경에 이상이 있어 곱추가 된 사주이다.

예 ③

年	己 巳	土火
月	丙 寅	火木
日	戊 申	土金
時	壬 戌	水土

이 경우는 戊申日生이 逢年月日 (三傳) 에 寅巳申 三刑을 놓아 다리를 저는 사주이다.

17. 精神異常이 있는 四柱

鬼門關殺은 精神異常되는 殺이다. 또는 木火 日主 甚弱者는 未는 肝膽이요, 火는 心臟으로서 肝經甚弱 또는 心臟甚弱되는 상이 되어 精神昏迷하게 되는 까닭이다.

※ 四柱에 鬼門關殺이 있는 자

※ 木火日主 甚弱한 자

이 鬼門關殺을 놓은 者는 매우 정신이 銳敏하여 事理에 밝으며

-154-

총명하게 되는데 그것이 度가 넘으면 오히려 病이 되어 정신이상 신경쇠약증의 신경성질환이 생기게 된다.

예 ①

年	己 卯 土木
月	丙 寅 火木
日	甲 申 木金
時	甲 子 木水

이 경우는 卯申이 鬼門關殺에 놓여있어 정신이상으로 나타나는 사주이다.

예 ②

年	乙 亥 木水
月	己 卯 土木
日	甲 辰 木土
時	癸 酉 水金

이 경우는 生日辰과 生年亥와 亥怕辰會 라는 例로써 정신이상이 있는 사주이다.

예 ③

年	壬 申 水金
月	丙 午 火火
日	乙 巳 木火
時	己 卯 土木

이 경우는 乙日生이 年月巳日 丙火로 乙日 甚泄 허약하여 정신이상의 병을 앓아본 사주이다.

예 ④

年	丙 寅 火木
月	丙 申 火金
日	己 卯 土木
時	庚 午 金火

이 경우는 己日生이 申月透庚으로 설기한 中 自坐殺地 卯木하여 정신이상을 앓았다고 본다. 月上丙火는 自坐殺地 年上丙火로 寅에 時辰生인데 寅申冲하고 그 寅木이 申月에 失時하여 不能生火하는 까닭이라보겠다.

-155-

18. 眼目에 異常이 있는 四柱

※ 申酉戌月生이 乙丑日, 乙酉日, 甲戌日에 출생하고 다시 柱中에서 財나 官殺이나 傷官 또는 財殺傷官이 混合하여 甲乙日主 甚弱한 자

※ 丙申日, 丙子日, 丙辰日, 丙戌日生이 四柱中에 단 하나의 辛을 만나거나 또는 壬亥를 만나고 (壬은 多逢이라도 可) 다시 柱中에 財殺이 旺한 자와 또는 丙申日, 丙子日, 丙辰日, 丙戌日生이 時柱에 辛이 놓이거나 또는 壬을 만나고 (辛은 單하나라야되고 壬은 多逢이라도 可) 또다시 柱中에 木火 旺한 자

※ 亥子月生이 戊己日에 출생하고 또다시 柱中에 多逢財殺하여 日柱가 심히 弱하여진 자

※ 生年 生月 또는 生時에 丁巳를 놓고 壬癸辛日에 출생하고 柱中에 金水星이 太旺한 자 또는 甲木日生이 寅巳午未戌月에 낳고 다시 柱中 地支에 火局 準火局을 놓고 干頭에 丙 혹은 丁이 나타나 있는 자

다시 줄여 말한다면

1. 秋月木 丑酉戌日生이 更逢財殺 또는 傷官甚者

2. 丙申子辰戌日生이 更逢辛壬에 財

3. 亥子月 戊己日生이 更結財殺旺者

4. 柱中에 丁巳놓고 金水太旺者 또는 甲木日生이 過於燥枯 者

「연구」

1. 秋月은 申酉戌月을 말하는 것인바 金局으로서 金旺節이다. 연이나 乙丑日, 乙酉日, 甲戌日은 地支가 財와 殺이 되어 木日主가 甚히 弱化된다. 就中更逢財殺이 旺하고 또는 泄氣甚하면 木星이 더욱 弱化 (節로 比하면 秋凉落葉枯木之象)하게 되는데 그 木은

肝經이요 肝經이 虛弱則 不能生火 心臟光明하게 되므로 因하여 沒光之象으로 眼盲하게 되는 것이라 본다.

2. 丙申, 丙子, 丙辰生은 地支暗藏 財殺하여 자연적으로 日主 쇠약하게 되고 丙戌日 역시 戌中辛金, 戊土로써 土金이 旺하여 日主 약이 된다는 것이다. 그런데 丙火가 단일 辛金을 만나면 丙辛化水로 回頭水尅火하여 日主가 逢尅으로 더욱 약해지고 또는 壬을 만나도 역시 日主 丙火가 약하여지는데 다시 殺과 財가 旺하면(財는 生殺하기 때문이다.) 더욱 더 日主, 丙火가 弱化해지는 것이며 丙火는 심장으로 광명에 속하여 沒光하는 상이되기 때문이다.

3. 亥子月, 戊己日生은 財旺當節로써 囚期가 되어 甚히 약하여지는데 다시 財殺이 結局하게 되면 더욱더 약해지는 까닭이라 본다.
더욱이 戊土는 脾胃요 脾胃가 甚弱하여지면 丙丁火 역시 심히 弱하여 (火는 脾胃之母故로 脾胃弱則 爲共子 補强 泄氣甚故로 火亦衰弱也라) 泄氣之象이 되기때문이다고 본다.

4. 柱中에 丁巳를 놓고 金水가 太旺하면 이는 財殺로서 尅火ㅎ게 되어 水火투쟁하게 되는데 水旺火쇠로 沒光하게 되는것이 순리라 본다. 또 甲木日生이 寅巳午未戌月에 나고 다시 火局 또는 準火局 干頭에 丙 혹 丁을 만나면 甲木 肝膽이 太過枯燥한 때문이라 본다.

이상과 같이 四柱가 해당하게 되면 晴盲, 色盲, 야맹 등으로 視力이 傷하여 眼鏡을 쓰거나 盲人이 된다는 점을 명심하고 연구가 거듭되기 바란다.

여기서 한가지 언급하고져 하는 점은 이 丁巳는 많은 盲人中에서 統計로 발견한 것인데, 火라고 하면 丙午 역시 火星은 틀림없으나 丙午에서는 발견되지 않은 것을 보면 이것은 확실히 한의학

상 丙火는 小腸 丁火는 심장이 되어 그 인체구조 기관에서 달리
나오는 것을 알게 된다는 것이다.

예 ①

年	丙	寅	火	木
月	戊	戌	土	土
日	甲	戌	木	土
時	丁	卯	火	木

이 경우는 秋生木戌日生이 丙戌戌丁火하였으며 또한 寅木戌土準火局을 이루고 火土旺하여 眼盲이 된 사주다. 또 甲木이 過於枯燥로 된 四柱임이 틀림없다.

예 ②

年	辛	丑	金	土
月	己	亥	土	水
日	己	未	土	土
時	甲	戌	木	土

이 경우는 亥月己日生인데 地支로 亥未準木殺局하여 다시 時上甲木剋을 만나 日主甚弱하여 眼盲이 된 四柱이다.

예 ③

年	庚	辰	金	土
月	丁	亥	火	水
日	己	卯	土	木
時	丁	卯	火	木

이 경우는 己日亥月에 낳고 다시 亥卯卯와 辰中乙木으로 卯辰類合木殺局하여 日主弱으로 盲人이 된 사주이다.

예 ④

年	丙	戌	火	土
月	乙	未	木	土
日	甲	寅	木	木
時	乙	丑	木	土

이 사주는 甲木日生이 未月에 生하고 寅戌類火局하고 다시 丙火가 干頭에 나타나 甲木의 過於枯燥로 眼盲이 된 사주다.

이상 예외의 경우가 있다.

以外에 日柱구성 아니고도 年이나 月時에 丙丁火(巳午火 亦同)가 水局을 甚히 당하는 사주 또는 壬癸水日生이 地支에 多逢火되는 四柱도 혼히 視力이 弱하여 고생하는 사람이 많이 있다는 점이다.

예를들면 ①

年	己	巳	土火
月	乙	亥	木水
日	戊	辰	土土
時	癸	丑	水土

이 경우 年支巳火가 亥水에 冲尅당하여 심히 衰沒된 상으로 眼盲하게 되었다는 것이다.

예 ②

年	丙	子	火水
月	丙	申	火金
日	壬	申	水金
時	戊	申	土金

이 경우는 비록 年月에 두丙火가 있으나 柱中에 水旺丙火無根으로 甚弱하여 盲人이 되었다.

예 ③

年	庚	午	金火
月	戊	寅	土木
日	丙	申	火金
時	辛	卯	金木

이 경우는 丙辛化水로 回頭尅 당하였고 地支에 寅午 寅卯로 木火局되어 木生火로써 水火가 서로 투쟁하는 상이므로 眼盲하였다.

19. 水厄이 있는 四柱

落井關殺이란 물에 빠지는 殺이다.

-159-

甲乙日生은 木이요 水星이 汪洋則 그木은 漂流 (木賴水星이나 水多則木漂)하는 象이 되는 것이다. 또한 戊己日生은 土星인데 金水旺則, 金生水하여 水가 더욱 旺하여지는 것이고 그 財殺이 太旺해지면 土가 崩壞되어 큰 汪洋水에 씻겨 가버리는 形象이니 모두 水厄있다고 생각하게 된다.

① 日 혹은 時에 落井關殺이 있는 자

② 甲乙日生 水星汪洋 者

③ 戊己日生이 金水 또는 財殺이 太旺한 者

※ 落井關殺의 해설

甲日生이 己巳時生, 己巳日생이 己巳 時에 출생, 庚日生이 丙子時에 출생, 庚子日에 출생, 乙日生이 丙子時에 출생, 丙日生이 申時에 출생, 丙申日生 辛日生이 丙申時에 출생, 丁日生이 庚戌時에 출생, 壬戌日에 출생자, 壬日生이 庚戌時에 출생, 戊日生이 乙卯時에 출생, 癸日生이 乙卯時에 출생, 癸卯日에 출생한 자는 각각 낙정관살에 해당된다.

예 ①

年	壬	申	水	金
月	辛	亥	金	水
日	乙	亥	木	水
時	丙	子	火	水

이 사주는 乙日子時로 낙정관살이 된다. 柱中 水局全하여 一木이 浮之다. 고로 익사하였다는 사주이다.

예 ②

年	壬	申	水	金
月	壬	寅	水	木
日	己	未	土	土
時	壬	申	水	金

이 사주는 己未日生이 寅月에 출생하고 三壬水가 兩申金에 장생착근하여 身主甚弱으로 胃病으로 다년간 呻吟하다가 投身 자살하였다.

예 ③

年	丙 辰	火土
月	庚 子	金水
日	乙 未	木土
時	丁 亥	火水

이 경우는 乙日生이 亥子辰으로 水汪하여 물에 빠져 죽을뻔한 사주다.

예 ④

年	壬 申	水金
月	丙 午	火火
日	己 亥	土水
時	丁 卯	火木

이 경우는 己亥日로 身弱 고 年壬水가 坐下 申宮에 장생하였으며 亥卯木局으로 尅身하니 日主 甚弱되어 八字에서 수영하다가 익사하였다.

20. 脾胃가 弱한 四柱

戊己는 中央土요 오장육부로는 脾胃에 속하고 있다. 연이나 柱中에 多逢金이면 그 脾胃가 土生金으로 泄氣甚하여 弱해지는 象이요, 그 土脾胃는 財를 當하여 허약하여지는 것이고 또 水가 旺하면 土能尅水나 水多則土流로 多量의 飲食物을 消化시키는데 과분하여 약해지는 상이다.

다음 戊己土가 日主가 아니고 柱中 어느곳에 있어도 (年月日時不問) 역시 土는 土이니까 脾胃가 되어 多逢財殺 (日主基準 財殺이 아니고 戊己土 胃 위주로 財殺을 말한것임)로써 약해지는 상이다. 또한 寅午戊巳午未日은 모두 火旺節로서 多逢火土면 火旺生土 脾胃하는 상이되어 반대로 脾胃가 너무나 生만 받고 자극이 없으면 자기의 능력을 발휘하지 못하여 무능력의 상으로 약하여지게 된다. (또는 戊己土 火旺이면 燥土가 되어 連變不足으로 脾

胃弱이라고 보아도 된다.) 그러므로 이상과 같이 四柱가 되어
있는 자는 胃가 弱하다고 斷定하게 되는 것이다.

① 戊己日生이 多逢金木水한 者
② 柱中戊己가 多逢財殺한 者
③ 寅午戌 巳午未月生人이 戊己日에 출생하고 多逢火土한 者

예 ①

年 甲子 木水   이 경우는 寅月己日生이 卯甲을 逢한 中
月 丙寅 火木   時上癸水 年支子 水는 生木하고 있어 財殺
日 己卯 土木   局을 만나 己土甚弱으로 胃病患者가 된 사
時 癸酉 水金   주다.

예 ②

年 丁丑 火土   이 경우는 月干戊土는 自坐申金에 泄氣하
月 戊申 土金   였고 時上己土는 自坐卯殺地하고 있는 中
日 乙亥 木水   亥卯木局乙木透出 旺하고 있다. 故로 胃
時 己卯 土木   病으로 呻吟하고 있다.

「연구」

　時上己土가 補月上戊土할 것 같으나 己土는 自坐卯木殺地하여不
能補戊土하고 年支丑土가 補月上戊土할 것 같으나 亥丑으로 합세
化水되고 또 地支水木太旺하여 不能補月上戊土로 자연 戊土 고립
허약이다.

-162-

예 ③

年　乙　卯　木木
月　己　卯　土木
日　辛　亥　金水
時　辛　卯　金木

이 경우 月干己土가 亥卯卯의 木局과 年
上乙木의 剋을 받아 己土 甚弱으로　胃病
으로 呻吟하는 四柱라 본다.

「연구」

　己土가 土生辛金하여 從財안될것 같으나 己土는 一無依托이라 그
리고 乙卯年 卯月亥中甲木 時支卯木으로 乙木財가 투출하고 地支
로 合木局(財局)을 이루어 財祿分野로서 財全權인 故로 부득이
葉印(己土의 生함을 포기한다) 從財하게 된다. 그러나 己土
가 甚弱한 것은 사실이어서 胃病을 못 면하게 된다.

예 ④

年　己　巳　土火
月　己　巳　土火
日　戊　辰　土土
時　丙　辰　火土

이 경우는 戊日生이 巳月에 출생하였다.
또 巳巳丙으로 火土旺되어 胃病 便秘등
으로 고생하고 있는 四柱이다.

「연구」

　戊己日生이 地支에 水星이나 金星이 많아서 胃가 약하여진
四柱는 土生金하여 土가 垂直下하는 상으로 胃下垂病 환자가
많고, 水木이 旺하여 약하여진 土는 木의 剋을 받게 되는데 木
은 酸이 됨이요, 旺은 過多가 됨으로 인하여 戊己日生이　水木이
많게되면 위산과다증 환자가 많고 또 戊己土가 地支에 刑冲을 만
나서 약하여진 경우의 四柱는 胃病, 胃경련, 胃手術환자가　많은것

을 보게되고 脾胃가 甚旺해서 疾患이 생기는 경우 胃下垂, 소화불량, 胃硬化, 胃無力病 患者가 많은것을 경험하고 있음을 알 수 있다고 생각된다.

21. 性病을 앓아본 四柱

① 壬癸日生이 多逢火土한 者

壬癸日生이 多逢火면 水火가 相爭하게 되는데 연측화혈액이 不遁環하게 되는 것이다. 壬癸日水가 多逢土하게 되면 물이 막히게 (土塞)되어 流水流通이 잘 안되는 상이되어 이상은 모두 淋疾痔疾 患者가 되는 것이다.

② 桃花逢刑者

桃花는 女色 즉 性이요 刑은 病이 되는 것으로 桃花刑은 性病으로 通한다.

③ 滾浪桃花만난 者

滾浪桃花는 丙子, 辛卯 相逢이면 荒淫滾浪이라 八字에 天干相合하고 地支相刑하는 者이니 如 丙子日 辛卯時로 丙辛이 干合하고 子卯로 支刑하는 類 (己卯日·甲子時)를 滾浪桃花라고 하는데 男命에 犯之면 好酒色 荒淫으로 因하여 病在膀胱 腎經으로 喪身云云하였고 下陵에 다시 甲寅 己巳 또한 同一로 論한다고 기록되어 있다.

예 ①

年	己未	土土
月	壬戌	水土
日	壬寅	水木
時	辛丑	金土

이 경우는 壬日生이 年上己土年支未中丁火己土 月支戌中丁火戌土 日支寅中丙火 時支丑中己土로 火土旺하여 있는 中 丑戌未三刑이 加臨이라 故로 淋疾로 고생하는 경우다.

예 ②

年	壬	子	水水
月	癸	卯	水木
日	戊	子	土水
時	癸	丑	水土

이 사주는 戊癸 干合이다. 子卯支刑을 놓아 淋疾, 매독 모두 앓아 본 사주이다. 그리고 당뇨병도 있다고 본다.

22. 나팔管 妊娠한 적이 있는 四柱

①丙丁日生이 辰戌丑未月에 출생하고 多逢土한 者

丙丁은 火다. 火는 心臟이요 血이다. 傷官 食神은 子女요 子宮이다. 그리고 逢刑은 病이요 被傷이요 또는 破裂二十術에 해당된다. 그리고 辰戌丑未는 庫藏이요, 고장은 倉庫요 貯藏所요, 그 傷官 食神은 애기인 즉 애기 저장소 즉 다시 말하여 子宮이다. 그리고 다시 土旺하면 애기가 子宮에 넘쳐 밖에 나가는 상이되어 母衰子旺으로써 子宮外 妊娠이 되는 것이다.

② 日辰이 多逢食神傷官에 逢刑한 者

日辰이 多逢傷官食神 逢刑者도 이상과 같은 원리로 모두 나팔관 임신이 있게 되거나 子宮手術, 乳腫病 또는 젖이 적어 잘 안나오는 상태이다.

예 ①

年	辛	酉	金金
月	甲	午	木火
日	乙	巳	木火
時	戊	寅	土木

이 경우는 乙日生이 巳午寅中丙火로 傷官食神太旺한 中 寅巳로 刑하여 나팔관 임신한 사주다.

예 ②

```
年  甲 戌  木土
月  辛 未  金土
日  丙 戌  火土
時  己 丑  土土
```

이 사주는 丙日生이 地支 戌土에 食神이 놓이고 丑戌未 三刑을 俱全하여 나팔관 임신 수술한 바 있는 여자의 사주이다.

「연구」

　傷官·食神은 食器, 유방 또는 자궁으로도 해석하여 傷官·食神이 逢刑冲하면 유종 자궁수술하고 또 유방이 잘 발달되지 못한것을 알 수 있으며 특이할 것은 그릇을 잘 깨는 것을 볼 수 있다는 것이다.

예 ①

```
年  壬 申  水金
月  癸 卯  水木
日  癸 酉  水金
時  癸 丑  水土
```

이 경우 癸日生 食神卯木이 酉冲을 만나고 또다시 酉丑 申金의 尅을 당하여 유방수술을 받은 바 있는 사주다.

예 ②

```
年  己 丑  土土
月  辛 未  金土
日  己 巳  土火
時  壬 申  水金
```

이 사주는 時支 申金 傷官이 逢巳刑하여 右側 유방이 發達하지 못하여 甚히 작고. 一方은 巳丑으로 準三合局에 辛金이 투출하여 左側 유방은 매우 발달한 사주다. 또 그릇을 잘 깬 다는 것이다.

23. 妓生職業의 四柱

※ 乙日傷官丙子戌 多夏月生官不均

乙日生이 時에 傷官이 되는 丙子時나 丙戌時에 出生한 者가 다시 亥子丑月이나 巳午未月에 出生하고 또다시 四柱官이 旺하거나 傷官이 旺하여 官星이 傷하거나 官星이 旺하여 不均된 女命.

※ 水聚汪洋官衰微 時上傷官 柱官弱

壬癸日生이 柱中에 水星이 太旺한 者 또는 前 ※ 표에 해당하는 木火傷官外에 (丙子日 戌己時 戌己日 庚辛時 庚辛日 壬癸時 壬癸日 甲乙時) 官星이 미약한 자

※ 柱中官興制不足·官弱四柱制過多

四柱中에 官殺이 太旺한데 官殺을 制禦하는 傷官食神이 不足한 者 또는 반대로 官이 甚히 약한데 그官을 制禦하는 傷官食神이 太旺한 者 등은 모두 妓生·접객부 또는 기타 유흥장 마담 레지, 가정부 등의 직종에 종사한 사실이 있다고 본다.

예 ①

```
年  壬 戌  水土
月  癸 丑  水土
日  丙 戌  火土
時  己 丑  土土
```

이 경우 丑月 丙日生이 柱中傷官太旺에 水官이 沒하고·丙日己時로 時上 傷官을 이루고 있어 妓生 사주이다.

예 ②

```
年  乙 亥  木水
月  辛 巳  金火
日  乙 未  木土
時  辛 巳  金火
```

이 사주는 巳月乙日生이 辛金의 官星을 이루는데 巳未巳로 火局이 왕성하여 官이 약하고 制過多하여 기생이 된 四柱라 본다.

24. 飮食物業의 四柱

※ 壬申子辰日에 출생한 者, 庚申子辰日에 출생한 者

壬申日, 壬子日, 壬辰日生 또는 庚申日, 庚子日, 庚辰日에 출생한 者

※ 戊申子日生이 逢傷官 食神 財한 者, 己丑卯日生人이 財殺旺한 者

※ 戊申日, 戊子日生이 傷官生財를 이루거나 또는 地支에 직접 財局을 이룬 者 또는 己丑日, 己卯日生이 地支에 財나 殺局을 이룬 者 또는 壬日, 癸日生이 地支에 食神(傷官 亦同) 局이나 財局을 이룬 者

四柱中에 傷官生財格을 이룬 者, 給食 酒茶果로 功德한다.

※ 十干日中 如何한 日辰에 출생함을 막론하고 傷官生財 또는 食神生財格을 이룬 者.

이상과 같은 四柱를 가진 者는 요리업, 다방, 캬바레, 여관, 빠, 싸롱, 양조업 등을 경영하고 있는 것의 직업이 많다고 본다.

「연구」

① 壬日은 水요, 申子辰 역시 水局으로 신변이 모두 水物로서 生涯하는 形象이다. 또 庚은 金이요, 申子辰은 水局으로써 庚金日對食神이요 (傷官도 동일하다) 食神은 飮食物인 까닭이라 본다.

② 戊申日 또는 戊子日生이 傷官 (食神동일) 生財 또는 財局은 모두 水를 生하거나 직접 水財 (財는 飮食)가 됨으로 물 飮食에 속하기 때문이요, 또 己丑日 역시 財局은 水財가 됨으로 물, 飮食이 되는 형상이다. 己卯日에 殺局을 조장하는 者, 水가 됨으로 물, 飮食사업을 하게 된다고 본다.

③ 丙日, 申子辰은 항상 丙火己身이 水物飮食에 시달리고 싸우는 상이되는 까닭이요(丙申子辰財殺), 또 壬癸日 水身이 食神財는 火불이 됨으로 항상 불을 때고 물을 끓이는 상이되기 때문이다.

④ 이상 三항에서 빠진 日辰 즉 甲乙丁辛日生이 각각 傷官 또는 食神財局 또는 傷官財合이 되는 四柱는 모두 식품업을 하는 四柱라 본다.

예 ①

年	辛	酉	金金
月	癸	巳	水火
日	庚	辰	金土
時	壬	寅	水木

이 경우는 庚辰日生이 되어 큰 제과업을 경영하는 四柱라고 본다.

예 ②

年	甲	子	木水
月	丙	子	火水
日	庚	辰	金土
時	丙	子	火水

이 경우는 庚辰日生으로 호텔을 경영하는 사주이다.

예 ③

年	壬	申	水金
月	己	酉	土金
日	己	丑	土土
時	庚	午	金火

이 경우는 己丑日生이 申酉丑으로 食神局을 이루고 있다. 한식요정을 경영하고 있는 사주이다.

예 ①

年	壬	午	水	火
月	庚	戌	金	土
日	乙	巳	木	火
時	庚	辰	金	土

이 경우는 乙巳日生이 午와 合하여 食神局을 이루고 다시 午戌로 合財局하여 선술집을 경영하는 사주이다.

25. 敎員生活의 四柱

※ 月逢印綬者

月建은 提網으로서 日主와 같이 重要한 位置에 놓여있다. 그리고 印綬는 敎育・文學・예술・언론에 속하기 때문에 구체적으로 말하여 寅卯月에 丙丁日, 巳午月에 戊己日, 申酉日에 壬癸日, 亥子月에 甲乙日, 辰戌丑未日에 庚辛日生을 말한다고 본다.

※ 春夏月 甲乙日生, 申酉月 戊己日生

甲乙日生에 春夏月은 木火通明 (火月木日)으로 문명지상이며 또 崇仁(木月木日) 之象이 되기 때문이다.

申酉月 戊己日生은 申酉金 戊己土로써 金義土信으로 信義를 숭배하며 伶俐之象이 되기 때문이다.

※ 三多月 金水日生

三多月에 金水日生은 水旺金水로서 智와 義의 상이니 智慧와 義를 숭상하게 되는 것인데 智는 즉 배움으로 통하는 것이기 때문이다. 그러므로 전자 23번은 月傷官이요, 傷官은 泄氣로서 속에든 것을 잘 해석하여 남에게 傳해주는 상도 되기 때문이다.

酉月丁丑日으 丁日酉丑 金局으로 丁火禮酉丑金義에 속하여 예의를 이루며, 또 丁日財局을 놓았기 때문에 丙丁은 朱雀 (주작)으로서 구변(口辯)이다. 財는 偉合되므로 因하여 구변교수로서 봉급을 타는 상이되기 때문이라 본다.

戌月 壬癸는 戌中에 尙存辛金氣하여 壬癸日에 印綬가 작용하는 까닭이고 寅月戊己日 역시 寅中丙火 戊己日對로 月逢印綬가 되는 까닭이다.

亥月에는 甲木印綬가 암장되어 있는데 丁亥日에는 自坐甲木 印綬가 있고, 丁未日은 自坐乙木 印綬가 있고, 丁卯日은 自坐 卯中乙木 印綬가 되고있어 月支 亥中甲木 印綬가 合하게 되는 까닭이다. 그리고 甲申日 또는 申月 甲日은 申官壬水가 甲日對印綬가 되는것이다. 그러기 때문에 각자의 印綬가 柱中에 놓여있으면 더욱 강력한 의미를 나타내는 것이기 때문이라는 점을 명심하여야 한다.

이상과 같은 四柱를 가진 자는 교육, 언론, 문예계에 진출하게 되는 것이다.

예 ①

年 甲子 木水   이 경우 丙日生이 寅中甲木 인수가 되니
月 丙寅 火木   교육자가 된 사주다.
日 丙寅 火木
時 己丑 土土

예 ②

年 壬戌 水土   이 경우는 申酉日戊己日生에 해당하여 교
月 戊申 土金   육가의 직업을 가진 사주다.
日 己巳 土火
時 丁卯 火木

예 ③

年　辛　酉　金金　　　이 경우는 戌月壬日生으로 출생하고　酉戌
月　戊　戌　土土　　　로 준인수局을 이루었으니 교육가의　사주
日　壬　子　水水　　　다.
時　辛　亥　金水

예 ④

年　癸　亥　水水　　　이 경우는 三多月 金水日에 해당하여　옛
月　癸　亥　水水　　　조선일보 이사장이 된 사주다.
日　癸　巳　水火
時　癸　亥　水水

예 ⑤

年　丁　巳　火火　　　이 사주는 春夏月 甲乙日生에 해당되는 사
月　癸　卯　水木　　　주인데 모 일간신문 사장이 된 사주다.
日　甲　寅　木木
時　乙　亥　木水

예 ⑥

年　庚　午　金火　　　이 사주는 卯月丁日로 月逢 인수가 되어여
月　己　卯　土木　　　류문인으로 이름을 날린　여자의 사주이다.
日　丁　丑　火土
時　丙　午　火火

예 ⑦

年	甲	寅	木木
月	癸	酉	水金
日	癸	亥	水水
時	壬	子	水水

이사주는 酉月癸日生으로 月逢 인수하였다.
가수가 된 高모 여사의 사주다.

예 ⑧

年	乙	酉	木金
月	癸	未	水土
日	己	丑	土土
時	戊	辰	土土

이 사주는 未宮丁火로 月逢 암장인수하고 또
時柱戊辰으로 신왕하여 日支丑으로 好金局
에 泄精하여 명배우가 된 모양의 사주다.

예 ⑨

年	丁	丑	火土
月	乙	巳	木火
日	乙	未	木土
時	癸	未	水土

이 사주는 巳月乙日生으로 연예계에 투신
하여 배우로 명성을 날린바 있는 申氏의
四柱다.

예 ⑩

年	丁	亥	火水
月	戊	申	土金
日	癸	亥	水水
時	丁	巳	火火

이 경우는 申月癸日로 月逢인수를 이루었
고 다시 年支 日支 兩亥中壬水로 金局을 이
루어 모대학총장이 된 사주다.

예 ⑪

年	庚	申	金金
月	戊	子	土水
日	甲	子	木水
時	戊	辰	土土

이 경우는 子月甲日로 月逢 인수를 이루고 또다시 年支申宮壬水, 月支子中癸水, 時支辰中癸水로 인수요, 申子辰合 인수 局을 이루고 있다. 모대학 총장이 되었던 사주다.

26. 警察官의 四柱

1. 生日基準으로 逢刑者

※寅日生이 柱中에서 見巳 或申한 者

※巳日生이 柱中에서 見寅 或申한 者

※申日生이 柱中에서 見寅 或巳한 者

※子日生이 柱中에서 見卯, 卯日生이 柱中에서 見子한 者 또는 丑日生이 柱中에서 見未 或 戌한 者, ※戌日生이 柱中에서 見丑 或未한 者, ※未日生이 柱中에서 見丑 或 戌한 者, 申子辰生이 柱中에서 見午, 寅午戌生이 柱中에서 見子한 者, ※巳酉丑生이 柱中에서 見卯한 者, ※亥卯未生이 柱中에서 見酉한 者,

2. 四柱中에 逢囚獄殺 者

3. 辰戌巳亥日生이 柱中에 更逢 辰戌巳亥字中 逢一字 以上者

辰日生이 柱中에서 辰戌巳亥字中 逢一字 以上한 者, 戌日生이 柱中에서 辰戌巳亥字中 逢一字以上한 者, 또는 巳日生·亥日生이 柱中에서 辰戌巳亥字中 逢一字한 者등은 모두 경찰관, 특수기관원, 헌병, 형무관 또는 기타의 수사기관에서 한번 일한바 있는 四柱이다. 아니면 반대로 감금, 납치, 포로 등을 당해보는 四柱이다.

「연구」

　生日은 자신이요 刑은 刑殺로서 刑罰權으로 통하기 때문이다. 囚
獄殺은 監獄殺인 故로 그 監獄殺을 담당해본 경험이 있기때문이다.
辰戌巳亥日生 見辰戌 혹 巳亥는 天羅地網으로 略補, 羅網 즉 다시
말하여 法綱 (宇宙의 羅列 收拾法則이다.　일망타진이라는 망을 생
각할 때 곧 이해가 갈 것이다)에 해당하여 역시 法權 刑罰權을 의
미하는 것이기 때문에 以上과 같이 四柱가 되어 있는 자는 관직
에 있게 된다는 것이다.

　예　①

年	庚 戌 金土	이 경우는 月日時에 三逢囚獄殺하여　경찰
月	戊 子 土水	관 (총경)이 되었다는 四柱이다.
日	甲 子 木水	
時	甲 子 木水	

　예　②

年	戊 午 土火	이 경우는 午生이 三逢囚獄殺하여 경찰관의
月	甲 子 木水	고위직책을 맡았던 四柱이다.
日	庚 子 金水	
時	丙 子 火水	

27. 醫藥業에 종사할 四柱

1. 夏年亥卯未巳丑 更逢時上辰戌者 (更逢時上辰戌안하고도 確率이
매우 높다)

　巳午未日生이 辛亥日, 辛卯日, 辛未日, 辛巳日, 辛丑日에 출생하

고 또다시 時間에 壬辰時나 戊戌時에 출생한 者

2. 五陽寅申日逢刑　五陰巳日亦遇刑

甲寅日, 丙寅日, 戊寅日, 庚寅日, 壬寅日生이 月 또는 時에 巳나 申을 만난 者, 甲申日, 丙申日, 戊申日, 庚申日, 壬申日生이 月 혹은 時에 巳나 寅을 만난 者, 또는 乙巳日, 丁巳日, 己巳日, 辛巳日, 癸巳日生이 月 혹은 時에 申이나 寅을 만난 者.

3. 庚寅午戌正九夏　卯月甲子多壬辰

寅午戌巳未月生이 庚寅日, 庚午日, 庚戌日에 출생한 者, 또는 卯月 甲子日, 亥子丑月 壬辰日에 출생한 者

4. 丁未日生逢庚戌　甲戌戊日理一同

丁未日生이 月 혹은 時에 庚戌을 만난 者, 또는 甲戌日, 戊戌日에 출생한 者

5. 月 혹은 時乾東中丙·戌亥夏月北午未

甲乙日生, 丙日生, 戊己日生이 日支 혹은 時支에 戌이나 亥를 만난 者 또는 巳午未戌亥月生이 壬午日이나 癸未日에 출생한 者

6. 寅卯夏月甲乙日　三多辛丑亥日

寅卯巳午未月生이 甲乙日에 출생한 者 또는 亥子丑月生이 辛丑, 辛未, 辛亥日에 출생한 者

7. 卯酉戌中二字逢　此時人間仁術業

柱中에 卯酉 또는 酉戌 또는 卯戌을 相逢한 者(卯酉戌 三字逢도 可) 등은 모두 의사, 약사, 간호원, 병리사, 식품영양사 등 의료업에 종사함이 있다.

※ 자신이 아니면 父兄 또는 妻子가 그 직을 갖게 된다.

「연구」

※ 夏는 여름이요, 巳午未月을 말함이요, 辛亥, 辛卯, 辛未, 辛

巳, 辛丑은 모두 地支暗藏에 財 또는 官殺이 存在하는 것으로 日主가 甚弱하여지면서 辛金이 製鍊消溶되는 象인데, 金弱火强에 土水消溶之醫이라하여 醫人 즉 공업가를 의미하는 것인데 의업은 옛날에 士·農·工·상으로 보았던 것이라 하겠다.

醫業은 理工科에 속하여 醫工이 直結되는 것인데 다시 時間에 壬辰을 만나면 辛日 壬辰이 되는데 傷官을 不可例 言凶하고 辛日壬辰이 貴在中이라 하였으니 月日生이 此時는 貴한 工人이 되는것인데 人生이 生命을 다루는 貴한 業이 즉 의약업이 되기때문이다. 또 戌時는 天門으로써 道에 直結되는데 仁術 역시 道에 行하는 것임으로 此에 해당하는 工業은 仁術로서 道에 通하는 故로 의약업이 아닌가 생각하여 통계학적인 경험결과 과연 의약업에 종사하는 자가 많으며 다음은 공업가, 미술가(시간에 壬辰이나 戌戌을 안놓고 가능하다)가 많이 이格에 해당되는 것이라 본다.

2. 五陽 寅申日은 前에 해석한바와 같이 甲寅, 甲申, 丙寅, 丙申, 戊寅·戊申, 庚寅·庚申, 壬寅, 壬申을 말하는 것인데, 이 日辰이 逢刑하는 사람 또는 五陰巳日 즉 乙巳, 丁巳, 己巳, 辛巳, 癸巳日生은 逢寅 또는 申하면 刑이 되는데 이렇게 되면 의약업에 종사하는 사람이 많다. 그 원리는 刑은 전에 말한바와 같이 無恩, 無禮, 持勢라 하였으나 나는 또 이 刑을 刑罰이다. 刑權이다 라고 해석하는 동시 도려낸다. 즉 수술한다 등으로 풀이할 수 있다. 따라서 刑은 수술한다라고 해석하여 수술을 주도하는 者라고 풀이 할 수 있다. 연이나 이 刑中에도 寅巳申 三刑이 더욱 많으며 丑戌未 三刑中에는 丁未日, 庚戌刑이 많이 작용되고, 子卯相刑中에는 卯月甲子日 刑만 작용되고 있는 것이라 본다. 또한 이刑은 일방적인 해석으로는 無恩, 無禮, 持勢가 모두 太旺하여 權을

담당하는 것은 칼자루를 쥔다는 뜻으로도 통하여 生殺之權이 있는 刑權家나 執醫刀와 一面 共通됨이 있어 日主기준으로 刑을 놓으면 官은 刑權이요, 사업則 刀圭業을 많이 하게 된다고 본다.

3. 庚寅日, 庚午日, 庚戌日生이 寅戌巳午未月에 출생한 者는 火旺節에 自坐火殺로써 金弱火强에 消溶之醫로 의업을 하게 되는 것이요, 또 卯月 甲子日은 2番에서 해설한 바와같이 多壬辰 즉 亥子丑月 壬辰日生은 그 原由는 알 수 없으나 이에 해당하는 者 적지 않음을 보고 있다.

4. 丁未日, 庚戌逢은 2번에서 설명한 바와같이 甲戌日, 戊戌日生은 日坐天門(戌亥)하였고 甲은 木으로 仁이요, 戊는 土로 信이 되고 仁術에 직결되는 까닭에 五行원리 消息賦라는 글에「造化는 囚逢戌亥인데 敬神神依라」하였다.

5. 月 혹은 時乾東中丙은 甲乙(東), 丙戊己(中)日生이 月支에서나 時支에 戌이나 亥(乾)를 만나면 이 의약업에 해당된다는 이치 역시 前記 4항에서 설명한 바와같이 甲乙日은 仁이요, 戊己는 信이요, 戌亥는 天門으로써 仁術, 道術에 通하는 까닭인데 丙日生이 逢戌亥만은 그 理由는 알 수 없으나 斯業에 많이 종사하고 있는것을 보고있고, 또 戌亥日이나 巳午未月에 壬午日, 癸未日(午未) 역시 의약업중에서도 특히 助産員, 간호원으로 많이 종사하고 있다고 한다.

6. 寅卯는 木旺月이요 夏月은 巳午未로 火旺月인데 甲乙日은 木 仁이다. 연이나 甲乙日이 木旺節을 만나면 仁이 逢仁旺 또는 禮旺(火는 禮故也)으로써 木火通明으로 道術, 仁術에서 통원되는 상임으로 의학, 역술가에 많이 나타나고 있는 것이다. 또 三多는 亥子丑月을 말하는데 辛丑, 辛亥日은 모두 水旺節에 自坐암장

-178-

癸水를 내포하여 金水가 旺하여지게 되는 것이다.

7. 卯酉戌 二字逢하여 의약가가 된다는 것은 卯酉戌은 「鐵鎖開金」(鐵蛇關으로 알면 안됨)으로써 의약을 한다는 것은 卯는 日出之門戶요, 酉는 日入之門戶요, 戌은 天道之門戶로 되어있는 즉 卯에 해가 떠서 肉體活動하여 被勞한 몸, 呻吟은 酉로써 해가 넘어 밤자리에 풀어주고, 酉에 해가 져서 밤자리에 이생각 저생각 근심하여 피로한 정신고통은 卯로써 해가 떠서 혈기를 돌아주고, 또 戌은 天門으로서 道를 行하는 關門인즉 모든 고민, 피로를 道, 宗敎, 信仰으로 풀어주는 상이되어 卯酉戌을 철쇄개금으로 한 것이 아닌가 생각되어 많은 경험으로 道, 의술, 종교인이 많이 나타나고 있는것을 보고 있다.

예 ①

年	己丑	土土
月	庚午	金火
日	辛未	金土
時	甲午	木火

이 경우는 午月生이 辛未日主에 출생하여 時에 辰戌이 없어도 의사가 되었다.

예 ②

年	辛未	金土
月	癸巳	水火
日	甲申	木金
時	甲子	木水

이 경우는 甲申日이 逢巳로 刑하여 五陽 寅申日이 逢刑에 해당하여 의사가 되었다.

-179-

예 ③

年　丙　辰　火土
月　庚　寅　金木
日　庚　戌　金土
時　丁　丑　火土

이 경우는 寅月 庚戌日에 출생하여 庚寅午
戌正九夏에 해당하여 의사가 되었다고　본
다.

예 ④

年　甲　子　木水
月　丙　寅　火木
日　甲　寅　木木
時　子　亥　木水

이 경우는 甲日亥時에 출생하여 月 혹은 時
乾東中內에 해당되어 의사가 되었다고 본다.

예 ⑤

年　丁　卯　火木
月　庚　戌　金土
日　壬　午　水火
時　辛　丑　金土

이 경우는 戌月壬午日로써 戌亥夏月生 午未에
해당되어 의사가 되었다고 본다.

예 ⑥

年　癸　亥　水水
月　癸　亥　水水
日　辛　丑　金土
時　戊　子　土水

이 경우는 亥月 辛丑日生으로 三多 辛丑未亥
日에 해당하여 의사가 되었다고 본다.

28. 法律관계의 직업을 가질 四柱

1. 日主標準 丙庚星이 有한 者

丙日生이 柱中에서 逢庚한 者, 庚日生이 柱中에서 逢丙한 者

2. 水木日生이 日 혹은 時에 逢戌亥者

壬癸甲乙日生이 戌亥日 또는 戌亥時에 출생한 者

3. 丁己日生이 財官格者

丁日, 己日生이 地支에 財 또는 官으로 格을 이룬者

4. 成 飛天祿馬者

飛天祿馬(倒沖祿馬포함) 즉 壬子日生이 重見子, 庚子日生이 重見子, 丁巳日生이 重見巳, 癸亥日生이 重見亥, 辛亥日生이 重見亥는 검사 또는 판사, 변호사의 직을 가지게 되는데 특히 日主를 標準 丙庚星은 검사에 飛天祿馬格은 검찰청장을 하고 있는 것을 많이 보고 있다.

「연구」

1. 丙은 火요, 禮가 되는 것이며 庚은 金이요 義가 된다. 고로 丙庚은 社會를 禮로써 안녕질서의 기강을 세우고, 義로써 불의를 제압하는 形象이 되므로 社會국가를 代表하여 弱者를 돕고 强者를 제어하며 국민의 財産과 生命을 보호하는 象이 되는데 그職은 바로 경찰, 검찰관직이 되는 것이라 하겠다. 고로 위직에 종사하는 자는 대부분 丙庚日主로 格이 이루어져 있음을 볼 수 있다.

2. 水는 壬癸요, 冷이요, 智慧라 또 물은 流下之性이 있으므로 내려만가지 높은 곳으로 거슬러 올라가지 못하는 性이요 또 물은 원만성이 있으므로 그 기세에 순응하여 원만하게 흐르는 것이고 또 물은 평준성이 있으므로 높고 낮은 곳을 잘 가려서 평을 준하는 것이므로 時代에 잘 순응하여 만민에게 無私公平하게 처리하여

야 하며 한번 내린 판단은 다시 반복하지 못하는 것이기 때문에
항상 신중을 기하여 知慧를 짜내어 원만공평하고 냉정하여야 하
는 것이니, 法字 自體가 곧 물과 通하여 ; 변에 去字로 물 흘러가
는 것을 의미하는 것이다.

  따라서 法官의 四柱는 壬癸水 日主로 이루어진 것을 많이 볼 수
있다는 점이다.   다음 木은 仁이요, 仁은 慈悲心과 通하는 것이
고 戊亥는 前에도 말한바 있는 天門이요, 天門은 天道(宇宙大道)
에 通하는 관문이다.   法官은 항상 인내를 위주로「罪를 미워하지
사람은 미워하지 말라」 天道에 通하여 준엄하고도 대자대 비하게
어머니가 자손에게 심애를 베푼것과 같이 판단을 내려야 함으로써
甲乙日에 戊亥日時를 타고난 四柱에서 많이 보고있는 것이라 한다.
3. 丁己日生 財官者는 前에 말한바와 같이 丁은 火요, 禮며 己는
土요 信이다.   연인데 丁火의 財는 金으로써 義요 官은 水로써 智
慧다.   다음 己土의 財는 水로써 智慧요 官은 木으로써 仁이다.
고로 法을 처리하는 법관이란 정의를 내리게 된다.
4. 飛天祿馬者라 한 것은 壬庚日主 重見子, 辛癸日主 重見亥, 丙午
日主 重見午, 丁巳日主 重見巳인데 모두가 火土水를 起用한 것이
니 如壬日生이 多逢子하여 冲午하면 午中丁己 祿馬火土로 丁火는 壬
之正財馬요 己土는 壬之正官也가 飛天하고, 庚日主가 重逢子로 冲午
하면 午中己土로 爲正印하고 丁火로 爲正官하여 作用하고, 辛亥日
에 重逢亥는 巳를 冲하여 丙火官戊土印綬를 起甲하고, 癸亥日에 重
逢亥는 巳를 冲하여 巳中丙火로 위정재하고 庚金으로 正印하고 戊
土로 위정관 작용하는 것이며, 丙午日은 多逢午로 子를 冲하여 子
中癸水로 위정관하고 丁巳日主가 多逢巳하면 冲亥하여 亥中壬水로
正官하고 甲木으로 正印하여 作用하게 되는 것이다. 이 모두가

仁(甲木), 義(庚金), 禮(丙丁), 智(壬癸), 信(戊己)을
沖出시켜 抑强扶弱으로 中和 기강을 바로잡는 상이된다.

　이상 설명한 내용의 사람들이 법관으로 근무하는 경우가 많음을
알 수 있다.

예　①

年	庚	申	金金
月	辛	巳	金火
日	癸	酉	水金
時	癸	亥	水水

이 경우는 癸日生이 亥時에 출생하고 多逢
金水하여 根深之水果不渴로 현재 변호사 개
업을 하고 있는 四柱이다.

예　②

年	戊	午	土火
月	甲	子	木水
日	庚	子	金水
時	丙	子	火水

이 사주는 庚日丙見하였고 子月 庚日로 金
水冷寒에 丙火爲尊貴라 경찰에 투신하여 고
위 경찰국장을 지내고 다시 판검사 시험에
합격하여 변호사로 있는 이의 四柱다.

예　③

年	癸	酉	水金
月	辛	酉	金金
日	丁	亥	火水
時	辛	亥	金水

이 四柱는 丁日生이 酉金에 從財하고 다시
財生官殺하여 丁己日 財官格에 해당하여 법
조계의 고법판사를 지낸 사주다.

예　④

年	丁	未	火土
月	壬	子	水水
日	辛	亥	金水
時	己	亥	土水

이 사주는 辛亥日의 多逢亥로 飛天祿馬되어
前 지방검찰청장을 지낸 사주다.

29. 航空界에 진출할 四柱

① 寅 또는 巳星이 역마 또는 地殺에 해당하는 者

※ 生年에서 起하는 驛馬, 地殺뿐 아니라 日辰에서 起하는 驛馬 地殺도 된다.

生年으로 기준하여 四柱中에 寅 驛馬이나 巳驛馬가 있는 者, 또는 뿐만 아니라 生日地支를 기준하여 柱中에 寅이 驛나 巳驛이 있는 자 등은 비행사 또는 비행기 안내양 또는 항공사에 입사하게 된다.

「연구」

驛馬나 地殺은 現時의 車요, 巳와 寅은 火(寅中丙火)가 됨으로 巳寅驛馬는 火驛馬로서 火車가 되는데 火는 輕淸하여 炎上하는 象 인즉 空中에 上昇하는 車가 된다. 故로 공중에 상승하는 車는 비행기, 위성에 해당하여 이 寅이나 巳가 四柱에 놓여져 있으면 공군 비행사 또는 비행기 안내양, 항공사에 근무하는 경우가 많다는 것이다.

예 ①

年	乙	亥	木水
月	辛	巳	金火
日	辛	亥	金水
時	癸	巳	水火

이 경우는 坤命인데 亥生巳 역마가 官星에 임하여 항공사가 되었다.

예 ②

年	辛	巳	金火
月	壬	辰	水土
日	庚	寅	金木
時	丙	子	火水

이 사주는 巳地殺寅地殺로 地殺, 火官이 되어 비행사가 되었다는 四柱이다.

예 ③

年	庚 申 金金
月	戊 寅 土木
日	辛 未 金土
時	癸 巳 水火

이 경우는 未日역마 巳火官으로   항공회사 지사장에 있는 사주다.

예 ④

年	壬 辰 水土
月	壬 寅 水木
日	己 丑 土土
時	丙 寅 火木

이 경우는 坤命인데 辰土에 역마 寅中丙火로써 火역마되어 비행기 안내양이 된 사주이다.

30. 外交官 직업을 가질 四柱

※驛馬나 地殺에 官 또는 印이 있는 者

驛馬 또는 地殺에 印綬나 官星이 있거나 地殺을 놓고   印綬局 또는 官局을 이루고 그者가 日支와 合해서 들어오면 外交官, 통역관 또는 외교관계의 직원, 타국에 출장 등으로 출세하게 된다.

「연구」

역마는 해외다. 地殺역시 해외로 간주하게 되는데 역마나 지살에 인수(文書)나 官(官吏)이 있으면 해외문서 관사의 상이 되어 이상과 같이 추리할 수 있다고 본다.

예 ①

年	庚	申	金金
月	壬	午	水火
日	丙	申	火金
時	癸	巳	水火

이 경우는 申日 地殺이 重重하고 申巳로 刑權을 매어 있으니 외교관으로 출세하게 된다.

예 ②

年	乙	卯	木木
月	己	丑	土土
日	壬	戌	水土
時	壬	寅	水木

이 경우는 日主 壬戌인데 寅으로 地殺이 寅戌로 合하여 財官을 이루었다. 그러므로 대사 등으로 출세할 사주다.

31. 本妻와 해로(偕老) 못할 四柱

1. 時上傷官 日時冲 時上偏財 印劫旺

生日對 時에 상관이 있거나 生日地支對 生時地支가 相冲 되거나 生日天干對 時에 偏財星이 놓여있는 者와 柱中에 인수가 太旺하거나 비견겹재가 旺하면 부부해로 하지 못한다고 한다.

2. 癸壬年月戊己日 干與支同時肩劫

癸年壬月 戊己日生·壬年癸月 戊己日에 출생한 者, 干與支同日 (天刊 地支가 同星되는 것을 말함)에 출생하고 다시 柱中에서 비견겹재가 旺한 四柱

3. 時上逢空羊刃重 日時刑怨孤嗔殺

時에 旬中空亡을 만난 者, 日時에 羊刃이 중첩하여 있거나 生日對 生時가 逢刑 逢怨嗔 혹은 生日이나 生時에 孤嗔殺을 말한다.

「연구」

※ 時에 傷官은 妻宮(時는 妻子宮)에 得位하여 生偏財(甲日傷官은 丁이 된다. 丁은 生戊土가 되는데 戊土는 甲日對 偏財)함으로 偏妻 즉 妾, 애인을 生旺하게 하는 작용을 하게 되기 때문이다. 또한 日은 자신이요, 時는 妻다. 相冲은 冲突, 離脫로 日時 相冲은 夫婦不合 또는 離別이 되기 때문이다. 또한 時上偏財 印綬旺은 日干 자신이 尅時 하는것을 時上偏財 라고 한다. 印綬가 왕하게 되면 나를 生하여 나로부터 그 妻를 尅하게끔 선동하는 것이라 하겠다. 또한 比肩 겁재는 나와 같이 힘을 합하여 尅하는 상인데 傷妻(喪妻) 하거나 구박을 함으로 離別하게 되는 것이다.

※ 壬年癸月戊己日 癸年壬月戊己日生은 壬癸는 水요, 天一生水로 劫이 되며 妖艶之象인데 비하여 戊己는 土요 頑固요, 古朴한 象이다. 故로 己身은 소박 保守精神이고 妻는 新進精神되어 理想이 相反되는 것이다. 干與支同은 日主自體 地支에 比肩을 놓아 妻財를 强打하는 凶星인데 (이때 신강사주의 경우는 매우 대길하다) 다시 時柱에 妻宮이 비어있는 形象(妻無)이 되어 또 羊刃은 比肩을 말함인데 (甲月羊刃은 卯 즉 比劫) 比劫이 旺하면 尅妻하는 까닭이다. 日時가 刑하면 刑은 無恩, 無禮, 持勢가 되어 서로 背恩忘德 결예, 특세의 상이되어 서로 不信, 不和를 나타내게 되기 때문이다.

그러므로 夫婦和睦치 못하게 되고 生日이나 生時에 孤嗔殺은 己身에는 妻宮에 喪妻殺이 임한 까닭이므로 따라서 이상과 같은 者는 부부해로 하지 못한다는 것이다.

※ 日柱나 時에 鬼門關殺이 있는 자는 其妻에 신경질성, 변태성,

-187-

신경과민, 신경쇠약 등이 있으므로 해로 하려면 매우 고생이 된다.

예 ①

年 壬 戌 水土
月 癸 丑 水土
日 戊 申 土金
時 癸 丑 水土

이 경우 壬年 癸月 戊日生으로 本妻와 해로 못한다.

예 ②

年 癸 亥 水水
月 乙 卯 木木
日 丙 午 火火
時 庚 寅 金木

이 경우는 丙日 庚時로 時에 偏財가 놓여 있고 乙卯寅午로 印綬 劫財가 왕하여 본처와 이별하게 된다.

예 ③

年 丁 未 火土
月 乙 巳 木火
日 戊 午 土火
時 戊 午 土火

이 경우는 戊午日生이 羊刃 重逢으로 본처와 해로하기 힘든 사주다.

예 ④

年 壬 子 水水
月 癸 卯 水木
日 甲 寅 木木
時 乙 丑 木土

이 경우 日支에 寅 孤嗔殺이 있으며 그로 인하여 본처와 이별하게 되는 四柱이다.

32. 惡妻를 만나는 四柱

生月財殺更加時 또는 四柱身弱財殺時

生 年 月	戊己庚辛 辰戌丑未 申　　酉		庚辛壬癸 申酉亥子	壬癸甲乙 亥子寅卯	甲乙丙丁 寅卯巳午	丙丁戊己巳 午辰戌丑未	
生　　日	甲	乙	丙　　丁	戊　　己	庚　　辛	壬	癸
生　　時	戊辰 庚午	己卯 辛巳	庚寅　辛丑 壬辰　癸卯	壬子　癸酉 壬戌　乙丑 甲寅　乙亥	甲申　乙未 丙子 丙戌　丁酉	丙午 戊申	丁巳 己未

以上은 (도표참고) 年月에 財나 殺을 놓으면 日主가 囚死(傷官月로 休가 되어도 성립)으로 甚弱한 中時上 妻宮에서 또다시 殺이 되어 나를 剋하면 「妻가 나를 剋하는 상이다.」로 되며 또 時上 妻宮에 財가 되면 身養한 내몸이 旺한 財를 치려다 오히려 自身이 傷하게 되는 것이다. 그妻와 相爭하는 상이라 하겠다. 고로 이상과 같이 놓인 者 惡妻를 만나게 되는 것이라 본다.

※ 從殺과 從財格에는 以上과는 달리 例外이다.

다시 상세히 설명하고져 한다.

※ 甲日生이 戊辰時 또는 庚午時에 출생하고 또다시 年月에 戊己庚辛辰戌丑未申酉中 三字以上을 만난 者

※ 乙日生이 己卯時나 辛巳時에 출생하고 또다시 年月에 戊己庚辛 辰戌丑未 申酉中 二字以上을 만난者.

※ 丙日生이 庚寅時나 壬辰時에 출생하고 또다시 年月에 庚辛壬癸申酉亥子中 二字 以上을 만난 者

※ 丁日生이 癸卯時나 辛丑時 또는 辛亥時에 출생하고 다시 年月에 庚辛壬癸申 酉亥子中 二字 以上을 만난 者

※ 戊日生이 壬子時 또는 壬戌時나 甲寅時에 출생하고 또다시 年月에 甲乙壬癸 亥子寅卯中 二字以上을 만난 자

※ 己日生이 乙丑時나 乙亥時 또는 癸酉時에 출생하고 年月에 壬癸甲乙 亥子寅卯中 二字以上을 만난 者

※ 庚日生이 丙子時나 丙戌時 또는 甲申時에 출생하고 年月에 甲乙丙丁 寅卯巳午中 二字以上을 만난 者

※ 辛日生이 乙未時나 丁酉時에 출생하고 年月에 甲乙丙丁 寅卯巳午中 二字以上을 만난 者

※ 壬日生이 丙午時나 戊申時에 출생하고 年月에 丙丁巳午 戊己辰戌丑未中 二字 以上을 만난 者

※ 癸日生이 丁巳時나 己未時에 출생하고 年月에 丙丁巳午 戊己辰戌丑未中 二字이상을 만난 者

이외에 土日土時에 출생하고 生月에는 土와 달리 傷官 또는 旺相을 놓아도 四柱 全體로 身弱이면 惡妻를 만나게 된다.

예 ①

年	戊	午	土火
月	甲	寅	木木
日	辛	卯	金木
時	丁	酉	火金

辛日丁酉時다. 寅月에 출생하였으며 甲卯午로 財殺局을 이루었다. 고로 惡妻를 만났다. (처때문에 음독까지 했다고 본다)

예 ②

年	甲	戌	木土
月	癸	酉	水金
日	丁	亥	火水
時	癸	卯	水木

이 사주는 丁日癸卯時이다. 酉月에 출생되었으며 癸亥殺을 만났다. 고로 惡妻를 만났다.

예 ③

年	壬 子	水水
月	癸 丑	水土
日	戊 申	土金
時	甲 寅	木木

이 경우는 丑月戊日로서 신왕이나 다시 壬
子癸 丑申子甲寅으로 財殺局을 놓아 그
처 때문에 음독자살했다고 본다.

예 ④

年	丙 辰	火土
月	丁 酉	火金
日	辛 未	金土
時	丁 酉	火金

이 경우는 酉月 辛日이나 丁酉時에 출생하
였고 年月 丙丁日支 未中丁火하여 그 처 악
에 못이겨 음독 자살했다.

33. 妻 凶死의 四柱

1. 柱中에 財刑財劫旺 申酉戌月南丑戌 甲寅日生見巳 甲申日生見
巳 乙巳日生見寅 또는 申, 丙申日生見巳 혹은 寅, 丁巳日生見申 혹은
寅,戊寅日生見申 戊申日生見巳 혹 寅, 己巳日生見申 己卯日生見
子 庚寅日生見巳 혹 申,辛巳日生見寅 辛卯日生見子 壬寅日生見
申 혹은 巳,壬申日生見寅 또는 巳,癸巳日生見寅 혹은 申한 者
등이 다시 柱中에 比肩劫財가 太旺하여 尅財하거나 또는 財가 甚
히 偏依旺한 者 등은 처가 凶死하거나 酉戌生이 丁丑日 또는 丙
戌日에 出生한 者 (단 外에 庚申日生이 見寅時 亦同함)

2. 甲辰乙未財劫多 財星虎殺理一同

甲辰日이나 乙未日生이 財나 比肩 劫財가 많은 者 또는 日主對
柱中의 財星에 白虎大殺이 임하고 또다시 比肩 劫財 또는 財星이

많은 者

3. 丑日午時日丑 日時相穿更加財

丑日午時 또는 午日丑時生이 각자의 天干字로 財星이 겹하여 있는 者

이상과 같은 者는 모두 妻가 凶死하게 된다.

「연구」

※ 四柱에 財는 妻다. 刑은 凶을 의미하는 것이요 또 劫은 比肩 財를 말함인데 이는 尅妻하는 凶星이다. 財가 刑을 만나면 刑出하는 곳에 比肩 劫財가 再次 妻를 격하는 상이 된다. 또한 財多도 역시 격전이 甚하여 傷하기 쉬우므로 모두 妻나 妾이 凶死하게 되는 것이다. 또한 申酉戌月 丁丑日 丙戌日은 모두 財旺月에 日主暗藏 財가 백호대살이 되어 財多身弱으로 財太旺하여 역시 其 妻나 妾이 凶死하게 된다는 것이다.

※ 甲辰日 乙未日은 모두 地支에 財星이다. 그런데다 백호대살에 倂臨하고 있는데 財는 妻나 妾이다. 백호대살은 見血之神으로 凶禍를 뜻하는 것이며 또 比肩 劫財는 財를 尅하여 상하게 하는 것이다.

또한 財旺則 其妻 自乘에 못이겨 血光死하는 상이므로 이와 같이 생각된다고 본다. 특히 日支財星은 백호대살이 아니라 하머라도 他柱에 백호대살財 역시 其妻凶禍를 충분히 나타내고 있으므로 이에 해당된다고 본다.

※ 丑日午時 午日丑時는 財에 임하여 있음을 말하는데 이 丑日 午日은 湯火殺로써 불에 凶禍를 나타내는 것이다.

丑이 逢午 午가 逢丑 이는 각각 相穿殺로써 더욱 凶을 조장하는 것이다. 이 湯火殺은 불로써 양잿물, 청산가리, 염산, 키니네 등

으로 해석할 수 있으며 其妻가 음독하였다든가 앞으로 음독할 수
있다고 본다.

예 ①

年	丁 未 火土
月	戊 申 土金
日	癸 未 水土
時	壬 子 水水

이 경우는 癸未日生의 未中丁火財가 子未
相穿하였다. 다시 申月子時로 申子水局에
壬水투출하여 妻가(산모) 사망했다.

예 ②

年	乙 亥 木水
月	丙 戌 火土
日	壬 子 水水
時	辛 丑 金土

이 경우는 壬日生이 月逢백호財하여 그 애
인이 음독자살 하였다는 四柱다.

예 ③

年	乙 亥 木水
月	戊 子 土水
日	戊 午 土火
時	癸 亥 水水

이 경우는 月支 子中癸水가 日支午와 冲하
고 있다. 다시 亥年 癸亥로 財旺하여 其
妻 음독자살 했다는 四柱다.

34. 夫君 凶死되는 四柱

1. 壬戌癸丑逢刑冲 官星微弱亦刑中
2. 官星白虎逢刑冲 重見虎殺强 또는 弱
※ 壬戌日 癸丑日에 출생한 者가 刑 또는 冲을 만난 者

※ 官星이 甚히 弱하게 놓인 女命이 冲 또는 刑을 만났거나 官星이 剋을 많이 당하고 있는 者와 백호대살이 日主에 官星이 되어 그 백호살이 地支로 刑 혹은 冲을 만난 者, 또는 백호대살이 重見하거나 아니면 백호대살 地支字와 同合되어 있는 者, 또는 백호대살이 심히 旺하거나 혹은 그殺이 他와 相爭하여 弱하여진 者의 女命은 그의 男便이 총살, 전사, 기타 凶死를 당하게 된다고 본다.

「연구」

壬戌 癸丑日은 백호대살이요, 戌과 丑은 각각 壬癸日의 官星인데 백호대살은 血光之神이요, 官은 男便인즉 이는 官殺 백호대살로써 男便이 血光死하게되는 상인데 刑·冲이면 加重하게 된다.

官星이 미약한데 刑冲則 破壞요 또 桂中 官星이 백호대살에 임하면 역시 夫君凶死인데 刑·冲則 加重하게 된다. 또는 백호대살이 重見하여 殺이 旺하였거나 아니면 백호대살이 他와 투쟁하여 심히 약하여지면 男便의 凶禍가 濃厚하여지고 또는 男便이 衰弱 해지는 상이 된다.

그러므로 以上과 같이 놓인 者는 男便이 橫死한다고 생각되므로 거듭연구하기 바란다.

예 ①

年 癸 亥 水水   이 경우는 巳中丙火가 官星인데 巳亥冲하고
月 甲 子 木水   亥子子癸로 水太旺하여 剋官함으로 夫君이
日 辛 巳 金火   사망했다는 四柱다. (총살)
時 戊 子 土水

예 ②

年	戊 辰	土土
月	壬 戌	水土
日	癸 巳	水火
時	癸 丑	水土

이 경우는 癸日의 官 戊辰이 백호대살에 임하였다. 戊中戊土官도 백호대살이 된다. 辰戌 冲 丑戌刑이 되어 사망한 사주다.

예 ③

年	癸 丑	水土
月	癸 丑	水土
日	癸 卯	水木
時	壬 子	水水

이 경우는 癸日官丑土가 백호대살이다. 다시 日支와 同合하여 있는 中 官이 甚弱하여 부군이 사망한 四柱이다.

예 ④

年	癸 丑	水土
月	戊 午	土火
日	丁 卯	火木
時	庚 戌	金土

이 경우는 丁日生의 官 癸丑이 백호대살하였고 다시 丑戌로 刑하여 其夫君 자살하였다는 四柱이다.

35. 夫君 溺死厄할 四柱

※ 戊己日生 木弱多水 甲乙日生弱多水 戊己日에 木弱多水는 戊己日生 女命에 男便木官이 甚히 약하고 물이 많으면 男便되는 木이 둥둥 뜨게 되고(水가 많으면 木이 포류하는 형상), 甲乙日生의 男便金이 水가 많게되면 金이 況水되어 男便이 물에 잠긴 상이되는 것이며(金況水底)

※ 壬癸日生土弱多水 丙丁日生水冲刑虎

壬癸日生 男便 戊己土官이 약한데 水가 旺하면 土는 旺한 물에
씻겨 흘러가 버리는 상이되는 것이다. (水多土流)

※ 庚辛日生官星溺 更逢水殺夫溺死

庚辛日生이 男便 火星이 미약한데 水殺旺하여 火官을 치면 男便
이 물에 傷하는 象이 된다(水火未濟)

이상과 같은 者, 夫君이 溺死하게 되는 경우가 많고 아니면
「알콜」중독, 식중독으로 死하게 된다는 것이다.

예 ①

年 癸 亥 水水   이 경우는 癸日生의 官巳中 戊土가 巳亥冲
月 丁 巳 火火   하였다. 水木이 太旺하여 夫君이 溺死하였
日 癸 卯 水木   다.
時 甲 寅 木木

예 ②

年 癸 亥 水水   이 경우는 乙木의 官되는 丑中辛金이 柱中
月 癸 亥 水水   의 多逢水에 況水되어 夫君이 溺死하였다는
日 乙 亥 木水   四柱이다.
時 丁 丑 火土

예 ③

年 癸 亥 水水   이 사주는 壬日의 官辰中戊土가 金水局을
月 癸 亥 水水   만났다. 土能尅水나 水多土流가 되어 夫君이
日 壬 辰 水土   溺死하였다는 四柱이다.
時 辛 亥 金水

-196-

예 ④

年	甲 辰	木土	
月	丁 丑	火土	
日	丙 午	火火	
時	戊 子	土水	

이 경우는 子水官이 逢冲하고 丑中癸水官
辰中癸水官은 各土의 制를 받았고 그중에
甲辰 丁丑은 백호대살에 임하였으니 夫君이
익사하였다.

36. 國際異性과 交情이 있을 四柱

※ 驛馬에 臨하여 日主와 合한 者, 地殺臨財가 日主와 合한 者
(男子의 경우)

柱中驛馬가 財에 臨하여 日主와 合이 되거나 또는 日支에 地殺
이나 驛馬가 놓이고 다시 시간에 財를 놓고 財의 地支와 日支가
合하여 오는 男命은 國際女性과 연애 또는 국제결혼 하는 四柱라
하겠다.

※ 驛馬臨官이 日主에 合이 되는 者, 地殺臨官이 日主에 合한
者 (女子에 한함)

驛馬官이나 地殺官이 日支에 들어있거나 아니면 驛馬官 地殺官
이 他柱에서 日支에 合하여 오거나 또는 天干官의 地支가 日主地
殺이나 驛馬에 合하여 오는 者는 國際男性과 연애 또는 結婚하는
四柱이다. 驛馬 地殺官 女子는 外交官 夫人이면 가능하고 또
驛馬 地殺財 男子는 외화획득하는 경제인이면 무방하다.

만약 위와 같이 놓인 者, 위와 같은 사실이 아닌자면 他道人이
거나 해외교포와 결혼하는 일이 많고 또는 해외유학생에게 혹은
해외에서 결혼하게 되거나 결혼즉시로 출국함이 많고 또 여행중에
차중에서 연애를 잘하게 되는 것이라 본다.

※ 生年기준 뿐만 아니라 日主기준 驛馬地殺도 便用한다.

「연구」

驛馬地殺은 海外요 財는 妻·애인이다.　日主는 자신이요　合은 合하는 바를 의미하는 것이니 이는 해외여인(애인)과 내몸이 합류되는 것을 의미하고 다음 역마地殺은 해외요 官은 男便이다. 애인이 되는 까닭이고 日主는 자신이고 合은 합의를 의미하는 것이니 이는 곧 他國의 남자와 애정을 빚게되는 이치라 하겠다. 그리고 驛馬地殺은 여행, 교통 車中으로 해석하여 여행중 차내에서 연애를 맺게 된다는 뜻도 된다.

예　①

年	戊	戊	土	土
月	己	未	土	土
日	庚	寅	金	木
時	己	卯	土	木

이 경우 戊土地殺寅木財가 日主에　臨하여 미국에 나아가 큰 재벌이 된 四柱이다.

예　②

年	丁	丑	火	土
月	乙	巳	木	火
日	戊	甲	土	金
時	丙	辰	火	土

이 경우는 日主기준 申 地殺이 되는데　申宮壬水로 위지살財하여 미국여자와 결혼한 四柱이다.

예　③

年	乙	卯	木	木
月	壬	午	水	火
日	戊	寅	土	木
時	乙	巳	木	火

이 사주는 日主를 기준으로 地殺 寅木官하여 미국인과 국제결혼한 여자의 사주다.

예 ④

年 庚申 金金
月 戊寅 土木
日 戊午 土火
時 甲寅 木木

이 경우는 申生 역마 寅木官이 日支와 寅午로 合하여 미국인과 결혼 애기까지 낳은 여자의 사주이다.

37. 再娶 또는 作妾이 되는 四柱

※ 支藏財星이 他柱財와 合한 者, 戊己日生支火局 日支 暗藏財가 他柱財와 合한 者, 戊己日生이 地支에 寅午戌己未宮中 二字 이상을 만난 者

※ 多旺乙壬癸日, 日時逢之桃花殺

亥子丑月生이 甲乙日 또는 壬癸日에 出生한 者, 生日이나 生時에 桃花殺이 臨하여 있는 者 등은 모두 再娶 作妾하여 본 사주다.

다음은 자세히 도표로 설명하고져 한다.

※ 地支財星 他財合表

日辰	乙丑	戊辰	辛未	甲戌	丁丑	庚辰	壬午	癸未	丙戌
柱逢	辰丑	申子辰丑	寅午戌	寅午戌	巳酉丑	寅卯辰未	寅巳午戌未	巳午未	申酉戌

日辰	戊子	己丑	庚寅	辛卯	癸巳	甲午	乙未	丙申	丁酉
柱逢	亥子丑申辰	亥子丑辰	寅卯辰亥	寅卯辰亥未	巳午未	巳午未戌寅	巳午未	申酉戌巳	巳酉丑申戌

日　辰	己亥	壬寅	甲辰	乙巳	戊申	辛亥	丁丑	壬戌	비고
柱　逢	亥子丑	寅午戌	辰巳丑未	辰巳午未丑	申子辰	亥卯未寅	巳酉丑申	寅午戌	一字逢도可함

戊己日生이 地支火局이 되거나 多旺 甲乙壬癸日生은 前에 설명한 바와같이 단순하여 구체적으로 설명할 必要가 없다고 본다.　日時 逢之 桃花殺은 申子辰生 酉日 또는 酉時 巳酉丑生　午日 혹은 午時 寅午戌生 卯日 또는 卯時 亥卯木生子日 또는 子時이다.

이상에 해당되는 사람은 作妾 또는 再娶 偏妻同居하게 되어 不然 이면 貪色을 甚히 하게된다.

「연구」

※ 支暗藏財星은 地支財星을 말하는데 地支는 妻宮이 되며　財는 妻로 他柱財가 日支에 合하는 本是있는 妻에 他妻(他財)가　來合 하는 형상이므로 再娶作妾한다고 말하게 되는 것이라 생각된다.

日主 財는 내몸과 같이 同臨 偏依하여 있는 형상으로 이상과 같 이 말하고 다음 戊己日生이 地火局은 내가 생각하기에는 土燥火炎身 旺으로써 財(妻)를 保存하기　어려워 喪妻, 枲妻하여 再娶하게되 거나 作妾이 있어 보이며 또는 貪心의 원칙으로　예측하는　象이 되어 축첩하게 되는것 아닌가 생각된다.

※ 다음은 多旺甲乙日 壬癸日은 모두 水旺으로서 腎臟旺이 되어 生身되고(多月 甲乙日) 또는 腎臟自旺(多月 壬癸日)하여 色 ̄ 旺盛함으로 作妾이 있다고 생각된다.　특히 日時는　妻宮이요 桃化殺은 桃色, 酒色으로 이상과 같이 놓인 者, 再娶 또는　作妾 함이 있게 된다고 생각된다.　여기서 역리학을 연구하는　사람들 은 매우 중심적으로 연구하여야 될 줄 믿는다.

예 ①

年	己	巳	土火
月	己	巳	土火
日	己	巳	土火
時	庚	午	金火

이 경우는 戊己日生 地支火局으로 三娶하
였다.

예 ②

年	丁	卯	火木
月	辛	亥	金水
日	壬	子	水水
時	己	酉	土金

이 경우는 卯生 子로 桃花殺이 임하여 作
妾하였던 四柱이다.

예 ③

年	癸	亥	水水
月	癸	亥	水水
日	壬	寅	水木
時	庚	戌	金土

이 경우는 三多月에 壬癸日에 해당되어 再
娶하게 된 四柱이다.

「참고사항」

지금까지 기술한 내용중 妻凶死·惡妻 또는 再娶·作妾하였다는
등을 살펴보았으나 몇번하겠다 등의 숫자가 없었다. 그러므로. 다
음도표로 설명하고자하니 참고하기 바란다.

生 時	子	丑	寅	卯	辰	巳	午	未	申	酉	戌	亥
娶妻數	三	二	三	二	二	二	三	二	三	二	二	二
加 重	七·九	四·八	七·九	六·八	五·十	四	七·九	四·八	十七	七·九	四·六	五·十四·六

38. 本男便과 借老할 수 없는 四柱

※ 傷官太旺에 官不足한 者, 官殺太旺에 制不足한 者

女命에 官이 男便이 된다. 傷官은 官을 尅하는 者이다. 官은 不足하고 官을 尅하는 者는 乘旺하니 官은 傷할 수 밖게 없다. (傷夫) 그러므로 해로 할 수 없는 것이 당연하다고 보겠다. 또한 官殺은 太旺인데 制하는 傷官은 부족하여 그많은 官殺(남편)을 적당히 제지하지 못하면 이곳 저곳에 남아있는 상이되어 本夫 해로 못하는 것이 당연하다고 본다.

※ 金淸水凉에 土燥炎한 者, 孤鸞寡宿은 女不幸이다.

秋多月은 五行으로 金水에 해당되어서 그性이 甚히 冷寒하여 있는 中 庚申 壬癸日은 또다시 金水로써 더욱 동결될려는 형상이므로 夫婦에 온화함이 없이 항상 냉방 상태이므로 독수공방에 本夫와 해로하기 힘든다.

또한 夏月 戊己土는 운택하지 못하고 항상 枯燥하여 中和의 道를 얻지못하고 있어 만물이 枯渴하며 孤寂한 상이 되어있어 본남편과 해로하지 못하는 것이다. 다음은 孤鸞殺은 그 자체 地支에 比肩·劫財 또는 상관이 旺한 자로써 구성되어 있기때문에 夫婦宮이 不吉하게 되는 것이고(乙巳는 巳中丙火 상관, 丁巳日은 巳中戊土 상관, 甲寅日은 干與支同 혹은 寅中丙火 상관(식신이나 상관동일함), 戊申日은 申宮 庚金傷官(官星之絶宮이기도 함), 辛亥日은 亥中壬水 상관으로 구성되어 있음. 그리고 과숙살은 亥子丑生 水局에서 戌인데 그戌은 水局의 夫星土의 墓宮이다. 寅卯辰生에 과숙살은 丑인데 그丑은 寅卯辰 木局의 夫星되는 金의 墓宮이 된다.

申酉戌生에 과숙살은 未인데 그未는 大暑後부터 火가 冷却되는데 그申酉戌土의 夫星되는 火가 熄하여 病死宮이므로 進氣하는 때

이므로 모두가 자기의 夫星之墓宮이 되고 巳午未生에 과숙살은 辰
인데 그辰은 巳午未 火局의 夫星되는 水의 墓宮이 된다.

이상과 같은 者는 모두 本夫와 해로하지 못한다.

예 ①

年	辛	未	金土
月	戊	戌	土土
日	丙	辰	火土
時	丙	申	火金

이 경우는 戊月丙辰日으로 상관을 이루고 (식신二三이면 상관과 동일하게 보라) 다시 戊未로 加重하니 상관太旺官不足으로 과부가 된 四柱다.

예 ②

年	甲	子	木水
月	壬	申	水金
日	癸	亥	水水
時	乙	卯	木木

이 경우는 申月癸亥日에 출생하였고 子申壬水로 金清水凉되었으니 해로하지 못하는 四柱이다.

예 ③

年	辛	未	金土
月	乙	未	木土
日	己	未	土土
時	甲	戌	木土

이 경우는 未月未日로 地支가 모두 丁火局이다. 그러므로 土燥火炎으로 처녀때 첫 애인이 음독자살 하였고 또 再家하여 傷夫한 四柱이다.

예 ④

年	乙	亥	木水
月	亥	未	水土
日	戊	申	土金
時	戊	午	土火

이 경우는 戊申日 孤鸞殺로써 현재까지 노처녀로 고독하게 살고 있다.

39. 偏房살이할 四柱

※ 乙辛癸巳癸未日　丁亥己亥生日女

※ 甲申丙子土寅卯　庚壬午戌理一同

　乙巳日, 辛巳日, 癸巳日, 癸未日, 丁亥日, 己亥日, 甲申日, 丙子日, 戊寅日, 己卯日, 庚午日, 壬午日, 庚戌日, 壬戌日生 女는　남의 앞으로 그늘진 生活을 하는 경우가 많다는 것이다.

「연구」

　日辰을 主로 地支官合 또는 地支官을 놓은 六甲中에서 더욱 강력한 것을 추려서 경험한 결과인데 乙巳日生은 巳中庚金이 乙木의 官星인데 乙庚으로 暗合하니 夫君과 비밀로 合하는 상이되는　까닭이고, 또 日支는 자신궁이 되어 日支官과 合을 직접 자신과　合하는 상으로 연애합 또는 偏合 (不正之合)이 되는 상이기 때문이고 또 辛巳는 巳中丙火官과 暗合이다.　癸巳는 巳中戊土官과　暗合이요 癸未는 未中己土가 日坐偏官이 되기때문이요, 丁亥는　亥中壬水官이 暗合이요 己亥는 亥中甲木이 暗合이다.　甲申은 日坐偏官이며 戊寅도 日坐偏官이요, 己卯도 日坐偏官이요 壬午는　午中己土官이요 庚午도 午中丁火官이요 庚戌은 戌中丁火官이　日坐요 壬戌은 戌中戊土官이 日坐한 까닭이라 하겠다.　여기서 곁들어 日坐官하는 二十六日을 참고하기 바란다.　乙丑 戊辰 庚午 甲戌 丙子 丁丑 戊寅 己卯 辛巳 壬午 癸未 甲申 乙酉 丁亥 庚寅 壬辰 癸巳 丙申 己亥 乙巳 庚戌 癸丑 丙辰 壬戌 己未 辛未日 이상 二十六日中 前記四入에 기제한 十四日外에 甲戌 乙酉 癸丑 丙申 戊子日生도 小室로 入嫁함이 많다.

-204-

예 ①

年 壬 申 水金　　　이 경우 己卯日生이요 時上甲木官星이 투출
月 丁 未 火土　　　되었다. 소실로 入嫁한 四柱이다.
日 己 卯 土木
時 甲 子 木水

예 ②

年 戊 辰 土土　　　이 경우는 壬戌日生이 年에 戊辰官하여 소
月 丁 巳 火火　　　실로 入嫁하였다.
日 壬 戌 水土
時 丙 午 火火

예 ③

年 丙 辰 火土　　　이 경우는 乙巳日에 출생하고 다시 左右로
月 庚 子 金水　　　庚金官 투출하여 明暗夫集(明은 투출, 暗은
日 乙 巳 木火　　　암장된 자)으로 소실 노릇을 여러번 했다.
時 庚 辰 金土

예 ④

年 丙 子 火水　　　이 경우는 처음 처녀로 연애하여 남의 앞
月 戊 戌 土土　　　으로 시집가서 그늘진 소실생활을 하고 있
日 辛 巳 金火　　　다.
時 壬 辰 水土

40. 再娶 老郎에 출가할 四柱

壬癸日生, 戊子日生, 丙申日生, 庚戌日生

「연구」

壬癸는 水요 水는 天一生水로 幼요, 妖艶之象인데 比하여 戊己는 土요 頑固요 老요 古朴한 상이다.

연인데 기신은 幼하고 官星 男便은 土로써 老요, 古朴한 상이 되어 壬癸日生 戊己官이면 老郎 (나이 많은 남편)에게 시집간다고 하게 되는 것이다. 戊子日은 무슨 원인인지는 모르나 대부분 그러하고 또 丙申日 庚戌日도 모두가 再娶 또는 老郎에 시집간다.

예 ①

年	甲	寅	木	木
月	戊	辰	土	土
日	戊	子	土	水
時	丙	辰	火	土

이 경우는 戊子日生이 十六세 年上의 노신랑과 살고있는 사주다.

예 ②

年	壬	亥	水	水
月	辛	亥	金	水
日	癸	巳	水	火
時	乙	卯	木	木

이 경우는 癸日生 되어 十五세 年上의 男便과 살고있는 사주다.

※ 이외에 甲戌日 庚申日 辛酉日도 再娶 또는 老郎과 살게되는 경우가 많다고 한다.

41. 애기 낳고 살다가도 家出하는 四柱

※ 乙辛癸巳丁己亥日 柱中各者 透官者

乙巳日生이 柱中에 庚이나 辛을 만난 者

辛巳日生이 柱中에 丙이나 丁을 만난 者

癸巳日生이 柱中에 戊나 己를 만난 者

丁亥日生이 柱中에 壬이나 癸를 만난 者

己亥日生이 柱中에 甲이나 乙을 만난 者

등은 모두 애기낳고 살다가도 가출하여 파경하기 쉽다는 것이다. 그리고 소실 (小室) 살이 또는 국제결혼, 해외에 출가하는 것 등이 많다는 것이다.

「연구」

乙巳日은 巳中庚金으로 暗合하고, 辛巳日은 巳中丙火로 暗合하고 癸巳日은 巳中戊土와 暗合하고, 丁亥日은 亥中壬水, 己亥日은 亥中 甲木으로 각각 暗合하고 있다.

故로 위 五日은 각각 자기의 地支에서 자기의 情夫 (合官)와 비밀로 合(暗合)하게 되는데 다시 柱中에 官이 나타나 있으면 明官 (透出官), 暗官(暗合官)으로 明暗夫集하는 상이되어 그 품행이 端正하기 어렵게 되는 것이다. 또 巳는 六陽으로써 (冬至에서 一陽이 始生하여 十二月에 二陽, 正月이 三陽, 二月 四陽, 三月이 五陽, 四月이 六陽) 陽이 極하여 一陰으로 변천과정이 되는 것이다. 亥는 六陰(夏至에서 一陰; 始生六月이 二陰, 七月이 三陰, 八月이 四陰, 九月이 五陰, 十月이 六陰)으로써 陰이 極하여 一陽으로 변천과정이 되는 것임으로 巳亥는 바꾸어 보자는 변천정신이 농후함으로 인하여 換夫함이 많게되어 애기낳고 살다가 情通가출하게 된다는 이론이라 본다.

예 ①

年 甲 戌 木土
月 己 巳 土火
日 癸 巳 水火
時 乙 卯 木木

이 경우는 癸巳日生이 己土官 투출로 木夫
를 배반하고 二十年 年長의 남자와 정을
통하여 가출했다는 四柱다.

예 ②

年 戊 子 土水
月 己 卯 土土
日 己 亥 土土
時 甲 戌 木火

이 경우는 己亥日이 逢甲木官하여 他男子
와 교제가 빈번한 四柱다.

「참고」

실례와 같이 四柱는 暗藏官이 合하고 있어 비밀로 애인과 합하
고 있는 상이되어 자연히 他로 하여금 궁금증을 주게 마련이다.
고로 이 五格四柱(乙辛癸巳丁己亥日)는 그의 男便이 항상 의처증
을 품게 되는 것이다. 그리고 五格中에도 丁壬合은 淫訛之合 즉
妖艶之合이 제일 많고 乙庚之合은 仁義之合 즉 情實之合, 同情合
이 많고 丙辛之合은 威制之合 즉 강압지합, 협박, 공갈지합이 많
고 戊癸之合은 무정지합 즉 본의아닌 어쩔 수 없는 사정합이 많
고 甲己合은 中正之合 즉 中心合이 되어 진실한 합이 되는 것이
라는 점을 유의하기 바란다.

42. 小室을 격어본 四柱

※ 四柱身旺官衰格 陰陽差錯生日女

　　干與支同更多劫 四柱官衰傷官旺

① 印綬月이나 比肩 劫財月에 出生한 女命이 四柱에 官星이 甚히 미약하게 만났을때 또는 生日主가 陰錯殺이나 陽差殺이 臨하여 있는 四柱

② 干與支同 즉 甲寅日, 乙卯日, 丙午日, 丁巳日, 戊辰日, 戊午日, 戊戌日, 己巳日, 己丑日, 己未日, 庚申日, 辛酉日, 壬子日, 癸亥日生 女는 干與支同日인데 各者가 日辰對 比肩 劫財가 太旺한者 또는 四柱에 官이 衰하고 傷官食神이 旺한 女命은 흔히 소실(小室)을 격어봄이 있다.

「연구」

① 四柱身旺이라면 印綬旺이거나 比肩 劫財旺을 의미하는데 印綬는 生我者, 比肩劫財는 나와 같은 者로써 고집이 세어지고 교만하여지기 쉬운데 官이 약하면 充分히 나를 管制하지 못하는 象되어 그 男便이 不正하게 됨으로 二女同夫하게 되는 것이다. 또한 陰錯 陽差는 進神(가정) 外의 星임으로 夫君이 가출을 많이 하게 된다.

② 干與支同은 本是 地支 比肩劫財日이 되어있는 中 다시 比肩劫財가 있으면 一官(一夫)을 가지고 二三 (比肩·劫財)을 같이 섬겨야 하는 것이다.

또 官이 衰하면 夫君이 衰함인데 傷官이 旺하면 夫星을 자주치는 象이 되어 不和가 많아 夫君이 나가는 상이다. 故로 이상과 같이 생각되는 것인데 만약 두 夫人이 한 主人을 섬기지 않으면 男便이 가끔 바람을 피우거나 또는 직장생활 자는 전근을 자주하여 별거함이 많게 되는것이 좋다는 것이다.

예 ①

年	辛亥	金水
月	壬辰	水土
日	丁未	火土
時	丙午	火火

이 경우는 丁未日, 陰錯日에 출생하였고 火土旺官衰하여 소실을 겪어 본 사주이다.

예 ②

年	甲辰	木土
月	癸酉	水金
日	辛丑	金土
時	戊戌	土土

이 경우는 辛丑日이 酉丑酉戌로 金局하고 戊戌丑土 印綬되어 신왕인데 戌中丁火官星이 미약으로 소실을 겪었다고 본다.

예 ③

年	庚午	金火
月	壬午	水火
日	甲辰	木土
時	乙亥	木水

이 경우는 甲日午午로 상관왕하고 庚金官이 약하여 夫君이 作妾하여 나갔다.

예 ④

年	庚申	金金
月	丁亥	火水
日	辛卯	金木
時	己丑	土土

이 경우는 상관일에 출생하고 丑을 만난 亥丑으로 결국 한 中庚申金을 만나 金水旺丁火官星 미약으로 夫君 作妾하여 나갔다.

43. 處女 孕胎 四柱

※ 官食同臨日主合　不正胞胎難回避

四柱에 食神과 官星 (殺도 可)이 같은 자리에 있어 日主에 臨하였거나 아니면 官星과 食神이 同臨하여 日主에 合하여 들어오는者 또는 官따로 食神 (상관도 同一) 따로 日主 따로 있으나 三者가 전부연합하여 들어오는 경우 또는 食神日主 아니면 官日主가 각각 官을 合하고 食神을 合하여 오는 경우의 四柱는 未嫁여자 (처녀) 또는 과부가 잉태하였는 것이다.

※ 정식 결혼이라도 혼례식전에 임신하였다하더라도 이에 해당한다는 점이다.

「연구」

官은 남편이요, 食神 傷官은 子女요, 日主는 내몸이다. 故로 食神 官日主合은 夫君과 내몸이 子孫과 三合되는 상이되어 처녀나 과부가 잉태가 있게되는 것이다. 즉 日主內에 官이나 「식상」이 있으면 혼례식전에 임신했다고 보라.

예 ①

年	戊	寅	土木
月	甲	子	木水
日	壬	午	水火
時	戊	申	土金

이 경우는 壬午日生이 日支午中己土로 官이요 年支 寅木子孫이 寅午로 合, 官食 同臨이라 故로 처녀가 잉태하였다.

예 ②

年 乙 亥 木水　　이 경우는 丙午日生이 午未로 合하여 바람이
月 乙 未 木土　　亥水官과 木土傷官이 됨으로 인하여 처녀가
日 丙 午 火火　　잉태하였다.
時 戊 寅 土木

44. 無子 할 四柱 (男命일 경우)

※ 時上官殺更殺旺 時上傷官又傷官

時柱 (干이나 支를 막론하고)에 官이나 殺을 놓고 또다시 柱中
에 殺이 旺하여 있는 四柱와 또는 時柱子孫宮에 傷官이 있어 子孫
되는 官殺을 尅하고 있는 中 또다시 柱中에 傷官이 있어 子孫을
尅하는 四柱

※ 孫宮空亡 혹은 刑殺 官殺甚弱 無救助

子孫宮에 日主로 基準하여 旬中空亡 되는 者, 아니면 日時에 刑
殺이 놓이고 다시 傷官이 旺하거나 아니면 반대로 官殺이 旺하여
져 있는 者, 또는 官殺이 甚히 弱하여져있는 그官을 生하는 財가
나타나 있지않은 경우의 四柱는 모두 無子하기 쉽고 있어도 不具
中間凶禍, 疾病, 不孝子孫되기 쉽다.

「연구」

時柱는 子孫宮이요 官殺은 子女인데 다시 官殺이 旺한즉 子孫이
甚히 太旺之象이 되므로 내몸이 약하여 그 子孫을 감당하지 못하
는 象이 되므로 無子하기 쉽다는 것이다. 또 時柱는 子孫宮이요
傷官은 子女되는 官殺을 尅하는 者인 즉 子孫자리에 자손을 치는
놈이 점령하고 있고 다시 柱中에 傷官이 太旺하면 더욱 官이 尅을

당하여 傷하게 됨으로 無子하기 쉽다는 것이다.

② 子孫에 공망은 子孫宮이 없다. 또는 비었다 또는 亡이다 로 풀이하게 되며 또 刑殺은 凶禍를 의미하는 것으로 無子하기 쉽다.

다음 官殺은 前에도 말한바와 같이 子女가 되는데 官殺이 심히 약하고 救助하는 (生하는) 財가 없거나 또는 官殺을 泄氣시키는 인수가 旺하여 역시 관살이 衰沒하는 상이되어 無子하기 쉬운것은 당연한 이치라 하겠다. 그러므로 이상과 같은 자는 無子하기 쉽다는 것을 명심하기 바란다.

예 ①

```
年  甲 辰  木土
月  戊 辰  土土
日  戊 申  土金
時  乙 卯  木木
```

이 경우는 時柱에 官을 놓고 年上甲木 兩辰中 乙木하여 合五官殺이되어 無子하다. (공망 가중)

예 ②

```
年  壬 寅  水木
月  丙 午  火火
日  乙 亥  木水
時  甲 申  木金
```

이 경우는 乙亥日로 申이 공망인데 年支寅이 來冲破하여 無子한 四柱다.

예 ③

```
年  甲 寅  木木
月  丁 卯  火木
日  乙 卯  木木
時  辛 巳  金火
```

이 경우는 辛金官이 미약한데 柱中木火旺으로 無子 四柱이다.

-213-

45. 無子할 四柱 (女命의 경우)

① 日時印綬 梟食殺 日時傷官刑冲空

生日 地支에 印綬(또는 梟食)를 놓고 또다시 時柱 地支에다 印綬를 겸비하여 子孫宮 木據地 (時內)를 점령하고 있으면서 柱中 傷官을 剋하고 있는 者, 또는 日支에 傷官 또는 時支에 傷官 아니면 日時에 俱全傷官하고 柱中에서 刑 또는 冲空亡을 당한 자

② 傷官甚弱 혹은 甚旺 辰時丙午卯酉冲

四柱中 傷官이 甚히 弱한 四柱 아니면 반대로 傷官이 甚히 旺한 者(母衰子旺) 또는 丙午日, 生辰時에 出生하고 傷官이 多逢된 者 또는 卯日酉時, 酉日卯時로 出生한 女命은 모두 無子하기 쉽다고 본다.

「연구」

※ 生日生時에 印綬 梟神이면 子孫宮 本據地를 占領하여 子孫을 剋하는 까닭이다. 또 日時에 傷官이 刑을 만나거나 冲空을 만나면 그 子孫 凶禍 弱化되어 傷하는 刑象이 되는 까닭이다.

② 傷官이 甚弱이면 子孫이 심히 약하여지는 상이요 반대로 傷官이 甚旺이면 日主가 泄氣심하여 母衰(日主), 子旺(食神) 이면 胞胎常墮라 無子되기가 쉽고 또 丙午日 壬辰時가 多逢傷官한 자 또는 卯日 酉時, 酉日 卯時는 원유를 알 수 없으나 통계상 많이 나타나고 있는 것이라 한다. 따라서 이상과 같은 자는 無子하기 쉽다고 생각된다.

-214-

예 ①

年　甲　子　木水　　　이 경우는 壬日生이 時支寅木傷官에 自中空亡
月　己　巳　土火　　　하고 寅巳로 刑하여 無子한 四柱였다.
日　壬　子　水水
時　壬　寅　水木

예 ②

年　壬　子　水水　　　이 경우는 乙亥日 梟神이 逢冲하고 時逢空亡
月　壬　子　水水　　　하여 無子의 四柱였다.
日　乙　亥　木水
時　丙　戌　火土

예 ③

年　甲　子　木水　　　이 경우는 戊土食神에 水木이 太旺하여 食神
月　乙　亥　木水　　　이 甚弱이라 故로 無子한 四柱였다.
日　丙　申　火金
時　戊　子　土水

예 ④

年　乙　丑　木土　　　이 경우는 乙亥日 梟神時間에 子印綬로써 丙
月　庚　辰　金土　　　火傷官을 尅하여 無子하였다.
日　乙　亥　木水
時　丙　子　火水

46. 小室에 得子할 四柱

※ 官鬼重重敗亡尅
※ 日干合鬼干又合

四柱中에 單 하나의 官 또는 둘 정도의 衰官이 柱中에서 三重以上으로 제압을 받고 있는 者, 또는 日支에 암장관을 놓고 다시 他柱 他支에 官殺과 合(六合, 三合, 方合, 準合, 類合, 同合) 하고 다시 柱中 天干에서 官이나 殺이나 一字 以上이 놓인 者.

이상에 해당하는 者 모두 小室得子 再娶得子하여 배다른 子孫을 두게 된다.

그런데 ※ 官鬼重重敗亡尅의 경우는 本妻에게서 子孫을 낳지 못하여 小室몸에서 子孫을 得함이요. ※ 日干合鬼干又合의 경우 主로 本妻에 子孫을 두고도 小室을 얻어 得子하거나 아니면 再娶 또는 바람을 피워 得子함을 말한다.

「연구」

官鬼는 아들 또는 딸이다. 故로 그 아들 딸이 重重 敗亡尅을 당하면 그 아들 딸이 存在할 수가 없으므로 無子하게 되는데 小室(財)을 얻으면 財를 보강하게되고 財는 生官 즉 아들을 生함으로 위와 같이 생각하게 되는 것이며, 또 生日 財官은 내 아들이요 他柱에서 官殺이 合하여 오고 또다시 干頭에 合殺이 있으면 이곳 처곳에서 子孫이 모여 들어오는 상(官殺, 混合은 곧 子女混合之衆也)이 되어 위와 같이 이루어지게 된다고 믿는다.

예 ①

年	甲	寅	木	木
月	己	巳	土	火
日	辛	丑	金	土
時	辛	卯	金	木

이 경우는 巳中丙火官이 寅巳刑하여 小室 得子후 곧 비명횡사(橫死) 했다.

예 ②

年	戊	午	土	火
月	癸	亥	水	水
日	丙	辰	火	土
時	戊	午	土	火

이 경우는 癸亥水官이 年午戊兩午中己土 時上戊土辰中戊土尅을 당하여 양자한 사주인데 대운에 官殺이 없어 子孫을 못둔다.

예 ③

年	戊	午	土	火
月	丙	辰	火	土
日	癸	未	水	土
時	甲	寅	木	木

이 경우는 癸未日로 日坐官인데 午未合하여 午中己土官이 年上戊土官과 동반하여 合한다. 고로 三妻에 각각 得子하였다는 四柱다.

예 ④

年	辛	酉	金	金
月	丙	申	火	金
日	乙	丑	木	土
時	丁	亥	火	水

이 경우는 丑中辛金으로 위관한中 年支酉와 合하고 年干辛金을 得하여 作妻 得子하였다는 四柱다.

예 ⑤

年　丙　寅　火木　　이 경우는 巳中戊土로 위관하고 時支巳中戊土
月　丙　申　火金　　와 合하여 再娶 得子 한 四柱이다.
日　癸　巳　水火
時　丁　巳　火火

예 ⑥

年　丙　辰　火土　　이 경우는 丙火官은 辰에 임하여 辰酉로, 丁
月　丁　酉　火金　　火官은 酉에 임하여 酉酉로, 巳中丙火官은 巳
日　辛　酉　金金　　酉로 각각 合해 들어오고 있어 本妻　得子후
時　癸　巳　水火　　喪妻하고 再娶 得子하였다는 四柱다.

47. 不具子孫 둘 四柱 (男命경우)

① 官殺이 多逢傷官한 者
② 官殺空刑諸凶神한 者

四柱에 官殺이 미약한중 傷官 食神이 旺하여 尅 官殺하는 者,또는 官殺이나 時柱에 空亡 冲 刑하거나 또는 時에 急脚殺 斷稿關殺을 놓은 者는 子孫이 不具자가 되기 쉽다. 즉 官殺은 아들 딸인데 多逢傷官하면 傷하는 刑象이 된다. 甚하면 傷子하여 無子하기가 쉽지만 그렇지 않으면 몸이 좀 상하여 불구가 되는것이고 또 관살이 逢空하거나 刑이 맞으면 위와 같은 불구 자손을 두기가 쉬운 것이라 본다.

예 ①

年	壬 辰	水土
月	壬 子	水水
日	庚 寅	金木
時	丙 子	火水

이 경우는 丙火官殺이 多逢水尅火당하여 其子 眼盲하게 된 사주다.

예 ②

年	乙 巳	木火
月	丁 亥	火水
日	己 未	土土
時	戊 辰	土土

이 경우는 孫宮에 급각살이 임하여 其子 다리가 불구가된 四柱다.

48. 不具子孫 둘 四柱 (女命경우)

※ 傷食이 逢印하거나 혹은 遇刑한 者
※ 傷官, 食神에 臨 急脚殺 斷橋關殺한 者

傷官이나 食神 즉 子女가 多逢印綬하여 重重尅을 당하였거나 또는 傷官 食神 子孫이 刑을 만나 傷한 女子는 不具子孫 두기가 쉽고 또 傷官食神이 斷橋關殺이나 急脚殺에 놓여있거나 또는 時柱에 이살이 놓여있는 女子는 소아마비 또는 기타 사고로 인하여 팔, 다리, 척추에 이상이 있는 자손을 두기 쉽다.

다시 말해서 傷官 食神은 女命에 是子女인데 逢印綬 梟神하면 尅子女하기 때문이다. 또 傷官 食神이 逢刑하면 子女가 逢凶禍로 傷하는 상이 되기 때문이요, 또 급각살 斷橋關殺은 팔, 다리가 傷하는 殺이요 傷官, 食神, 時主는 모두 子女가 되기때문에 이상의 殺이 食神 傷官 또는 時柱에 임하여 있으면 그 女命의 子女가 팔,

다리, 갈비등이 傷하는 상이되어 불구자녀를 두기 쉽다고 생각된다.

예 ①

年　甲辰　木土　　이 경우는 子孫丁火가 多逢水剋인데　時柱에
月　乙亥　木水　　急脚殺이 놓여 안경쓰고 다리저는 딸 두었던
日　乙亥　木水　　四柱다.
時　丁丑　火土

예 ②

年　壬子　水水　　이 경우는 乙日生의 子女 午火가 多逢水剋(
月　辛亥　金水　　冲)하여 딸 하나 눈병신을 둔 사주다.
日　乙未　木土
時　壬午　水火

49. 子孫 凶死함이 있을 四柱 (男命경우)

※ 己未日生이 逢丑戌한 者
※ 月 또는 時에 丙戌놓고 甲乙日에 出生한 者
※ 官殺이 逢刑하고 傷官, 食神이 많은 者

　己未日生이 柱中에서 丑이나 戌을 만난 者, 甲乙日生이 丙戌月
이나 戌日生이 丙戌時에 출생한 者와 柱中에 官殺이 刑을 만난中
官을 剋 또는 傷官 食神을 多逢하면 子孫되는 官殺이 沒하거나 또
는 傷하는 상이되어 그 子孫 凶死있게 된다고 한다. 다시 말한다면 己未
日은 本 未中乙木이 官星으로 子女인데 丑이나 戌을 만나면 刑剋
당하여 子孫이 傷하는 형상이라 한다.　丙戌日時에 甲乙은 戌中辛
金이 甲乙日의 子女인데 戌中丁火와 干頭丙午가 來剋辛하고　就中

-220-

丙戌, 백호대살이 同臨한 까닭이요 또 柱中에 官殺은 子女요 刑은 凶禍인데 加重 傷官, 食神이 太旺하여 官殺 子女를 二重三重으로 尅하면 官殺은 자연히 傷하게 되는 경우라 본다. 이상과 같은 者는 모두 子孫 凶死있다고 본다.

예 ①

年	甲 寅	木木	이 경우는 寅木官이 冲을 당하여 其子 北太平
月	壬 申	水金	洋에서 조난사고로 凶死한 四柱다.
日	戊 辰	土土	
時	丙 辰	火土	

예 ②

年	癸 丑	水土	이 경우는 丙日生의 子女癸水가 癸丑으로 백
月	癸 亥	水水	호대살하여 其子가 凶死한 四柱다. (殺臨백호
日	丙 午	火火	대살이 旺한 경우다)
時	壬 辰	水土	

50. 屋外에서 出生한 四柱

驛馬나 地殺이 日 또는 時에 있으면서 合을 이룬 者, 驛馬나 地殺이 年月에 있어 日主에 合을 이룬 者

※ 生日이나 生時에 驛馬 또는 地殺을 놓고 日主와 時間이 合이 되어 있는 者, 또는 生年이나 生月에 역마나 地殺이 있어 日主에 合한 者 등은 路上, 車中, 病院, 他家 등으로 如何間 내집 房外에서 출산되는 것이다.

「연구」

日主는 몸이다. 驛馬 地殺은 海外 他道가 되는데 그 범위를 넓혀서 車路上으로 해석하게 되므로 옥외가 되는 것이고, 그것이 日主 내몸과 合하게 되어 내몸이 옥외에서 출생하는 상으로 위와 같이 생각된다.

예 ①

年 戊 申 土金   이 경우는 年支申 地殺이 申酉로 합하고 다
月 辛 酉 金金   시 合한 酉가 酉丑으로 合하는 바람에 申地殺
日 辛 丑 金土   이 연합해서 들어온다. 고로 옥외에서 출생
時 戊 子 土水   했다.

예 ②

年 辛 丑 金土   이 경우는 亥驛馬가 日支와 亥卯로 合하여 버
月 己 亥 土水   스안에서 출생되였다.
日 丁 卯 火木
時 甲 辰 木土

51. 混血兒를 得하는 四柱

※ 驛馬, 財, 官, 身이 合을 이룬 者

※ 寅申巳亥가 財官이 되어 日主에 合을 이룬 者, 四柱에 역마가 있고 역마에 관살이 임하고 그곳이나 다른곳(他柱)에 財가 있어 日主에 合을 이룬 者를 말한다.

寅, 申, 巳, 亥가 日干의 財官이 되어 日支에 合을 이룬 者를 말한다.

「연구」

※ 驛馬는 海外다. 財는 妻요, 官殺은 子女다. 身은 내몸인데
同臨인즉 해외에서 처와 자녀가 같이 내몸에 임한 형상인즉 국제
결혼으로 얻은 자녀가 되는 것이다.

寅申巳亥는 반드시 역마아니면 地殺이 되는 것이고, 그 역마지
살은 해외요 또 재관은 처와 자가 되는 것이다.   日主는 내몸인
데 이것이 合하는 것은 곧 해외에서 그처와 자가 내몸에 들어와 안
기는 형상이 되는것임으로 이같은 경우 반드시 국제적 자녀가 생
기게 되는 것임으로 혼혈아를 얻게 되는 것이라 생각된다.

그리고 女命에는 官星이 夫요, 子女는 傷官, 食神이 됨으로 이
상 男命의 財官殺을 女命에서는 官·食神 傷官으로 바꾸어 男命에
준하여 보면 되는 것이다.

※ 이때 混血得子가 아니면 해외에 나가서 애기를 낳는다든가
하는 경우도 이에 해당됨을 명심하기 바란다.

예 ①

年 己卯 土木   이 경우 女命인데 亥地殺甲木이 亥丑으로 合
月 壬申 水金   하는 곳에 丑中辛金 食神이 合하여 미국사람
日 己丑 土土   몸에 生子했다.
時 己亥 土水

예 ②

年 辛酉 金金   이 경우는 亥에 甲木財가 戌로 戌亥 乾官合
月 戊戌 土土   하여 국제결혼해서 生女했다.
日 辛亥 金水
時 己亥 土水

52. 총각이 得子할 四柱

※ 財, 官이 日主에 合한 者

財와 官이 同宮에 임하여 日主에 合하거나 아니면 財官이 각각이라도 日主에 合하여 오는 그·사람은 총각때에 애기를 얻는 사주가 된다는 뜻이 된다. 만약 이같이 않으면 후에 再娶하여 두 婦人 몸에 애기낳거나 또는 本妻해로 하면서도 外房子孫 데려오는 경우다.

다시말한다면 財는 처요, 官은 아들 딸이다. 日柱는 내몸인즉 財官, 身合은 妻, 子 내몸이 合하는 상임으로 正式 결혼전에 得子한다고 생각된다.

예 ①

年	丙 戌	火土
月	丁 酉	火金
日	辛 亥	金水
時	乙 未	木土

이 경우 亥中甲木財와 未中丁火官이 日主에 亥未로 合하고 壬子年 一年에 두 女子의 몸에서 총각이 득자했던 사주다.

예 ②

年	庚 寅	金木
月	庚 辰	金土
日	乙 未	木土
時	丙 子	火水

이 경우는 辰宮戊土 財와 辰土財 干上庚金 官이 辰未로 日主에 合하여 총각이 得子했던·사주다.

예 ③

年 丙 戌 火土   이 경우 己亥日生人이 亥中 甲木官과 亥中
月 丁 酉 火金   壬水財가 日支에 合하여 총각이 得子했다.
日 己 亥 土水
時 甲 戌 木土

이상 52가지의 실례를 들어 풀이했다. 역학을 연구 또는 공부하는 분의 참고가 되었으면 한다. 다음도 계속 실례로 또는 실제 경험한 것들을 나열하여 보다 나은 명리학의 연구가 되도록 노력코져 한다.

第二章 生日干과 年月과의 運勢

이는 日天干과 특정 時의 天干만의 관계이므로 이의 相尅관계에 너무 집착하거나 흔들리지 말기바란다. 一生중의 운세는 그밖에 여러가지 음양오행(陰陽五行)의 관계에 의하여 좌우된다는 점이다. 그러므로 日天干과 時의 天干의 생극 관계에 의한 吉凶 판단은 陰陽五行에 의한 운세 연구의 참고로 응용하여야 한다.

다음에 生日天干과 특정 時의 天干과의 관계에 따른 吉凶의 개요를 기술하고져 한다.

一. 甲日生의 경우

① 甲日生이 甲을 만났을 경우

매사가 뜻대로 되는것이 없다. 타인의 도움이 필요한 시기다.
그러나 의존심을 버리고 자신의 노력으로 목적달성 할 수 있다.

② 甲日生이 乙을 만났을 경우

자기의 능력외의 일은 확장이 금물이다. 모든 일은 시작은 있으
나 끝이없는 상태이다. 매사에 주의하고 용기를 갖고 매사에 침
착하게 밀고 나가면 성취하리라

③ 甲日生이 丙을 만났을 경우

때를 기다려야 하는 시기이다. 이사람은 계획성이 있으며 일확
천금을 노리는 사람이다. 모든것은 때가 있는 법이니 조급한 마
음을 버리고 순리를 기다리면 吉하다.

④ 甲日生이 丁을 만났을 경우

이 사람은 성공률이 매우 높다. 그러나 재정적인 힘이 부족한
것이 흠이다. 타인의 도움을 받는다하여도 재정적인 면이 약하므
로 어디까지나 혼자 힘으로 서서히 때를 기다리면서 전진하면 성
공할 수 있는 시기가 반드시 올것이다. 타인의 도움 즉 동업은
실패한다. 여성의 성격은 강한 고집장이며 또 사업도 발전할 수
없다.

⑤ 甲日生이 戊를 만났을 경우

실패운이다. 모든 사업은 시기를 기다려야 하며 초조함을 참고
기다려야 한다. 자신의 위치를 감안하여 매사에 조급증을 피하
고 타인과의 언쟁을 조심하여야 하며 타인으로 부터 배반을 당
할 시기이다.

⑥ 甲日生이 己를 만났을 경우

마음의 안정을 요하는 시기다. 마음을 곧게 먹고 행동상의 주

의를 요한다. 그러면 상생의 기회가 올 것이다. 매사에 망신을 당할수도 있으니 항상 주의가 요구된다. 마음의 안정만이 吉할 뿐이다.

⑦ 甲日生이 庚을 만났을 경우

좋은 시설에 재산이 있음을 기화로 태만의 생활에 빠져드는 시기로 볼 수 있다. 세상살이의 쓴맛과 고달픔도 잊은 채 오직 강한 자부심과 고집때문에 타인으로 부터 재산상의 피해를 보고 배신당할 수도 있다. 그러므로 자신의 과거에 있었던 화려한 면을 버리고 진실된 마음으로 현재 자신의 위치를 정확히 파악하고 겸손한 자세로 타인의 도움을 요청한다면 성공할 수 있다.

⑧ 甲日生이 辛을 만났을 경우

사업의 실패로 인하여 구설과 관재가 있게된다. 심신의 안정이 필요한 시기로서 마음의 안정을 유지하지 못하면 가정이 파괴될 수도 있다. 자중자애하여 이때를 잘 넘기면 일생을 통하여 새로운 개운이 될 수도 있는 시기이다.

⑨ 甲日生이 壬을 만났을 경우

남의 도움으로 서서히 운기가 발전하는 좋은 시기이다. 더욱 조심성있게 계획하여 미숙한 점을 보완하도록 노력하여야겠다.

⑩ 甲日生이 癸를 만났을 경우

마음을 가다듬어 전진하면 발전할 기회가 있다. 안정성을 검토하면서 한 계단 한 계단 전진하여야 한다. 비약을 꿈꾸는 성급함은 금물이다. 특히 주의할 것은 남녀의 색정을 조심하여야 한다.

二. 乙日生의 경우

① 乙日生이 乙을 만났을 경우

마음이 안정되지 않은 상태이므로 갈팡질팡하는 시기다.　남의 유혹에 빠져 향락에 쏠리다가 자기의 사업에 실패할 우려가 있다. 특히 남자는 색정을 조심하고 여자는 가정불화로 인하여 부부 이별의 불운을 빚기 쉬우므로 주의를 요구하는 시기이다.

② 乙日生이 甲을 만났을 경우

모든것이 잘 해결되는 시기이다.　壬이나 癸의 달로 부터 눈에 뛰게 좋아져 자기 때문에 차근차근 성심껏 노력하여야 한다.　만약 욕심을 부리다간 큰 실패를 할 수 있다.

③ 乙日生이 丙을 만났을 경우

약간 퇴보의 운세이다.　자신의 능력에 맞게 행동과 계획을 세운다면 다시 행운쪽으로 운기가 향하게 되리라, 그러나 사업수행의 결단성과 결과를 정확히 마무리 짓는 일이 중요하다.

④ 乙日生이 丁을 만났을 경우

행운으로 향하는 때이다.　희망하는 일들을 과단성 있게 밀고 나가야 한다.　자칫하면 경솔한 행동과 언쟁, 색정때문에 정확한 결단성을 상실할 수도 있는 것이다.　목표를 향하여 진취적으로 노력한다면 壬과 癸의 달에는 성공할 것이다.

⑤ 乙日生이 戊를 만났을 경우

운기가 흉한 시기이므로 가정과 직장 모두가 막히는 상태이다. 그러므로 가정을 잊어버리고 무제한 행동에 빠지는 경우가 있다. 특히 여자는 남편과 자녀를 버리고 제멋대로 행동하기 쉬운 시기이다. 마음을 가다듬어 다가올 운기를 되찾도록 노력할 시기이다.

⑥ 乙日生이 己를 만났을 경우

凶운을 맞았으므로 좋은것을 버리고 허영과 욕심이 동하여 자기에 맞지 않는것을 하다 실패할 위험이 크다. 그것의 주된 원인이 자력의 부족에서 빚어진 것일 경우는 좋은 조원자를 찾아 잘 상의한다면 다시 기운을 맞이할 수도 있는 것이다.

⑦ 乙日生이 庚을 만났을 경우

吉凶반반의 운이다. 가정이 이사할 운도 있다.

⑧ 乙日生이 辛을 만났을 경우

모든일이 실패만 거듭되는 흉운의 시기이다. 매사에 근본적인 단점과 장점을 파악하여 적절히 대비하고 결행하여라. 마음의 안정이 크게 요구되는 시기이며 특히 색정을 조심하여야 한다.

⑨ 乙日生이 壬을 만났을 경우

길운이 다가왔으므로 현재까지 막힌 운이 서서히 풀려 나간다. 자기 자신의 능력, 영향과 분수를 지켜 알맞게 일하면 대단히 좋은 결과를 가져온다.

⑩ 乙日生이 癸를 만났을 경우

이제부터 운기가 다가왔으니 모든 것이 길하다. 모든 일을 순리대로 밀고 나갈 것이며 지나치게 서둘면 실패하게 된다. 혹 뜻밖에 시비가 있을 수가 있다.

三. 丙日生의 경우

① 丙日生이 丙을 만났을 경우

몸과 눈, 귀, 마음이 흐리고 모든일에 흥미를 누리지 못하여 갈팡질팡하는 매우 흉운의 시기이다. 주위 사람에게도 폐를 끼치는 가 하면 가정에 있어서도 부부 이별하기 쉬운 시기이다.

② 丙日生이 甲을 만났을 경우

운이 정지 상태이므로 모든 일을 분수에 넘치게 하지 말아야 한다. 알맞은 일을 찾아 노력하면 성공할 수도 있다.

③ 丙日生이 乙을 만났을 경우

평운의 시기이다. 게으름과 마음이 동요되고 있는 시기이다. 자기의 단점을 시정하여 야무지게 열성을 기울이면 상생의 운로가 개척될 수도 있다.

④ 丙日生이 戊를 만났을 경우

다소 하락되는 운세이니 교만한 마음을 버려라. 타인으로부터 신용이 떨어지고 있는 상태이며 처자에게도 얕은 정으로 대하면서 화목을 저해한다. 자신을 파악하여 노력하여야 한다.

⑤ 丙日生이 丁을 만났을 경우

화려한 것을 추구하는 허영심이 발동하여 매사를 그르치는 퇴조의 운세이다. 자신의 행동에 대하여 시비를 감지 판단하여 허영을 버리고 성실히 노력하면 상승세에 도달할 것이다. 그러나 남녀 다같이 색정에 눈을 뜨는 시기이니 조심하여야 한다.

⑥ 丙日生이 己를 만났을 경우

운기가 다소 내려가는 상태이니 모든 사업을 확장하여서는 안된다. 확장은 실패의 원인이 될 것이다. 허욕을 버리고 노력하면 행운이 다가온다. 미혼 남녀에게는 결혼에 따른 문제가 발생할 것이다.

⑦ 丙日生이 庚을 만났을 경우

불운에 처해있어 가정에서는 여자가 가출할 마음이 움트며 무슨 일이든 하면 흉한 것으로 변하여 매사에 복잡한 문제가 생긴다. 마음의 안정이 요구되는 시기이며 가옥의 이사 등은 나쁘다.

⑧ 丙日生이 辛을 만났을 경우

대단히 불운의 시기로서 직장이나 가는 곳마다 불길한 일만 생기게 된다. 여자는 남편을 버리고 가출할 마음이 생길수도 있다. 이 시기는 참고 견디어 나가는 것만이 흉함을 극복하는 길이다.

⑨ 丙日生이 壬을 만났을 경우

凶한 운을 맞았으므로 하는일마다 실패하고 자포자기하기 쉽다. 고집과 시비로 자신이 불리하여지고 한발후퇴하면 길한 운이다.

⑩ 丙日生이 癸를 만났을 경우

사회적으로 가정적으로 매우 불운의 시기다. 경제활동에 있어서는 진퇴양난의 곤경에 처하게 된다. 그러므로 모든 일을 참고 견디어야 한다. 남자는 색정란으로 가정을 버리고 여성은 색정 문제로 삼각관계가 발생하게되니 조용히 인내하고 기다리면 해결될 것이다.

四. 丁日生의 경우

① 丁日生이 丁을 만났을 경우

운기가 매우 불리하다. 가정의 불화, 업무상의 실패 구설 시비 송사 등이 발생하여 해결코자 하나 한가지도 뜻대로 되는일이 없다. 남자는 유흥에 빠지고, 여자는 사기를 당한다.

② 丁日生이 甲을 만났을 경우

차츰 운기가 다가오고 있다. 실패를 교훈삼아 한가지 목표를 정하여 꾸준히 노력하면 모든것이 뜻대로 되나 분수에 넘치는 것을 바라보지 말아야 한다.

③ 丁日生이 乙을 만났을 경우

운세가 약간 하양세에 이르렀다. 그러므로 약간 동요의 기미가 보이기 시작하며 모든 것을 망설이는 상태이다. 타인에게 현혹되지 말고 확고한 주관으로 자신을 정확하고 계획대로 밀고 나가면 성공한다.

④ 丁日生이 丙을 만났을 경우

음성적인 성격으로 빠지게 되며 타인의 권고로 외향적인 성격을 보유한 것처럼 처신하고자 한다. 본인은 근본이 아니므로 쓸데없는 것을 버리고 본인의 성격, 성품대로 움직이면 행운이 돌아오니 이점 유의하여야 한다.

⑤ 丁日生이 戊를 만났을 경우

운세는 중반에 있다. 남의 유혹에 당하기 쉬운 때이다. 필요이상의 욕망을 버리고 전과 다름없이 일에 열중하면 대길한 운이 연속된다. 만약 허욕에 현혹되면 뜻밖의 불행이 올 것이다.

⑥ 丁日生이 己를 만났을 경우

운은 평행선에 있다. 마음이 흔들리고 있다. 이런 때는 하는 일을 계획적으로 밀고 나가면 吉하고 물러서면 凶하다. 색정으로 고민할 수 있으며 평소 화목하지 못했던 가정의 유부녀는 남편과 의견이 더욱 합치되지 않아 이별하겠다는 마음이 들어 진퇴양난에 이른다. 굳게 참고 선한 마음을 갖도록 노력하여야 한다.

⑦ 丁日生이 庚을 만났을 경우

대단히 凶한 운기를 갖고 있다. 옴싹달싹할 수 없는 진퇴양난의 위치에 처하며 가정의 불화마져 겹친다. 그러나 옛것을 버리지 말아야 한다. 그러면 마침내 吉운이 다가올 것이다. 특히 손윗 사람의 의견을 존중하여야 할 것이다.

⑧ 丁日生이 辛을 만났을 경우

凶운으로 신용타락된다. 신중이 계획하여 실천한 일일지라도 갈수록 점점 곤란한 입장에 처하게 된다. 외면으로는 온순하고 자상한 것 같으나 내면으로는 악을 품고 남을 구렁텅이로 밀어 넣으려는 마음을 품게되어 더욱 불행하여 진다. 이 경우 반드시 음흉한 마음을 멈추지 않으면 안된다. 또 젊은 사람은 이성 관계로 망신을 당하며 풍파가 가시지를 않는다.

⑨ 丁日生이 壬을 만났을 경우

대단한 악운으로 사기성이 짙은 일을 벌임으로써 대실패운을 맞기도 하고 은혜와 의리를 배반하고 은공을 원수로 갚는 것 같은 행동을 함으로써 실패를 자초하기도 한다. 그러므로 올바른 마음과 행동으로 성실히 처신하여야하며 남녀관계로 구설수도 그칠줄 모르고 따르므로 신중을 기해야 한다.

⑩ 丁日生이 癸를 만났을 경우

丁과 癸는 극과 극으로서 악한 마음이 생긴때이다. 그러므로 험난하고 곤란한 고통이 거듭 연속된다. 그러나 참고 견디면 길운이 다가온다. 남녀 모두 신용이 추락된 상태이므로 기회를 기다리고 노력하여야 한다.

五. 戊日生의 경우

① 戊日生이 甲을 만났을 경우

불운이 닥치고 진퇴양난의 고비에 이르므로 남의 말을 믿지 말것이며 사업도 줄이면서 현재의 위치와 분수를 잘 지켜야 한다. 부부의 마음도 각기 달라지는 시기이니 가정의 화목이 급선의 문제임을 깨달아야 한다.

② 戊日生이 乙을 만났을 경우

매사가 여의치 못한 때로서 부부 이별, 가정파탄 등이 발생하며 사업의 부진으로 인하여 모든 의욕이 감퇴되고 실패가 거듭된다. 모든것을 삼가할것과 마음의 안정이 특히 요구되는 때라 하겠다.

③ 戊日生이 丙을 만났을 경우

吉운의 시기이다. 모든일이 그다지 순조롭지는 못하다. 그러므로 막연히 사업을 확장하는것은 실패의 원인이 된다는 것을 잊어서는 안된다. 또 화려한 일과 사치스러운 것을 피하여야 한다. 사업은 계단을 올라가듯 일보 전진하면 매우 길운이 될 것이다.

④ 戊日生이 丁을 만났을 경우

행운 쪽으로 향하고 있는 시기이다. 자기 스스로 지나치게 행동하는 것을 피할것이며 욕심이 과대하여 일을 어렵게 만들수도 있다. 그점만 주의하면 모든일에 길운이 따른다.

⑤ 戊日生이 戊를 만났을 경우

현재의 운세가 대단히 凶하여 자기마음대로 되는일이 하나도 없다. 본래의 성격이 변화하여 뜻하지 않은 사고를 빚고 불상사를 겪는 곤란한 시기이다. 매사에 분에 넘치는 일은 되도록 삼가하

여 처사하여야 한다. 부부가 이혼하고자 하는 시기이므로 넓은
마음으로 극복하도록 유념하여야 한다.

⑥ 戊日生이 己를 만났을 경우

보통운으로 현재의 운세는 길흉 반반이다. 자기의 행동을 반성
하여 처신을 주의하고 노력하면 길운이 다가온다. 가정에서 여성
남성이 흔들리기 때문에 고생이 많은 때이다. 여기서 부부가 함
께 경거망동하면 해를 입고 망신을 당한다.

⑦ 戊日生이 庚을 만났을 경우

현재는 평운이라 하겠으나 소신을 갖고 전진하면 좋은 결과를
얻을 수 있다. 타인의 유혹에 빠지면 손재주가 있고 이성으로 인
하여 금전의 피해도 따르니 몸가짐을 신중히하여 행동하여라. 여
성은 남자의 유혹에 빠져 가출할 수도 있고 남편이나 자식을 버
리고 타인의 신세를 지는 경우도 있으며 동시에 불행한 운을 맞
을수도 있다.

⑧ 戊日生이 辛을 만났을 경우

약간 하락의 운세이므로 여러가지 계획과 희망을 갖고 추진한
일이 결과적으로는 여의하지 못하다. 그러므로 성질이 화를 잘
내고 조급하고 경솔하기 때문에 매사가 잘 이루어지지 않는다. 그
러므로 자기 중심의 행동을 삼가하고 꾸준히 노력하면 여의한 결
실을 얻게된다. 여성은 고충이 많으니 때를 기다리는 것이 최선
의 방법이라 하겠다.

⑨ 戊日生이 壬을 만났을 경우

운기가 하락세에 있다. 자신의 능력만을 과시한 나머지 대망을
품고 앞으로 밀고 나가려 하거나 또는 타인과 공동으로 일을 꾸

미거나 이 모두가 잘 이루어 지지 않은 때이다. 그러므로 뒤로 일보 후퇴하여 시간을 기다리는 것이 상책이다. 그리고 구설수가 있으면 매사가 불리하니 매우 주의하지 않으면 아니된다.

⑩ 戊日生이 癸를 만났을 경우

내리막 길에 있는 운기이다. 자만과 고집이 강하여 전후 사정을 가리지 않고 밀고 나가는 처신때문에 중도에 깨어지고마는 그 점을 시정하고 자세를 새로이하여 계획성있게 해 나가면 성공할 수 있다. 그러나 남성이나 여성이나 다같이 색정때문에 난처한 관계가 발생한다.

六. 己日生의 경우

① 己日生이 甲을 만났을 경우

현재는 매우 하운의 시기이며 점차 신용과 인망이 크게 떨어진다. 그러므로 타인의 눈밖에 나서 버림을 받을 우려가 있으니 타인의 충고와 조언에 순응함이 좋다. 만약 자기 고집만 내세우면 실패를 거듭할 것이다.

② 己日生이 乙을 만났을 경우

현재의 운은 하양세이다. 주거의 이전이나 직장이 변경될 운이 발생하며 주체의식이 희박하여 그것으로 인하여 실패의 원인이 된다. 안정된 마음으로 치밀하게 전진하면 성공할 수 있다.

③ 己日生이 丙을 만났을 경우

운기가 매우 좋을 때라 하겠다. 자기가 결심한 대로 밀고 나가면 의외의 은인이 도와주며 직장인은 상사의 도움도 받는다. 그러나 허영과 사기성있는 것을 삼가한다.

④ 己日生이 丁을 만났을 경우

상승세의 운기이다. 그러나 마음의 안정을 잃고 갈팡질팡 하다가 시기를 놓칠 경우가 있으니 타인의 조언을 참작하여 사업에 돌진하면 吉할 것이다.

⑤ 己日生이 戊를 만났을 경우

이 시기는 운기가 吉凶반반이다. 한가지의 목표를 설정하여 치밀한 계획과 침착성과 성실성을 발휘하여 전진하면 매사가 뜻과 같이 성취된다.

⑥ 己日生이 己를 만났을 경우

불운이 닥쳐올 운세이다. 가정과 주거 문제로 곤경에 빠지거나 일신상에 고민으로 마음의 동요가 생길 우려가 있다. 웃사람의 협조를 받거나 여성은 가정을 버리고져 하는 마음이 생긴다. 가정을 버리게되면 매우 흉함이 닥쳐온다.

⑦ 己日生이 庚을 만났을 경우

운세가 하락길에 있어서 사업을 하는 사람은 자금 사정이 매우 어려워진다. 그러므로 사업은 일으키지 않아야하고 하던 사업도 정비 정돈하면 길하다. 특히 남녀 불문하고 불륜관계는 철저히 피하라.

⑧ 己日生이 辛을 만났을 경우

운세가 하락세에 있으며 안정이 필요한 시기이다. 허황된 생각을 버려야 하며 직장인은 직업에 열중하여야하고 만약 직업을 변경하면 불길한 일이 생긴다.

-237-

⑨ 己日生이 壬을 만났을 경우

운세가 매우 나빠서 가정상의 문제도 발생하게 되며 여성은 자식과 집을 버리고 밖으로 뛰쳐나가고자 하는 마음이 발동할 때이다. 남자는 사업상의 곤란을 느끼고 마음의 동요가 심한 시기이므로 서로 합심하여 노력하여야 할 것이다.

⑩ 己日生이 癸를 만났을 경우

최악의 운세로서 가정이 파탄일보 직전에 이른다. 자칫하면 자신의 그릇된 처세와 고집으로 말미암아 스스로 시궁창으로 들어갈 운세이다. 하루속히 새마음과 계획으로 전진하라.

七. 庚日生의 경우

① 庚日生이 甲을 만났을 경우

자기의 위치를 모르고 남의 발전을 시기하고 원망하여 분수에 맞지 않는 일을 처리하다가 실패하는 상이다. 타인의 충고를 받아들여 실천함이 성공의 열쇠가 될 것이다. 여성은 가정에 충실할 때이다.

② 庚日生이 乙을 만났을 경우

운기가 하락의 운세이다. 남녀불륜의 관계로 가정과 몸을 망치는 시기이다. 마음이 안정되지 못하여 갈팡질팡하며 가정을 버리려고 하는 시기이다. 모든 일을 함에 있어 마음의 안정을 먼저 가져야 한다. 타인의 조언을 참고하여 조그마한 일부터 차분히 계획을 세워 처리하면 길운이 다가올 것이다.

③ 庚日生이 丙을 만났을 경우

매우 불운의 시기로서 신용과 위신이 땅에 떨어지며 주위의 모든 사람들이 멀리 흩어져간다. 그것은 지나치게 호화스러운 사치와 허영심이 빚은 결과이다. 혼자서 차분이 노력하면 멀지않아 노력의 댓가가 올 것이다.

④ 庚日生이 丁을 만났을 경우

남편보다 여자가 성격이 강경하여 남편의 일에 사사건건 참견하며 가정의 불화를 일으키는 시기이다. 남자는 모든 일에 실패를 거듭하여 마음이 조급하고 매사에 의욕을 상실하는 상태이다. 사업은 확장하지 말고 도리어 축소하여 차분히 노력하면 길운이 다가온다.

⑤ 庚日生이 戊를 만났을 경우

운세가 상승하고 있으나 독자적인 행동을 하면 실패운이 따를수도 있다. 가능한한 타인의 조언과 협조를 받아 계획하고 실천함이 좋을 것이다. 자의적으로 앞장서서 서두르지 말고 상대편의 제의나 권유해 오는것을 중심으로 검토하여 처리함이 길하다.

⑦ 庚日生이 庚을 만났을 경우

지금의 운세는 하락 국면에 있다. 가정을 버리고 객지에서 한가지의 목적을 달성코자 노력하되 실패의 잔을 면하기 어렵다. 자신의 몸하나도 둘곳 없는 처지이며 마음의 타격으로 병고 색란등이 닥칠시기이다. 초조함을 버리고 작은 일부터 혼자의 힘으로 꾸준히 노력하면 3개월후에 조심하여야 될 시기이다.

⑧ 庚日生이 辛을 만났을 경우

운세가 약간 퇴보해 가는 시기로써 사업의 부진에 직면하여 변경코자 하는 마음이 생길때이다. 그러나 좀더 시기를 기다려야 할것이며 마음을 가다듬고 주위를 예의 검토하면서 신중히 대처하면 성공할 것이다. 남녀관계를 매우 조심해야 할때이기도 하다.

⑨ 庚日生이 壬을 만났을 경우

평탄한 운세이므로 계속 전진함이 가하다. 그러나 재정상의 애로가 생길 운세이므로 무리한 계획과 지출은 금물이다. 남녀간의 불륜의 관계만 조심하면 큰 실패는 없을 것이다.

⑩ 庚日生이 癸를 만났을 경우

동업자와 화목하도록 노력할 때이며 특히 사업부진하고 매사가 여의치 못한 시기이다. 타인과의 동업관계는 화합과 단결이 급선이며 이것이 잘 유지되면 결국 행운이 돌아올 것이다.

八. 辛日生의 경우

① 辛日生이 甲을 만났을 경우

운세가 大凶의 상태이므로 사업에 착수하면 손해를 본다. 행동을 신중히 하고 시기를 기다려야 할 것이며 손위 사람들의 조언을 경청하고 명심하여야 한다. 만약 손윗 사람을 배신한다면 일생을 두고 후회할 것이다. 또한 본인의 과오로 가정에 여러가지 복잡한 일들이 발생할 수도 있으니 관용과 인내로써 이를 해결하도록 주의해야 한다.

② 辛日生이 乙을 만났을 경우

운세가 하위에 떨어져서 현재까지 노력하고 고생한 보람이 없어지게 되며 주위의 사람들에게 인격적으로나 신망이 크게 손상된다. 그러함에도 계속 타인을 이용하고자 하는 마음이 발동한다.

이점을 명심하여 근신 경계함으로써 길운을 맞을 수 있다.

③ 辛日生이 丙을 만났을 경우

아직도 운세는 침체기에 있으므로 분수에 맞지 않은것은 적시에 버려야 하며 소자본으로 큰 이익을 얻으려고 하면 갈수록 실패만 거듭한다. 직장인은 자기의 위치를 분별하지 못하고 행동함으로써 상사의 미움을 사게되며 부부간에도 불화수가 있으니 자중자애하고 서로 신뢰를 회복하도록 힘써야하며 매사를 신중히 처리해야 한다.

④ 辛日生이 丁을 만났을 경우

운이없는 때임에도 스스로 외견만 장식하고 허풍과 오만한 태도로 처신함으로써 신용과 신망을 추락시키는 시기이다. 마음을 안정하고 행동을 근신하면 삼개월후에는 운이 발전하리라.

⑤ 辛日生이 戊를 만났을 경우

점차 운세가 다가오고 있으므로 자기의 고집을 꺾고 타인의 의견과 후원을 잘 수용하여 순조롭게 일을 진행하면 길운을 맞을수 있다.

⑥ 辛日生이 己를 만났을 경우

운이 다가오고 있다. 마음의 안정이 되지않아 일을 꾸미면 실패하게 된다. 더욱이 유아독존으로 남을 멸시하거나 허영에 치우치면 더욱 큰 피해를 보게되는 것이다. 아집을 버리고 차분한 성격의 소유자로부터 진실된 조언을 받아 신규 사업을 시작하면 대성공할 수 있다.

⑦ 辛日生이 庚을 만났을 경우

현재의 운세는 吉凶반반이나 차츰 모든것이 풀려 나갈때이다. 그러나 실수하지 않도록 조심성있게 행동하여야 한다. 또한 가정문제로도 고민할 것이나 조급히 서둘지 말고 차분히 풀어 나가면 종국적으로 해소될 것이다. 특히 남자는 여자문제로 골치를 앓을 위험이 크다.

⑧ 辛日生이 辛을 만났을 경우

운기가 매우 악화되는 상태이므로 현재의 직업에 만족을 느끼고 자숙하여야 한다. 무익한 여러가지 생각에 사로잡히기 쉬우니 절대로 타인의 꼬임에 현혹되지 말고 독자적으로 생각하고 판단하여 처신하여야 한다. 금전상의 다툼이나 구설수가 많으니 주의를 요하고 남녀 관계의 구설수가 계속되어 자식들에게 까지 좋지 않는 영향을 미칠수도 있으니 행동을 조심하여야 할 것이다.

⑨ 辛日生이 壬을 만났을 경우

운세는 평운을 맞았으나 이제까지 망설이던 모든일을 세밀한 계획아래 추진하면 성취할 수 있다. 약간 힘이 모자라기는 하나 보수를 지키면서 전진하면 대성을 거둘수도 있다. 타인과 함부로 시비를 걸지 말아야하며 그렇지 않으면 신용의 타락으로 모든 사업이 수포로 돌아갈 수 있다.

⑩ 辛日生이 癸를 만났을 경우

운기는 평운이므로 목적을 달성하기 위해서는 열심히 노력하라. 혹 송사가 있을 수도 있으며 타인과의 동업을 피하라. 여성은 남성과 별거하고자 하는 마음이 생기니 각별히 주의해야 한다.

九. 壬日生의 경우

① 壬日生이 甲을 만났을 경우

현재까지 열중하였던 일이 모두 허사로 돌아갔으나 이제부터 적당한 새로운 일을 잡고 추진하면 순조롭게 되어갈 때이다. 소신껏 처신하라.

② 壬日生이 乙을 만났을 경우

남의 일을 돌보아 주면 오히려 역효과를 빚는다. 새로운 일을 시작하면 실패를 거듭할 것이니 꾸준히 때를 기다려야 한다. 남성은 정사 문제로 가정불화를 일으킬 우려가 있다.

③ 壬日生이 丙을 만났을 경우

현재 운세는 평운이나 자칫하면 자기의 운을 믿고 일을 확대시켜 수습하기 곤란한 입장에 이를수도 있다. 여성은 이제 까지의 인연을 버리고 새로운 인연을 찾아 헤매지만 그점이 대단히 불길한 징조이다.

④ 壬日生이 丁을 만났을 경우

지금까지의 운세는 하락세이다. 마음이 안정되지 못하고 갈팡질팡하며 분별없이 색정에 허덕이기 쉬운 운세이니 마음의 안정을 되찾고 조심하여야 하며 송사 사건을 일으킬 수도 있다. 가족 간의 이별 또는 파산, 부부별거의 위험도 있다.

⑤ 壬日生이 戊를 만났을 경우

지금은 불운의 때에 놓여있어 마음을 집중하지 못하고 한눈을 팔다가 오히려 돌이킬수 없는 손해를 당하는 일이 있을 시기이다. 정신 집중에 최선의 노력을 기울여야 한다.

⑥ 壬日生이 己를 만났을 경우

운기가 하락세에 있다. 자신의 운세를 모르고 야망의 계획으로 일을 전개하면 불의의 실패를 면하기 어렵다. 외면적으로는 태연하지만 마음속으로 흔들리고 근심이 가득차 있으므로 일을 순리대로 처리하기 힘들다. 부부간의 갈등이 생기고 불의의 분실, 강도의 위험도 있다.

⑦ 壬日生이 庚을 만났을 경우

행운의 길조가 다가온다. 이제부터 모든 것이 서서히 풀리는 길운으로 발전한다. 그러나 외면상 아무런 결함이나 허점이 없는 듯 하지만 아직도 내면으로는 많은 고충이 남아 있으므로 주의하지 않으면 안된다.

⑧ 壬日生이 辛을 만났을 경우

대단히 좋은 운기에 놓여있다. 현재는 왕성한 운세이므로 모든일에 열중하기만 하면 대성할 수 있다. 남녀 모두 정사에 주의하지 않으면 망신 구설수 등이 있다.

⑨ 壬日生이 壬을 만났을 경우

신용과 덕망이 상실되는 운세이다. 모든것이 생각과는 전혀 다른 형상이므로 신규 사업을 피하고 옛 직업을 보전하여 꾸준히 노력함이 가하며 여러가지 일로 마음의 동요가 일어날 수 있으니 정신적 안정에 유의할 것이다.

⑩ 壬日生이 癸를 만났을 경우

운기가 약간 퇴보되는 현상이므로 사업을 확장하지 말아야 한다. 만약 확장하면 매우 힘던 문제가 발생한다. 송사시비를 주의하라.

十. 癸日生의 경우

① 癸日生이 甲을 만났을 경우

목적달성을 위하여 노력하나 장애물이 따른다. 그러나 운세가 좋기때문에 너무 초조하게 서둘지말고 차근차근 밀고 나가면 귀인의 도움을 얻어 무난히 고비를 넘기고 성공에 도달할 수 있다.

② 癸日生이 乙을 만났을 경우

타인을 깔보는 버릇이 강하기 때문에 주위 사람들에게 신망을 상실할 염려가 있는 시기이다. 현재는 자금이나 역량이 부족하기 때문에 소망이 이루어지기 힘들며 이성관계에 특히 주의를 요한다.

③ 癸日生이 丙을 만났을 경우

대단히 凶한 운세에 놓여있다. 가정과 직장에 난처한 일이 생길 위험이 있다. 분수에 넘치는 계획은 실패의 원인이 된다. 여성은 가출을 조심하라.

④ 癸日生이 丁을 만났을 경우

현재의 운세는 불운한 시기에 놓여있다. 운세가 나쁘기 때문에 타인 또는 손윗사람이나 친지들에게 상의하여 때가 오기를 기다리면 吉하다. 송사, 구설, 시비 등의 불상사가 생길 우려가 있다.

⑤ 癸日生이 戊를 만났을 경우

대단히 불운의 시기이다. 모든일이 뜻대로 되지않고 말썽을 일으킨다. 타인과 일을 미리 상의하여 처리하면 무난히 곤경을 극복할 수 있으나 고집, 오기, 오만 등으로 일을 처리하면 실패의 원인이 된다.

⑥ 癸日生이 己를 만났을 경우

극단적인 하락세에 놓여있다. 매사가 뜻대로 되는 일이 없다.
그러므로 고통을 참고 꾸준히 노력하면 후일에 성공할 수 있다.

⑦ 癸日生이 庚을 만났을 경우

운기가 매우 좋으나 경솔한 행동을 삼가할 것이며 대망의 기회
를 놓치지 말고 치밀한 계획으로 전진하라. 남의 말을 믿지말고
자신의 뜻대로 수렵하면 성공할 것이다. 직장인은 직업변경 등
이 길하다.

⑧ 癸日生이 辛을 만났을 경우

중운의 시기이다. 마음의 갈등과 당황, 동요가 심하며 더욱이
쓸데없는 일을 미리 싸서 고생할 수도 있다. 길흉간에 변화가 대
단히 많은 때이다. 타인의 충고도 듣지않고 행동하기 때문에 실
패운이 따른다. 남녀 모두 이성관계를 주의하여야 한다.

⑨ 癸日生이 壬을 만났을 경우

대단히 吉한 행운의 시기이다. 신용이 두터워지고 고생의 보람
을 느끼게 되는 것이다. 사업의 확장이나 사무소 이전도 계획하
지만 자금부족이나 기타의 사정으로 자력으로는 여의치 않아도 윗
사람의 도움을 받으면 매사가 가능하다.

⑩ 癸日生이 癸를 만났을 경우

운세가 불안한 시기이므로 과욕을 버리고 차분히 실천함이 불행
을 막는 비결이다. 노력한 만큼의 보람을 얻을 것이니 한때의 장
애에 좌절하지 말고 계속 전진하라 그러면 뜻밖에 좋은 결과가 올
것이다.

第七編　大運解說

第 一 章　大運定法

대운은 누구나 다같이 세상에 태어날때부터 타고나온 즉 言約한 것 같은 運이 있으며 언제 吉하며 運命이 언제 교차되는 것인가를 아는 것이라 하겠다.

一. 起運法式

※ 陽男　陰女　未來節, 陰男　陽女　過去節

「해설」

陽男陰女 未來節이라 함은 甲丙戊庚壬生의 男子(陽男) 또는 乙丁己辛癸 女子(陰女)는 각각의 출생일에서부터 未來의 入節日(순행)을 잡아서 運을 計算한다는 뜻이고, 다음 陰男 陽女 過去節이라는 뜻은 乙丁己辛癸生 男子(陰男) 또는 甲丙戊庚壬生 女子(陽女)는 前例와 반대(역행)로 각자의 출생일에서 부터 과거의 入節을 잡아서 計算하여 大運을 定하게 되는데 이것을 小運定法이라 한다.

二. 大運計算法

生日對 節 총계수 하여 每作三日一運하고 二日이 餘則加一運이요 若餘一日除去之하다.

〈計算法의 解說〉

運數를 계산하는 法은 각자의 生日부터 前記法式에 의하여 총계

수일을 三三제지 함으로 三日에 運一式 定해지는 것이다. 그 계
산 끝에 二日이 남으면 運一도 간주하여 이미 정하여진 運에다 가
산하여 세우는 法이다. 만약 계산 끝에 一이 남으면 없는것으로
간주하여 셈하는데 빼어버리면 된다.

즉 출생일부터 入節日까지 二十四일간이라면 三日에 運一씩을 정
하니 그 二十四日을 三으로 제하면 (24÷3＝8) 즉 八이 나오는
데 바로 八이라는 숫자가 八運으로 정하여 지는 것이다.

※ 生日對 入節日 총계산 일수가 十七日간 이라고 하면 그 十七
日을 三으로 제하는데 (17÷3＝5 나머지 2) 그답은 五가 나
오고 남은 수는 二가 됨으로 이법식에 의하여 五運하고 남은수二를
一運(법식에서 나오는 二는 一運으로 가산하라)으로 가산하니 運
六으로 만드는 法이다.

※ 또 生日對 入節日 총일수가 十日간이라 하면 그 十日을 三
으로 제하면 (10÷3＝3 나머지 1) 답이 三하고 남은수 一이 됨
으로(법식 나머지 一이 될때는 없는것으로 간주하라) 法式에 의
하여 運三으로 그 남은수 一은 없는것으로 간주하면 된다. 즉 運
三으로만 정하게 된다.

三. 運讀法

전에 설명에 의하여 정해진 運이 一이 되는 경우 運一이라 하
지않고 一字를 하나더 붙여서 運一一이라 또는 一一運이라 하는 것이
다. 다음 運二라하면 運二二라 또는 二二運이라 하며, 또 運三이
라면 運三三이라 또는 三三運이라 하는 것인즉 運四, 運五, 運六,
運七, 運八, 運九도 이상과 같이 運四四, 運五五, 運六六, 運七七,

運八八, 運九九라 한다. 그런데 運十이 되는 경우는 運十十이라 十十運이라 하지않고 運旬旬이라 또는 旬旬運이라고 칭하여 記하는 法이다.

四. 定運에 있어 주의할 사항

① 제일먼저 陽男陰女냐, 陰男陽女냐를 틀림없이 확인하여야 한다.

② 節을 잡는데 있어 雨水, 春分, 穀雨, 小滿, 夏至, 大暑, 秋分, 霜降, 小雪, 多至, 大寒은 節이 아니요 氣임으로 定運에 使用하지 않는다는 것을 명심할 것

③ 生日에서 그節까지 총계산 日數하는데 있어 生日날도 節日도 모두 계산에 넣으므로 만일 (滿日)을 使用하지 않는다.

④ 運을 계산하고 二가 남으면 이미 정해진 運에 一만 가산하고 一이 남으면 아낌없이 버린다는 것을 잊지말것

五. 예를 들어 보기로 한다.

※ 陽男일 경우

乾命 1968년(戊申年)正月 十日生

四柱戊申生 男子로써 陽男에 속함으로 「陽男陰女未來節」의 法式에 준하여 未來節 즉 生日로부터 앞날의 入節日을 잡게 되는데 그 앞날의 節日은 二月初七日 驚蟄이 닿으므로 生日인 正月 十日부터 二月七日 驚蟄日까지 계산하게 된다. 그 총계산 날자는 過도 不足도 없는 二十七日간이 됨으로 三日에 運一식을 정하여 (27 ÷

3 = 9) 運九가 나온다. 즉 九九運이 되는 것이다.

※ 陰女인 경우

坤命 一九六七年 (丁未年) 八月 六日生

四柱 丁未年生 女子로써 陰女에 해당하여 未來節 즉 九月 六日 寒露節을 잡아야 되는데 그 生日부터 入節日은 (自八月六日 - 至九月六日) 꼭 三十一日간이 된다.

고로 (31 ÷ 3 = 10 나머지 1) 運旬旬하고 一이 남는다. 이 一은 끊어버리고 계산하지 않는다. 고로 그 運은 旬旬이 결정되는 것이다.

※ 陰男인 경우

乾命 一九六七年 (丁未) 五月 八日生 이 命造는 丁未生 男子가 되어 陰男에 해당하게 됨으로 過去節 즉 生日을 기준하여 지나간 節을 잡는 法임으로 四月 二十九日 芒種入節日對 生日인 五月 八日을 잡게되는데 그 총계산일수는 九日간이 된다. 三日에 一運씩을 잡게되면 (9 ÷ 3 = 3) 三이 나옴으로 運三이 된다. 고로 三三運이라 하겠다.

※ 陽女의 경우

坤命 一九六八年 (戊申) 二月 十一日生 戊申生 女子가 되어 陽女에 해당함으로 過去節 즉 二月 七日 驚蟄入節日을 잡게되는데 그 生日 對 過去入節日 驚蟄은 총계산일수 五日간이 된다. 三日에 運一씩을 정한다 하였으니 (5 ÷ 3 = 1 나머지 2) 運一하고 나머지 二가 남는데 그 二는 인상성운하는 법에 의하여 一만 가산하니 二運이 된다. 즉 運二二가 된다.

이상 설명한 大運記法을 다시 상세히 설명하기로 한다.

예 ①

乾命 一九六八年 (戊申) 正月 十日 寅時生(九九運)

年 戊申 土金	九	一九	二九	三九	四九	五九	六九
月 甲寅 木木	乙	丙	丁	戊	己	庚	辛
日 戊申 土金	卯	辰	巳	午	未	申	酉
時 甲寅 木木							

戊申生은 陽男에 해당되어 甲寅月 運은 다음 乙卯에서 시작하여
初九乙卯, 十九丙辰, 二九丁巳, 三九戊午 식으로 순행기록하면 된다.

예 ②

坤命 一九六七 (丁未) 八月 六日 午時生 (運旬旬)

年 丁未 火土	一	二	三	四	五	六
月 己酉 土金	○	○	○	○	○	○
日 丙子 火水	庚	辛	壬	癸	甲	乙
時 甲午 木火	戌	亥	子	丑	寅	卯

丁未生 陰女가 되어 己酉月起다음 庚戌에서 始作하여 初十庚戌
二十辛亥, 三十壬子, 四十癸丑式으로 순행기록하면 된다.

예 ③

乾命 一九六七 (丁未)五月 八日 辰時 (運三三)

年 丁未 火土	三	一三	二三	三三	四三	五三	六三
月 丙午 火土	乙	甲	癸	壬	辛	庚	己
日 庚戌 金土	巳	辰	卯	寅	丑	子	亥
時 庚辰 金土							

丁未生 乾命은 陰男이 되어 丙午月建 뒷자리 乙巳로 시작하여
初三 乙巳, 一三 甲辰, 二三 癸卯, 三三 壬寅, 四三 辛丑, 五三庚
子 등 순차 역행하여 기록하면 된다.

예 ④

坤命 一九六八 (戊申) 二月 十一日 巳時 (運二二)

年	戊申 土金	二	一	二	三	四	五	六
月	乙卯 木木	二	二	二	二	二	二	
日	戊寅 土木	甲	癸	壬	辛	庚	己	戊
時	丁巳 火火	寅	丑	子	亥	戌	酉	申

戊申生 陽女에 해당되는데 乙卯月建 뒷자리 甲寅에서 시작하여
初二 甲寅, 一二가 癸丑, 二二가 壬子, 三二가 辛亥, 四二가 庚戌,
五二가 己酉, 六二가 戊申식으로 순차 역행기록하면 된다.

六. 記運에 注意할 사항

※ 陽男 陰女인가, 陰男陽女인가를 확인하라.
※ 陽男 陰女는 예에서 기술한 바와 같이 六甲으로 運을 따라
順行하고 陰男 陽女는 그와 反對로 예에서 기술한 三과 四와 같
이 四柱月建 그뒷자리에서 부터 運에 따라 逆行 (역행) 하는것을
명심하라.

七. 運定法의 原理

우리 四柱와 運路의 관계는 四柱가 그릇이라고 가정한다면 運은

그릇에 담겨진 물건이 된다고 하자 四柱가 體라고 하면 運은 用이 되는것이다.

또한 四柱가 自轉이라면 運은 公轉이 되는 것이며, 四柱가 主라고 하면 運은 客이 되어 四柱와 運은 器物관계가 되며 또 體用관계가 되며 自轉公轉관계가 되며 主客관계가 되어 항상 쉴사이 없이 流轉하게 되는 것이다.

연인데 그 運의 流轉하는 度數는 內輪 運은 立春, 驚蟄式으로 매달(每月)이 바꾸어 도는데 一制 (즉 三十日)이 걸리는 것이며 外廓運은 十年에 한번씩 流轉하여 바뀌어지는 것이기 때문에 그 十年 총일수 (360 × 10 = 3,600) 三千六百日을 內輪運一朔 즉 三十日로 除하면 (3,600 ÷ 30 = 120) 內輪運 一日이 外廓運 一百 二十日에 해당하여 流轉하게 되는 것이다.

이것은 마치 時計의 內針 (시간 가리키는 바늘)이 五分 가는 동안에 그 外針 (分을 가리키는 바늘)은 六十分을 가는것과 같은 원리이나 內針一分은 外針十二分 (60 ÷ 5 = 12)에 해당하는 것과 꼭 같은 원리라 하겠다.

전에 말한 內輪運 一日은 外廓運 一百二十日에 해당된 산출이 나왔는 즉 이 三日을 모아야 (120 × 3 = 360) 三百 六十日이되어 運一이 구성되는 것인 즉 運一은 一年씩에 해당하여 運旬 (運十)은 十年에 해당함으로 人生의 大運은 항상 十年을 주기적으로 流轉되는 것이다. 따라서 內運一日은 外運百二十日이요, 內運三日은 外運百二十日이요, 內運三日은 外運三百六十日이요, 內運一은 一年으로 환산되어 外運十年으로 환산되기 때문에 三日에 運一씩이 定하여지는 원리가 결정되는 것이다.

內 輪 運 一朔 (30일)	1　日　　3　日	360 日 (1年)
外 廓 運 一年 (360일)	120 日　　360 日	3,600 日(十年)

八.　細密　定運法

옛날에는 生日對 入節日로써 大運을 定하여 왔던 것인데 只今에 이르러서는 漸次 細密히 分析하여 生時對 入節時로써 定運計算을 하고 있다.

이法은 前法에서 보다 더 細密히 머리를 써야하는 것이지만 그 計算원리는 꼭 같은 것임으로 外廓運 (大運) 十年의 총시간수는 (3,600 × 12 = 43,200) 43,200 時間이 되는 것이고, 內輪運 (節運) 一朔의 총시간 수는(30 × 12 = 360) 360시간이 됨으로 이것을 대비하여 본다면 (43,000 ÷ 360 = 120) 內輪運 一時間 이 外廓運 百二十時間에 해당하게 되는 것이다.　또 그 120 시간 을 남자로 환산하여 본다면 1일이 12시간씩이 됨으로 120 시간 은 (120 ÷ 12 = 10) 10日에 해당되는 것임으로 四柱의　內輪 運 1시간은 外廓運 10日에 해당하여 流轉하는 法則이다.

◎　細密分析定運速見表

內輪運一朔 총시간수	30 × 12 = 360시간	內輪運 一시간	360 ÷ 360 = 1 시간
外廓運十年 총시간수	3600 × 12 = 43200 시간	外廓運 120시간	43200 ÷ 360 = 120 시간

九. 細密定運法

① 生日生時對 入節時의 區間計算을 滿日로 한다.

② 計算해 나가다가 一시간이 남아도 버리지 아니하고 一시간을 十日씩으로 계산하여 모두 작용한다.

③ 남은 수가 陰陽男女 不問하고 각자의 生日에서부터 起算하여 順行하고 不足한 수는 각자 生日에서부터 계산하여 陰陽男女 불문하고 역행으로 계산하여 작용한다.

十. 細密定運의 연구

① 乾命 一九二四年（甲子）七月 十三日 申時生

年	甲	子	金水
月	壬	申	水金
日	甲	子	金水
時	壬	申	水金

※ 甲子年 七月 十三日 申時에서 陽男은 未來節 즉 白露 八月 十日 申時까지는 만 二十六日간이 된다. 그런데 八月十日 辰時에서 白露가 入節하였으므로 辰時에서 申時까지 사이는 四時間 不足됨으로 이 계산은 四시간 부족되는 二十六日이 된다.

※ 運九九는 만 二七日이라야 되는데 四시간 부족하는 二十六日 밖에 아니된다. 따라서 이 계산은 一日 四시간 부족하는 二十七日이 되는데 그 一日 四시간을 총시간으로 환산하면 一日 十二시간하고 나머지 四시간하여 合 十六시간이 되어 一百六十日 즉 五개월 十日간이 不足되는 셈이다.

-255-

※ 不足하는 計數는 각자 生日에서 逆行하게 되는데 七月 十三日에서 六月 十三日 한달, 五月 十三日 두달, 四月 十三日 석달, 三月 十三日이 넉달, 二月 十三日이 五개월하고 十日이 더 있으므로 十日을 더 逆行하여 보면 二月 三日이 된다. 따라서 이 運은 二月 三日로 完全 大運交替가 결정되는 것이다.

※ 그리고 每丁壬年 大運이 交替라 한 것은 甲生 (甲子生인고로)이 運九九 一세 甲年, 二세 乙年, 三세 丙年, 四세 丁年, 五세 戊年, 六세 己年, 七세 庚年, 八세 辛年, 九세 壬年이 되기 때문이다. 또 大運 十年中 五年씩에서 中運이 交替하게 되어있으므로 첫번 運九에서 五年은 十四가 되니 二四, 三四, 四四, 五四, 六四식으로 四를 期하여 中運이 변동되는 것이고 그 四가 닿는 년도는 甲一세, 乙二세, 丙三세, 丁四세가 됨으로 매九세와 四세가 당하는 년도는 꼭꼭 丁年과 壬年이 되기 때문이다.

이 法은 年令에서 처음 運이 天干으로 무엇이 닿는 것인가를 알아서 그 天干과 合이 되는 해로 작용하면 된다.

가령 庚年生이 運五라면 庚生이 다섯째 닿는 해는 庚辛壬癸甲으로써 그 大運은 甲에서 교차됨으로 그中運은 甲干의 合되는 己年 즉 十세에 교차됨으로 初五, 十五, 二五, 三五式으로 每甲年에 大運이 교차되고 初十, 二十, 三十, 四十式으로 己年에 中運이 교차되어 나가는 것인데, 庚年生 壬午月生 男이라면 大運 初五에서 十五까지가 癸未運이요, 十五에서 二五까지가 甲申運이고, 二五에서 三五까지가 乙酉運이라면 初五에서 初十까지는 癸運, 初十에서 十五까지는 未運, 十五에서 二十은 甲運, 二十에서 二十五까지는 申運 二五에서 三十까지는 乙運, 三十에서 三五까지는 酉運에 닿게 되는 것이다. 그러므로 大運을 十年, 中運은 五年, 세운은 一年, 月

-256-

運은 달달이 日運은 나날이 時運은 시간시간마다 주기적으로 신진
대사하여 流轉하는 원칙인데 나는 이 세운, 월운, 일운, 시운도 大
運流轉의 원리법칙에 의하여 세운은 立春에서 立秋까지는 天干, 立
秋에서 다음 立春까지는 地支로 月建은 가령 甲子月이라면 大雪에서부터
冬至까지는 甲으로 冬至에서 小寒까지는 子로, 日辰은 가령 乙丑日이라면
그날 午前 零時부터 낮 十二時까지는 乙로 낮 十二時부터 翌月 子正十二
時까지는 丑으로, 時運은 가령 甲午時라하면 午前十一時부터 낮 十二時
까지는 甲으로 낮 十二시부터 午後一時까지는 午로하여 모든 運에
참고하고 있는 것이다.

② 坤命 一九二四年 (甲子) 七月 十三日 申時生

年　甲　子　木水

月　壬　申　水金

日　甲　子　木水

時　壬　申　水金

※ 運二二 七月八日 寅時 立秋 入節 (不足六時間)

※ 每乙庚年 五月十三日 申時遁運

※ 甲子生 女子는 陽女인 故로 過去節을 기준하게 되는데 七月
八日 寅時에 立秋가 入節하고 있다.

※ 七月八日 寅時對 七月十四日 寅時면 꼭 만六日로써 運二二가
過不足없이 결정 되겠지만 그것이 아니고, 그 生日은 十三日 申時
가 되어있기 때문에 그 生日十三日 申時부터 十四日 寅時까지 사
이는 酉戌亥子 丑寅으로 六시간이 부족되고 있다.

※ 運二에 六時간이 부족됨으로 一시간은 十日에 해당하여 六時
間이 부족됨으로 1시간은 十日에 해당하여 六시간은 六十일 즉 二

개월에 해당한다. 그리고 부족은 生日에서 逆行하는 法則에서 七月十三日부터 六月十三日이 一개월, 五月十三日이 二개월에 닿으므로 이 四柱運은 매乙庚年 (二세 七세) 五月十三日 申時에 運이 교체 되는 것이다.

③ 乾命 一九二七 (丁卯)年 十二月 二十一日 午時生

年 丁 卯 火木｜　　(十二月 十四日 亥時　入小寒節)
月 癸 丑 水土｜　　(運二二, 餘七時間)
日 壬 子 水水｜　　(每戊癸年 三月 初一日 午時遁運)
時 丙 午 火火｜

※ 十二月 十四日 亥時 小寒節에서 十二月 二十日 亥時生이라면 꼭 過不足없는 六日間으로써 運二二가 결정되는 것이겠지만 二十一日 午時生이니까 그 二十日 亥時에서부터 二十一日 午時까지는 子丑寅卯辰巳午로써 七時間이 남는 二二運인데 그 七時間은 七十日로써 二개월하고 十日이 남는다.

※이 運計算은 남은 數이기 때문에 陰陽男女를 불문하고 그 생일에서 順行하는 원칙이므로 十二月 二十一日에서 一개월은 익년 一月 二十一日, 二개월은 二月 二十一日이요 또 남는 十日을 二月 二十一日에 計算하여 每戊癸年 三月一日 午時에 大運이 교환되는 것이다.

④ 坤命 一九二九 (己巳)年 正月 二十一日 申時生
年 己 巳 土火　　(正月 二十五日 酉時 驚蟄入節)
月 丙 寅 火木　　(運一一 餘一日一時間)
日 丙 午 火火　　(每 甲己年 六月一日 申時遁運)
時 丙 申 火金

-258-

※ 運餘一日一時는 총환산시간 十三時로써 다시 外廓運환산일수로 百三十日이다. 또한 月數 계산으로는 四個月하고 十日이 된다.

※ 이 運은 남은 수가 되기때문에 그 生日부터 順行하여 四個月 十日은 六月一日에 다음으로 이 運은 每 己甲年 六月一日 申時에 大運이 교차되는 것으로 결정되는 것이다.

이상으로 細密運은 완성되는 것인데 夜子時生은 半時가 되는 것임으로 시간계산이 餘則五日을 더 가산하여 순행하고 計算 時間에 不足이 생긴則 그計數時間에서 五日을 감하면 되는 것이다.

十一. 新舊定運法에 對한 주의할 점

※ 定運法에 있어 알아두어야 할 點은 종전의 法대로 한다면 만으로 計算하지 않고 그대로 日數를 計算하여 총일수를 三三으로 제지해서 잔여 二는 一運으로 引下계산하고 잔여수 一은 그냥 切開하여 버리고 계산에 넣지 않았다.

※ 新法으로 본다면 엄밀하게 시간까지 만으로 계산정운해야 하는 것인데 이 두가지 (古法·新法) 中에서 어느것으로 擇하든지 그 태도를 明確히 세워서 定運하여야 한다.

※ 그 태도를 明確히 세워야된다는 뜻은 古法이면 古法대로 從前 그 法式에 따르고, 新法을 擇한다면 꼭 新法에 따라 運몇에 餘 몇時間 또는 不足몇시간이라 기록하고 또 每무슨年 몇月 몇日 몇時에 大運交替라고 명확히 記入하여야 된다는 뜻이다.

※ 만일 그렇게 아니하고 新法의 運은 滿計算이 됨으로 古法보다 運一이 적게되는것이 보통이기 때문에 古法運이 三三이라면 新法에서 무조건 二二運이라 또 古法에서 六六運이라면 新法에서 무

조건 五五운이라는 식으로 기재하여 정운에 一大혼잡을 초래해서 고객으로 부터 공신력을 저하시키는 사례가 많기 때문이다. 그러나 新運法이 꼭 그대로 古法運보다 一運이 적은것이 아니고 예 ① 의 運과 같이 七月 十三日生 (七月小二十九日)에서 八月 十日 白露入節日까지 총二十七日인 故로 古法에서도 運九九요, 新法에서도 九九로 꼭 같다.

※ 예 2의 運과도 같이 甲子 七月 十三日에서 逆行으로 七月 八日 立秋間은 총七日이므로 古法에서도 運二二요, 新法에서도 運二二가 결정되어 있는것과 같이 古法, 新法運이 꼭 같은때가 얼마든지 많이 있는 것이기 때문에 이 定運에 난잡을 빚어 어떤 곳에서는 運 몇몇인데 왜 이곳에서는 運몇몇이냐고 항의하는 수가 많다는 것을 알고 이 정법에서 新法기록을 명기하지 못할바에는 종전 古法 그대로 하는것이 매우 현명하다고 본다.

※ 古法에서 무조건 運이 갈리는 해 그生日生時에 運이 교차한다고 말하여 왔으나 금일 新法을 쓴다고 하면 그것이 아니고 生日前해 또는 生日 다음해 또는 生日 몇달 前 아니면 生日 몇달후 어느시간으로 유동성있게 大運이 교차된다고 결정이 내려지는 것이니 잘 명심하여 정운 (定運)해야 할 일이라 생각된다.

十二. 計運의 時間·過·不足還元算出法

內輪運一은 三日이요, 三日은 三十六時間이다. 예를 들어 설명한다면 運五五에 餘一日二時間이라하면 運五五에 餘十四時間 (一日二時間)이 되므로, 運六六으로 할려면 一日運 三十六시간에서 그 十四시간을 빼면 (36 - 14 = 22) 二十二시간이 부족되는 것임으로 남은 수를 그사람의 生日에서 順行으로 十四시간(百四十日)을 進

-260-

行시키는 남자와 그 모자라는 二十二시간(二百二十日)을 逆으로 進行시켜 닿는 남자는 꼭 同時點에 到着하는 것이라 하겠다.

다시 예를들어 설명한다면

전에 설명(예②)한 바와 같이 甲子年 七月 十二日 申時生의 四柱運 二二에 不足六時間이라 되어 있었다. 不足六시간은 一시간이 十日 基本數로써 六十日 즉 두달이다. 부족 故로 生日 七月 十三日에서 逆行두달이면 그 세운 五月 十三日에 申時 大運이 교차되는 것이 되고 또 그것을 환원시켜 본다면 運二二에 부족 六시간이라는 뜻은 運二로 하면 餘三十시간(36 - 6 = 30)이 되어 三百日로써 十개월이 되는 것임으로 一運七月十三日에서 順行하여 一개월이면 八月十三日, 二개월이면 九月十三日, 三개월이면 十月 十三日 四개월이면 十一月 十三日, 五개월이면 十二月 十三日, 六개월이면 二運 正月 十三日(正月은 新年 故로 加一運), 七개월이면 二月 十三日, 八개월이면 三月 十三日, 九개월이면 四月 十三일, 十개월이면 二運 五월 十三日로써 運二二에 부족六시간이나 運二에 餘三十시간이나 꼭 같이 二二運 五月 十三日 申時 同時點에서 대운 교차되는 산출법이 나오게 되는것을 확실히 알 수 있다.

第 二 章   小運定法

一. 小運起法

이 小運起法은 두가지로 구분한다.

첫째 陰陽男女를 가리지 않고 男子는 陽男이건 陰男이건 每一般

으로 初一세를 丙寅 小運으로 시작하여 初二세丁卯, 初三세戊辰, 初四세己巳, 初五세庚午, 初六세辛未, 初七세壬申式으로 順行한다.

女子도 亦是 陽女陰女를 가리지 않고 女命小運은 初一세를 壬申으로 시작하여 逆行으로 初二세辛未, 初三세庚午, 初四세 己巳, 初五세戊辰, 初六세丁卯, 初七세丙寅, 初八세乙丑 식으로써 세운과 대운에 참고하여 작용한다는 法이다.

둘째의 法은 陰陽男女를 구별하여 陽男 陰女는 順行으로 각자출생시의 한자리 앞에서 一세로 시작하여 年歲順으로 順行하는 法式에 따라 가령 陽男이 戊午時生이라면 그 戊午 다음 順位 己未에서 一세를 시작하여 二세가 庚申, 三세가 辛酉, 四세가 壬戌, 五세가 癸亥, 六세 甲子 小運式으로 그 流年까지 順行하고 또 陰男이나 陽女의 甲子時生이라면 그 甲子 뒷자리 癸亥에서 初一小運으로 시작하여 初二壬戌 小運식으로 流年에 따라 逆行하는 法이다.

이 小運法은 감정면에서는 그리 중요시하지 않고 있으니 상식적으로 알아두어야 한다.

二. 小運配定法例

연구 ①

乾命 丁丑年 正月 二十三日 戊時生

年 丁 丑 火土	運旬旬 小運										
月 壬 寅 水木	一	二	三	四	五	六	七	八	九	十	十一
日 辛 卯 金木	丁	丙	乙	甲	癸	壬	辛	庚	己	戊	丁
時 戊 戌 土土	酉	申	未	午	巳	辰	卯	寅	丑	子	亥

丁丑生 男은 陰男인 고로 時間 戊戌前 자리에서 一세丁酉로 시

-262-

작하여 二世丙申, 三세乙未, 四세甲午 식으로 역행하여 나열하면 된다.

연구 ②

乾命 戊寅年 五月 二十一日 午時生

年	戊寅	運七七 小運

		一	二	三	四	五	六	七	八	九	十
月	戊午	乙	丙	丁	戊	己	庚	辛	壬	癸	甲
日	辛巳	未	申	酉	戌	亥	子	丑	寅	卯	辰
時	甲午										

이 運은 陽男인 고로 그 출생시간 앞자리 乙未에서 初一小運으로 시작하여 初二에 丙申, 初三에 丁酉, 初四에 戊戌, 初五에 己亥 식으로 연령 流年에 따라 순행하면 된다.

三. 命宮 小限法

1. 命宮
① 命宮 起算法 Ⓐ

誰何莫論起子宮하여 逆行 生月로 其數計하고 生月到處에서 再起時하여 順行至卯가 是命宮이라, 此法은 不同定大運하여 不用 月節에 準中氣다.

「해설」

이 命宮 起算法은 大運을 정하는 법과는 달리 그 生月節을 기준으로 하는것이 아니고, 中氣로써 기준을 하는 것이기 때문에 먼저 正月 雨水, 二月 春分, 三月 穀雨, 四月 小滿, 五月 夏至, 六月 大暑, 七月 處暑, 八月 秋分, 九月 霜降, 十月 小雪, 十一月

多至, 大寒이 된다는 것을 알아두어야 하겠다.

다음 命宮起算法에 의하여 男女陰陽生을 불문하고 正月生을 子에서 시작하여 二月生은 亥, 三月生은 戌, 四月生은 酉, 五月生은 申, 六月生은 未와 같이 逆數한 다음 그사람의 出生日에서 멈추고 다시 그 멈추어진 자리에서 출생시로부터 順行하여 나가다가 男女 그 누구나를 막론하고 卯가 닿는곳이 바로 命宮이 되는 것이다.

예를들어 보면 五月生이 分明하나 이미 夏至가 지나서 戌時에 출생한 사람이 있다고 하면 前에 말한바와같이 夏至부터는 六月에 속한다 하였으니 六月로 계산하여야 하는 것인데 둘러집는 法은 子에서 正月 (무조건 子에서 正月하여 逆行), 亥宮에 二月, 戌에 三月 酉에 四月, 申에 五月 未宮에 六月이 됨으로 그곳에 일단 멈추고 다시 그 未宮에서 戌時하고 시작하여 申宮에 亥, 酉宮에 子, 戌宮에 丑, 亥宮에 寅, 子宮에 卯가 되는데 男女 누구든지 卯가 닿으면 멈추어 그곳이 바로 命宮이라 하였으니 즉 前 五月生이나 夏至後 戌時生은 命宮이 子가 되는 것이다.

그러면 다음 그해당되는 命宮은 地支로만 표시되어 있을뿐이지 天干으로는 나타나 있지 아니하므로 그것을 알아보기로 한다. 그것을 아는 방법은 그사람이 무슨 生인가를 먼저 안 다음 그生年에서 내려 짚으면 되는 것인데 가령 庚生의 命宮이 子라하면 乙庚之年에 戊寅頭라는 法式에 의하여 命宮到處 子까지 順行하면 되는것이다. 고로 寅이 戊寅으로 卯가 己卯, 辰이 庚辰, 巳가 辛巳 이하 동일 法으로 順行하다가 子가 닿는 곳은 戊子가 됨으로 庚申六月 (夏至후) 戌時生 命宮은 戊子로 결정하게 된다. 그리고 이하 甲己生에 寅은 丙寅으로 시작되고, 乙庚生에 寅은 戊寅으로부터 시작되며, 丙辛生에 寅은 庚寅으로부터, 丁壬生에 寅은 壬寅으로부터, 戊

癸生에 寅은 甲寅으로부터 시작하여 순행하다가 이미 地支에서 결정되어 있는 命宮에 부합시키면 되는 것이다.

② 命宮起算法 Ⓑ

命宮計算 법식외 또 한가지가 있음으로 이곳에 해설하여 놓은 것이니 누구든지 兩者中에서 편리하도록 택하여 쓰면 되는 것이다.

㉮ 月時地支 固定數表

寅一, 卯二, 辰三, 巳四, 午五, 未六, 申七, 酉八, 戌九, 亥十,子十一, 丑十二 이상 같은 것인바 꼭 암기하기 바란다.

㉯ 命宮基本數

命宮基本數는 十四와 二十六이라는 것을 꼭 암기하기 바란다.

다음 生月에다 生時를 加한 수가 十四가 미달할 때에는 그合數를 十四에서 빼내고 그 生月生時合數가 十四를 넘을 때에는 二十六數에서 빼내는 法이다.

㉰ 命宮계산방법

예 ① 甲子生 寅月 卯時生＝命宮 甲子 경우

寅1＋卯2＝3, 14－3＝11 위와 같이 寅日이므로 前表一이 되고(月時地支고정수표란참고) 卯時는 二로써 合三이 되고 그 三을 命宮고정수 14에서 빼내니 나머지 十一이 된다. 그 十一은 子가 되었으므로(月時地支고정수표 子를 참고) 이 사람의 命宮은 子로 결정되는 것이고, 또 例示 甲子生이므로 甲己之年 丙寅頭라는 法式에 의하여 子는 甲子가 닿는다. 故로 위의 甲子生 寅月 卯時生 命宮은 甲子로 완전결정되는 것이다.

예 ② 乙亥生 辰月 酉時＝命宮 庚辰

辰3＋酉8＝11, 14－11＝3 辰三에다 酉八을 加하면 十一이 되고 그 11을 命宮 基本數 14에서 빼내면 3이 되는데 3

은 辰이 되므로 命宮은 辰이며 乙亥生에 辰은 乙庚之年에 戊寅頭라는 法式에 의하여 위의 乙亥年 辰月酉時生 命宮은 庚辰으로 完全 결정된다.

예 ③ 丙戌年 申月 戌時＝命宮, 己亥

申7＋戌9＝16, 26－16＝10 申月은 七이요, 戌은 9이니 合 16이 된다. 14 기본수에서는 16을 빼낼수가 없음으로 26 기본수에서 빼내게 되는데 답은 10이 나온다. 그 답 10은 亥에 해당하고 그 주인공은 丙戌生인 故로 丙辛之年에 庚寅頭라는 法式에 의하여 그亥는 己亥가 닿으므로 위의 命宮은 己亥로 完全 決定 되는 것이다.

예 ④ 丁卯年 丑月 午時生＝命宮, 庚戌

丑12＋午5＝17, 26－17＝9 丑月은 12요, 午는 5로써 合 17이 되고 그 合數 17을 基本數 26에서 빼내면 답9 戌이 됨으로 命宮은 戌이요, 또 丁卯生인 고로 丁壬之年에 壬寅頭의 법칙에 의하여 그 戌은 庚戌이 닿으므로 위의 命宮은 完全 庚戌로 결정이 되는 것이다.

이상으로 命宮계산법을 설명하였으니 命宮에서는 세가지가 있으며 꼭 명심하여 두기 바란다. 다시 한번 강조하고자 함은 첫째 生月基準을 自己 生月節로 하지 아니하고 生月節氣로써 준한다. 둘째 이곳에서는 각자 生日은 하등의 작용을 하지 않는다는 것을 명심할 것. 세째 그生年의 地支는 작용치 아니하고 生年天干만 알면 될 수 있다는 것이다.

③ 命宮의 중요성

命宮이란 身命宮을 말하는 것인데 命宮을 卯로써 基準하게 되는

原理는 卯는 東方之正木이요, 木은 仁이요, 仁은 壽요, 壽는 命인 까닭이고 또 身宮은 酉가 되는 것인데, 그 原理는 酉는 西方之 正金이요, 金은 義요, 義는 宜요 또 命宮은 爲受胎之初며 木主는 仁이요 仁主는 生生之意가 있는 것이고 身宮은 爲受胎之後이며 金主는 義요, 義主는 有成身之意가 됨으로 身命은 有生成之道의 源泉이 된다.

따라서 命宮을 重要視하는 것인데 이것을 比喩하여 말한다면 神은 祠廟에 살고, 人은 房室에 사는 것이라면 靈魂은 靈府에 살고 人生의 命은 命宮에 居하게 되는것과 꼭 같은 理法이니, 그 命宮은 그 命의 居至로써 命의 起居動作 進散進退와 其他 萬般造化 그 모두가 여기에 근원되어 있다고 하여도 과언은 아니기 때문에 이것을 탐구하여 볼때 가치가 매우 높다고 보는것이라 하겠다.

④ 命宮의 活用法

命宮은 活用함에 있어서도 광범위한 것이니 六親 用神 神殺등 광범위하게 대조하여 보아도 좋은 것이며 또 이것을 확대 응용하여도 새로운 방법을 개척할 수도 있다는 점이다.

예를들어보면

四柱印綬身旺格에 本來四柱에 官殺이 弱한데 命宮에 官殺이 根하여 있다면 大吉하여 진다든가, 또는 傷官旺 衰印綬에 命宮에서 印綬根旺을 만나게되면 遠大한 援助力이 미쳐와 크게 성공한다든가 또는 四柱에 無驛馬 無地殺中인데 命宮에 驛馬 또는 地殺重을 놓으면 海外에 遍踏할 수 있다든가 亥卯未生에 子가 있어 桃花殺을 놓고 있는 中, 만약 命宮에 卯가 있어 桃花刑이 이루어지면 淋疾, 痔疾 또는 妻妾間에 訟事가 있게 된다든가 또는 그 命宮은 멀리부터 源泉이 있는 것이라하여 先祖代에서부터 유전성 성병이 있게되기가 쉽다는것 등으로 사용하고 관찰 연구할 수 있다고 본다.

⑤ 命宮活用

예 ①

丙寅 二月 二十六日 丑時生 (春分從生)

年 丙 寅 火木ㅣ 命宮 庚子

月 壬 辰 水土)

日 丁 卯 火木)

時 辛 丑 金土)

이 경우는 辰月丁日生이나 그 辰中에는 尙存乙木之氣요, 또 寅卯辰 方合木局과 丙丁兩火 그리고 또 丁壬이 化木하여 印綬身旺에 壬水官성이 不足하고 있는 상태다. 命宮 庚子는 子丑 子辰으로 準水局이 결성되어 壬水의 원천이 되는 것이고, 또 命宮 庚金과 四柱의 辛金이 合하여 生水함으로 涸渴直前의 水官을 돕는다. 그壬水가 自坐辰庫에 根하고 丑中癸水의 功도 있지만 그보다도 더 根本之功은 멀리 命宮 庚의 源泉에 있는 것이라 보겠다.

예 ②

辛未 正月 二十五日 寅時生 (雨水後 出生)

年 辛 未 金土 命宮 庚子

月 辛 卯 金木

日 丁 卯 火木

時 壬 寅 水木

이 경우는 卯月丁日로 그丁壬化木 在寅時에 地支木局金으로 身

-268-

旺하여 그것은 좋으나 그만 命宮 庚子에 桃花와 日主의 卯가 子卯로 相刑하여 항상 性生活에 性病으로 고민하고 있는 四柱라 하겠다.

⑥ 命宮 速見表

生月 / 日氣 / 生時 / 命宮	正月 大寒(후)	二月 雨水	三月 春分	四月 穀雨	五月 小滿	六月 夏至	七月 大署	八月 處署	九月 秋分	十月 霜降	十一月 小雪	十二月 冬至
卯時	子	亥	戌	酉	申	未	午	巳	辰	卯	寅	丑
寅時	丑	子	亥	戌	酉	申	未	午	巳	辰	卯	寅
丑時	寅	丑	子	亥	戌	酉	申	未	午	巳	辰	卯
子時	卯	寅	丑	子	亥	戌	酉	申	未	午	巳	辰
亥時	辰	卯	寅	丑	子	亥	戌	酉	申	未	午	巳
戌時	巳	辰	卯	寅	丑	子	亥	戌	酉	申	未	午
酉時	午	巳	辰	卯	寅	丑	子	亥	戌	酉	申	未
申時	未	午	巳	辰	卯	寅	丑	子	亥	戌	酉	申
未時	申	未	午	巳	辰	卯	寅	丑	子	亥	戌	酉
午時	酉	申	未	午	巳	辰	卯	寅	丑	子	亥	戌
巳時	戌	酉	申	未	午	巳	辰	卯	寅	丑	子	亥
辰時	亥	戌	酉	申	未	午	巳	辰	卯	寅	丑	子

「보는 法」

자신이 六月달에 출생이면 生月줄 六月달 夏至란을 찾아 밑으로 내려오다가 戌時生이면 그줄 戌時에서 가로로 내려오다가 그 縱과 橫이 맞닿는 곳이 命宮이 되는 것이니 이것으로 맞추

어 볼때에 그 맞닿는 곳은 子가 됨으로 六月 戌時生 命宮은 子가
되는 것이다.

⑦ 干支 命宮 速見表

生年＼命宮	寅	卯	辰	巳	午	未	申	酉	戌	亥	子	丑
甲己年	丙寅	丁卯	戊辰	己巳	庚午	辛未	壬申	癸酉	甲戌	乙亥	丙子	丁丑
乙庚年	戊寅	己卯	庚辰	辛巳	壬午	癸未	甲申	乙酉	丙戌	丁亥	戊子	己丑
丙辛年	庚寅	辛卯	壬辰	癸巳	甲午	乙未	丙申	丁酉	戊戌	己亥	庚子	辛丑
丁壬年	壬寅	癸卯	甲辰	乙巳	丙午	丁未	戊申	己酉	庚戌	辛亥	壬子	癸丑
戊癸年	甲寅	乙卯	丙辰	丁巳	戊午	己未	庚申	辛酉	壬戌	癸亥	甲子	乙丑

第 三 章 十二安命 福德宮과 胎息法

一. 起法

① 起法해설

一 命宮, 二 財帛, 三 兄弟, 四 田宅, 五 男女, 六 奴僕, 七 妻妾 (女命
은 夫主), 八 疾厄, 九 遷移, 十 官祿, 十一 福德, 十二 相貌

이 命宮이란 前에 記述한 命宮을 말하는 것인데 가령 命宮이 未
에 臨하여 있다고 하면 男女陰陽을 가리지 않고 그 未에서 一命宮
하고 始作하여 逆行으로 午에 二 財帛; 巳에 三 兄弟, 辰에 四 田
宅, 卯에 五 男女, 寅에 六 奴僕, 丑에 七 妻妾, 子에 八 疾厄, 亥
에 九 遷移, 戌에 十 官祿, 酉에 十一 福德, 申에 十二 相貌로 끝

나는 것인데 그 四柱에 해당되는 것을 記하고 그 해당 宮의 旺弱 또는 合 冲 空亡 貴人의 얼을 살펴서 판단에 참고하기 바란다.

② 연구

예　①　命宮 庚子의 경우(乾命)

年　辛未＝奴僕

月　辛卯＝官祿

日　丁未＝奴僕

　　庚子＝命宮

예　②　命宮 庚子의 경우(乾命)

年　丙寅＝福德

月　壬辰＝遷移

日　丁卯＝官祿

時　辛丑＝相貌

예　③　命宮 庚寅의 경우(坤命)

年　辛酉＝奴僕

月　丙申＝夫官(妻妾)

日　己未＝疾厄

時　庚午＝遷移

二. 小　限

① 小限起用法

一세 小限命宮同인데 年歲는 順行 小限逆이라 流年到處가 印小限인데 大運年 調節神이다.

이 小限法은 아주 간단히 알 수 있다. 이 小限을 알려면 그먼
저 命宮을 알아야 하는데 그 命宮이 바로 初一歲小限이 되는 것
이다. 이것은 男女를 불문하고 逆行하는 法이니 가령 前에 말한
命宮이 己丑이라 하면 그사람의 初一歲小限도 己丑이 되는것임으
로 二歲小限 戊子, 三歲小限 丁亥, 四歲小限 乙酉, 六歲小限 甲申,
七歲小限 癸未, 八歲小限 壬午, 九歲小限 辛巳, 十歲小限 庚辰, 十
一歲小限 己卯 식으로 逆行하여 가다가 그연령에 닿는 그年度가
바로 小限인 것이다. 그연령이 가령 五十三세라 하면 上記式으로
셈하여 내려 가다가는 時間과 지면이 根이없이 많이 들게 됨으로이
것을 간단히 알아보는 방법이 있다. 初一세소한이 己丑이라 하면
順行을 하든 逆行을 하든 三十一세되는 소한은 그對冲으로 己未
가 되는 것이고 六十一세소한은 다시 己丑으로 환원되는 법이다.
六甲을 역행 할때에는 그와 반대로 순행히는 법이니 初一己丑, 十一己
卯, 二十一 己巳, 三十一 己未, 四十一 己酉, 五十一 己亥, 六十一
己丑 式으로 十년씩 丑卯巳未酉亥丑으로 行하는 法이다.

② 小限의 硏究

예 ① 流年 三十四세 庚子年 小限 癸巳 大運 戊戌

年 丁 卯

月 壬 寅   (運三三)

日 丁 丑   (命宮 丙寅)

時 辛 丑

大運   小限

一	二	三	四	五		初	一	二	三	三	三	三
三	三	三	三	三	三	一	一	一	一	一	三	四
辛	庚	己	戊	丁	丙		丙	丙	丙	丙	乙	甲	癸
丑	子	亥	戌	酉	申		寅	辰	午	申	未	午	巳

이 사주는 大運 戊戌流年 庚子, 小限癸巳가 되는데 年月에 寅卯木으로 生氣를 주고 또 年月 丁壬이 化木으로 生火하여 甚히 旺한듯 하나 日時에 兩丑土가 있고 또 그 暗藏辛金이 時上에 투출되어 있는 中, 小限 癸巳가 되어 巳丑으로 酉金을 유치하여 合成金局하고 또 戊戌土 大運은 庚子 流年을 生함으로 인하여 土金이 매우 旺盛하여 尅木寅卯함으로써 印綬被傷하여 당년 大病으로 크게 고통하다가 겨우 살아났는데 이것은 小限이 凶을 조장한 예라 하겠다.

예 ② 流年 乙卯 二十九歲 大運 乙巳, 小限 丙子 乾命

年 丁亥
月 戊申 (運五五)
日 甲戌 (命宮 甲辰)
時 己巳

大運						小根					
五五	一五	二五	三五	四五	五五	初一	一一	二一	三一	三〇	二九
丁未	丙午	乙巳	甲辰	癸卯	壬寅	甲辰	甲午	甲申	甲戌	乙亥	丙子

이 四柱는 火土太旺에 身主自弱이다. 亥水로 爲用神이요, 土가 爲病이다. 二十九세다. 乙巳 大運이 들어오면서 巳亥가 冲으로 그 亥水用神이 冲絕되고 또 그 亥水는 그 卯流年 死宮에 入하여 用神이 損傷된다. 申金이 生 癸水用神으로 爲喜神이나 巳大運이 刑尅하고, 또 그 金喜神은 寅卯에 絕하고 또 小限 丙子에 金이 死宮에 들었고, 또 亥水用神에 丙子 小限이 좋을 듯 하나 모두 亥水가 冲絕하여 있는 중 子水가 들어와

그 힘을 믿고 많은 火土에 對抗하려다가 抗而力盡이 되고 또 流年 乙卯와 小限丙子가 子卯刑하여 그 卯年 癸未月 甲子日(六月九日) 醉中歸路에 교통사고로 황천객이 되고 말았는데, 이 四柱는 用神 大運 流年 小限이 모두 몰려 歸泉하게 된 예라 하겠다.

三. 胎息法

① 入胎月 아는 法

胎息法이란 그 胎兒가 어느달에 母胎에 入胎되었는가를 아는 法인데 그것은 그 출생월에서 부터 10個月前을 거슬러 올라가 그 十個月次 닿는 달이 入胎月이라는 것이다.

例를들어 十月이 出生月이라면 그의 入胎月은 出生月부터 前十個月이기 때문에 그 年度 正月이 入胎月이 되는 것이다.

그리고 또 五月이 出生月이라 하면 그의 入胎月은 거슬러 十個月이 되기때문에 그 前年度 八月이 入胎月이 되는 것이다.

그런데 이것을 빨리 계산하는 방법은 그 出生月 地支에서부터 順으로 四次 닿고 그 出生月 天干으로는 그 天干 다음 字 닿는것이 그의 入胎月이 되는것을 알아두어야 한다. 다시 말하면 甲子月生이라면 그 천간(天干) 다음 字 乙과 地支로 子에서 四次字 卯를 合쳐 보면 乙卯가 됨으로 그 사람의 入胎月은 乙卯가 된다는 것을 卽刻으로 알 수 있게되는 것이다.

그리고 만약 또 乙卯月生이라 하면 그乙字 天干다음 丙子와 地支卯로써 四次字 午하고 합쳐 丙午가 됨으로 그乙卯月生 入胎月은 그前年度 丙午月이 된다는 것을 알면 되리라 믿는다.

② 入胎日 아는 法

이 入胎日을 아는 法은 前入胎月을 찾아서 안 다음 그   入胎
月에서(혹 前月 後月 될때도 있다) 자기의 출생日辰과 天干地支
가 모두 六合이 되는 날자를 찾아내면 그것이 그 자신의   母親에
入胎된 날자라는 것이다.

③ 胎隔 速見表

※ 子午日生 二百七十六日

※ 丑未日生 二百六十六日

※ 寅申日生 二百五十六日

※ 卯酉日生 二百四十六日

※ 辰戌日生 二百九十六日

※ 巳亥日生 二百八十六日

四. 胎息記錄法

예 ①

根 庚寅   入胎 己丑年 十二月 十三日 甲子

苗 丙戌   胎隔 二百六十六日

花 己丑   ※ 庚寅年 丙戌月 己丑日生 入胎는 前年 즉

實 丙寅   己丑年 丁丑月 甲子日이 되는 것이다.

胎 丁丑

예 ②

根 己卯   入胎 己卯年 正月 十一日 丁酉

苗 丙子   胎隔 二百九十六日

花 壬辰

實 己酉

胎 丙寅

-275-

「해설」

이 胎라함은 入胎를 말하는데 時間다음에 記하여 四柱를 볼 때 참고하여 감정하고 있는 것이다.

이것을 조금 구체적으로 나타내 본다면 己卯年 丙子月 壬辰生의 入胎는 己卯年 丙寅月 丁酉日이 되는 것이다. 辰戌日로써 十一朔만에 출생이 됨으로 出生月 丙子의 干次支四柱의 丁卯月入胎 원칙에서 어긋나는 것이나 出生日 壬辰일로써 胎隔二百九十六日은 틀림없다고 본다.

第 四 章 六甲六親 分析表

一. 印綬 二十六種表

甲子, 乙丑, 丙寅, 丁卯, 己巳, 庚午, 辛未, 壬申, 癸酉, 己亥, 戊寅, 庚辰, 辛巳, 甲申, 丁亥, 癸巳, 戊戌, 辛丑, 甲辰, 丁未, 庚戌, 癸丑, 丙辰, 戊午, 己未, 壬戌

「설명」

甲子는 子中癸水로 爲甲木之印綬하고, 乙丑은 丑中癸水로 爲乙木之印綬하고, 丙寅은 寅中甲木으로 爲丙火之印綬하고, 丁卯는 卯中乙木으로 爲丁火之印綬하고, 己巳는 巳中丙火로 爲己土之印綬하고, 庚午는 午宮己土로 爲庚金之印綬하고, 辛未는 未中己土로 爲辛金之印綬하고, 壬申은 申宮庚金으로 爲壬水之印綬하고, 癸酉는 酉宮辛金으로 爲癸水之印綬하고, 乙亥는 亥中壬水로 爲乙木之印綬하고, 戊寅은 寅中丙火로 爲戊土之印綬하고, 庚辰은 辰中戊土로 爲

庚金之印綬하고, 辛巳는 巳宮戊土로 爲辛金之印綬하고, 甲申은 申宮壬水로 爲甲木之印綬하고, 丁亥는 亥中甲木으로 爲丁火之印綬하고, 癸巳는 巳中庚金으로 爲癸水之印綬하고, 戊戌은 戌中丁火로 爲戊土之印綬하고, 辛丑은 丑中己土로 爲辛金之印綬하고, 甲辰은 辰中癸水로 爲甲木之印綬하고, 丁未는 未中乙木으로 爲丁火之印綬하고, 庚戌은 戌中戊土로 爲庚金之印綬하고, 癸丑은 丑中辛金으로 爲癸水之印綬하고, 丙辰은 辰中乙木으로 爲丙火之印綬하고, 戊午는 午中丁火로 爲戊土之印綬하고, 己未는 未中丁火로 爲己土之印綬하고, 壬戌은 戌中辛金으로 爲壬水之印綬한다.

二. 比肩 劫財 二十六種表

丙寅, 戊辰, 己巳, 壬申, 乙亥, 辛巳, 丙戌, 己丑, 壬辰, 乙未, 戊戌, 辛丑, 甲辰, 丙午, 丁未, 庚戌, 壬子, 癸丑, 甲寅, 乙卯, 丁巳, 戊午, 己未, 庚申, 辛酉, 癸亥.

「설명」

丙寅은 寅中丙火로 爲丙火之 比肩하고, 戊辰은 辰中戊土로 爲戊土之 比肩하고, 己巳는 巳中己土로 爲己土之 比肩하고, 壬申은 申宮壬水로 爲壬水之 比肩하고, 乙亥는 亥中甲木으로 爲乙木之 劫財하고, 辛巳는 巳中庚金으로 爲辛金之 劫財하고, 丙戌은 戌中丁火로 爲丙火之 劫財하고, 己丑은 丑中己土로 爲己土之 比肩하고, 壬辰은 辰中癸水로 爲壬水之 劫財하고, 乙未는 未宮乙木으로 爲乙木之 比肩하고, 戊戌은 戌中戊土로 爲戊土之 比肩하고, 辛丑은 丑中辛金으로 爲辛金之 比肩하고, 甲辰은 辰中乙木으로 爲甲木之 劫財하고, 丙午는 午中丁火로 爲丙火之 劫財하고, 丁未는 未宮丁火로 爲丁火

-277-

之 劫財하고, 庚戌은 戌中辛金으로 爲庚金之 劫財하고, 壬子는 子
中癸水로 爲壬水之 劫財하고, 癸丑은 丑中癸水로 爲癸水之 比肩하
고, 甲寅은 寅中甲木으로 爲甲木之 比肩하고, 乙卯는 卯中乙木으
로 爲乙木之 比肩하고, 丁巳는 巳中丙火로 爲丁火之 劫財하고, 戊
午는 午中己土로 爲戊土之 劫財하고, 己未는 未中己土로 爲己土
之 比肩하고, 庚申은 申宮庚金으로 爲庚金之 比肩하고, 辛酉는 酉
宮辛金으로 爲辛金之 比肩하고, 癸亥는 亥宮壬水로 爲癸水之 劫財
한다.

三. 傷官食神 二十六種表

己巳, 甲戌, 丁丑, 庚辰, 癸未, 丙戌, 己丑, 壬辰, 甲午, 乙未, 戊
戌, 庚子, 辛丑, 壬寅, 癸卯, 乙巳, 丙午, 丁未, 戊申, 己酉, 辛亥,
甲寅, 丙辰, 丁巳, 庚申, 癸亥.

「설명」

己巳는 巳中庚金으로 爲己土之 傷官하고, 甲戌은 戌中丁火로 爲
甲木之 傷官하고, 丁丑은 丑中己土로 爲丁火之 食神하고, 庚辰은
辰中癸水로 爲庚金之 傷官하고, 癸未는 未中乙木으로 爲癸水之 食
神하고, 丙戌은 戌中戊土로 爲丙火之 食神하고, 己丑은 丑中辛金
으로 爲己土之 食神하고, 壬辰은 辰中乙木으로 爲壬水之 傷官하고,
甲午는 午中丁火로 爲甲木之 傷官하고, 乙未는 未中丁火로 爲乙木
之 食神하고 戌은 戌中辛金 金으로 爲戊土之 傷官하고, 庚子는 子中癸
水로 爲庚金之 傷官하고, 辛丑은 丑中癸水로 爲辛金之 食神하고,
壬寅은 寅中甲木으로 爲壬水之 食神하고, 癸卯는 卯中乙木으로 爲
癸水之 食神하고, 乙巳는 巳中丙火로 爲乙木之 傷官하고, 丙午는

午中己土로 爲丙火之 傷官하고, 丁未는 未中己土로 爲丁火之 食神하고, 戊申은 申宮庚金으로 爲戊土之 食神하고, 己酉는 酉宮辛金으로 爲己土之 食神하고, 辛亥는 亥中壬水로 爲辛金之 傷官하고, 甲寅은 寅中丙火로 爲甲木之 食神하고, 丙辰은 辰中戊土로 爲丙火之 食神하고, 丁巳는 巳中戊土로 爲丁火之 傷官하고, 庚申은 申宮壬水로 爲庚金之 食神하고, 癸亥는 亥中甲木으로 爲癸水之 傷官한다.

四. 官殺 二十六種表

乙丑, 戊辰, 庚午, 辛未, 甲戌, 丙子, 丁丑, 戊寅, 己卯, 辛巳, 壬午, 癸未, 甲申, 乙酉, 丁亥, 庚寅, 壬辰, 癸巳, 丙申, 己亥, 乙巳, 庚戌, 癸丑, 丙辰, 己未, 壬戌

「설명」

乙丑은 丑中辛金으로 爲乙木之 官殺이요, 戊辰은 辰中乙木으로 爲戊土之 官殺이며, 庚午는 午中丁火로 爲庚金之 官殺하고, 辛未는 未中丁火로 爲辛金之 官殺하고, 甲戌은 戌中辛金으로 爲甲木之 官殺하고, 丙子는 子中癸水로 爲丙火之 官殺하고, 丁丑은 丑中癸水로 爲丁火之 官殺하고, 戊寅은 寅中甲木으로 爲戊土之 官殺하고, 己卯는 卯中乙木으로 爲己土之 官殺하고, 辛巳는 巳中丙火로 爲辛金之 官殺하고, 壬午는 午中己土로 爲壬水之 官殺하고, 癸未는 未中己土로 爲癸水之 官殺하고, 甲申은 申宮庚金으로 爲甲木之 官殺하고, 乙酉는 酉宮辛金으로 爲乙木之 官殺하고, 丁亥는 亥中壬水로 爲丁火之 官殺하고, 庚寅은 寅中丙火로 爲庚金之 官殺하고, 壬辰은 辰中戊土로 爲壬水之 官殺하고, 癸巳는 巳中戊土로 爲癸水之 官殺하고, 丙申은 申宮壬水로 爲丙火之 官殺하고, 己亥는 亥中甲木으

로 爲己土之 官殺하고, 乙巳는 巳中庚金으로 爲乙木之 官殺하고,
庚戌은 戌中丁火로 爲庚金之 官殺하고, 癸丑은 丑中己土로 爲癸水
之 官殺하고, 丙辰은 辰中癸水로 爲丙火之 官殺하고, 己未는   未
中乙木으로 爲己土之 官殺하고, 壬戌은 戌中戊土로 爲壬水之 官殺
한다.

五. 妻財 二十六種表

乙丑, 戊辰, 辛未, 甲戌, 丁丑, 庚辰, 壬午, 癸未, 丙戌, 戊子,
己丑, 庚寅, 辛卯, 癸巳, 甲午, 乙未, 丙申, 丁酉, 己亥, 壬寅, 甲
辰, 乙巳, 戊申, 辛亥, 丁巳, 壬戌.

「설명」

乙丑은 丑中己土로 爲乙木之 妻財하고, 戊辰은 辰中癸水로 爲戊
土之 妻財하고, 辛未는 未中乙木으로 爲辛金之 妻財하고,   甲戌은
戌中戊土로 爲甲木之 妻財하고, 丁丑은 丑中辛金으로 爲丁火之 妻
財하고, 庚辰은 辰中乙木으로 爲庚金之 妻財하고, 壬午는   午宮丁
火로 爲壬水之 妻財하고 癸未는 未中丁火로 爲癸水之 妻財하고,丙
戌은 戌中辛金으로 爲丙火之 妻財하고, 戊子는 子中癸水로 爲戊土
之 妻財하고, 己丑은 丑中癸水로 爲己土之 妻財하고, 庚寅은 寅中
甲木으로 爲庚金之 妻財하고, 辛卯는 卯中乙木으로 爲辛金之 妻財
하고, 癸巳는 巳中丙火로 爲癸水之 妻財하고, 甲午는 午中己土로
爲甲木之 妻財하고, 乙未는 未中己土로 爲乙木之 妻財하고, 丙申은
申宮庚金으로 爲丙火之 妻財하고, 丁酉는 酉宮辛金으로 爲丁火之
妻財하고, 己亥는 亥中壬水로 爲己土之 妻財하고, 壬寅은   寅中丙
火로 爲壬水之 妻財하고, 甲辰은 辰中戊土로 爲甲木之 妻財하고,

乙巳는 巳中戊土로 爲乙木之 妻財하고, 戊申은 申宮壬水로 爲戊土之 妻財하고, 辛亥는 亥中甲木으로 爲辛金之 妻財하고, 丁巳는 巳中庚金으로 爲丁火之 妻財하고, 壬戌은 戌中丁火로 爲壬水之 妻財한다.

六. 殺印 同居 十三種表

乙丑, 庚午, 辛未, 戊寅, 辛巳, 甲申, 丁亥, 癸巳, 庚戌, 癸丑, 丙辰, 己未, 壬戌.

「설명」

乙丑은 丑中辛金으로 爲乙木之 官殺하고, 同宮癸水로 爲乙木之 印綬하여 殺印同居요, 庚午는 午宮丁火로 爲庚金之官殺하고 同宮己土로 爲庚金之 印綬하여 殺印이 同居요, 辛未는 未中丁火로 爲辛金之 官殺하고, 同宮己土로 爲辛金之 印綬하여 殺印이 同居요, 戊寅은 寅中甲木으로 爲戊土之 官殺하고 同宮丙火로 爲戊土之印綬하여 殺印이 同居요, 辛巳는 巳宮丙火로 爲辛金之官殺하고 同宮戊土로 爲辛金之印綬하여 殺印이 同居요, 甲申은 申宮庚金으로 爲甲木之官殺하고 同宮壬水로 爲甲木之印綬하여 殺印이 同居요, 丁亥는 亥中壬水로 爲丁火之官殺하고 同宮甲木으로 爲丁火之印綬하여 殺印이 同居요, 癸巳는 巳宮戊土로 爲癸水之官殺하고 同宮庚金으로 爲癸水之印綬하여 殺印이 同居요, 庚戌은 戌中丁火로 爲庚金之官殺하고 同宮戊土로 爲庚金之印綬하여 殺印이 同居요, 癸丑은 丑中己土로 爲癸水之官殺하고 同宮辛金으로 爲癸水之印綬하여 殺印이 同居요, 丙辰은 辰宮癸水로 爲丙火之官殺하고, 同宮乙木으로 爲丙火之印綬하여 殺印이 同居요, 己未는 未中乙木으로 爲己土之官

殺하고 同宮乙木으로 爲己土之印綬하여 殺印이 同居요, 壬戌은 戌中戊土로 爲壬水官殺하고, 同宮辛金으로 爲壬水之印綬하여 殺印이 同居한다.

七. 財官 同鄉 十三種表

乙丑, 戊辰, 辛未, 甲戌, 丁丑, 壬午, 癸未, 庚寅, 癸巳, 丙申, 己亥, 乙巳, 壬戌

「설명」

乙丑은 丑中己土로 爲乙木之 妻財하고 同宮辛金으로 爲乙木之官殺하여 財官同鄉이요, 戊辰은 辰中癸水 爲戊土之妻財하고, 同宮乙木으로 爲戊土之官殺하여 財官同鄉이요, 辛未는 未中乙木으로 爲辛金之 妻財하고 同宮丁火로 爲辛金之官殺하여 財官同鄉이요, 甲戌은 戌中戊土로 爲甲木之 妻財하고 同宮辛金으로 爲甲木之官殺하여 財官同鄉이요, 丁丑은 丑中辛金으로 爲丁火之 妻財하고 同宮癸水로 爲丁火之官殺하여 財官 同鄉이요, 壬午는 午中丁火로 爲壬水之 妻財하고 同宮己土로 爲壬水之官殺하여 財官同鄉이요, 癸未는 未中丁火로 爲癸水之妻財하고 同宮己土로 爲癸水之官殺하여 財官同鄉이요, 庚寅은 寅中甲木으로 爲庚金之妻財하고 同宮丙火로 爲庚金之官殺하여 財官同鄉이요, 癸巳는 巳宮丙火로 爲癸水之妻財하고 同宮戊土로 爲癸水之官殺하여 財官同鄉이요, 丙申은 申宮庚金으로 爲丙火之妻財하고 同宮壬水로 爲丙火之官殺하여 財官同鄉이요, 己亥는 亥宮壬水로 爲己土之妻財하고 同宮甲木으로 爲己土之官殺하여 財官同鄉이요, 乙巳는 巳宮戊土로 爲乙木之妻財하고 同宮庚金으로 爲乙木之官殺하여 財官同鄉이요, 壬戌은 戌中丁火로 爲壬水之妻財하고 同宮戊土로 爲壬水之官殺하여 財官同鄉한다.

八. 食神 生財同樂 十三種表

甲戌, 丁丑, 庚辰, 癸未, 丙戌, 己丑, 甲午, 乙未, 壬寅, 乙巳,
戊申, 辛亥, 丁巳.

「설명」

甲戌은 戌中丁火로 爲甲木之食神하고 同宮戊土로 爲甲木之妻財
하여 傷官生財 同樂하고, 丁丑은 丑中己土로 爲丁火之食神하고 同
宮辛金으로 爲丁火之妻財하여 食神生財 同樂하고, 庚辰은 辰中癸水로
爲庚金之傷官하고 同宮乙木으로 庚金之妻財하여 傷官生財同樂하고, 癸未
는 未中乙木으로 爲癸水之食神하고 同宮丁火로 爲癸水之妻財하여 食神生
財 同樂하고 丙戌은 戌中戊土로 爲癸水之食神하고 同宮辛金으로 爲
丙火之妻財하여 食神年財 同樂하고, 己丑은 丑中辛金으로 爲己土之食
神하고 同宮癸水로 爲己土之妻財하여 食神生財 同樂하고, 甲午는
午宮丁火로 위 甲木之傷官하고 同宮己土로 위 甲木之妻財하여 傷
官生財 同樂하고, 乙未는 未中丁火로 위 乙木之食神하고 同宮己土
로 위 乙木之妻財하여 食神生財 同樂하고, 壬寅은 寅中甲木으로 위
壬水之食神하고 同宮丙火로 위 壬水之妻財하여 食神生財 同樂하고,
乙巳는 巳中丙火로 위 乙木之傷官하고 同宮戊土로 위 乙木之 妻財
하여 傷官生財 同樂하고, 戊申은 申宮庚金으로 위 戊土之食神하고
同宮壬水로 위 戊土之妻財하여 食神生財 同樂하고, 辛亥는 亥宮壬
水로 위 辛金之傷官하여 同宮甲木으로 위 辛金之妻財하여 傷官生
財 同樂하고, 丁巳는 巳宮戊土로 위 丁火之傷官하고 同宮庚金으로
위 丁火之妻財하여 傷官生財 同樂한다.

九. 母我同居 十三種表

丙寅, 己巳, 壬申, 乙亥, 辛巳, 戊戌, 辛丑, 甲辰, 丁未, 庚戌, 癸丑, 戊午, 己未.

「설명」

丙寅은 寅中甲木으로 爲母하고 同宮丙火로 爲我하여 母我同居하고, 己巳는 巳宮丙火로 爲母하고, 同宮戊土로 爲我하여 母我 同居하고, 壬申은 申宮庚金으로 爲母하고 同宮壬水로 爲我하여 母我同居하고, 乙亥는 亥中壬水로 爲母하고 同宮甲木으로 爲我하여 母我同居하고, 辛巳는 巳宮戊土로 爲母하고 同宮庚金으로 爲我하여 母我同居하고, 戊戌은 戌中丁火로 爲母하고 同宮戊土로 爲我하여 母我同居하고, 辛丑은 丑中己土로 爲母하고 同宮辛金으로 爲我 하여 母我同居하고, 甲辰은 辰中癸水로 爲母하고 同宮乙木으로 爲我하여 母我同居하고, 丁未는 未中乙木으로 爲母하고 同宮丁火로 爲我하여 母我同居하고, 庚戌은 戌中戊土로 爲母하고 同宮辛金으로 爲我하여 母我同居하고, 癸丑은 丑中辛金으로 爲母하고 同宮癸水로 爲我하여 母我同居하고, 戊午는 午中丁火로 爲母하고 同宮己土로 爲我하여 母我同居하고, 己未는 未中丁火로 爲母하고 同宮己土로 爲我하여 母我同居한다.

十. 印·我·食神 三者同居 四種表

己巳, 戊戌, 辛丑, 丁未.

「설명」

己巳는 巳中丙火로 爲印綬하고 同宮戊土로 爲我하고 同宮庚金으로 爲食神하여 印·我·食神 三者同居하고, 戊戌은 戌中丁火로 爲印綬하고 同宮戊土로 爲我하고 同宮辛金으로 爲子하여 印·我·食

神 三者同居하고, 辛丑은 丑中己土로 爲印綬하고 同宮辛金으로 爲我하고 同宮癸水로 爲子하여 印·我·食神 三者同居하고, 丁未는 未中乙木으로 爲印綬하고 同宮丁火로 爲我하고 同宮己土로 爲子하여 印·我·食神 三者同居한다.

十一. 我子 愛鄉 十三種表

己巳, 丙戌, 己丑, 壬辰, 乙未, 戊戌, 辛丑, 丙午, 丁未, 甲寅, 丁巳, 庚申, 癸亥.

「설명」

己巳는 巳中戊土로 爲我하고 同宮 庚金으로 爲子하여 我子 애향하고, 丙戌은 戌中丁火로 爲我하고 同宮戊土로 爲子하여 我子 애향하고, 己丑은 丑中己土로 爲我하고 同宮辛金으로 爲子하여 我子애향하고, 壬辰은 辰中癸水로 爲我하고 同宮乙木으로 爲子하여 我子애향하고, 乙未는 未宮乙木으로 爲我하고 同宮丁火로 爲子하여 我子애향하고, 戊戌은 戌中戊土로 爲我하고 同宮辛金으로 爲子하여 我子애향하고, 辛丑은 丑中辛金으로 爲我하고 同宮癸水로 爲子하여 애향하고, 丙午는 午宮丁火로 爲我하고 同宮己土로 爲子하여 我子 애향하고, 丁未는 未中丁火로 爲我하고 同宮己土로 爲子하여 我子 애향하고, 甲寅은 寅中甲木으로 爲我하고 同宮丙火로 爲子하여 我子愛鄉하고, 庚申은 申宮庚金으로 爲我하고 同宮壬水로 爲子하여 我子애향하고, 癸亥는 亥中壬水로 爲我하고 同宮甲木으로 爲子하여 我子愛鄉한다.

十二. 身・食神・財 三者 相愛同居 四種表

丙戌, 己丑, 乙未, 丁巳

「설명」

丙戌은 戌中丁火로 爲身하고 同宮戊土로 爲食神하며 同宮辛金으로 爲財하여 身・食神・財三者 相愛同居하고, 己丑은 丑中己土로 爲身하고 同宮辛金으로 爲食神하며 同宮癸水로 위財하여 身・食神・財三者 相愛同居하고, 乙未는 未宮乙木으로 위身하고 同宮 丁火로 爲食神하며 同宮己土로 爲財하여 身・食神・財三者 相愛同居하고 丁巳는 巳中丙火로 爲身하고 同宮戊土로 爲食神하며 同宮庚金으로 爲財星하여 身・食神・財 三者 相愛同居한다.

十三. 財・官・印綬 三者同居 四種表

乙丑, 辛未, 癸巳, 壬戌

「설명」

乙丑은 丑中己土로 爲財하고 同宮 辛金으로 爲官殺하며 同宮癸水로 爲印綬하여 財・官・印綬 三者同居하고, 辛未는 未中乙木으로 爲財하고 同宮丁火로 爲官殺하며 同宮己土 爲印綬하여 財・官・印綬 三者 同居하고, 癸巳는 巳宮丙火로 爲財하고 同宮戊土로 爲官殺하며 同宮庚金으로 爲印綬하여 財・官・印綬 三者同居하고, 壬戌은 戌中丁火로 爲財하고 同宮戊土로 爲官殺하며 同宮辛金으로 爲印綬하여 財・官・印綬 三者同居한다.

十四. 殺・印・生我 三者相生同居 四種表

辛巳, 庚戌, 癸丑, 己未

「설명」

辛巳는 巳中丙火로 爲官殺하고 同宮戊土로 爲印綬하며 同宮庚金으로 爲我하여 殺・印・我 三者相生 同居하고, 庚戌은 戌中丁火로 爲官殺하고 同宮戊土로 爲印綬하며 同宮辛金으로 爲我하여 殺・印・我 三者相生同居하고, 癸丑은 丑中己土로 爲官殺하고 同宮辛金으로 爲印綬하며 同宮癸水로 爲我하여 殺・印・我 三者 相生同居하고, 己未는 未中乙木으로 爲官殺하고 同宮丁火로 爲印綬하며 同宮己土로 爲我하여 殺・印・我 三者相生同居한다.

十五. 食神・財・官 三者同居 四種表

甲戌, 丁丑, 癸未, 乙巳

「설명」

甲戌은 戌中丁火로 위식신하고 同宮戊土로 위妻財하며 同宮辛金으로 위官殺하여 食神・財・官三者同居하고, 丁丑은 丑中己土로 위食神하고 同宮辛金으로 위妻財하며 同宮癸水로 爲官殺하여 食神・財・官 三者同居하고, 癸未는 未中乙木으로 위 食神하고 同宮丁火로 위 妻財하며 同宮己土로 위 官殺하여 食神・財・官 三者同居하고, 乙巳는 巳宮丙火로 위 상관하고 同宮戊土로 위 妻財하며 同宮庚金으로 위 官殺하여 食神・財・官 三者 同居한다.

十六. 六親結法

전기 十五항에 걸쳐 六親分析表를 설명 하였으므로 六甲에서 어떠한 六親이 暗藏되어 있다는 것을 알아냈으리라 믿는다. 그러므로 六甲에서 六親이 結合될 수 있다는 것을 자세히 설명하지 아니하여도 그 결합하는 방식만 기술키로 하겠다.

1. 분석표에 보면 二種式이 同居하고 있는표 ① 殺印同居 十三種表 ② 財官同鄕 十三種表 ③ 食神·妻財同樂 十三種表 ④ 母我同居 十三種表 ⑤ 我子愛鄕 十三種表의 五表를 보게되고 다음 三種式이 同居하고 있는 表로 보게되는데 그곳에는 ① 印我·食神三者同居 四種表 ② 身(我)·食神·財 三者相愛同居 四種表 ③ 食神·財·官三者同居 四種表 ④ 財·官·印綬 三者同居 四種表 ⑤ 殺·印·生我 三者相生同居 四種表라는 것을 발견하게 될 것이다.

2. 이 結合하는 방법을 아는 法

예를들어 보면 ①殺印同居 十三種이라한 그곳에보면 乙丑이란 六神이 눈에 띄게 되는데 乙丑에 인수는 丑中癸水요, 또 殺은 丑中辛金이 있어 殺印同居가 구성하게 되는데 그 인수는 나의 모친이요, 그 殺은 男命에는 子女가 되므로 내 모친과 내 子女가 同居하는 형상이 되는 고로, 그 乙丑日生 男命은 내 子女가 내 母親집에가 있거나 아니면 나의 작은 아들이 되어 그 모친님은 모시지 않아도 될 처지인데, 그 모친이 작은 아들되는 내집에 와서 내 자녀 즉 孫子女와 同居하시게 되는 것이다. 따라서 작은아들이면서 자당을 모셔야 한다는 것이다. 즉 辛巳日生이 前者와 꼭같이 巳中戊土는 辛金의 印綬 즉 모친이요 丈人이요, 또 巳宮丙火는 辛金之官星으로 子女가 된다. 따라서 男命四柱에는 모친과 丈人과 내 子女가 모친집이나 丈人집에 가서 同居하거나 아니면 모친이나 丈人이 내집에 오셔서 同居하게 되는 것인데 이런 경우는 흔히 내가 해외에 나가면서 내 자녀를 모친님이나 丈人에게 맡기고 가든가, 아니면 내가 이별을 하여 내 子女의 어머니(나의 처)없이 내 어머님 또는 丈人집에 맡기고 산다든가, 아니면 내 자신이 형님이 있어도 어머님께서 꼭 작은아들 되는 나하고 살겠다고 고집하여 그렇게 되든가, 아니면 丈人은 그아들이 있어도 딸을 따라 나하고 같이 살겠다고하여 그렇게 되는 것인데 이것은 乾命의 경우이고, 女命四柱라 하면 印綬는 生母요 官殺은 夫君이 되는 것임으로 殺印同居는 내 夫君과 친정 母親이 같이 同居하는 상임으로 친정모친을 모시게 되거나 아니면 내 夫君이 내 친정집에 들어가 같이 산다고 보면 된다.

그런데 前記 乙丑日, 辛巳日은 二種의 육친란에 있지만 그 丑中에는 己, 辛癸로 三종이 들어 있는데, 男命의 경우라면 그 己土는 乙木의 財요, 辛金의 官殺癸는 인수가 됨으로 財·官·印이 同居하게 된다.

故로 男命 四柱라면 그는 모친(印綬)과 妻男 또는 妻兄, 弟(財) 그리고 내아들 딸 또는 妹兄弟(官殺)가 同居하는 것이고 坤命 乙丑日이라면 丑中己土는 친정 아버지요 또 시어머니(財)가되고, 또 辛金은 夫君(官殺)이요, 또 癸水는 印綬로서 친정 生母요 또 사위가 됨으로 친정부친 媤母, 生母 또는 사위 夫君이 한집에 同居하게 되는 것이다. 이하 辛巳日도 그 방식으로 해석하면 되는 것이며 분석표에 二者合해 있는 財官同鄉 食神 妻財同樂, 母我同居, 我子愛鄉이나 그밖에 또 三者가 있는 我·食神·財, 食神財·官, 財, 官·印綬, 殺·印·生我등 모두의 방식에 의하여 생각되는 것이다.

다시 말한다면 乙丑日生이라면 乙丑을 가지고 三合, 六合 또 方

合 등을 붙여서 보게 되는데 乙丑은 巳酉丑, 亥子丑으로 다 合한다. 그 巳酉丑은 官殺局이요, 亥子丑은 印綬局이요, 辰丑은 財局 合이 되므로 財局이나 殺局이 모인 乾命이면 再娶한다. 外方子孫을 얻어본다. 또는 印綬·財가 合하여 印綬는 母요, 財는 父親임으로 母親과 父親이 再娶로 合이 되는 형상이니 가족결합이 어떻게 되었다는 것을 능히 알게 된다는 것이다.

다음 辛巳日生의 예를들어 보면 巳中戊土財(妻)와 同宮 庚金官殺이 있는데 巳時生이나 酉時 또는 丑時生이 나를 막론하고 그時에 모두 財官이 암장되어 合한다. 그러므로 男子는 再娶한다 (生時 妻宮에 財가 連坐故也) 乙中에 또 官殺도 있으므로 妻의 애기를 얻는다는 등으로 해석하게 되는 것이다. 그런데 他柱에 그日辰과 결합이 되어오면 물론 日主에서만도 그 결합이 있지만 日主 단독으로 있는것 보다 더욱 강력한 의미를 나타내어 그 적중이 매우 높다고 본다.

第八編　格局 用神 分類法

第 一 章　生日對 生月의　構成

1. 印綬 格의　意義와　構成

① 印綬格의　意義

印綬格은 나를 生하여 주는 者(印綬)로써 성립되는 格인데 正印·偏印을 區別하지 않고 合해서 다루고 있기 때문에 총괄하여 印綬格이라고 한다.

이 印綬는 生日對 月支暗藏으로 대조하여 보는 法인데(月建印綬) 印綬는 나를 生하여 주는것이기 때문에 身主가 自然 旺하기 때문에 尅하여 줌을 喜하는 것이라 하겠다. 즉 月逢印綬는 喜官星이라고도 한다.

印綬는 財에 被傷되므로(日·貪財壞印) 財를 忌하는 것이지만 만약 木日主에 水印綬가 旺하면 그木이 漂流되는 것으로 이러한 때에는 財가 되는 土가 있어야 氾濫하는 水를 막아 포류방지하기 때문에 이런 格은 財를 大喜하는 것이라는 것이다. 그러므로 이 印綬格에는 月干에 財가 없어야만 印綬의 구실을 한다. 이상에서 말한바와 같이 印綬는 나를 生하여 줌으로 대체로 좋으나 生하여 주는 것도 너무 많으면 오히려 불길해지는 일이 많기 때문에 그런때는 그 많은 인수는 오히려 病이 되는 것이므로 制하여야 하는데 그 制하는 者는 財가 되는바 그 財는 또 日主之制를 받게되는 것이므로 日主를 君하라 하고, 그 財를 臣이라고 하게되는 것이니 그 財

-291-

臣의 힘을 빌려 病이되는 印綬를 制한다하여 「君賴臣生」이라고도 하여 財를 富得하는 때도 있으며 또 인수가 왕극(旺極)에 이르면 「旺極者官取」라하여 印綬로 爲用 從强格으로 하는 때도 있는 것으로 그 작용하는 法은 앞으로 格推理에서 나오는 것을 보면 스스로 알 수 있으리라 믿는다.

② 印綬格의 구성

辰戌丑未를 印綬格에 포함시켜 엄격히 말하면 辰戌丑未는 不正之位로써 印綬는 임하지 않고 雜氣財官印綬格으로 총괄하여 기술코져한다.

印綬格의 구성도표

1	生月	寅	卯	辰	巳	午	未	申	酉	戌	亥	子	丑
	生日	丙丁	丙丁	庚辛	戊己	戊己	庚辛	壬癸	壬癸	庚辛	甲乙	甲乙	庚辛
	透干	甲	乙	戊	丙	丁	己	庚	辛	戊	壬	癸	己

2	生月	寅	辰	巳	午	未	申	戌	亥
	生日	戊己	庚辛	壬癸	庚辛	戊己	甲乙	庚辛	丙丁
	透干	丙	戊	庚	己	丁	壬	戊	甲

3	生月	寅	辰	巳	未	申	戌	亥
	生日	庚辛	丙丁	庚辛	庚辛	庚辛	戊己	庚辛
	透干	戊	乙	戊	己	戊	丁	戊

③ 印綬格의 해설

生日에 印綬를 보면 喜官星하는데 柱中에 官이 없어도 운이 官鄕에 行하면 福必淸한다.

印綬가 死絕運에 들면 그 印綬는 無氣力하여 나를 生하지 못하는 것이나 身不利하게 되며 또 印綬가 財運에 行하여도 역시 財尅印으로 印綬가 破傷되어 百年이 無成하게 된다.

印綬가 허함이 없으면 福을 享有하게 되며 또 선조의 음덕을 숭하여 有田園하게 되는 것이다. 그리고 집은 명문으로서 財穀이 倉庫에 가득하고 금전을 허리에 가득차고 다니며 하루에 몇 만금씩 사용하여도 돈이 마르지 않는다는 것이다.

印綬가 被傷·冲破가 없으면 祖宗에 허물이 없어 가문전래의 가풍을 고쳐 크게 빛내게 될 것이라, 또는 유년에 官이 旺한 운기면 富貴雙全에 步月宮(登科)하게 된다는 것이다.

그리고 또 月生日主는 官을 喜하는 것이므로 운이 官에 들면 官祿이 必淸하여 그 면모도 당당하게 다산업(多産業)하게 되며 官은 廓廟의 公鄕에 居하게 되는 것이지만 重重印綬가 만약 無官이면 그는 淸高한 技術者나 예술가 밖에는 안되는 것이라 하겠다.

그러니까 印綬에 官이 없으면 관장이 이르러오지 않으니 글과 재능은 많으나 모두 孤寒한 선비에 不過하게 된다.

그러므로 印綬가 거듭있으면 한번 더 干支에서 官이 있는가 없는가를 잘 살펴라, 그리하여 官은 없고, 桃花殺이 있으면 그는 풍운아로써 가재를 파장하기 쉬운 것이라 본다.

印綬가 干支에 있어 生하면 기쁨은 자연 있게되므로 功名豪富로 祿은 높아지는 것이지만, 만약 財가 있어 印綬가 傷하면 退職당하고 休官(待機發令)하게 되는 것이나 다른 禍殃은 免한다는 것이다. 印綬가 重重되면 身旺하여 享樂을 누리게 되는 것이지만 만약 食神格이 偏印을 보게되면 倒食이 되어 倒産하게 되므로 食神은 印綬를 두려워하는 것이다.

만약 假傷官格(食神同)에 印綬運을 만나면 破了傷官으로 損壽元

-293-

되는 것이니 早年에 黃泉世界에 들어가지 않으면 孤苦히 離鄕客으로 疾病이 그칠날이 없다는 것이다. 卯月丙丁日 印綬格에 官殺되는 水가 많고 그 丙丁火가 他柱에 根을 하지 못하였을 경우는 水가 卯木 즉 活木에 收縮되어 (물에 젖어서) 濕木이 되어서 火를 生하지 못하므로 明滅危機에 처하게 되는 것이니 그때는 남향에 행하여야 身榮함이 있을 것이다. 「남방은 丙丁巳午 火運을 말함이요, 또 우리나라 地理上으로 論한다면 光州, 馬山등 지역적으로 火를 補함이 좋다」

壬癸日主가 (壬癸逢身) 火의 破를 싫어함이 申月金 印綬가 傷함을 두려워 함인데 格局中에 土가 있으면 그 火는 生土하여 土로 하여금 生金케 하니 通關이 잘 되어 貴히 되는 것이다. 北方水運도 制火하여 모두 吉한다. 만약 寅을 만난다면 壬癸日主의 根據地인 申을 冲하여 그만 總不利하게 되는 것이다.

木逢壬癸 즉 亥子日, 甲乙日生 印綬에 四柱中 壬癸水 (亥子포함)가 많으면 그 木은 표류하게되며, 日主가 착근하지 못한中 金을 만나면 (柱中 또 運中) 크게 不吉한바 運에 만약 財理運 다시 말하여 土運이 오면 氾濫한 水를 制止하여 凶化爲吉로 변화되어서 마침내 王侯를 만나게 됨이 있을 것이다.

특히 「日主無根 濶度秋」라 木日無根으로 秋節申月에 낳고 柱中에 亥子壬癸가 많으면 水를 申에 得長生하여 水氣汪洋으로 漂木된다는 뜻인데 또 運入秋鄕 (申酉)으로도 해석할 수 있다. 故로 印綬格에서는 財를 만나면 壞印이 되므로 大忌하는 것이 原則이지만, 이런경우와 같이 大救助가 되는 法도 있는 것이니 一例로 凶하다고 말하지 말고 자세히 살펴서 참고를 하게되면 그 妙理에 通할 수 있는 것이라 믿는다. 印綬格 四柱에는 財가 病이 되는 것이니 (원칙적), 만약 그 財를 除去시키면 福이 이루어질 수 있는것이 分明하지만 原命

에 財로써 破印하고 다시 財運에 行하면 그때는 病이 重하여(財는 病故也) 마침내 壽를 終하게 되는 것이다.

印綬가 제일 두려워 함은 臨死, 絶하는 것과 財星에 逢着하는 것과 空亡에 임하는 것이다. 그러므로 空亡을 맞은 印綬나 原有財로 尅을 만난 印綬가 만약 死, 絶鄕運에 臨하거나 또는 財鄕에 이르면 定코 凶禍가 일어나는 것이니 投身自殺하거나 아니면 火傷 또는 목을 매어 自殺하기 쉽다는 것이다.

여기서 주시할 점은 死絶이라 함은 日主의 死絶이 아니고 印綬의 死絶을 말함인데 ※가령 甲日生이라 하면 壬癸水가 印綬요 그 印綬의 死(卯), 絶(巳), 鄕 즉 巳卯를 말하는 것이다.

다음 怕財 또는 留라 함은 財가 오랫동안 머물러 있는것을 겁낸다는 뜻이 四柱 原命에 留하여 있는 財를 말한다. 印綬가 많아 身이 太旺하여 지는것은 마땅치 않은데 항상 無事安逸主義로 그렇게 삶하는 것이며 四柱原命에 多官殺이면 그 印綬 身太旺을 除去하지 않고도 도리어 명성을 棟樑(棟樑之材란 宰相을 말함)에 떨침이 있게 된 것이니 이것은 身旺官旺으로써 官印相生을 말함이다.

또 印綬가 干頭에 나란히 重見(重見比는 比肩을 말함이 아님)하여 있고 다시 運에 印綬가 助하면 太强則 折하는 理로 반드시 傷身하게 되는 것이지만 그렇다하여 이 印綬格을 무조건 無奇妙 하다고 말할수 없는 것이다. 印綬格(印綬太旺格)이 財鄕에 들면 그 財는 旺한 印綬를 적당히 制破疎通하여 福祿이 참답게 되는 수도 있는 것이기 때문이다.

印綬와 官星이 旺氣를 띠었다 하더라도 絶宮에 임하고 또 偏官運에 임하면 精神이 전향되는 것인데 이유는 官星은 「인수의 인수」가 되므로 즉 偏官은 正印의 正印으로 官이 絶하면 印綬를 生하지 못하

고 生助를 받지 못한 印綬는 나를 生함이 弱하게 되는 것이며, 또
인수가 絕하면 官이 旺하여 印綬를 生한다 하더라도 그 원조를 받
아들일 능력이 없는 것이니 정신이 전향될 수 밖에 없는 일이라 본
다. 또 印綬가 死, 絕運에 行할때 아울러 財地에 임하면(如 水日
金印 絕인 경우 金絕於寅인데 寅中丙火 財의 例 참고) 대단히 위
험한 것인데 四柱에 인수가 旺하지 못하거나 또는 비견, 겁재가 없
어 財를 제거하지 못하거나 또는 官星이 없어 財로 하여금 生官케
하여 官印相生할 수가 없게되면 日無救助인 것이니 그때는 꼼짝 못
하고 황천길 가는 사람이 되고마는 것이라 본다.

※

① 印綬用印格＝日主弱에 食·傷多 또는 官殺多면 取印綬로 用神
한다.

② 印綬用劫＝日柱弱에 財多면 取比劫으로 用神한다.

③ 印綬用 傷食 또는 官殺格＝日主强에 比劫多면 官殺로 用神하
고 官殺이 없으면 傷, 食으로 用神한다.

④ 印綬用財格＝日主强에 印綬多면 取財로 用神한다.

⑤ 印綬用官殺格＝日主强에 財多면 取官殺로써 用神한다.

예 ① 乙亥年 己卯月 丁亥日 子時生 경우

年	乙亥	木水	胎	偏印	正官	七	一	二	三	四	五	六
月	己卯	土木	病	食神	劫財		七	七	七	七	七	七
日	丁亥	火水	胎	아신	正官	戊寅	丁丑	丙子	乙亥	甲戌	癸酉	壬申
時	庚子	金水	絕	正財	偏官							

이 경우는 丁日이 正木卯月에 출생하여 乙木의 透出로 매우 아
름답다. 金水가 旺하여 身은 强化轉弱하여졌다. 그러나 다행한

것은 亥子가 亥卯로 化殺爲印이 되어 다시 印綬로 作用하게 되어 있다는 점이다. 卯木眞神에 乙木이 투출하여 眞神으로 애용하게 되는데 假神 되는 庚金과 亥子水가 난진하지 아니하고 庚金이 生亥子水하고 그 亥子水는 다시 卯로 歸合하여 氣聚坎宮을 이루었고, 亥로써 天關을 얻어 日貴에 또다시 亥中甲木 印綬와 壬水正官 그리고 庚金의 三奇를 놓아 귀함이 대통령까지 이르러게 되었던 故 李承晩 박사님 의 四柱다.

運行 亥子마을에 벌써 海外에서 활약하였고, 五十七才 이후 北方 壬癸 水運을 만나 生乙木用神하여 各辰四海하다가, 壬運中 乙酉年 八·一五 해방을 맞이하였으며, 申運中 戊子年에 初代 대통령 辛金運 마을 壬辰年에 二代 同大運 丙申年에 三代 대통령을 역임한바 있다. 乙木用神으로 辛金年은 尅用神하여 災難이므로 庚寅辛卯의 六·二五 동란 庚子 辛丑의 四一九로 하야하게 된 것이다.

木印綬用神이 申酉에 絶하여 壽限인듯 하나 蓋頭에 壬癸가 有하여 그 申酉金은 生壬癸水하고 그 壬癸水는 生乙木用神하니 源遠流長으로 扶遇直上하여 正謁危難之機에 轉得貴位로 도리어 大統領에 就任하게 된 것이다. 運行 未土 마을에는 用神之木이 入墓하는때라 八十二세 丙年 후로는 大運이 저하하기 시작했고, 八十六·七세에는 大運小運이 倂臨 庚辛金으로 尅木用神金하여 位를 下歸하게 되었으며, 流年 乙巳年 九十一세에 그 巳는 旺한 亥官을 冲하고, 大運 庚金은 用神을 合去하고 未月에는 用神이 入墓가 되었다. 癸酉日은 用神 乙木之根인 卯를 冲拔하여 庚運中 四五年間 투병에 呻吟하다가 乙巳年 六月 二十八日(癸酉日)에 入幽하고 말았다.

예 ② 癸亥年 甲子月 乙丑日 戊時生

年	˙癸亥	水 水	死 偏印	印綬	九	一	二	三	四
月	甲子	木 水	病 劫財	偏印		九	九	九	九
日	乙丑	木 土	衰 我身	偏財	癸	壬	辛	庚	己
時	丙戌	火 土	墓 傷官	正財	亥	戌	酉	申	未

이 경우는 子中癸水가 투출하여 인수격이 분명하도다. 그 인수는 또다시 지지에 亥子丑 純水局을 이루어 天地滿印綬局을 구성하게 이르렀다. 好泄精하여 丙火를 物索對象으로 삼는데 그 丙火는 戌土上에 임하여 生하고 있다. 고로 傷官用財를 하여도 印綬旺水에 그리 지장이 없게되어 있으니 이 格은 마침내 財印不碍格으로 戌土를 위용신하게 이르렀다.

戌은 乙木之臣이요 그 戌土는 制汪水하여 浮木을 防備하므로 比를 君賴臣生 이라고도 한다. 水生木, 木生火, 火生土로 秀氣流行하여 매우 淸秀하였으며 또 戌亥天門星하여 哲學의 명성을 떨치었다.

예 ③ 乙卯年 寅月 丙申日 未時生

年	乙卯	木木	浴 印綬	印綬					
月	戊寅	土木	生 食神	編印	己	庚	辛	壬	癸	甲
日	丙申	火金	病 我身	偏財	卯	辰	巳	午	未	申
時	乙未	木土	衰 印綬	傷官						

이 경우는 丙火日主가 生寅月하여 嫩木微火之時候인데 寅中辰土申宮戊土, 未中己土, 月上戊土로써 寅中 微火之氣가 그만 多土에 泄하여 虛火가 되고만 것이니 이 格이 變하여 火土傷官이 되었는데, 泄한 火星은 木印綬를 用하게 되므로 用印格인바 이것이 果然

喜貴한 格이다.

여기서 만일 官星이 있었더라면 火運에 火土가 旺하여 傷夫孤貧하였을 것이로되 이격에는 官이 없으니 論할 것 없고 도리어 火衰泄甚이 남방 火運마을에 들어 助夫生子로 成富하였다가 一入申運 寅申冲으로 申宮庚金이 寅中甲木用神을 破하여 (印臨絕宮도 됨) 세상을 떠난 사람의 사주이다.

2. 正官格의 意義와 構成

① 正官格의 意義

正官格은 日干對月支 암장간에 正官이 있고, 그 正官이 天干에 투출됨으로써 格이 이루어짐을 말한다. 故로 이 格은 반드시 月支暗藏에 正官이 있어 투출되어야 하는것은 물론이고 他柱干支에 다시 正官이나 偏官이 난합되지 않아야 되며 身旺에 無冲破害를 요구한다.

이 正官格은 辰戌丑未月은 雜氣로서 正히 臨하지 않는 것이기 때문에 辰戌丑未 장간에서는 正官格이 성립되지 않고, 이것이 雜氣官(雜氣財, 雜氣印綬 - 총칭 雜氣財官印綬格)이라고 하여 別途로 다루고 있으나 그것을 구별하지 않고 地支는 雜氣라 하지만 그 藏蓄된 藏干透出은 正官이 틀림없으니 만큼 그대로 作用하고들 있기 때문에 이곳에서도 辰戌丑未月을 正官格에 포함하여 표시한다. 그리고 子卯酉月은 투출이 없어도 正官이 성립되며 또 他格으로 구성되어 正官이 用神되는 경우는 正官格으로 다루게 되는 것이다.

② 正官格의 構成

子卯酉는 암장간이 一位밖에 없으므로 도표 ②에서는 子卯酉가 없고 午는 장간천이 二位밖에 없으므로 도표 ③에서 보는 바와같이 午가 없으며 寅申巳亥 辰戌丑未는 각각 장간이 셋씩 있으므로 도표 ③과 같이 구성되는 것이다. 그런데 도표③에서 보는 바와같이 寅申巳亥에서 암장에 없는 戊土가 있어 이상하게 생각할 것이나 寅은 丑土 다음으로 土氣가 있고, 巳는 辰土 다음으로 土氣가 있고, 申은 未土 다음으로 土氣가 있고, 亥는 戌土 다음으로 土氣가 있어 각각 陰陽月差가 없이 戊土가 암장되어 있는 것으로 하고 있다.

이 格局用神은 十二支 암장法으로 작용하는 것이 아니고 十二支 月律分野法에 의하기 때문이다.

도표 ①

生 月	寅	卯	辰	巳	午	未	申	酉	戌	亥	子	丑
日 干	己	戊	癸	辛	庚	壬	乙	甲	癸	丁	丙	壬
透 干	甲	乙	戊	丙	丁	己	庚	辛	戊	壬	癸	己

도표 ②

生 月	寅	辰	巳	午	未	申	戌	亥	丑
日 干	辛	戊	癸	壬	庚	丁	庚	己	丙
透 干	丙	乙	戊	己	丁	壬	丁	甲	癸

도표 ③

生 月	寅	辰	巳	未	申	戌	亥	丑
日 干	癸	丙	乙	戊	癸	甲	癸	甲
透 干	戊	癸	庚	乙	戊	辛	戊	辛

③ 正官格의 해설

正官은 모름지기 月支암장에서 透干해야하는 것인바 그 正官을 간직한 宮에 無冲無破라야 貴하게 되는 것이다. 고로 玉반지에 金안경을 끼고 손에는 말고삐 줄을 휘어잡고 한양에 오른다는 것이다.

正氣官星은 印綬上에 놓이면 官印이 相生하여 고관이 佩印한 것으로써 대단히 고귀히 여기는 것이지만 無冲無破이라야 비로서 貴奇하게 되는 것이라 본다.

身旺官衰일 경우는 財官運이 들어와 官星을 도우니 將相(將은 장군, 相은 宰相) 公侯라도 모두 가능하다는 것이다.

正官을 놓으면 仁德있고 性情이 순박하며 詞官에 文章으로써 가히 출세할 수 있게 되는 것이다. 正官을 놓은 者는 나를 剋하므로 대조적으로 身强(日主旺)을 요하는 것인데, 만약 日主氣가 약하면 運에서 身旺을 求하여야 하는 것이니 세운에 혹은 日主가 生旺地를 얻었다 하더라도 그 官에 冲破가 없어야만 번창하게 된다는 것이다.

辛日主에 寅提綱(月令)으로 寅中丙火 官星이 透出되었을때 아직 寅이 三陽이라 하나 水凉節이 금방지나 凉氣가 가시지 않은 中 金水가 生하여 水剋火하면 成丁格이 되는 것이니, 이때는 그 火官을 幇助하여야 財名이 旺하게 되는것이며, 또한 辛日 寅月에 寅中丙火가 透出하여 官으로 作用할때면 그 丙火는 寅財(辛日 寅은 財故也)에 辰生宮을 얻어 크게 發하게 되는 것이다.

이런때에는 財官으로써 官旺身衰가 자연 되므로 官星이 중천함을 불허하는 것이고 또 그렇다하여 寅宮을 冲하는 申이나 또 丙火官星이 死하는 酉宮을 대단히 겁내는 것이라 하겠다.

入月官星은 正氣官星이라고 하는데 格局中에 丁과 卯를 제일 싫어하는 것이다.   그 이유는 丁은 尅辛官하는 까닭이고, 卯는 酉宮을 冲하는 까닭이라 본다.

그런데 만약 四柱中에서 그 忌하는 丁과 卯를 除去하면(卯는 病이요 除去神은 藥) 吉하여 貴하게 되는 것이고, 만약 柱中에 除去神이 없으면 또한 運에서 除去하여도 되는 것이라 본다.   그와 같이 되오면 귀함이 이르러 오게 되는것으로 풀이한다.

※ 正官用財格＝日主强에 食神 傷官 또는 印綬多면 財로써 爲用神하게 된다.

※ 正官用官格＝日主强에 比肩劫財多면 正官으로 爲用神 한다.

※ 正官用印格＝日主弱에 官殺多 또는 食神傷官多면 印綬로 用神한다.

※ 正官用劫格 正官印格＝日主弱에 財多면 比肩, 劫財로 用神하여 無比肩 劫財 則印綬로 用神한다.

예   ① 癸丑年 甲寅月 己未日 辰時生

年 癸 丑 水土 墓 編財 比肩

月 甲 寅 木木 死 正官 正官   癸 壬 辛 庚 己 戊

日 己 未 土土 帶 戊身 比肩   丑 子 亥 戌 酉 申

時 戊 辰 土土 養 劫財 劫財

이 경우는 寅中甲木 本氣가 투출되어 寅과 辰中乙木(木餘氣)에 착근해서 木이 旺하였고, 또 己土日主도 三陽이 回泰하고 未中丁火의 온방을 득하였으며 시간 戊辰이 幇助하여 身亦旺이라 하겠다.

月上甲木 官星을 用神으로 정하게 되는 것인데 癸水 역시 丑中癸水에 通源하여 用神을 돕는다고 판단된다(生用神者 日喜神). 초

-302-

년, 중년 서북運 마을에서 大貴히 되었다가 土金運마을에   敗北한
사람의 四柱이다.

예 ② 丁酉年 壬寅月 辛巳日 申時生 (女命)

年	丁	酉	火金	祿	偏官	比肩		癸	甲	乙	丙	丁	戊
月	壬	寅	水木	胎	傷官	正財		卯	辰	巳	午	未	申
日	辛	巳	金火	死	我身	正官
時	丙	申	火金	旺	正官	劫財

이 경우는 寅中丙火가 투출하여 爲用인데 그만 丁火가 또 투출해서
殺官난잡이 큰 흠이 되었다고 본다. 다행이 丁壬이 合去殺하여 留官으로
得安하였다고 본다.
丙火官은 寅巳에 得位하여 本生旺이나 刑하고 巳酉申으로 酉聚
金局하여 生水하였고 또 丙官은 申金에 自坐殺地하여 허약하여 졌
다.   그러므로 官旺運을 요구하는바 巳丙午丁未運을 맞으면 대단
히 귀한 부인이된 四柱이다.

예 ③ 己亥年 辛未月 庚子日 亥時生

年	己	亥	土水	病	印綬	食神		庚	己	戊	丁	丙	乙
月	辛	未	金土	帶	劫財	印綬		午	巳	辰	卯	寅	丑
日	庚	子	金水	死	我身	傷官
時	丁	亥	火水	病	正官	食神

이 경우는 未中丁火로 爲正官格하는바 正官이 多逢水尅하여 水
가 病이다. 多幸히 己未土를 득하여 藥이 되나 病重藥輕이라 이
것이 바로 貴格이라 하겠다. 行運 戊辰에 大榮하였고 行運에 飛
流千尺하였으며 丙寅運 捲土重來로 일약 장관을 지내게 되는 사주
나 乙運 不測之災가 있는 사주다.

-303-

3. 偏官格 (殺格)의 意義와 構成

① 偏官格의 意義

偏官格이라 함은 日主對生月의 地支暗藏에 偏官이 있고 그 偏官이 투출되어진 格을 말하는 것이다. 이 格은 七殺로서 나를 劫하므로 자연 身弱이 되기 때문에 身旺을 요구하고 또 他柱에 再見官殺하여 殺官이 난잡함을 大忌한다. 七殺은 나를 尅하는 것이므로 그 殺을 制禦해야 하는 것이나 만약 너무 과하게 制하면 制殺大過라 하여 오히려 싫어하는 것이다.

七殺을 다스리는 방법은 세가지가 있다.

가. 食神으로 制殺격퇴하는 방법

나. 羊刃 (比肩 劫財)으로써 合殺시켜 相停시기는 소유 美人計 方法

다. 印綬를 내세워서 通關시켜 殺印相生케하는 協상특리의 방법이 있는 것이다.

② 偏官格의 構成

도표 ①

生 月	寅	卯	辰	巳	午	未	申	酉	戌	亥	子	丑
生 日	戊	己	壬	庚	辛	癸	甲	乙	壬	丙	丁	癸
透 出	甲	乙	戊	丙	丁	己	庚	辛	戊	壬	癸	己

도표 ②

生 月	寅	辰	巳	午	未	申	戌	亥	丑
生 日	庚	己	甲	癸	己	丙	辛	戊	乙
透 出	丙	乙	庚	己	乙	壬	丁	甲	辛

도표 ③

生 月	寅	辰	巳	未	申	戌	亥	丑
生 日	壬	丁	壬	辛	壬	乙	壬	丁
透 出	戊	癸	戊	丁	戊	辛	戊	癸

③ 偏官格의 해설

偏官은 호랑이와 같은 무서운 것이므로 偏官이 많이 있고 冲함이 있음을 겁내는 것이나 身强하고 또 身旺運을 만나는데는 관계 없다고 본다. 그러나 身이 弱하고 偏官(虎＝偏官)이 强하면 禍患을 이루는 것이지만, 身이 强하고 또 食神을 얻어 制伏하면 中和가 되어 귀하게 되는 것이라는 것을 잊었어는 안된다.

偏官을 적당하게 制하면 權으로 化하는 것이니 일찍 소년에 출세하게 되는것이며, 만약 身이 좀 약하였다 할지라도 運이 身旺運이 들어오면 大材로 등용(登用)되어 功名과 福이 雙全하다고 본다. 그러므로 무조건 偏官은 나쁘다고 하면 안된다고 말하겠다.

干上 地支에 食神이 있어 偏官을 制하면 그 殺은 還化하여 衣祿이 풍부하여 兒孫이 滿眼하여 福祿이 無궁하게 되는 것이다. 子中癸水 偏官이 투출되었을때 (陰鬼즉 陰이 極한 癸를 말함) 多逢己字하여 子中癸水 偏官이 制過되었을 때에는 强者宜抑(癸水는 主로 抑이 宜함)으로 抑之太過(多逢己로 抑癸) 故로 抑其, 抑者 爲用神(과히 抑癸하는 己土를 抑하는것)의 理로 木이 來降함을 요하는 것인데 이렇게 되면 비록 名利는 高顯된다 하지만 兒孫과 多爭(不者子)하며 또는 兒孫의 壽가 長하지 못하게 됨은 어찌할 도리가 없는 것이다.

丙生이 亥子가 많으면 亥中에 甲木 印綬가 있고 木의 長生宮이

-305-

니 丙日이 寅月이나 또는 甲乙이 있으면 殺印相生 또는 殺印이 合生으로 反하여 中和가 되는 것인데 東方木運을 만나면 興名利하고 西方運을 만나면 名利가 轉落되는 것이다.

春月木이 無金이면 이에 不奇한 것이나 그렇다하여 金多면 도리어 危險이 있게되는 것이 사실이니 항상 格中에서 中和之氣를 取得하면 福壽康寧에 百事가 마땅한 것이라 본다. 偏官은 財에 의하여 양육되고(財生殺故也) 印은 偏하여 양육 (官生印故也)되는 것이며, 財는 印을 尅하는 것인데 그것이 尅戰하지 말고 財生官 官生印 印生我로 上下가 相生하면 有利한 것이다. 또 辰戌丑未 四庫에 財가 있어 官을 生하면 名官이 跨馬(透官坐財를 말한다)하여 貴로 향하게 되어 等間平步(총총걸음으로 애쓰지 않고)로 公卿(고관대작) 位에 나서게 되는 것이다.

이 말은 雜氣財官格에서 말한 辰戌丑未, 四庫에는 印綬 財, 官이 장측되어 있는데 逢冲하여 庫門이 열리고 財官이 투출되어 있으면 官祿을 크게 누리는 것이니 官加富貴로 三公位에 오른다고 한 말과 같다고 본다. 戊己가 만약 甲乙의 官殺을 볼때에 四柱局中에 金水가 있으면 金水相生하여 水로 하여금 木殺을 取하게 하는데 이러한 때에는 火가 있어 制金하므로 인하여 火와 火運을 기뻐 하나, 火가 退하면 金이 生水하여 取殺하므로 金을 愁心하지 않을수 없고 또 水의 生을 받은 木殺이 侵攻하여 음을 대단히 겁낸다는 것이다.

※ 七殺用食傷格＝日主强에 官殺이 많으면 食神·傷官으로 爲用神한다.

※ 七殺用財格＝日主强에 印綬多면 財로써 爲用神한다.

※七殺用殺格＝日主强에 比肩劫財多면 七殺로 爲用神한다.

※ 七殺用印格＝日主弱에 官殺 또는 傷官 食神多者는 印綬로 爲
用神한다.

※ 七殺用劫財格＝日主弱에 財多면 比肩, 劫財로 爲用神한다.

예 ① 己酉年 庚午月 癸丑日 亥時

年 己 酉 土金 病 偏官 偏印　　己 戊 丁 丙 乙 甲

月 庚 午 金火 絶 印綬 偏財　　巳 辰 卯 寅 丑 子

日 癸 丑 水土 帶 我身 偏官

時 癸 亥 水水 旺 比肩 劫財

이 경우는 午月癸日로 身弱인데 酉丑亥로 金水局을 이루었고 庚
金이 透出하여 身主는 弱化爲强이 된다. 연이나 己土殺은 癸日
印綬 庚金에 泄하고 있으나 午에 착근하고 있어 午中丁火의 生을
받는다.

中年 丙寅運을 만나 육군대장 되었다가 乙木運이 오면서 剋用神
하여 그만 退役하게 된 모장군의 四柱이다.

예 ② 戊子年 甲寅月 戊午日 寅時生

年 戊 子 土水 胎 比肩 正財　　乙 丙 丁 戊 己 庚

月 甲 寅 木木 生 偏官 偏官　　卯 辰 巳 午 未 申

日 戊 午 土火 旺 我身 印綬

時 甲 寅 木木 生 偏官 偏官

이 경우는 月時支 寅木에 身衰殺旺이 분명하다. 다행히 戊土가
午에 坐하여 生扶를 받고 寅이 午와 合하여 殺印相生이 된다. 子
午相冲으로 子財를 두려워 하는데 子水는 寅木을 生하여 午를 冲
하지 않으니 寅에 通關되어 火를 協取한다.

南方火運을 만나면 등과급재하고 귀히된다. 또한 土運을 만나면 계속 부귀와 영광을 누리는 사주이다.

※ 七殺用印格이다.

예 ③ 甲辰年 乙巳月 戊辰日 卯時生

年	甲 辰	木土	帶	偏官	比肩	庚 辛 壬 癸 甲 乙 丙
月	己 巳	土火	祿	劫財	偏印	午 未 申 酉 戌 亥 子
日	戊 辰	土土	帶	我身	比肩	
時	乙 卯	木木	浴	正官	正官	

이 경우는 巳月 印綬로서 官星을 要하는데 巳月 戊日은 祿이요 年·日支 兩辰과 月上 己土를 얻어 身主 强 旺인바 官殺混雜이 흠이 된다고 본다. 다행한 것은 年上 甲木殺이 月上己土와 合去殺하고 時上乙木이 留하여 失時는 하였다하나 坐地에 祿根을 하고 있어 最可美라, 따라서 乙木이 用神인데 金運을 만나면 不悖하고 水木運을 만나면 등과급제한 四柱이다.

金運을 맞아 불효한 이유는 申酉干頭에 壬癸之功으로 貪生忘尅하여 申酉金이 生壬癸水하고 그 壬癸水는 다시 用神之乙木을 扶遙直上한 탓이라 본다.

예 ④ 壬辰年 丁未月 辛丑日 午時生

年	壬 辰	水土	墓	傷官	印綬	戊 己 庚 辛 壬 癸
月	丁 未	火土	衰	偏官	偏印	申 酉 戌 亥 子 丑
日	辛 丑	金土	養	我身	偏印	
時	甲 午	木火	病	正財	偏官	

이 경우는 未月中 丁火가 透出하여 爲月 偏官格인데 時午를 得

하여 午未合火局하니 殺重身輕이라 官制인데 壬水가 年上에 나타나 身庫 辰中癸水와 丑中癸水에 根을 하여 制火함이 다행이라 하나 得令得勢하여 旺한 乙丁火의 힘에는 미치지를 못하니 日 殺旺制不足이다. 運行北方마을하여 귀히되는데 이는 偏官格이 分明하나 偏官이 너무 旺하여 旺者宜仰으로 壬水用神이 되어 水運에 매우 발전하게 된다.

이런 四柱의 官을 論하여 볼때 月上下火로 보느냐 아니면 時上一位貴(時支午火이나 時上으로 通用)로 定하는가의 문제인데 月上丁火는 合去壬하였고 未中丁火는 丑中冲을 당하고 丑中癸水가 尅을 받아 月丁을 버리고 時午中丁火로 偏官을 삼는 것이라 본다.

「參考」

※ 財滋弱殺格=身旺殺이 弱한 경우 殺을 滋養하는 財를 작용하는 格을 말한다.

※ 殺重用印格=殺이 旺하였을 時 印綬가 있으면 그 印綬를 작용하여 殺은 印綬를 生케해서 그 印綬로 하여금 나를 生하도록 하는 格을 말하는 것이다.

※ 食神制殺格=殺이 旺하였을時 선급문제로 식신이 있으면 식신을 작용하여 살을 격퇴시키는 格을 말한다.

※ 去官留殺格=七殺 正官이 兩立되었을때 官은 合이 있어 去하고 殺만이 留하여 作用하는 格을 말한다.

※ 留官去殺格=官과 殺이 兩立되었을時 殺은 合이되어 去하고 官만이 留하여 作用하는 格을 말한다.

※ 制殺太過格=殺을 制하는 것은 좋으나 너무 과히 제하여 폐가 되는 格을 말한다.

※ 殺刃相停格=殺이 旺하였을때 羊刃이 있어 그 殺은 羊刃과

合하여 殺의 根暴을 停止시키는 格을 말한다.

4. 正財格의 意義와 構成

① 意義

正財格이란 日干對生月地支 暗藏干 正財를 만남으로써 이루어진 格을 말한다. 이格은 財生官殺로써 身이 弱하여 있으므로 比肩 劫財, 印綬를 얻어 身旺을 요하는 것이 원칙이지만, 이와 반대로 身旺財弱인 경우는 傷官, 食神을 얻어 財를 補하여야 한다. 연이나 身健財生殺하는 夫健怕妻나 또 財多身弱, 財弱逢劫財 또는 冲財 등은 모두 이 格에 있어서 제일 忌하는 것이라 하겠다.

② 構成

구성표를 보면 역시 辰戌丑未는 잡기 (雜氣) 로써 正은 臨하지 않으나 보편적으로 사용하고 있기때문에 기록하였다. 雜氣財官 印綬格에서도 다시 기재하였다.

도표 ①

生 月	寅	卯	辰	巳	午	未	申	酉	戌	亥	子	丑
生 日	辛	庚	乙	癸	壬	甲	丁	丙	乙	己	戊	甲
透 干	甲	乙	戊	丙	丁	己	庚	辛	戊	壬	癸	己

도표 ②

生 月	寅	辰	巳	午	未	申	戌	亥	丑
生 日	癸	庚	丁	甲	庚	己	壬	辛	丙
透 干	丙	乙	庚	己	乙	壬	丁	甲	辛

도표 ③

生 月	寅	辰	巳	未	申	戌	亥	丑
生 日	乙	戊	乙	壬	乙	丙	乙	戊
透 干	戊	癸	戊	丁	戊	辛	戊	癸

③ 正財格의 해설

正財에 冲破가 없으면 이에 官을 生하는 法則으로 貴히 되는 것이며 또 身主가 旺하고 財가 生旺해야만 祿位가 漸漸實大하여지는 것이다.

만약에 財가 많아도 身主가 弱하고 보면 마치 胃가 약한 사람이 좋은 음식을 먹어도 소화를 못시켜 呻吟하는 것과 같이 한낱 富者집에 가난한 사람으로 努力만 허비하고 마는 것이며 또 반대로 比肩, 劫財로 身主가 强한데 財가 微弱(輕財)하면 그것은 또 群劫쟁재로써 나의 財物이 모두 分奪되어 禍가 多端하여지는 것이라 하겠다.

正財가 잘 得位한 主人公은 權利를 주도하게 되는데 그것도 물론 日主가 매우 강하고야 많은 재물을 얻을 수 있는것이며 또 比肩, 劫財가 많아 日主가 매우 강하게 되는 格이나 또는 棄命從財하는 格이나 財生官하는 格에는 印綬가 도리어 방해가 되는 것이니 이러한 경우 印綬가 와서 도와줌이 없으면 金珠滿運으로서 祿이 높이 이루어지는 것이다.

正財가 만약 月宮과 日干에 官과 더불어 같이 있어 財生官할때에 제일 싫어함은 天干으로 尅을 받든가 地支로 冲을 만난 것이라 본다.

身强財輕에 만약 財旺處에 臨하면 그는 옛날 陶朱公에 勝하는 富

-311-

貴人이 될 것이고, 身이 弱하고 財多면 그 財는 生官殺하여 도리어 侵功하니 가공할 바이다.

재가 많고 신강할때는 귀히 되는데 만약 신쇠하게되면 禍가 다시 몸을 따라 다닌격이 된다고 본다.

※ 財用財格=日干强에 印綬多 또는 比肩, 劫財로 用神한다.

※ 財用食傷格, 財用官殺格=日干强에 비견, 겁재가 많으면 食神 傷官 또는 官殺로 위 용신한다.

※ 財用印格=月干弱에 官殺이 많든가 또는 상관 식신이 많으면 인수로써 위용신한다.

※ 財用 비견, 겁재格=日干弱에 財가 많으면 비견, 겁재로 위 용신한다.

예 ① 庚申年 丙戌月 癸亥日 巳時生

年 庚 申 金金 死 印綬 印綬　　乙 甲 癸 壬 辛 庚
月 丙 戌 火土 衰 正財 正官　　酉 申 未 午 巳 辰
日 癸 亥 水水 旺 我身 劫財
時 丁 巳 火土 胎 偏財 正財

이 경우는 戌中丁火 투출로 丁火偏財를 위용신하면 丁癸冲 巳亥冲으로 不用하고 月上丙火로 正財格을 삼는다. 癸日戌月로 ,本身弱인듯하나 霜降이 지나고 立多直前에 놓였고 水進氣하고 申金에 水가 得長生하고 있는中 庚金印綬가 自坐申金에 得祿하였으며, 또 申戌에 金局으로 生水하니 능히 任財할만하여 正財格에 正財로 用神한다고 본다. 運行 未巳午에 財旺運을 만나 순풍에 돗단배모양 순항하게되여 大富子가 된 여자의 四柱이다.

예 ② 庚申年 乙卯月 丁亥日 丑時生

年 庚 申 金金 浴 正財 正財   庚 辛 壬 癸 甲 乙 丙
月 己 卯 土木 病 食神 偏印   辰 巳 午 未 申 酉 戌
日 丁 亥 火水 胎 我身 正官
時 辛 丑 金土 墓 偏財 食神

이 경우는 卯月 丁日로 印綬格이나 財星이 투출하여 印綬格이
變하여 財格으로 되어 있다. 理由인즉 亥卯木이 得合하였다고는
하나 그 金水가 金權하여 陰日丁火는 그 旺한 財의 세에 따라 從
財殺하는 것이기 때문에 運入申金 財를 만나니 일약 재벌이 된 모
그룹 사장의 사주이다.

예 ③ 辛巳年 丁酉月 丙寅日 酉時生 (女命)

年 辛 巳 金土 祿 正財 比肩   丙 乙 甲 癸 壬 辛 庚
月 丁 酉 火金 死 劫財 正財   申 未 午 巳 辰 卯 寅
日 丙 寅 火木 生 我身 偏印
時 丁 酉 火金 死 劫財 正財

이 경우는 丙日酉月로 年上에 辛金이 투출되어 財格인데 時支酉
를 得하였고, 또 年支巳火는 巳酉로 金局하여 財를 補하고 있으니
丙火日主는 酉月死地로 極衰라 다행히 비록 失令은 하였으나 日
支寅에 生得地다. 年支巳에 得祿이요 月上, 時上의 羊刃丁을 得
하여 身을 補하고 있다. 고로 旺財에 比하여서는 아직도 身이
弱하여 있다고 본다. 財旺에는 比肩, 劫財를 用神하는 원칙 (印
綬寅木은 寅刑巳요 財多로 壞印)으로 寅中丙火가 위용신이다.

  運行 남방巳午를 맞아 用神丁火를 도우니 身旺財旺으로 일약 거

-313-

부가된 사주이다.

5. 偏財格의 意義와 構成

① 意義

偏財格이라 함은 日干對 月支暗藏干으로 偏財가 있어 格이 戊
立됨을 말하는데 이 月偏財는 원래 日主의 囚宮이므로 身이 자연
弱하게 되어 있으니, 財가 旺하거나 官이 있어 財生官을 받고 있
으면 比肩, 劫財의 幇助를 要하는 것이고, 또 財가 小할때 比肩, 劫
財가 많으면 奪財가 되므로 그때는 官殺이 있어 比肩, 劫財를 制
하여야 되는 것이다.

이와 같이 比肩, 劫財 즉 형제는 돈(財)이 있으면 싸우고 침공
있으면 合力(共同防禦)하는 원칙이기 때문에 있는집 형제는 싸움
이 많고 없는 집 형제는 誼가 좋은것은 이 원리인 것이다.

故로 格구성에서 大忌는「身衰財旺」과「財少劫旺」이며 財小劫旺
을 一名 群劫爭財 群比財라고도 칭하고 있다.

이 格에서 月偏財를 爲主로 記述하고 時上偏財는 다음에 기술
키로 한다.

② 構成

도표 ①

生月	寅	卯	辰	巳	午	未	申	酉	戌	亥	子	丑
生日	庚	辛	甲	壬	癸	乙	丙	丁	甲	戊	己	乙
透出	甲	乙	戊	丙	丁	己	庚	辛	戊	壬	癸	己

도표 ②

生 月	寅	辰	巳	午	未	申	戌	亥	丑
生 日	壬	辛	丙	乙	辛	戊	癸	丙	丁
透 出	丙	乙	庚	己	乙	壬	丁	甲	辛

도표 ③

生 月	寅	辰	巳	未	申	戌	亥	丑
生 日	甲	己	甲	癸	甲	丁	甲	己
透 出	戊	癸	戊	丁	戊	辛	戊	癸

③ 偏財格의 해설

偏財格을 이룬자가 身旺이면 이에 英豪의 人物인데 그곳에 羊刃 (比肩, 劫財)의 侵入이 없어야만 그 福祿이 드높게 되는 것이다.

이 偏財格은 매사에 유정하며 結實이 있어 慷慨(義憤·뜻있는일) 心이 强한 格인데 만약 日主가 弱하고 偏財가 强하면 財多身弱으로 한갓 努力만 헛되이 보내게 된다. 月建偏財는 이에 뭇사람의 財物을 取得하게 되는데 (또는 不正之財) 가장 忌하는 것은 天干 地支에 比肩 劫財(형제方)가 있어 財를 헨하는 것이며, 身이 强하고 財 旺하면 身旺財旺으로써 큰 財物을 얻을 수 있으며 또 官星이 있으면 그旺한 財는 生官하여 부귀가 겸비하는 것이니 官이 있음이 더욱 좋다는 것이다. 偏財가 劫星을 만나면 田園이 모두 破蕩하게 되고 苦貧으로 돌아가게 되는 것이니 傷妻하고 損妾하며 辱됨이 많은데 食生活이 막힘이 많아 그로인함이 옛날 孔子가 陳나라에서 七日絶糧 했던 일과(困在陳) 같음이 있을 것이다.

만약 偏財가 正官을 띠고 있으면 그 偏財는 正官의 正印으로써

正官을 生하여 그로하여금 劫星을 制하게 되어 있으니(正官은 尅劫星함) 劫星이 四柱에 출현되어 있어도 하등의 겁날것 없이 福相干(福이 百千으로 旺盛해 진다는 뜻이다)하게 되는 것인데 여기에 不宜한 것은 運에서 다시 劫星이 重來하면 그때는 禍가 百端으로 層出하게 된다. 理由는 劫旺하면 財를 尅하여 生官을 不能케하며 同時에 劫旺官衰로 官이 休囚되어 反傷하게 되는 까닭이다. 故로 偏財가 身旺할때나 劫星이 있을 때에는 官星帶同함을 要하는데 運이 官鄕에 들면 크게 發利名 하게되는 것이나 여기에 比肩·比劫이 重來하면(형제) 그때는 財를 尅하여 奪財하며 官의 生을 不能케하므로 因하여 功名은 姑捨하고 오히려 禍가 몸을 따르게 되는 것이라 본다.

※ 財用財格＝日干强에 印綬多 혹은 比劫이 많으면 財로 爲用神한다.

※ 財用食傷格·財用官殺格＝日主强에 比劫 많으면 食神·傷官 혹 官殺로써 用神한다.

※ 財用印殺＝日主弱에 官殺多 혹 食神 傷官多면 印綬로 用神한다.

※ 財用比劫格＝日主弱에 財가 많으면 比劫으로 爲用神한다.

예 ①　甲寅年 甲戌月 丁酉日 寅時生

年	甲	寅	木木	死	印綬	印綬		乙	丙	丁	戊	己	庚
月	甲	戌	木土	養	印綬	傷官		亥	子	丑	寅	卯	辰
日	丁	酉	火金	生	我身	偏財							
時	壬	寅	水木	死	正官	印綬							

이 경우는 丁日戌月로 月支 藏干物이 一無透出되어 柱中旺者를 볼때 甲木이 年·月·時(寅中甲木)에 旺하고 또 丁壬이 化木하여 印綬가 太旺하니 印綬格이 된다. 이렇게 되면 자연 身이 旺하여 官을 喜하는데 時上壬水官은 丁壬化木으로 不用하고 印綬를 抑制하는 日支 酉中辛金으로 用神을 定하니 月支 戌中辛金이 합세하면서 旺한 火가 火生土 土生金으로 財를 生助하여 元美하다고 본다.

運行은 庚辰을 만나면 弱한 偏財 酉金用神을 도우니 巨富가 되는 운으로 大林산업 사장의 사주이다.

예 ② 戊子年 丁巳月 甲長日 寅時

年	戊 子	土水	浴	偏財	印綬	戊	己	庚	辛	壬	癸	甲
月	丁 巳	火土	病	傷官	食神	午	未	申	酉	戌	亥	子
日	甲 辰	木土	衰	我身	偏財							
時	丙 寅	火木	祿	比肩	比肩							

이 경우는 甲日巳月로 巳中 藏干丙火 戊土가 共히 透出하나 丙火는 生戊土 故로 戊土를 定하여 偏財格을 삼는다. 그런데 丁火 巳火日支辰土 時上丙火가 旺하여 火土가 極히 旺하고 있는데 比하여 日主 甲木은 辰濕土에 着根하고 寅中甲木의 補取를 얻어 寅辰으로 健在하다(이런때 辰土를 寅木이 있다하여 帶木之土라고도 한다.) 그러나 旺한 財에 比하여 日主는 약하다. 그러므로 자연 身旺運을 좋아하게 되는데 다행히 大運 癸亥가 있어 그 運이 들자 만석을 하게된 옛날 甲富의 四柱이다. 이格은 巳中戊土財가 年干에 透出이나 月偏財라 한다.

예 ③   癸亥年 乙卯月 乙未日 午時生

年 癸 亥 水水 死 偏財 印綬   甲 癸 壬 辛 庚 巳 戊

月 乙 卯 木木 祿 比肩 比肩   寅 丑 子 亥 戌 酉 申

日 乙 未 木土 養 我身 偏財

時 壬 午 水火 生 印綬 食神

이 경우는 乙日卯月로 得令이요 得位 得勢하여 최강이나 制하
는 金이 없어(春木이 無金이면 不是奇라하여 此格에서 적용시켜서
는 안됨) 泄精을 시키는데 午未가 火局하여 身旺好泄精이다. 그
러나 아직도 排泄口가 狹少하여 未中己土로 排泄口를 확장시켜 日
傷官用財格이 분명하여 木이 病이 된다. 運行 水木을 맞으면 多
逢災難하다가 戌運에서부터 대단히 발달되는 四柱다.

6. 食神格의 意義와 構成

① 意義

食神은 衣와 食인데 이 食神은 財를 生하여 人間의 日常生活에
必要한 경제적 바탕을 마련하는 성질의 것으로 바로 衣·食·住와
관련되는 것이라 하겠다.

따라서 食神이라고 하는 食子는 衣食을 말하는 것이며 神은 吉
神을 말하는 것으로 食神格이란 이 食神으로써 格이 성립됨을 原
則으로 하기때문에 이 格은 他格과 같이 日干對月支 暗藏干 食神
으로 구성된다. 이 格은 본래 我生者 食神으로 身의 氣가 泄氣
(旺·相·休·囚·死法으로 休에 해당) 되어 그 本質이 身弱이 되
므로 身旺을 要하고 있는데 또 그렇다하여 食神을 制하는 倒食(

偏印)도 좋아하지 않는 것이라 본다.

　따라서 이格 또한 身弱泄旺에는 補身하고 身强泄弱에는 補泄해야하는 것이며 이 格은 他格에 比하여 變化가 많은 格으로써 잘 관찰하여야 한다는 점을 강조한다.

　② 構成
　도표 ①

生月	寅	卯	辰	巳	午	未	申	酉	戌	亥	子	丑
生日	壬	癸	丙	甲	乙	丁	戊	己	丙	庚	辛	丁
透出	甲	乙	戊	丙	丁	己	庚	辛	戊	壬	癸	己

　도표 ②

生月	寅	辰	巳	午	未	申	戌	亥	丑
生日	甲	癸	丙	丁	乙	庚	乙	壬	己
透出	丙	乙	戊	己	丁	壬	丁	甲	辛

　도표 ③

生月	寅	辰	巳	未	申	戌	亥	丑
生日	丙	辛	戊	癸	丙	己	丙	辛
透出	戊	癸	庚	乙	戊	辛	戊	癸

　③ 食神格의 해설
　　食神이 旺(有氣)하면 財官보다 좋은 것인데 그에 앞서 무엇보다도 이 格은 日主天干이 旺함을 요구하는 것이다.
　　만약 食神을 倒食(偏印)이 와서 尅하면 이에 奪食이 되어 그 食神은 傷하게 되는 것이니 그때는 바쁘게 禍가 干般(一千가지)으로 일어나 그 辛苦가 그칠 날이 없게 되는 것이다. 食神이 損傷

되지 않으면 그 格은 숭고한 것인데 이 格은 甲이 丙을 見하고 庚이 壬을 見하는 것과 그리고 또 丁見己 乙見丁하는 따위의 例인데 이렇게 놓이면 貴氣가 묶여있어 福祿이 많게되는 것이니 문전에 손살같이 英豪로 出衆함이 있게 된다고 말하는 것이다. 甲日이 見丙하면 甲은 丙을 生하기 위하여 氣를 빼앗기게 되고 그 丙은 甲의 氣를 훔치게 되는 曰盜氣라 하는 것이다. 따라서 丙見戊 戊見庚 庚見壬 乙見丁 丁見己 己見辛 辛見癸 모두가 食神으로 이름하는(號食神) 것인데 盜氣라고 稱한다. 이 食神格을 놓으면 몸이 뚱뚱하게 비만성 체질을 가지게 되고 또 마음 도량이 넓으며 衣祿이 풍부하게 되는데 만약 偏印이 와서 食神을 빼앗아가면 그때는 孤貧으로 歸하게 된다.

食神은 또 七殺을 制止하고 養命之本이 되는 財를 生助하여 壽를 補하므로 因하여 壽元 또는 壽星이라고도 하는 것이니, 이 食神이 있으면 生年이나 生時에 七殺이 놓여져 있어도 무엇을 근심할 것 있겠는가, 故로 食神이 干頭에 있어 旺하면 그 凶惡한 七殺을 禁制하게 되나니 이는 곳 人間의 富貴兒로 등장하게 될 것임을 믿어 의심치 않는다.

다시 상세히 설명한다면 ……

어째서 食神은 七殺을 制하느냐 하면 가령 甲의 七殺은 庚金이며 食神은 丙火가 된다. 그런데 丙火食神은 능히 尅庚金 七殺하는 까닭이다. 또 財를 生한다 함은 如 甲日의 財는 戊己土요 丙火食神은 능히 生 戊己土 할 수 있으므로 食神生財라고 하는 것이다. 따라서 生命을 키우는 財를 生하고 同時에 七殺로써 나의 生命을 빼앗으려 하는 것을 制하게 됨으로 그 食神의 功은 매우 至大하여 이름을 壽星(壽元)이라고 붙여준 것이다. 故로 食神이

生月에 있고 七殺이 生時에 있으면 食神이 得令하여 制殺하므로(食居先, 殺居後) 因하여 衣食이 再生 富貴厚하게 되는 것이지만 이와 반대로 殺이 生月에 있어 得令하고 食神의 制하는 힘이 不足하여 不能制止하면 그때는 도리어 災殃이 미쳐오게 되는 것이니 항상 一生을 먼지속에서 苦生으로 보내게되는 것이다. 申時戊日을 食神格으로 定하게 되는 것이며 대단히 奇特한 것인데 오직 秋節이나 冬節生이라야 福祿을 갖추게 되는 것이고 甲, 丙, 卯, 寅이 와서 이 格을 破損시키면 그것은 오히려 奇特한 格을 만나지 않은 것 보다도 못하며, 災殃이 이르러 온다는 것을 일일이 설명하지 않더라도 의심할 여지가 없어 알게 되리라 믿는다.

또한 어째서 문제의 甲丙寅卯를 왜 忌하느냐 하면 甲은 戊土를 尅하고, 卯中乙木은 庚金食神을 暗合 誘致하고, 丙은 庚金食神을 尅하는 倒食이 되고, 寅은 庚申時(戊日庚時면 반드시 庚申時가 된다) 즉 다시 말하여 食神根據地인 申을 冲하게 되는 까닭이요, 또 春夏를 忌하는 것도 역시 甲乙丙丁은 春夏에 해당한다. 그리고 秋冬은 戊土日의 庚金 食神을 補하며 또 庚金食神을 制하는 丙丁火를 制하여 補하므로 因하여 秋冬을 喜하는 것이다.

※ 食神用官殺格＝日主强에 財가 많으면 取官殺로 用神한다.

※ 食神食傷格＝日主强에 比肩 劫財가 많으면 取食神, 傷官으로 用神한다.

※ 食神用財格＝日主强에 印綬多 혹 傷官食神多면 取財로 用神한다.

※ 食神用印格＝日主弱에 食傷多 혹 官殺多면 印綬 用神한다.

※ 食神用劫格＝日主弱에 財多면 取比肩, 劫財로 用神한다.

예　①　乙酉年　丁亥月　庚寅日　辰時生

年　乙 酉　木金　旺　正財　劫財　　丙 乙 甲 癸 壬 辛 庚

月　丁 亥　火水　病　正官　食神　　戌 酉 申 未 午 巳 辰

日　庚 寅　金木　絶　我身　偏財

時　庚 辰　金土　養　比肩　編印

　이 경우는 庚日亥月生으로 藏干透出은 없으나 旺者木을 볼때에 乙木은 自坐殺地요, 寅木은 天殺(天干七殺)이 尅制한다.　다행이 亥時가 得時하여 旺하였고 亥는 木의 生官으로써 木을 生할만 하고 寅亥로 合木하여 또 寅辰이 類聚木局하여 乙木에 투출하니 이제 亥寅辰乙로 水木이 合成하면 可히 쓸만하게 된다.　食神(겉으로는 傷官이나 壬水作用하여 食神이 됨) 生財格으로 確定되는 것이다.

　時上庚金 年支酉金이 尅木하므로 因하여 病이 되나 다행히 丁火가 寅에 着根하여 약이 되는데 약의 양이 너무 부족하다

　中年 木火運을 만나면 약을 보하니 부자가 된다.　그러나 庚辰運이 들면서 병이 깊어(病金에 金運)지며 財物이 파괴되고 또 몸도 沒하여 사망한 사람의 사주이다.

예　②　己巳年　辛未月　乙亥日　丑時生

年　己 巳　土火　浴　偏財　傷官　　庚 己 戊 丁 丙 乙

月　辛 未　金土　養　偏官　偏財　　午 巳 辰 卯 寅 丑

日　乙 亥　木水　死　我身　印綬

時　丁 丑　火土　衰　食神　編財

　이 경우는 乙亥日로써 日支에 得位하였고 未를 만나 未中藏干

-322-

丁乙이 투출되었는데 本氣로 보아 偏財格으로 定해야 마땅할 것이나, 그 己土는 당장에 地支火土(巳中丙戌)의 氣를 얻어 生 辛金殺하니 이적행위를 하고 있다고 본다. 故로 辛金殺이 더욱 强旺하여지므로 時上丁火를 시켜 食神制殺格으로 하는 것이다. 그런데 辛金이 巳丑으로 金局하여 重病이 되어서 火가 미약하니 이것이 오히려 福神(有病이라야 方爲貴)이 되어 中年 丁卯 丙寅運을 만나니 병이 제지되나 財富, 生子 官貴로 成推遷疆하다가 一入丑運을 맞으니 合起殺하여 訟事不絶로 波難萬丈하다가 限命이된 사주다.

예 ③ 甲戌年 庚午月 乙亥日 丑時

年　甲　戌　木土墓　劫財　正財　　　辛　壬　癸　甲　乙　丙　丁
月　庚　午　金火生　正官　食神　　　未　申　酉　戌　亥　子　丑
日　乙　亥　木水死　我身　印綬
時　丁　丑　火土衰　食神　偏財

이 경우는 午月에 출생하고 時柱 丁火가 투출하여 眞傷官格(食神이라도 둘이상이면 傷官이라 稱하는 것이다. 推理本體는 食神인 故로 食神格에서 記載하였다)이 되는데 傷官이 見官에 爲禍百端으로 傷官格은 官을 大忌하는데 月上에 庚金이 있어 나에게 病이되고 있다. 따라서 丁火와 庚金이 서로 얽매어 있어 馬禍로 아무런 進展이 없다가 早行 壬申癸酉運에 病重하여 蹇滯가 많고 되는 일이 하나도 없다가 一入甲戌 乙亥 丙子 丁丑運에 소원성취하게 된다.

이 四柱가 亥子運에 어떻게 성공하였을가의 문제인데, 丁火가 孤立되어 天干水가 접나는것이지 地支水는 午月에 得令하였고, 午戌로 火局을 이루었으며, 또 丑戌戊己土와 午中 己土로 火土가 왕성하

-323-

여 조금도 겁나지 않는다는 것이다.

「연구」

　食神도 둘이상 있으면 傷官으로 호칭하는 이유는 食神은 「正官의 正官」으로 하나만 되면 괜찮으나 둘 셋이면 合해서 尅하기 때문에 官에는 오히려 殺이 되어 官은 마침내 傷하기 때문이다.

　※ 眞傷官은 다음 傷官格에서 假傷官과 같이 해설하게 된다.

　그리고　食神格에서는(傷官格도 同一함) 官殺을 特殊한 格(金水傷官에는 好官)을 除外하고는 普偏的으로 病으로 본다.　그러면病은 무엇인가 病이란 다시 말하여 적이라고도 볼 수 있는 것이다

　그러나 병이되는 적이 없이는 부귀가 되지 못하는 법인즉, 그병을 치료하고 그 적을 항복받아 다스릴때에 비로소 체력이 향상하고기세가 당당해지며 이득이 생기는 법이기 때문에 사주에 병이 있어야 부귀가 될 수 있다고 본다. 역학에서 병약설에서는　五行生旺法으로는 참다운 四柱를 가려 볼 수 없고 病과 藥을 잘 판단하여 냄으로써 四柱의 眞을 알 수 있다고 하였다.

　그러면　藥이란 무엇인가 이상에서 가려낸 病을 尅하는것이 藥이 되는 것이다.　따라서 病을 알면 약은 자연히　알게되는 것이니 이것이 바로 病藥說原理用神이라 하겠다.

　또한 食神이 둘이상이면 傷官이라고 하면서 食神格에서 다루고있는 것은 作用은 傷官으로 되지만, 體(乙日見丁日 食神例)는 食神이 分明하기 때문에 이곳에서 다루고 있다.

예 ④ 甲戌年 辛未月 己酉日 巳時生

年 甲 戌 木土 養 正官 劫財　　壬 癸 甲 乙 丙 丁 戊
月 辛 未 金土 帶 食神 比肩　　申 酉 戌 亥 子 丑 寅
日 己 酉 土金 生 我身 食神
時 己 巳 土火 旺 比肩 印綬

　이 四柱는 假傷官格(金輕火土重病一行運補用神)의 四柱이다. 이
경우는 己日生이 未月을 만나 아직 여름날씨로 찌를듯 火氣가 있
어 己土旺身은 물론이고, 他에도 己未火局이요 己土時로써 補土하
여 身强한中 다행히 酉巳 酉戌로 頷聚金局하고 辛金이 투출하여
好泄精英으로 有情한 四柱이기도 하다. 그러나 地支 己中丙火가
炎上 去了될까 염려된中 또 다행히 壬申 癸酉가 通運하여 火를 制
하고 金을 補하니 크게 富興하였고, 一入戌運에 火가 발전하여 剋
金으로 송사등 기타 재난을 겪어 실패가 많았으며 變入北方 亥子
運이 들자 巳를 冲하고 未를 冲하여 用水去火로 去病되어 大富로
取之無窮이요 用之不渴의 福祿을 누리다 一入東 寅運을 돌아오매
會成火局으로 病重하여 破金하니 황천객이 된 사주다.

　예 ⑤ 癸卯年 甲寅月 丙午日 戊時生

年 癸 卯 水木 浴 正官 印綬　　乙 丙 丁 戊 己
月 甲 寅 木木 生 偏印 偏印　　卯 辰 巳 午 未
日 丙 午 火火 旺 我身 劫財
時 戊 戌 土土 墓 食神 食神

　이 경우는 丙午日 得旺하였고 生月에 得長生하고 있는 中 또다
시 木火로써 得生氣하였는즉, 生月에 得令 生日에 得位 柱中에 득

-325-

세하여 三者俱全하니 최강사주에 속한다고 본다. 太過者는 尅傷 또는 損之斯成하는 原則에서 戊土를 잡아 假傷官格으로 정하니 柱 中甲木이 自坐寅木에 得位하고 또 卯癸水의 生助를 받고 있으니 甲木이 重病이라 본다. 辛運을 맞아 癸酉年에 除去病되며 소년등 과급제하여 이름이 세상에 떨치더니, 甲戌年이 되어 亥運이 되자 甲木이 그 亥運得 長生하여 病加重으로 戊土傷官을 尅하니 그만 세상을 하직하도다.

7. 傷官格의 意義와 構成

① 意義

傷官格이라 함은 글자 그대로 官을 傷하게하는 者이니 다시 말 하여 官을 尅하는 者를 말하는 것인데, 이者로써 格이 이루어졌다 는 뜻이다. 그리고 傷官은 子孫을 尅하는 者이므로 傷官을 놓으 면 子孫의 근심이 있게되고, 또 傷官은 내가 生(陰生陽 陽生陰)하 므로 나의 血氣를 갈취당하는 것이기 때문에 盜我之氣라고도 하여 身弱해지는 것이 원칙이다.

이렇게만 볼때에는 傷官이란 놈은 大端히 나쁘고 쓸데없는 놈이 라고만 보게 되겠지만, 實에 있어서는 그런것만은 또 아니다. 身 이 대단히 旺하였을때는 他를 生하여야만 되는 것이니 그때는 盜 氣가 아니라 泄精英이 되어 좋아지는 것이고, 또 傷官에 財가 있 으면 傷官(食神合)은 生財하고 財는 生官하니 官은 傷하지 않고 또 그官은 印綬에 泄하여 我를 生하므로 도리어 凶化爲吉되는 일 이 많은 것이다. 그래서 定眞篇이라는 글에 말하기를 傷官이 笰 見印綬면 貴不可言(말할것도 없이 貴하다)이라 하였다. 財가 없 으면 通官이 되지 못하여 才操奇巧(傷官은 氣를 泄하므로 技能을

-326-

충분히 발휘하는 상)만 있었지 財와 名이 없다는 것이다. 특히 傷官의 제일문제가 되는 것은 官이 나타나 있음인데 이렇게 되면 傷官에 官은 病이 되는데 有病이라야 方爲貴라 하지 않았는가? 고로 때에 따라서는 官殺 病을 제거할 수도 있고 또 財를 얻어 傷官生財케 할 수도 있어 이 傷官格에 큰 부귀가 많이 나타나 있지 않으냐라고 말할고 있다. 이 格의 구성에 있어서도 좀 복잡한 것이니 日干對月支 暗藏干으로 구성되는 원칙외에 그 범위가 넓어서 天干에 傷官투출 아니고도 日支나 年支나 時支를 막론하고 傷官이 구성되는 수 있으며, 또 外에 眞傷官 假傷官으로써 구별되고 또 眞假傷官은 변화하여 眞傷官이 변하여 가상관, 가상관이 변하여 진상관으로 변화하고 또 傷官用印, 傷官用財, 傷官用劫, 傷官用傷官, 傷官用官 등으로 변화 다양하게 이루어지는 것이므로 주의하여 관찰하여야 한다.

② 構成

도표 ①

生月	寅	卯	辰	巳	午	未	申	酉	戌	亥	子	丑
生日	癸	壬	丁	乙	甲	丙	己	戊	丁	辛	庚	丙
透干	甲	乙	戊	丙	丁	己	庚	辛	戊	壬	癸	己

도표 ②

生月	寅	辰	巳	午	未	申	戌	亥	丑
生日	乙	壬	丁	丙	甲	辛	甲	癸	戊
透干	丙	乙	戊	己	丁	壬	丁	甲	辛

도표 ③

生月	寅	辰	巳	未	申	戌	亥	丑
生日	丁	庚	巳	壬	丁	戊	丁	庚
透干	戊	癸	庚	乙	戊	辛	戊	癸

도표 ④

生 日	甲	乙	丙	丁	戊	己	庚	辛	壬	癸
地支中	午	巳	丑未	辰戌	酉	申	子	亥	卯	寅

「참고」

甲見午, 乙見巳, 庚見子, 辛見亥는 모두 그 體(겉으로 보면 陽見陽으로 食身)같이 보이나 각각 그 暗藏干으로 作用하기 때문에 이와 같이 傷官이 되는 것이다. 如甲日見午면 午中丁火를 작용하는 故로 傷官이 되는 것이다. 고로 午火로 보아 甲日對食神인데 하고 의심하지 말아야 한다. 그래서 이를 오해한 사람은 傷官은 陽見陰, 陰見陽生이 되는 것인즉 甲의 傷官은 陰火라야 되는바 午火가 傷官으로 되어 있으니 午火는 陰이다. 그리고 以下 그와같이 巳는 陽이다. (乙見巳) 子는 陰이다. (庚見子) 亥는 陽이다. (辛見亥) 라고 하여 亥子巳午만은 그 陰陽의 位置가 바뀐다고 하는 학자들이 있는 것이니 이는 분명히 그 陰陽體와 그 用을 混同하여 體用을 구별할 줄 모르는 소치라 보겠다.

그러므로 子는 어디까지나 그 체는 양이요 用은 子中癸水로 陰이 되며 또는 亥의 체는 陰·用은 亥中壬水로 陽이 되며, 또 巳의 體는 陰이요 用은 巳中丙火陽이요, 또 午의 體는 陽이요 用은 午中丁火陰인 것이니 이점을 각별히 유의하여 체와 用을 혼동하여서는 안된다는 점을 명심하여야 겠다.

③ 眞傷官의 構成

生月	巳午未	辰戌丑未	申酉戌	亥子丑	寅卯辰
生日	甲 乙	丙 丁	戊 己	庚 辛	壬 癸
透干	丙 丁	戊 己	庚 辛	壬 癸	甲 乙

④ 假傷官의 構成

生月	亥子丑 寅卯辰	寅卯辰 巳午未	巳午未 辰戌丑	辰戌丑 申酉戌	申酉戌 亥子丑
生日	甲 乙	丙 丁	戊 己	庚 辛	壬 癸
透干	丙 丁	戊 己	庚 辛	壬 癸	甲 乙

「참고」

이 眞傷官과 假傷官格은 傷官이 透出되지 않고 地支만으로도 구성될 수 있으며, 또 꼭 指定된 月令이 아니고도 四柱狀況에 따라 比肩 劫財印綬太旺 傷官으로 假傷官이 되는 경우가 있고, 또 眞傷官이 아닌 假傷官月에 出生하고도 假傷官이 變하여 眞傷官이 되는수가 있으나, 이것 역시 格體와 作用을 混同하지 말것이며 또 이것이 眞傷官, 假傷官의 構成原則이라는 것도 잊어서는 안된다. 이 傷官格에서는 眞傷官, 假傷官을 가리는 것이 제일 重要한 점이니 정신을 차려서 연구하지 않으면 안되는 것인데 그것은 富貴貧賤 壽之生.死가 이 分岐點에서 판단되는 것이기 때문이다.

⑤ 傷官格의 해설

傷官이란 本是 官을 尅하는 者이므로 宜當 傷官自體가 尅을 當함이 가장 奇特한 것이지만 그렇다하여 그 傷官이 너무 많이 傷하

-329-

면 그는 不宜한 것이다. 가령 辛日傷官은 壬水인데 辰土하나만 만나면 辰中戊土(土剋水)로 傷盡이 되는데 戊土를 二·三 重逢하면 오히려 두려운 것이니 그것은 土가 많아 金埋되기 쉬운 까닭이다. 그리고 傷官格은 地格보다 변화가 많은 것이므로 이 格을 추리할 때에는 항상 주의하여 살펴야 한다. 格中에서 火土傷官을 만났다고 하면 傷官되는 土는 傷盡시켜야!마땅한 것이고, 또 金日主가 水를 본 金水傷官格에서는 도리어 官을 요하는 것이다. 理由는 金水는 모두 金淸水凉으로 甚凉한 性인데 甚凉則 凍結之象으로 凍凉은 溫熱이 調和가 이루어짐을 요하게 되는데 이 溫熱은 바로 火요, 그 火는 바로 辛日의 官에 해당하므로 이 金水傷官은 要見官이라고 하게된다. 그러나 이 金水傷官도 身이 旺할때 火를 作用함이요 身이 弱할때에는 官이 되는 火를 作用하지 못하는 것이 사실이니 무조건 金水傷官에는 官이 되는 火를 爲用한다고 고집해서는 안되고 또 火되는 官도 根이 있어야 作用하는 것이 사실이다.

木火傷官 역시 官이 旺함을 要하는데 이것 또한 特別한 경우에 限해서이고 原則的으로는 官을 忌하는 것이다. 如木이 身旺한 四柱가 火傷官을 만나 用財格(傷官用財)을 이루었을때 四柱局中에 比肩 劫財가 많아 奪財되는 경우에 官이 旺하여 比肩 劫財를 制禦해서 財를 救出하는데에 必要한 까닭이다. 이와 반대로 日主弱에 傷官旺 四柱는 물론 官이 不可한 것은 사실이라고 神峯書에 기록되어 있다. 다음 土가 金을 보는 土金傷官格에 四柱土가 旺하고 金에 泄氣가 미약한 경우 木官이 金傷官의 制를 받아 去한다면 土重金埋로써 다시 官을 이루기 前에는 富貴를 이룰수 없는 것이니 이러한 때에도 역시 木官이 있어 土를 疎通시켜야 되는 것이다. 다음 水가 木을 보는 水木傷官에 있어서는 財官兩見에 비

로소 기쁘다고 하였는데 理由는 水木傷官의 用財 즉 火財를 보았을 경우 그 木傷官이 生火財하는데 있어서, 水木 다시 말하여 濕木이 되어 生財가 잘 안되므로 발달이 없는바 이 格에 財官이 오면 財는 火가 되고, 官은 土가 되는 것인즉 습기가 있는 木도 火旺이 되면서 生火財하며 또 官이 되는 土는 制水하므로 濕木이 안되며 또 一方 身弱傷官格에는 官生印하여 印綬로 하여금 傷官傷盡케 하므로 「財官兩見 始爲歡이라」고 하게되는 것이다.

故로 傷官이라 하여 一例로 나쁘다고 말하지 말라, 辛月壬辰은 辰土가 傷官을 制하여 傷官傷盡이 되므로 貴함이 그가운데 있으나 定眞篇에서도 傷官이 見印綬하면 貴不可言이라고 하였다. 이辛日 壬辰時에 出生한 四柱가 秋多에 낳게되면 金水雙淸으로 水壬이 透出하여 秀氣가 되는데 辰戌丑未 四季土月에 나면 그土는 印綬로써 壬水傷官을 傷盡시켜 主로 財가 豊富하게 되는 것이다.

다음 身旺한 丙日主가 重土傷官을 만났을 경우 丙火는 泄光하게 되므로 甲을 만나 補 丙火하며 戊土를 踈通시켜 功을 이룰수 있는 것이고 때로는 그 傷官이 乾金을 만나서 傷官用財로 成功하기도 한다. 그리고 이 火土 傷官格에서 中年에 水運을 만나면 丙火와 戊土로써 土燥火炎으로 만물이 枯燥되는中 旱天에 逢兩格으로 升名利하게 되므로 때로는 水 官運을 作用하기도 하는데 다시 火土가 重來하게 되면 破了傷官(假傷官인 경우) 또는 泄氣太重 등으로(眞傷官인 경우) 그數가 不堅하게 되는 것이다. 이와 같으니 傷官을 一例로 凶하다고 할 수 있는가 그러니까 무조건 凶하다고만 할 수 없다는 것이다. 그상관을 制하는 印綬가 있으면 傷官傷盡이 되어 衣祿이 풍부하게 되는 것이다.

다음 官殺이 난립 충동을 하였을 때 干上에 傷官이나 食神이 있으면 그것을 制禦하여 兒孫을 滿眼에, 壽는 松相같이 장수하게 되는 것이다. 本 官殺은 兒孫이 되어 制하는 것은 本非宜나 官殺이 많으면 無子하기 쉬우므로 이러한 때에는 傷官, 食神이 있어 制殺해야만 兒孫이 滿眼하게 되는 것이다. 다음 傷官을 만나는 者 本來 마땅치 않은 것은 사실이지만 格局中에 無官有財면 傷官 生財로 福氣가 든든한 것이며, 또 四柱局中에서 傷官格을 만나거나 아니면, 運行中에서도 財旺運을 만나면 傷官用財로 의심없이 부귀하게 되는 것이다. 그러나 傷官이 傷盡되면 가장 奇特한 것인데 만약 傷盡되지 않은 傷官을 만나게 되면 그때는 禍가 다시 몸을 따르게 된다.

이 格을 가진자는 자기를 너무 과대평가 하고 他人을 무시하는 경향이 있어 항상 正理이건 非理이건을 막론하고 디디고 올라서서 이기려하는 好勝心이 있으며, 독재하려는 성질이 있어 남에게 好感을 주기가 어려웁고 刑罰 傷身 喪子 등 骨肉之間에 다시 슬픔을 겪게 되는 것이다.

※ 傷官用財格＝日主强에 多印이면 財로 爲用神 한다.

※ 傷官用殺格＝日主强에 比肩 劫財가 많으면 官殺로 爲用神 한다.

※ 傷官用傷官格＝日主强에 多官 또는 官無根이면 傷官으로 用神 한다. (多官殺인 경우 日主弱이라도 傷官用神할 때가 있다)

※ 傷官用印格＝日主弱에 傷官, 食神이 많으면 또는 官殺이 많으면 印綬로 위용신 한다.

※ 傷官用劫格＝日主弱에 財가 많으면 比肩 劫財로 위용신 한다.

예 ① 己巳年 庚午月 甲午日 巳時 (眞傷官格)

年 己巳 土土 病 正財 食神　　己戊丁丙乙
月 庚午 金火 死 偏財 傷官　　巳辰卯寅丑

-332-

日　甲午　木火　死　我身　傷官
時　己巳　土火　病　正財　食神

　이 경우는 午月炎炎時 甲日로 眞傷官格이 분명하다. 一入 巳
運을 맞아 壬午年에 夭壽하고 말았다. 이는 眞傷官이 逢傷官巳時
運으로써 木焚飛灰되는 상인데 다시 流年 午火에 再次 甲木이 入
死宮겸 傷官年하여 夭壽하고 말게 된 것이다.

　이格이 甲己化土로 化格같이 보이나 年上己土가 妬忌하므로 化
格은 안된다.

　예 ②　壬辰年 辛亥月 乙亥日 子時(假傷官格)

年　壬辰　水土　帶　印綬　正財　　壬 癸 甲 乙 丙
月　辛亥　金水　死　偏官　印綬　　子 丑 寅 卯 辰
日　乙亥　木水　死　我身　印綬
時　丙子　火水　病　傷官　編印

　이 경우는 水氣汪洋 印綬太旺으로 好泄精인데 다행이 時上丙火
가 있어 假傷官으로 定한다. 早年 壬子 水旺運이 들어 剋丙火用
神하고 丁酉年에 들어 酉는 生水하고, 丙火는 酉에 入死하여 夭壽
하게 되었는데 이는 水旺運에 一木이 汪之하는 象이 되어 익사한
四柱다.

　예 ③　戊寅年 己未月 丙戌日 未時(眞傷官用印格)

年　戊寅　土木　年　食神　比肩　　戊 丁 丙 乙 甲 癸
月　己未　土土　衰　傷官　傷官　　午 巳 辰 卯 寅 丑
日　丙戌　火土　墓　我身　食神
時　乙未　木土　衰　印綬　正財

이 경우는 丙火日主가 未月에 출생하여 未中藏干 乙木과 己土가 透出이나 本氣는 제일 먼저 己土를 정하니 이는 분명 眞傷官格이 된다. 四柱를 분석하여 볼때 寅中丙火, 未中丁火, 戌中丁火 時支 未中丁火로 旺하여 보이나 모두 年上戊土, 丑寅間艮土, 月上己土, 月支 未中己土, 戌中戊土, 時支 未中己土의 衆土에 多泄하여 火旺變弱되니 他의 원조를 받기 전에는 所生할길 없다. 다행히 時上乙木이 未中乙木에 착근하여 生 丙火하게 되니 이는 日主之用神으로 親印하게 되는 것인 즉 傷官用印格이 분명하다. 原乙木 印綬가 弱한中 行運乙卯 甲寅에 인수를 보강하여 兩朝의 封贈을 받아 大貴夫人이 되었다가 一入 丑運에 丑中辛金이 破乙, 印綬用神하여 수명이 마치게된 것이다. 이러한 四柱는 乙木이 수다한 土를 制하고 있으므로 曰「一將當關하니 群邪自伏이라」고 한다.

예 ④ 戊午年 己未月 丙戌日 亥時生 (眞傷官用印格)

年	戊午	土火	旺	食神	劫財	庚辛壬癸甲乙丙
月	己未	土土	衰	傷官	傷官	申酉戌亥子丑寅
日	丙戌	火土	墓	我身	食神	
時	己亥	土水	絶	傷官	偏官	

이 경우는 丙火日 月逢未하여 己土傷官이 透出하였으니 是는 火土 眞傷官格이 분명하다고 본다. 柱中에 土가 많으니 火氣가 쇠약한 고로 불가불 원조를 구하지 않으면 안된다. 다행이 亥未木局을 발견하게 되는데 亥中甲木과 未中乙木이 합세하여 亥水의 생기를 받아서 生丙火 할 수 있으므로 이는 眞傷官用印格이 분명하다. 그러나 木氣가 심히 약한中 早行 庚甲 辛酉運에 尅印하여 生不如死로 僅僅히 지내다가 一入戌運을 맞으면서 傷官이 加重으로

-334-

損子(자손이 죽는것) 하였고 變人 東北之運에 資印 印旺하여 발전하였다가 一入艮土(丑寅間 艮山)運을 맞으며 晦火로써 사망하고 말았다는 사주다. 이 四柱가 庚申, 辛酉 大運에 木 用神이 죽지 않고 살아난 것은 亥水 喜神이 있어 庚申 辛酉 金의 生을 받아 나를 生하여 주었으므로 直接的으로는 木 用神이 受尅이나 간접적으로는 受生되어 겨우 살아난 것이다.

예 ⑤ 戊子年 乙卯月 丁巳日 未時生 (假傷官格)

年	戊子	土水	絶	傷官	偏官	丙丁戊己庚辛
月	乙卯	木木	病	偏印	偏印	辰巳午未申酉
日	丁巳	火火	旺	我身	劫財	
時	丁未	火土	帶	比肩	食神	

이 사주는 丁巳日生은 四陽되는 二月에 출생하였고 火氣가 熾烈하게 되려고 하는데 時上丁火가 透氣하고 또다시 卯未로 結局하여 生火하니 火氣는 더욱 火烈하므로 好泄精하게 되는데 기쁘게도 生年 天干에 戊土가 출현하고 生時에 未土가 있어 이 火는 그 戊己土에 泄精하여 透氣하게 되어있다고 본다. 그러나 그 戊己土는 卯月에 極衰하였으며 木局의 制를 받아 그 用神土는 木을 두려워하지 않을 수 없다. 이것이 바로 이 木이 四柱의 病이 되는 것인데 木이 많으며 土가 적으므로 病이 심히 重한 것이다.

早行 戊午 己未 土運에 保土用神하여 吉하였고 一入 庚申 辛酉로 上下金運이 들어오며 日支 巳中庚金과 그 庚金之 長生宮에 着根하여 病이 되는 木을 깨끗이 制去해서 病根을 뽑으니 位登일각하여 宰相으로 잘 지내다가 一交亥運이 들며 다시 木局이 結成되니 病神이 着根하며 戊己土 傷官을 尅하니 曰「假傷官이 行 印運하

-335-

여 破了 傷官하니 必死라」는 구절이 正中되어 入寂하였다는 四柱다.

예 ⑥ 辛丑年 丙申月 己丑日 午時生 (眞傷官用印格)

年	辛丑	金土	墓	食神	比肩	丁戊己庚辛壬癸
月	丙申	火金	浴	印綬	傷官	酉戌亥子丑寅卯
日	己丑	土土	墓	我身	比肩	
時	庚午	金火	祿	傷官	偏印	

이 경우는 己土日이 申金月에 출생인데 그 本氣 庚金이 時上에
透出하여 爲眞 傷官格으로 四柱현황을 살펴보니 日主己土가 辛·
申·庚金에 泄氣甚하여 협조를 요구하게 되는바 다행하게도 月上
丙火가 時支午火에 착근을 하고 있으며 그 午宮을 日主之歸祿으로
써 가히 아름답다고 본다. 運行 庚子 辛丑 壬이 오며 印綬가 被
傷하여 日疾災病으로 하루도 편안한 날이 없다가 東方 寅卯運을
만나면 木生火印하여 病은 差度있어 차츰 老來에 健康하였고 또
아들 三兄弟를 키워 衣食이 頓足하게 살다가 一交辰運을 맞으며
申辰水局으로 破印丙火하니 그만 사망한 四柱이다.

예 ⑦ 丙寅年 庚子月 壬子日 亥時 (假傷官格)

年	丙寅	病	偏財	食神	辛壬癸甲乙丙丁
月	庚子	旺	偏印	劫財	丑寅卯辰巳午未
日	壬子	旺	我身	劫財	
時	辛亥	祿	印綬	比肩	

이 경우는 壬子日生이 子月生으로 또 庚辛金이 來助하니 斷然코
身强이라 (得令·得位·得勢 三者俱全) 故로 壬水가 泄精함이 마
땅하다. 다행히 年支 寅木과 時支 亥中甲木이 寅亥로 合木局해

-336-

서 丙火에 까지 吐泄하여 貴한데 그 木은 子月 木으로써 衰하였고 庚辛金이 剋하려고 虎視眈眈 노리고 있는 것이 病이다.

一入寅卯 東方辰巳運이 들면 枯木이 逢春格으로 財富하였으나 巳運에는 巳中庚金이 損木하여 不利하였고 一交未運이 들자 未中 己土가 旺한 壬水의 干城子中癸水의 羊刃을 剋하고 用神木이 그 未에 入墓하였다는 四柱이다.

예 ⑧ 乙巳年 癸未月 戊辰日 丑時 (假傷官格)

年　乙巳　木火　祿　正官　偏印
月　癸未　水土　衰　正財　劫財
日　戊辰　土土　帶　我身　比肩
時　癸丑　水土　養　正財　劫財

이 경우는 戊日의 未月生은 극히 土旺한 法이다. 물론 土中에는 辰戊丑未 四土가 있으나, 辰土는 癸水의 財를 띠고 있어 剋之하고 戊土와 丑土는 각각 辛金을 合하여 泄之하니 이 土들은 비록 旺하여 보이나 不旺한 故로 戊日이 臨 比三位하고 金多면 作稼穡格하여 不失中和하는 것이나, 四土中 未土만은 그와 성질을 달리하여 未中丁火 氣가 있으므로, 土生이 심히 旺한 까닭에 戊日이 臨 未月하고 四柱에 土重하면 火炎土燥하므로 因하여 稼穡格으로 作用함은 不可하게 되는 것이다. 그러나 이 戊日 未月生이 見金 結局한 者는 假傷官으로 不貴則 富하게 되는 것이므로 土逢秀位에 見金多者는 終爲貴라 하였다. 이 四柱는 未月 戊日로 巳丑金局을 놓아 假傷官格이 分明한데 早行 午運마을에 剋金하여 모든 일은 막혔고, 一行 辛巳 庚辰運이 오면서 衰金用神이 逢金運하여 財發 數千萬緡하였다가 一入寅運 하면서 用神金이 絶하고 寅

-337-

中丙火가 尅衰金 用神하여 甲辰年에 入幽한 四柱이다.

예 ⑨ 甲午年 丙寅月 乙丑日 未時 (從傷官財格 , 木火通明格)

| 年 | 甲午 | 木火 | 生 | 劫財 | 食神 | 丁戊己庚辛壬 |
| 月 | 丙寅 | 火木 | 旺 | 傷官 | 劫財 | 卯辰巳午未申 |

| 日 | 乙丑 | 木土 | 衰 | 我身 | 偏財 |
| 時 | 癸未 | 水土 | 養 | 偏印 | 偏財 |

이 경우는 乙丑日生이 寅月에 출생하였으니 甲木얻어 不嫩할듯
하나 火傷官이 더욱 旺한中 또다시 年月로 木火가 通明이다.   時
에 未土는 癸水를 尅하여 火神을 돕는 同時에 午未丑에 火土를 집
결하게 된다.   그러나 時上 癸水가 미약하나마 丑中癸水에 有根
투출되어 尅火하므로 癸水는 從火土格에 病이 된다.

그러므로 運行 戊辰己土를 받으며 去病存火하고 또 남방 巳午
運을 받으며 衰火가 耀耀하여 位權道伯 (道知事)까지 지낸다. 만
약 이 四柱가 用劫木이었더라면 남방운에 泄木之氣로 危恐하였을
것인데 旺火土하여 從火土로서 남방운이 매우 발전되었으며 行 壬
申運에 損破用神하여 노화로 세상을 떠난 四柱이다.

예 ⑩ 壬子年 丙午月 乙亥日 亥時 (制過傷官格 眞傷官變假傷格)

| 年 | 壬子 | 水水 | 病 | 印綬 | 偏印 | 丁戊己庚辛 |
| 月 | 丙午 | 火火 | 生 | 傷官 | 食神 | 未申酉戌亥 |

| 日 | 乙亥 | 木水 | 死 | 我身 | 印綬 |
| 時 | 丁亥 | 火水 | 死 | 食神 | 印綬 |

이 경우는 乙日生이 午月에 출생하고 丁火가 투출하여 祿根하고 丙火를 얻어 本 火得令으로 眞傷官이 分明한데 柱中에 壬子亥亥水를 만나 泄氣가 오히려 狹少해지니 眞傷官은 變하여 假傷官이 된다.

故로 水가 病인데 行運戊土로 들어오면서 制去水病하여 大富하게 되었고 一入 申運壬水가 申에 得 長生하여 尅火하니 大患으로 몇번이나 죽었다가 살아났으나 그것은 戊土가 蓋頭에 있는 탓이다. 다음 己酉 庚戌運 己戌中은 크게 富하였고, 酉庚에는 帶疾로 汩汨하다가 一交 亥運 壬水病이 祿根於源泉하여 죽고 말았다. 이 四柱는 原則에 依하여 甲乙日에 巳午月 - 眞傷官으로 보았다가는 크게 誤錯를 犯하기 쉬운 格이니 眞傷官이 變假傷官으로 되어 印綬運에 破了傷官으로 損壽元 하였다는 것을 잊어서는 안될 것이라 믿는다.

예 ⑪ 己丑年 己巳月 丁丑日 酉時 土有餘 木火不足格 (假傷官
　　　　　　　　　　　　　　　　　　　　　　　　　變眞傷官)

年	己丑	土土	墓	食神	食神	庚辛壬癸甲乙
月	己巳	土火	旺	食神	劫財	午未申酉戌亥
日	丁丑	火土	墓	我身	食神	
時	己酉	土金	生	食神	編財	

이 경우는 坤命으로서 丁火日生인데 本 火之分野로 身旺이나 更察死데 身旺에 好泄精으로 柱中 多逢土하여 假傷官格이 分明하다. 그러나 地支에 巳酉丑金局이요 己土多泄되어 假傷官이 變眞傷官이라 丁火의 精英이 심히 泄하여 이는 母衰子旺으로써 母胎가 허탈한 상태이므로 子 無托生之處가 되어 이것이 正謂多子無子에 해

-339-

당된다는 것이다. 一入酉運에 들면서 四柱 原有財와 合勢財運하여 土金으로써 財多身弱되어 一生 孤貧無子로 살다가 更交戌運에 眞傷官이 行傷官이면 必滅이라, 泄精神으로 사망한 四柱다.

예 ⑫ 丙子年 丁酉月 壬申日 亥時
  (水淸金白格, 印綬用食傷格, 假食神格)

年	丙子	火水	旺	偏財	劫財	戊己庚辛壬癸
月	丁酉	火金	浴	正財	印綬	戌亥子丑寅卯
日	壬申	水金	生	我身	編印	
時	辛亥	金水	祿	印綬	比肩	

이 경우는 壬水가 酉月의 金水兩星이 雙淸하여 金水之氣가 有餘하다. 故로 天干丙丁二火가 透來損金하는 것이 喜한데 無根이欠이라, 이 四柱 水氣가 有餘로 흠인듯 하나 亥中甲木에 金水精氣가 集中되어 泄精英하고 있는 것이 果然 貴占이다. 八月之木으로 낙엽이 지고 庚辛金(申酉之中 庚辛金)이 來 損木하는 暗暗裡의 恐怖가 甚病으로 大貴할 수 있는 四柱로 運入 東方으로 補起 木火二字하니 位登高閣(내각·각료)하게된 사주이다.

예 ⑬ 戊申年 丁巳月 己卯日 午時 (傷官用印格)

年	戊申	土金	浴	劫財	傷官	戊己庚辛壬癸
月	丁巳	火火	旺	偏印	印綬	午未申酉戌亥
日	己卯	土木	衰	我身	偏官	
時	庚午	金火	祿	傷官	偏印	

이 경우는 己日生이 巳月에 출생하여 印綬로써 身强이나 庚金투출하고 巳申으로 傷官局이 된다. 그리고 다시 이 四柱의 상황

을 살펴 볼때에 巳中丁戊庚이 투출하여 火土金으로써 그 精이 庚金으로 집결되고 또다시 地支에 巳申으로 金局하여 曰傷官用印格으로 變한다. 그러므로 이 格은 午火가 用이 되는바 다행히 巳午火가 合이 되어 아름답다.

早行 戊午 己未에 富家에 출생하여 호강으로 자라났고 매우 聰明精神하여 有望한 청년으로 居鄕에서 稱誦이 자자하더니, 一入申運에 午火用神이 申宮에 病하여 病重으로 庚辰年 戊寅月 庚辰日(己卯年 十二月 三十日이나, 庚辰年 立春後 故로 庚辰年 戊寅月임)에 用神 木이 絕하는 同時 病重하여 운명하고만 사주이다.

「연구과제」

※ 傷官用印格=身主가 弱하고 傷官이 旺하여 泄氣가 심한 경우 日主를 補하고 傷官을 傷盡시키는 印綬를 작용하는 방법

※ 傷官用財格=印綬나 比肩, 劫財로 因하여 身이 旺하였을 경우 그 傷官을 泄氣 시키는 財를 作用하는 방법

※ 傷官用劫財格=傷官이 旺하여 日主泄氣가 심할때에 身을 補強하여 그 심한 泄氣를 共同으로 防禦하는 比肩·劫財를 작용하는 방법

※ 傷官用傷官格=이 格은 身旺四柱로 官을 用神候補로 物色하여 본 결과 官이 傷하였거나 또는 無根하여 用神으로 作用할 수가 없어 그 身旺함을 泄氣시키는 傷官으로 돌려 작용하는 방법

※ 傷官用官格=原傷官格인데 그 傷官이 生財하여 그 財로 하여금 生官케하거나 아니면 印綬가 많아 傷官이 傷盡되므로 身이 旺하여 官을 要할때에 官으로 作用하는 法

※ 假傷官格=原則으로 月支에 傷官이 놓여져 있지 않고 그 자리에 比肩이나 印綬가 놓여져 있어 身이 旺한 四柱다. 時干이나

時支 또는 日支暗藏 또는 地支合局 등으로 傷官이 이루어져 있을 경우 그 傷官을 작용하는 法

이 格은 다른 類와 달리 매우 여러 형태로 변하여 이해하기 어려우므로 다시 좀 더 상세하게 설명하고져 한다.

예 ① 己丑年 辛未月 丙寅日 丑時 (傷官用印格)

年	己丑	土土	養	傷官	傷官	庚己戊丁丙乙
月	辛未	金土	衰	正財	傷官	午巳辰卯寅丑
日	丙寅	火木	生	我身	偏印	
時	己丑	土土	養	傷官	傷官	

이 경우는 丙日未月 透己土로써 火土傷官格이 分明한데 그 土(己·丑·未·己·丑)가 너무 많아서 身主의 泄氣가 太甚하여졌다. 이런 경우 身을 補해야할 것은 너무나 당연한 일이 아닐 수 없다. 그러면 어떤 者가 身을 補하여 그 많은 傷官을 制할 것이냐 그것은 바로 인수가 되는 것이라 본다. 그러므로 그 인수는 用神으로 작용하게 되는 것인데 마침 日坐 寅中甲木이 있어 用神으로 선정하게 된다. 그러므로 傷官用印格으로 구성되는 것이다. 그러나 寅木만은 孤立無根인데 다행히 未月에 出生하여 尚存火氣가 炎炎하여 木火協力으로 保身하므로 因하여 身을 충분히 補할 힘이 있다. 이 四柱는 中年 丁卯運에 木(寅)印綬를 防害하는 辛金은 除去하고 또 卯中乙木으로 傷官土를 傷盡시켜 官界에 大官으로 진출하였는데 이것이 분명히 有病에 得藥한 탓이고, 다시 丙寅木火運에 黃堂에 올라 宰相이 된 四柱이다. 病藥原理 用神法으로 볼때 丙日主에 多土가 日主之病이 되고 寅木이 藥이 되는것이라 보면 된다.

예 ② 辛酉年 丁酉月 戊午日 酉時

年	辛酉	死	傷官	傷官

丙乙甲癸壬辛
申未午巳辰卯

月	丁酉	死	印綬	傷官
日	戊午	旺	我身	印綬
時	辛酉	死	傷官	傷官

이 경우는 보는 바와같이 戊土가 酉金에 출생하고 辛酉가 透出하여 眞傷官格이 분명하다. 연인데 生年干支 酉辛金하고 月支辛金時 干支에 二重辛金이 있어 出血(多泄氣)이 너무 甚하다. 故로 日主를 補해야 하는데 다행히 丁火와 午火가 있어 그 火로 작용하게 되므로 傷官用印格이 결정되는 것이다.

이 경우는 그 기상이 매우 단조롭게 純淸하여 濁亂하지 아니한다.

初運 木火에 體와 用이 모두 有益하여 관록이 매우 발전하여 높은 직위에 올랐다가 癸巳 壬辰運이 들면서 水는 尅火하고 土는 生金하여 退官하게 되었는데 近 二十年間 근무하면서 고생 고생 살았으나 그 純淸한 節을 呼訴할 곳 조차 없었다는 四柱이다.

예 ③ 丙申年 戊戌月 丁卯日 巳時 (傷官用財格)

年	丙申	火金	浴	劫財	正官

己庚辛壬癸
亥子丑寅卯

月	戊戌	土土	養	傷官	傷官
日	丁卯	火木	病	我身	偏印
時	乙巳	木火	旺	偏印	劫財

이 경우는 丁日戊土 透出로 火土傷官格으로 斷定된다. 丁日은 生卯木 印綬上하고 乙巳木火時로 補身强하고 또다시 年干 丙火와

月支戌中丁火에 根을 얻어 身이 매우 旺하였으며, 그 戊土傷官은 生 申金하므로 金精氣가 時乙木에서 시작하여 木生火(日主), 火生土(月傷官), 土生金(年支申金)으로써 그 申金財에 集結되어 있는데 丁日主가 能히 申金財를 任用할 수가 있으므로 爲用神하여 傷官用財格이 결정된다. 辛丑壬運에 經營獲利하여 發財萬金 하였다가 寅木 東마을 運에 臨하면서 그 用神이 絶하였고, 그 比肩 丙火는 寅에 遇長生宮하고 用神 申宮을 冲尅破하여 그만 不祿之客이 되고 말았다.

예 ④ 癸亥年 辛酉月 戊申日 未時 (傷官用劫格)

年	癸亥	絶	正財	偏財	庚己戊丁丙乙
月	辛酉	死	傷官	傷官	申未午巳辰卯
日	戊申	病	我身	食神	
時	己未	衰	劫財	劫財	

이 경우는 土金 眞傷官格으로 이루어졌고 年癸亥水에 土生金 金生水로 잘 이루어 그 財物이 無限 욕심이난다. 그러나 日主戊土가 심히 약하여 그 재물보다 몸을 補함이 선급문제가 되므로 인하여 그 재를 잡지 못하고 時 比肩劫財에 의하여 存在하지 않으면 안되기 때문에 그 比肩劫財의 힘을 빌려서 傷官用劫格으로 결정하게 되는 것이다. 그런데 다행히 戊土가 未中己土에 착근하여 同宮인 丁火의 生을 받아 더욱 잘 조화되어 있는 四柱다. 己未戊午運 縣에 出任하였고, 丁巳 丙辰 運에는 旺印用事(旺한 印綬를 작용)로 州牧이 되어 크게 부귀하였으나 一入東卯木運에 하직하게 된 四柱이다.

8. 雜氣 財官格의 意義와 構成

① 雜氣財官格의 意義

이 格은 月支 辰戌丑未의 암장간(暗藏干)으로 구성되는데 잡기란 天地四庫 즉 東南間 辰, 西北間 戌, 東北間 丑, 西南間 未를 말하는 것이다. 이곳은 東南西北의 正位가 아니라하여 잡기라는 이름이 붙은 것인데, 이 잡기 辰戌丑未 中에는 財官이 암장되어 있으므로 因하여 잡기 재관이라 하는 것이고 또 이로 말미암아 格으로 이루었다하여 「잡기재관격」이라고 하는 것이다. 그러나 이 財官 뿐만 아니라 印綬, 傷官, 食神, 比肩, 劫財가 모두 압축되어 있는데 比肩·劫財는 格으로 다루지 않기 때문에 제외하고 인수와 상관 식신은 이용하여 「잡기인수격」 「잡기상관격」이라고 한다. 예를 들면 丙丁日生이 辰月이라면 辰中에는 戊乙癸가 있는데 透出한 戊土가 있으면 「잡기상관격」(丙日對 戊土는 식신이나 상관으로 合稱한다), 透乙이면「雜氣印綬格」透癸면 「잡기재관격」이라고 稱한다. (※ 丙日에 癸는 잡기관격이지 「잡기재격」은 아니지만 총칭하여 雜氣財官格이라고 칭한다) 이 格은 同時 干頭에 透出이 있어야 하고 또다시 辰戌丑未는 四庫로써 매우 굳게 문이 닫혀있어 그 문을 여는 冲刑이 있어야 하는 것이다.

② 雜氣財官格의 構成

도표 ① 雜氣財의 構成

生月	辰	戌	丑	未	辰	戌	丑	未	辰	戌	丑	未
生日	甲乙	甲乙	甲乙	甲乙	戊己	壬癸	丙丁	壬癸	庚辛	丙丁	戊己	庚辛
透干	戊	戊	己	己	癸	丁	辛	丁	乙	辛	癸	乙

도표 ② 雜氣官의 구성

生月	辰	戌	丑	未	辰	戌	丑	未	辰	戌	丑	未
生日	壬癸	壬癸	壬癸	壬癸	丙丁	庚辛	甲乙	庚辛	戊己	甲乙	丙丁	戊己
透干	戊	戊	己	己	癸	丁	辛	丁	乙	辛	癸	乙

도표 ③ 雜氣傷官의 구성

生日	辰	戌	丑	未	辰	戌	丑	未	辰	戌	丑	未
生月	丙丁	丙丁	丙丁	丙丁	庚辛	甲乙	戊己	甲乙	壬癸	戊己	庚辛	壬癸
透干	戊	戊	己	己	癸	丁	辛	丁	乙	辛	癸	乙

도표 ④ 雜氣印綬의 구성

生月	辰	戌	丑	未	辰	戌	丑	未	辰	戌	丑	未
生日	庚辛	庚辛	庚辛	庚辛	甲乙	戊己	壬癸	戊己	丙丁	壬癸	甲乙	丙丁
透干	戊	戊	己	己	癸	丁	辛	丁	乙	辛	癸	乙

※ 格局에 있어서 다루는 것은 財官만 다루고 있는 것이지만 그 財官外에도 印綬, 傷官도 구성표와 같이 구성되어 있음을 알아두기 바란다.

③ 雜氣財官格의 해설

잡기재관은 月支 암장에 있는 것인데 그 藏干이 투출되어야만 비로소 豊隆하게 되는 것이다. 四柱身旺에는 冲破를 하여 財官이 旺하게 되므로 마땅한 것인데 그렇다하여 신약사주가 原有財官이 旺한 곳에 또다시 刑冲하여 중복으로 財·殺로 하여금 나를 壓伏시키는 것은 간절히 忌해야 하는 것이다.

辰戌丑未는 四季요 四庫가 되는 것인데 그 辰戌丑未에는 印綬·

財·官이 모두 居하고 있는 것이다. 그런데 印綬가 투출이면 雜氣印綬格 財가 투출이면 잡기재관격 (官이 없어도 官까지 合稱함)으로 眞格이 되는 것이니, 身旺財多 또는 官多면 귀히 된다. 財官이 그 庫中에 寓在 (웅크리고 있는것)하고 있어도 그 財·官이 干頭에 나타나 있지 못하면 이에 그 福祿이 不昌하게 되는 것이다. 만약 그 庫藏門에 刑冲을 만나서 열린다고 하면 그는 그 富貴가 尋常치 않게 되는 것이다.

本來 옛날부터 이 格을 輕하지 않게 여기는 것이므로 重要視하는 바인데 아무리 雜氣를 놓았다 하더라도 天干에 투출됨으로써 眞格이 되는 것은 사실이며, 또 身이 强하고 財가 旺하면 그財는 生官하여 官祿이 생기니 運中에 그 庫를 刑冲시켜 開門하면 寶珍을 取得하게 되는 것이다. 辰戌丑未 財官이 月內에 간직되어 있는데 冲刑을 좋아한다고 하였지만 相當(적당)을 요하는 것이기 때문에 身弱 原有財官이 다시 冲出시켜 財多身弱 또는 身輕殺重을 만들어 壓伏重하거나, 아니면 身旺 原無財 같은데 또는 原有財라도 身弱財淺의 경우에는 運에서 冲出시키거나 또는 財旺에 들어도 吉祥하게 되지 못하는 것이 사실이다.

身旺하고 官格을 作用하는데 좀 官不足인 경우 財가 生官하면 이는 官格用財로써 官祿鍾(千鍾이니 萬鍾이니 하는 例)을 얻게되는 것인데 官에 富를 加하여 富貴로 三公位에 오르게 되는 것이다.

※ 三公은 左議正, 右議正, 領議正을 말함.

그리고 三變을 만나게 되면 더욱 妙한 것인데 이 三變이란 첫째 辰戌丑未月에 출생하고, 둘째 財, 官이 투출되고, 세째 刑冲을 만나 그 장축된 財官을 투출시키는 것을 말함인바 그렇게 응하여

得(三變을 得함) 하게 되거나, 아니면 運에서 一變을 얻어 刑冲을 하여도 그는 蛇化爲龍이 되는 것이다.   또한 五行日干이   月支에 四季를 만나 財가 透干이면 富하고 官이 透하게 되면 貴하고, 인수가 투출이면 吉亨하게 되는 것이므로 財가 없이 영헌함을 요구하게 되는 것인바 이렇게 되었을때 官이 있으면 官印相生으로 財産이 풍요해지며 명예도 산과 같이 높아지는 것이다.

특히 前記한 바 있는 財·官 用則과 같이 雜氣財官格은 財格에 또 雜氣官格은 官格에 준하여 보면 되는 것이므로 이곳에서 記하지 않겠다.   이 格에서는 雜氣正官, 잡기편관, 잡기정재, 잡기편재를 가리지 않고 그대로 雜氣財官이라고 하여 通用하는 것이다. 本來 雜氣는 正位가 아니므로 잡기정재, 잡기정관 이란 모순된 말은 있을수 없으나 따지고 보면 丑月 甲日에 辛金이 透官이라면 辛金은 甲日對 正官이 되는 것이니 이것은 雜氣正官格이라 할 수 있겠지만 이것을 통칭하여 雜氣財官格(財가 없어도 財가 간직되어서 부름)이라고 하는 것이다.

예 ① 甲子年 丁丑月 戊午日 丑時 (雜氣財官格)

年	甲子	木水	胎	偏官	正財	戊己庚辛壬癸甲
月	丁丑	火土	養	傷官	劫財	寅卯辰巳午未申
日	戊午	土火	旺	我身	印綬	
時	癸丑	水土	養	正財	劫財	

이 경우는 正月生으로 乙丑年 立春 入節日에 출생하였고   入春時間前 生이 되어 丑月로 되고 있으나 完全 三陽火辰生期가 되어 戊土가 溫暖을 得하니 弱化爲强이 되었으며 또 丁火가 투출되어 日支午에 착근 生戊土하였고 또 甲木 七殺은 투출하여   月上丁火

에 통관 丁火로 하여금 나를 生하게 하니 尤旺이라. 雜氣 丑月中 癸水財 투출이 가미인데 능히 日主가 旺하여 堪耐할 수 있다. 故로 癸水로 爲用神하는 바 年支 子에 癸祿在子로 祿根하여 用神도 亦旺이다. 中年 庚金運을 맞아 발전하기 시작하여 辛金運에 官職의 최고봉에 이른 사주다.

예 ② 己酉年 丁丑月 壬辰日 辰時 (雜氣官用印格, 殺印相生格)

						丙乙甲癸壬辛庚
年	己酉	土金	浴	正官	印綬	子亥戌酉申未午
月	丁丑	火土	衰	正財	正官	
日	壬辰	水土	墓	我身	偏官	
時	甲辰	木土	墓	食神	偏官	

이 경우는 壬日丑月 己土 투출로 雜氣財官格이 分明하다. 火長生寅木 進氣요, 또 丁火가 투출되어 있는 土는 微溫之土가 되어 火土가 自旺으로 殺이 旺하여 염려되는데 다행히 丁火는 己土로 통관하여 火生土 하였고 그 己土는 다시 生酉金하여 酉丑으로 印綬局하고, 壬水는 地支丑中癸水 自庫 辰中癸水에 通源하여 水而不絶이다. 그러므로 雜氣財官用印格으로 하는데 印綬가 약한 中·酉·申運에 補强하여 국회의원에 당선된 四柱이다.

9. 羊刃格의 意義와 構成

① 羊刃格의 意義

羊刃格이란 陽刃으로써 이루어지는 格을 말하는 것인데 이 羊刃을 陽刃이라고도 하는바 理由는 陽 日干의 刃으로만 구성되기 때문이다. 예를 들어보면 甲月干의 陽刃은 卯, ·丙戊日의 羊刃은 午,

庚日의 羊刃은 酉, 壬日의 羊刃은 子로써 이와같이 陽日干에 子·
午·卯·酉로써만 구성되는 것임으로 그「陽」字를 따게 된 것이
며, 다시 刃字를 붙이게 된 것은 이 羊刃(陽刃同)은 在天爲 紫暗
星으로 專行誅職(在地陽刃)이 되는 것이므로 (誅職은 목베는 刑
官職) 刀刃으로 보게 되는 까닭에 刃字를 따라 陽刃이라 하게 된
것이다.

또 陽刃은 七殺(偏官)과 合이 되는 것인데 如 甲日의 羊刃은 卯
요 七殺은 庚金으로 羊刃, 卯 (卯中乙木)는 七殺 庚金과 乙庚合이
되므로 그 관계는 七殺이 無刃이면 불원하고 羊刃이 無殺이면 不威하는
정도로 밀접하게 되어 있음을 알아야 하겠다. 따라서 이 格의 구성에 있어
서는'陰日干 羊刃에 作用하지 않는 것이므로 乙日에 辰·丁己日에 未, 辛日
에 戌, 癸日에 丑, 등의 羊刃(陰刃이라고도 한다)은 이 格에서 대상이
되지 않는다. 그러므로 이 格 구성에 있어서 陽刃즉 陽日干의 比
肩 劫財는 나의 殺과 合하는 것이기 때문에 조금도 七殺을 두려
워 하지 않으나, 그 羊刃宮을 冲去하게 되거나 또는 財官旺하여 羊
刃이 被傷되는 것 등은 모두 재난이 심하게 되는 것이다. 그 羊
刃을 補하는 비견·겁재가 四柱中에 多逢하게 되면 그때는 羊刃은
本性 비겁으로서 나의 조업을 분리하는 神이 되므로 오히려 나의
病이 되는 것이라 본다.

② 羊刃格의 構成

도표 ①

生 日	甲	丙	戊	庚	壬
生月支	卯	午	午	酉	子
生月干	乙	丁	己	辛	癸

도표 ②

生日羊刃 (日刃)	丙午 戊午 壬子

③ 羊刃格의 解說

羊刃이 存在하였을 때에 이곳에 存時의 時字는 四柱의 生時가 아니고 때를 의미하는 것이니 즉 羊刃이 時가 있으면이 아니고 羊刃이 있을때에 또는 있을 경우 凶함이 있다고 말하지 말라. 日主가 신약하였을 時는 도리어 그 羊刃(비겁)을 형제로써 나를 도아주어 貴히 되는 것이다.

그러나 그 羊刃이 세월 時中에 重相見하여 오는 것인데 그렇게 되면 時에 官殺이 있어도 그것은 도리어 貴宮이 아니고 怒宮으로 作하게 되는 것이니 이 格에 官을 把握하지 못하게 되는 것이다. 왜냐하면 그것은 身旺宮衰가 되는 것이고 또 이 重重劫財는「나의 財가 되면서 官의 根이 되는 財를 群劫爭財로 爭奪하게 되는 까닭에 時에 官이 있어도 잡을수 없고(莫把生時) 도리어 怒宮을 짓게하는 까닭이라 하겠다. 그리고 馬逢 즉 午字가 丙이나 戊를 만나거나 水逢 즉 子字가 壬을 만나는 것은 모두 丙戊日이 在午, 壬日이 見子로서 羊刃이 되는 것인데 이들은 모두 官星이나 七殺을 만나는 것을 매우 기뻐한다. 그 이유는 正官은 羊刃을 魁하여 奪財를 막게되는 것이고 또 七殺은 羊刃과 合去하여 나를 魁하지 않는 까닭이다. 그 羊刃宮은 刑害는 그리 두려워 하지 않으나, 羊刃宮을 冲하는 것은 제일 두려워 하는데 이것은 日主自身이 弟妹氏(甲의 羊刃 卯中乙木은 弟氏가 됨)의 힘에 依扶하고 있다가 그 弟妹氏가 冲敗하게 되므로 인하여 방위선이 무너지는 것과 같으므로 겁을 안낼 수 없게 된다. 또 財地를 두려워 함은 그 羊刃 劫財가 財를 제압하여 官殺을 生助不能하게 하였던 것이 그만 羊刃自身이 冲敗하게 되므로 因하여 그 財를 제압할 수가 없어 그 財는 능히 生官祿하여 그 官殺로 하여금 나를 侵功케 하는 까닭으로 그렇게 되면 禍가 輕하지 않게 되는 것이다. 이상과 같이 이 格에서는 冲을 대단히 두려워하는 것이므로 壬子 羊刃은 午가 와서 子午冲함을 겁내고 또 丙午, 戊午 羊刃은 子가 와서 子午冲함을 겁내며 甲卯羊刃은 酉가 와서 冲함을 싫어하는 것이므로 이상은 모두 日主 自體에 羊刃이 있거나, 또는 그 羊刃이 生月에 있거나를 막론하고 大忌하는 것이고 또 그렇다하여 그와는 반대로 羊刃이 重見하여 오는것, 즉 丙日午가 坐下에 있는데 또다시 他柱에 午가 있고 甲日卯 羊刃이 있을 경우 또다시 他에 卯가 있어 身宮과 劫財 比肩이 엉클어져 會合되는 경우도 모두 大忌 하게되는 것이라 본다.

日刃 즉 生日 자체에 羊刃이 있을 경우 ⑩ 丙午日, 戊午日, 壬子日은 모두 羊刃과 같은 것인데 그 陽刃은 甲日見卯 혹 乙月 壬日見子 혹 癸月이 되는 것인바 이것은 다같이 官星 七殺이 交逢되는 것을 좋아한다. 歲運에 만약 殺旺 刃弱인 경우 刃印運이 오거나 아니면 殺旺 刃弱에 財官運이 와서 잘 中和가 되어 서로가 傷함이 없으면 그때는 天干 地支에 刑冲이 있다하여도 中和만 잘되면 武功을 크게 세우게 될 것이다.

羊刃에 만약 歲君(相冲)이 와서 合하거나 또는 甲日卯 羊刃에 酉가 와서 冲함은 모두 嫌하는 것인데 이것은 只單 柱內에서 뿐 아니라 流年에 있어서도 그렇게 만남은 忌하는 것이니 그것은 모두 群劫爭財 또는 合殺爲貴를 妨害하는 것이 되므로 災殃이 連綿하게 되는 것이며 또 그렇게 되는 곳에 三刑이나 冲이나 七殺이 와서 상전(相戰)하게 되면 (交過라 하여 좋은 것이 아님) 그때는 반드시 閻羅大王의 召集令狀이 내리게 되는 것이다.

羊刃을 만났을 때는 偏官을 기뻐하는 것이고 만약 財星을 보게 되면 禍가 百端이나 일어나는 것이다.

歲運내 羊刃宮을 相冲하게 되면 妹의 힘을 除去하여 나의 방위선을 損傷하는 것이되고 또 相合이 되면 群劫으로 橫暴奪財하는 것이되어 뜻하지 아니한 災殃이 門에 이르게 되는 것이다.

羊刃이 單運이면 合殺爲貴가 되는 것이나 그렇지 않고 그 羊刃이 重運되면 그 主人 心性은 强하고 氣는 高하여 남에게 굴하지 않으려하고 또 不邱(근심하지 아니함.) 之意하며 眼大鬚强하게 되는 것이고 그 羊刃을 刑冲하게 되면 多凶厄하게 되는 것인데 傷官이 있어 冲하는 者를 制하여 주면 그때는 바야흐로 吉昌을 보게 되는 것이다.

傷官이 있으면 羊刃을 冲하는 者를 制去하는 理由는 如 甲日의 羊刃은 卯요, 卯를 冲하는 者 酉中辛金으로 辛金을 尅하는 者 火요, 火는 甲日對 傷官이 되기 때문이다. 日主가 弱하였을때 그 羊刃 즉 比肩劫財 다시말하여 弟의 힘에 依持하였을 때 官이와서 그 羊刃을 尅하면(正官은 比劫 즉 羊刃은 七殺故也) 日主가 無依하여 허하게 되므로 見官을 두려워 하는 것인데, 그 羊刃宮을 官이 刑冲하면 禍가 千般으로 일어난다는 것이다. 이러한 때에 四柱에나 또는 會運에 財가 旺하여 그 官과 生合하게 되면 그때는 官이라 할지라도 官이 旺하고 身弱하면 傷殘등으로 그 身體가 不完하게 되는 것이다.

※ 羊刃用殺格＝日主가 旺하였을때 七殺이 둘, 셋이 있을경우 그 殺하나는 合去하여 殺刃相停하고 있을 때에는 他의 留殺로 用神한

다.

※ 陽刃用印格=如 戊日生의 羊刃은 午인데 歲時에 火多면 劫爲印綬로 變則하여 用神한다.

※ 陽刃用食傷格=羊刃이 殺과 合하여 殺刃相停하며 一方的으로만 羊刃이 生食傷하는 格, 또는 羊刃이 殺이 없어 完全히 食神이나 傷官을 生하는 格

※ 陽刃用財格=羊刃 印綬로 日主 甚旺하고 官殺 傷官 食神이 無一點하며 財가 있을때 財로 用神한다. 이때 財를 生하거나 다시 羊刃合歲君은 危險하다.

※ 陽刃用刃格=羊刃强에 單一殺强으로 殺刃相停되어 있을 때에 殺强刃弱이면 羊刃으로 爲用神 한다. 이 格은 羊刃에 比하여 殺이 弱한 경우 補殺運이 오면 功勳은 세우나 悲慘하게 죽는 일이 많고 또 羊刃이 冲 또는 合歲君(羊刃强)하여도 變死함이 많다고 본다.

예 ① 癸未年 乙卯月 甲子日 巳時 (羊刃格)

年	癸未	水土	墓	印綬	正財
月	乙卯	木木	旺	劫財	劫財
日	甲子	木水	浴	我身	印綬
時	癸巳	水火	病	正官	食神

甲癸壬辛
寅丑子亥

甲日生이 卯月 羊刃 司令月에 출생했다. 다시 乙이 투출 되어 있는 中 癸 印綬를 만나 羊刃이 甚旺이다. 庚金七殺이 巳中에 간직되어 그 자신이 장생궁에 앉아 生을 받고 있다. 따라서 庚金七殺과 乙羊刃이 相濟하는 局을 이루었으니 正謂殺印相停으로 大格을 이루었다. 行亥運을 만나면서 羊刃과 하였고 또 巳亥로 冲七殺宮하여 七殺이 交過되었으며 또 다시 流年 辛酉에서 冲刃卯(

羊刃嫌冲)하여 本來 弱殺格에 逢官運하여 그만 合殺冲刃으로 殺刃이 相戰이 되는데 이格은 本來가 氣高强하여 戰而不降으로 비참하게 죽은 岳尼特軍의 四柱다.

예 ② 己亥年 癸酉月 庚午日 寅時 (權刃雙顯格)

年　己亥　病　印綬　食神　　　壬辛庚己戊丁
月　癸酉　旺　傷官　劫財　　　申未午巳辰卯

日　庚午　浴　我身　正官

時　戊寅　絶　偏印　偏財

이 경우 庚日生으로 地支 寅中丙火 七殺이 寅午로 局을 이루어 旺하다(殺旺). 다행히 庚金이 酉月 金旺節에 나서 羊刃을 놓아 그 酉宮 辛金에 丙火殺이 丙辛으로 合殺하였고 또다시 酉金은 歲支 亥水를 生하여 食神(亥中壬水食神)을 키우고 있다.　이것이 食居先 殺居後라 따라서 그 旺한 殺局은 合하고 制하여 中和의 道를 얻어 權刃雙顯이 되므로 大貴格이다.　日主가 酉月에는 낳았어도 官殺局과 癸·亥水에 弱化되어 있는中 戊辰大運을 들면서 壬辰年에 補刃하여 右丞相으로 입각하게 되었다.　앞으로 卯運에 至하여는 羊刃이 刑冲合歲君인데 羊刃이 冲하여 卯運에 세상을 뜬다.

예 ③ 庚申年 己卯月 甲寅日 卯時(殺刃相停格)

年　庚申　金金　絶　偏官　偏官　庚辛壬癸甲乙
月　己卯　土木　旺　正財　劫財　辰巳午未申酉

日　甲寅　木木　祿　我身　比肩

時　丁卯　火木　旺　傷官　劫財

이 경우는 甲日生이 見卯하여 陽刃이다.　年上庚金이 七殺로 위

傷身이나 月支 卯中 乙木에 乙庚으로 配合되어 이格이 有情하니 乙庚金七殺은 傷身하지 않는다. 고로 刃旺되어 金運을 만나면 貴히 되는 四柱이다.

예 ④ 戊午年 戊午月 戊午日 寅時 (印旺官旺格)

年	戊午	土火	旺	比肩	印綬	己庚辛壬癸甲
月	戊午	土火	旺	比肩	印綬	未申酉戌亥子
日	戊午	土火	旺	我身	印綬	
時	甲寅	木木	生	偏官	偏官	

이 경우는 戊日七殺 甲木과 午中己土刃과 甲己로 刃殺이 兩全이다. 그러나 戊日生이 歲月時中에 多逢午하면 羊刃으로 하지 않고 午中丁火 印綬로 看하는 것이기 때문에 이 格은 印綬旺으로써 用殺하여 爲貴이다. 따라서 印旺官弱으로 時上一位貴로 變하여 水木運에 大發한 四柱이다.

예 ⑤ 乙卯年 戊子月 壬戌日 寅時生 (權刃相停格)

年	乙卯	木木	死	傷官	傷官	丁丙乙甲癸壬
月	戊子	土水	旺	偏官	劫財	亥戌酉申未午
日	壬戌	水土	帶	我身	偏官	
時	壬寅	水木	病	比肩	食神	

이 경우는 壬日生이 透出 戊土七殺하였고 寅戌이 得位하여 身이 傷하게 되어 있다. 多幸히 子月에 羊刃을 놓아 子中癸水로하여금 戊土殺을 合殺시켜 救出되니 오히려 위험은 변하여 權刃相停으로 귀히 된다. 그리고 年上乙木이 좀 制한다 하나 羊刃은 泄氣되어 약간 弱하고 殺이 강해져 있다. 故로 金水運 마을에 發

-356-

하였다가 運이 午(남쪽)에 들면서 그만 子羊刃을 冲(子午) 하고 丙辰午를 만나(七殺) 辰戌로 官殺宮을 冲하고 戊土殺이 투출되어 殺刃이 相戰 비명 橫死 (횡사) 한 사주다.

10. 建祿格의 意義와 構成

① 建祿格의 意義

이 祿이라는 說은 두가지가 있다. 그중 하나는 祿은 官祿 즉 正官을 의미하는 것이라고 주장하는 것이요, 또 하나는 十干祿 즉 甲祿在寅 乙祿在卯하는 例의 祿을 말하는 것이다. 가령 甲日生 이 寅月에 출생하고 原有庚金殺이 투출되어 있는中 地支에 또다시 會合殺旺하는 것을 말함이다 라고 주장하는 것이다.

이곳에서 建祿이라 함은 官祿 馬(官은 祿이요, 財는 馬也)의 祿을 말하는 것이 아니라 분명히 十干祿의 正祿을 月建에 놓았다 하여 月建이라는 建字와 十干正祿이라는 祿字를 따서 建祿이라 하게 되는 것이고 또 그로써 格을 이루었다하여 建祿格이라고 명칭하게 되는 것이다.

따라서 이 구성은 月建을 爲主로 하는 것이고 혹 年支祿을 作用하는 수 있으나 극히 稀少한 것이며 時의 祿은 「日祿居時」라 하여 별도로 취급하고 있으며, 또 日支祿 역시 「專祿格」으로써 별도 취급하고 있는 것이다. 따라서 同一한 十干祿이로되 月에 있으면 建祿, 日支에 있으면 專祿, 時支에 있으면 歸祿으로써 각각 별도로 명칭이 붙게되며 作用되는 것이다. 正祿은 同時에 비견궁이 되는 것이니 가령 甲祿은 在寅으로 寅宮에는 甲木比肩이 도사려 있기때문에 財를 尅하여 尅妻財하는 수가 많게 되는 것이다.

② 建祿格의 구성

生 日	甲 乙 丙 丁 戊 己 庚 辛 壬 癸
生月支	寅 卯 巳 午 巳 午 申 酉 亥 子

③ 建祿格의 설명

이 格은 官祿(正官是也)으로 하느냐 十干祿으로 하느냐의 兩端이 있는데, 이곳에서 建祿이라 함은 十干祿으로 格을 定하는 것이고, 正官의 祿은 不取하는 것이다. 이 月令建祿은 그 지체가 비견이므로 또다시 비견 겁재가 중복되었으면 剋妻損財로 그 禍가 非輕이나 柱中에 財官이 있으면 官은 財를 바탕으로 存立하여 비견, 겁재를 制禦하니 이때는 비로소 기쁨을 이루어 자연성복(成福)해서 祿자 풍하게 될 것이다. 그렇다 하여도 또 干頭에 殺이 투출되어 있고 地支에 殺이 局을 이루고 있으면 그때는 禍가 非一非再하여 그 고생은 계속된다는 것이다. 또 七殺이 그렇게 나타나 만났다 하더라도 柱中에서 그 殺을 制化함이 있으면 그때는 도리어 인간에 부귀하게 된 것이다.

※ 이 建祿格은 比肩格이 되는 것이므로 本是 內格選定 四原則에서 例外로 하고 있는 관계로 他의 所定格局에 配置되어 用神定法에 의해 결정하면 되는 것이다.

예 ① 壬申年 丙午月 己亥日 午時

年	壬申	水金	浴	正財	傷官	丁戊己庚辛
月	丙午	火火	祿	印綬	偏印	未申酉戌亥
日	己亥	土水	胎	我身	偏官	
時	庚午	金火	祿	傷官	偏印	

-358-

이 경우는 己日生이 午月에 建祿하고 丙火透出과 時支 午火로 身主 自旺이다. 喜 財官하므로 亥中甲木이 用神인데 壬財가 長生着根 滋殺甲木하고 있음이 可美라, 亥壬之運이 발전하게 되며 子運이 들면 財殺이 旺하고 印綬祿垣 午를 子午로 冲去시켜 不幸하게 된 四柱이다.

예 ② 辛丑年 庚寅月 甲辰日 亥時生

						己戊丁丙乙甲
年	辛丑	金土	帶	正官	正財	丑子亥戌酉申
月	庚寅	金木	祿	偏官	比肩	
日	甲辰	木土	衰	我身	偏財	
時	乙亥	木水	生	劫財	偏印	

이 경우는 木旺春令에 逢祿하고 亥에 得長生하여 日主가 甚히 生旺하였다. 다행히 辛金이 丑土의 生을 받아 存在하였고 또 庚金이 있어 官殺도 旺하여 重制伏인데 運行 丙戌 丁運을 만나서 귀히 되어 고관직에 까지 올랐으며 酉運에 실직하고 危命한 사주이다.

그리고 庚辛 官殺이 난잡旺이다. 甲乙與 庚辛金이 各成配遇되어 있는 故로 官殺이라도 不忌한다.

11. 時上 一位貴格의 意義와 構成

① 時上一位貴格의 意義

時上一位貴格이란 時上에 單一位의 偏官을 놓아 그로하여금 格이 성립되는 것을 말한다. 時上이라 하여 時天干에 偏官을 원칙으로 하지만 生時의 地支에 암장으로도 작용되는 경우도 있음을 알게 된 것이다.

이격의 구성은 나를 치는 七殺로써 구성되는 것이기 때문에 그 根本的으로 身이 弱하게 되므로 身主가 매우 강하여야만 된다. 身主가 강하다 함은 즉 甲寅日 庚午時라 든가, 乙卯月 辛巳時 경우의 時上偏官을 말한다. 그리고 그 格은 명칭과 같이 一位貴이기 때문에 年月에서 二重 三重으로 偏官을 만나는 것은 이 格이 구성되지 않는 것이고, 또 時上偏官이 다시 年月에 正官이 나타나 있으면 그는 官殺混雜으로써 大忌하는 것이다. 身이 좀 弱한데 殺이 强할 경우 月建에 食神이 있어 制하게 되면 이것은 食居先 殺居後라고 하여 功名이 兩全이라고 五行 原理 消息賦에 기록되어 있다.

② 構成

도표 ①

生 日	甲	乙	丙	丁	戊	己	庚	辛	壬	癸
生 時	庚午	辛巳	壬辰	癸卯	甲寅	乙丑 乙亥	丙子 丙戌	丁酉	戊申	己未

도표 ②

生 時	寅	卯	辰	巳	午	未	申	酉	戌	亥	子	丑
生 日	戊	己	壬	庚	辛	癸	甲	乙	壬	丙	丁	癸

도표 ③

生 時	寅	辰	巳	午	未	申	戌	亥	丑
生 日	庚	巳	壬	癸	辛	丙	辛	戊	丁

卯·酉·子가 빠진것은 각각 그 암장이 一位밖에 없기 때문이다.

도표 ④

生 時	辰	巳	未	戌	丑
生 日	丁	甲	己	乙	乙

寅에 戌은 작용력이 없다. 卯는 암장이 一位밖에 없고 午는 암장이 二位밖에 없으므로 三표에서 끝났으며 申에 戌는 작용력이 없다.

酉는 암장 一位밖에 없고 亥에 戌土는 작용력이 없으며 子는 암장이 一位밖에 없으므로 이곳에서는 寅卯午申酉子亥를 기재하지 않았다.

③ 時上偏官格의 해설

時上偏官格은 時上에 一位逢을 要하므로 歲月에 再見함을 不許하는 것이고 또 身强하고 殺이 淺(弱殺)한 경우에는 그 殺을 制하거나 制冲함을 두려워 하는 것이다. 時上偏官一位貴가 月上에 또다시 偏官을 만나 偏官이 月時에 重見이 된다고 하면 특별한 四柱狀況을 除外하고는 원칙적으로 싫어하는 것이니, 그렇게 되었다고하면 그는 하는 일마다 한갓 노력만 소비하고 백사가 공으로 돌아가서 그 辛苦가 끊일사이 없을 것이다. 時上偏官이 身弱한 경우 羊刃이 있어 合去來 하거나 또는 冲去하는 것이 喜하고, 身이 强하고 殺旺한데 적당히 制하면 그 祿이 豊隆하게 되는 것이다. 時上位貴가 세월(年干, 月干)에 만약 정관이 있어 混雜이 되고 또다시 財가 있어 官殺을 生하며 身이 弱하면 그때는 因窮에 빠지고 마는 것이다.

따라서 時上偏官은 一位强을 要하는 것인데 日主가 自旺하면 그 貴는 非常하게 되는 것이다. 印綬가 있어 日主가 强하고 財가 있어 生官하여 時上偏官이 旺하면 그때는 身旺官旺으로써 多財祿하게 되며 棟樑之材로 宰相位에 列席하게 되는 것이다. 時逢七殺이이에 時偏官이며 또 그 時偏官이 時上一位貴格이라는 것인데 身强有制殺이라야만 좋은 四柱로 보는 것이다. 만약 身强에서 殺을

四柱에서 制過 되었을 때에는 行運에서 殺旺을 기뻐하는 것이니 이와 같이 첫째, 時上一位를 놓고 둘째, 身强制殺을 요하고, 세째 制殺過多인 경우 殺旺運을 만나게 되면 發福하는데 무엇이 어려움이 있겠는가, 그런데 身이 旺하고 原無制殺인 경우 運에서라도 制함이 있으면 그때는 刑冲이거나 또는 殺이 다시 있어도 두려울것이 없으나 만약 이에 反하여 身이 弱하고 殺이 旺하면 기여코 그는 貧寒에 허덕이게 되는 것이라 본다.

※ 偏官格(月偏官) 用則과 같으므로 이곳에 記하지 않았다. 그러나 多少의 차이점이 있다고 하면 月偏官格에서는 多樣性으로 변함이 많은데(偏官用財, 偏官用印) 反하여, 이 格에서는 대부분이 時上一位라 그대로 用神으로 作用되는 수가 많은 점인 것이다. 따라서 그 用則의 변화를 그다지 가져오지를 않는것이 時上一位貴格의 특징이라 하겠다.

예 ① 辛未年 癸巳月 戊辰日 寅時

						壬辛庚己戊丁丙
年	辛未	金土	衰	傷官	劫財	辰卯寅丑子亥戌
月	癸巳	水火	祿	正財	偏印	
日	戊辰	土土	帶	我身	比肩	
時	甲寅	木木	生	偏官	偏官	

이 경우 巳月 戊土로써 身主自旺이다. 六陽(極陽)之節로 土燥火炎이 念慮되는데 다행히 潤土(濕土─辰土也)를 만났고 癸水가 透出하여 능히 만물을 키울 力量이 갖춰져 있다. 時上甲木으로 一位貴를 이루었고 甲木은 寅辰에 着根培土하여 그야말로 명실공히 身旺官旺으로 格을 純粹性있게 이루었으며 辛金이 制殺하여 매우 아름답다고 하겠다. 身과 殺을 대비할 때 身强殺輕이

-362-

되어 있으므로 일찍 卯運을 맞아 고등고시에 합격하였으며 卯寅運
에 서울지점 검사 丑運巳丑으로 酉金運으로 生癸水 喜神으로 승
진을 한 四柱이다.

예 ② 癸亥年 壬戌月 戊寅日 寅時生

年	癸亥	水水	絶	正財	偏財	辛庚己戊丁丙乙
月	壬戌	水土	墓	偏財	比肩	酉申未午巳辰卯
日	戊寅	土木	生	我身	偏官	
時	甲寅	木木	生	偏官	偏官	

이 경우는 戌月 戊日生으로 日主가 旺하고 다시 寅에 位置하여
더욱 강하다.

그런데 寅은 木으로서 身을 赳하여 弱한듯 하나,그 寅은 丑寅
艮으로 土氣가 있고 또 寅은 丙火之長生宮이 되어 寅戌로 合局化
하기 때문에 強化하였다는 것이다. 故로 官을 要하게 되는바 時
上 甲木이 다행히 있어 一位貴로 作用하게 되는데 寅에 着 祿根
하고 癸亥, 壬水가 성왕하여 日主와 對比하여 볼때에 身主는 強
化爲弱하고 殺은 弱化爲強으로 되어진 것이 분명하다. 運行 辛
酉 庚申運에 制殺 甲木이나 一方 生財하여 起伏이 많았고 一交己
運에 吉하였으며 未運에는 亥未로 木局하면서 險路가 많았다가 다
시 戊午運이 들자 성운을 맞은 四柱이다.

예 ② 戊申年 壬戌月 己未日 亥時

年	戊申	土金	浴	劫財	傷官	癸甲乙丙丁戊
月	壬戌	水土	養	正財	劫財	亥子丑寅卯辰
日	己未	土土	帶	我身	比肩	
時	乙亥	木水	胎	偏印	偏財	

이 경우는 戌月戌土 투출하고 未土가 있어 日主 旺하다. 故로 時上乙木 一位貴格으로 爲用하는데 日主에 比하여 官이 약간 약하다. 그러므로 官旺運이 貴히되게 되어 運行 寅卯木 대발복하여 관운이 매우 좋은 四柱이다.

12. 年·時上官星格의 意義와 構成

① 意義

年時上官星格이란 生年이나 生時에 官星이 있어 그 官星으로써 格이 이루어지는 것을 말한다. 따라서 이 格 구성은 生年干이나 生時干에 官星을 위주로하는 것은 물론이나, 四柱 현황에 따라서는 그 地支 官星이거나 年上에 偏官이 있어도 이 格이 성립하게 된다. 이것을 엄격히 관찰하여 본다면 時上官星格 時支에 官星이 있는 경우는 時官星格 또는 時支 官星格, 年干에 偏官이 있으면 年上 一位貴格이라고 칭해야 되겠지만 이 格에서는 그것은 區別하지 않고 총칭하여 年時上官星이라고 하는 것이다. 따라서 月에 官殺이 正官格 月偏官格(偏官格)으로 구성되는 것이고 그 外에 年時에 官이 있거나 年에 偏官이 있으면 이는 年時上官星格으로 구성되는 것이다. 이 格은 月에 官이 없을때 비로서 이 格이 成立되는 것이고, 또 月官星格은 변화가 많은데 비하여 (正官用印·正官用財)이 年時上官星格은 主로 格이자 直接用神으로 되는 例가 많은 것이니 이것이 月上官星格과 조금 다른 점이 된다. 이 格 구성 역시 官養, 傷官을 忌하여 財庫 生官 旺함과 身旺을 喜하는 것이다. 또한 月支에 有官 역시 이 格에 포함하고 있다.

② 構成

生　日	甲	乙	丙	丁	戊	己	庚	辛	壬	癸
生年또는 生　時干	辛	庚	癸	壬	乙	甲	丁	丙	己	戊

生　日	甲	乙	丙	丁	戊	己	庚	辛	壬	癸
生年또는 生　時干	酉丑	申	子丑	申亥	卯	寅亥	午未	寅巳	午丑未	辰巳戊

③ 年時上官星格의 해설

年上에나 時上에 官星이 있으면 年時上官星格이라 칭한다. 이 格에서 크게 忌하는 것은 身旺官衰에 傷官旺이라,또는 官星이 冲破를 당하는 것과 또다시 月建에서 再逢官星하는 것 또한 凶하게 보는 것이다. 年上에 官星이 있음을 曰歲德이라고 하는데 財生官하는 것과 印生身旺하는 것을 모두 기뻐한다.

年時上官星格이 柱中에서 다시 七殺을 만남이 없이 居하고 있으면 그는 기필코 부귀영화가 石崇에 比할만 하다.

時上,年上 官星뿐 아니라 時支, 日支에 官星이 있어도 역시 이 年時上官星格에 포함되는 것인데 역시 無冲破라야 貴도 臨하고 또 年上官星 뿐만 아니라 年上七殺 (年上一位貴)역시 이 年時上官星格으로 보는 것인데 만약 地柱에 再次官殺을 만나면 그는 풍운아의 四柱라 하겠다.

예 ① 乙巳年 乙酉月 庚午日 亥時生

年	乙巳	木火	生	正財	偏官
月	乙酉	木金	旺	正財	劫財
日	庚午	金火	浴	我身	正官
時	丁亥	火水	病	正官	食神

甲癸壬辛庚己戊
申未午巳辰卯寅

이 사주는 酉月 庚金日生이 得令 金司令하여 旺한中 다시 巳酉金局하여 日主가 매우 강하다. 그런데 時上丁火 官星도 午에 祿根하고 巳午로 火局하여 火土 赤 甚旺이다. 故로 身旺官旺格인데 年上乙木 月上乙木이 亥에 착근하여 木火相生하므로 火重金輕이 된다.

運行, 辛巳, 庚辰, 己戊의 土金運에 크게 부자가 되는 福祿家로 일생을 보내는 四柱이다.

예 ②   乙亥年 乙酉月 庚午日 亥時生

年	乙亥	木水	病	正財	食神	甲癸壬辛庚己戊
月	乙酉	木金	旺	正財	劫財	申未午巳辰卯寅
日	庚午	金火	浴	我身	正官	
時	丁亥	火水	病	印綬	食神	

이 경우는 前格과 年支의 乙, 亥로 一字만 다른 사주다. 前格보다 酉金이 巳中庚金과 結局못하고 그 亥中에 甲木이 있어 木은 더욱 旺하여 生火하므로 金이 死하여 金土運도 發하지 못하고 一生 빈곤으로 세상을 보내게 될 四柱이다.

13. 時上偏財格의 意義와 構成

① 意義

時上偏財格이라 함은 時干에 偏財가 놓여져 있고 그 偏財로써 格이 이루어짐을 말하는 것이다. 따라서 이格 구성은 반드시 時干에 偏財가 있어야하며 또 日干이 旺해야만 그 財를 堪當할 수 있으므로 첫째, 身旺을 要하며 또한 財도 旺해야만 되는 것으로

身旺財旺을 要하는 것이다. 身旺財旺이라 함은 如 甲寅日 戊辰時의 例이다. 天干透出偏財神이 이에 眞格인데 만약 歲月中에 財가 있어 相雜되면 이것은 不純하게 되어 不奇한 것이라 하겠다.

身旺財衰에는 물론 食傷運이 生財함을 要하고, 日弱財旺에 行官運이면 殺이 尅制日主하여 不能任財케 하므로 不吉해지는 것은 사실이며 또 比肩 劫財로 身旺한 財格에는 行 官運으로 制 比肩, 劫財하여 財를 살려냄으로 喜하는 것이다.

이 時上偏財格에 있어서는 그 四柱 구성된 현황을 보아 판단해야 할 것은 물론이니 一例로 泥執하는 것은 삼가하여야 한다.

이 格에서는 時上一位貴와 같이 地支偏財로도 이루어 질수있는 것이니 如 庚日甲午時 뿐만 아니라 庚日時支 寅 또는 辛日乙干時 辛日時支 卯로도 구성된다는 것은 명심하여 주기 바란다. 이 時上偏財도 前에 말한바 있는 時上一位貴와 같이 一位偏財를 요하는 것이며 그 偏財를 尅하는 劫星을 大忌하는 것이고 또 冲破를 忌하는 것이니 前例 庚日寅時 偏財인 경우 申을 辛日卯時 偏財인 경우는 酉를 각각 忌하는 것이다.

正財와 偏財가 다른것은 正은 正이요, 表요, 明이요, 前인데 比하여 偏은 不正이요, 裏요, 暗이요, 後인 고로 正財는 正當한 실업에 해당하여 前門去來에 比해서 偏財는 不正한 投機, 밀수 같은데 해당하여 뒷문거래가 되는 것이고, 또 正財는 표면에 진열하며 明去來하는 財物에 비해서, 偏財는 암거래 하는 財物이 되는 것이므로 그 성패는 偏財가 빠른 것이다. 따라서 횡재(橫財) 같은 財物은 偏財格에서 많이 보게되는 것이고, 또 月偏財와 時偏財는 그 정착위치에 따라 다를 뿐 성질은 다 같은 것인데 약간 다른 점이 있다고 하면 月偏財格은 用神변화에 多樣性이 있는데 比하여 時偏財는 大

體的으로 그 자체용신이 많이 있는 점이다.

※ 用神에 多樣性 변화가 없다는 것은 아니나 비교적   月偏財에
비해서 적은 편이다.

② 時上偏財格의 構成

生 日	甲	乙	丙	丁	戊	己	庚	辛	壬	癸
生 時	戊辰	己卯	庚寅	辛丑 辛亥	壬子 壬戌	癸酉	甲申	乙未	丙午	丁巳

生 日	甲	乙	丙	丁	戊	己	庚	辛	壬	癸
生 時	辰巳戌	丑未午	巳申	丑酉戌	亥申	子辰	寅亥	卯辰	寅巳	午未戌

③ 時上偏財格의 해설

時上偏財는 솔직하게 格이 이루어져 作用하는 것이   적고
劫星多 身弱 冲破 財등으로 못쓰게 됨이 더 많은 것이니   天干地
支에서 나열된 忌星을 잘 살펴보아야 함을 요한다는 것이다.

財旺하고 身旺함을 기뻐하는데 만약 財官을 冲破하여 傷하게 되
면 그것은 크게 곤란을 받게 되는 것이다. 時上偏財는 단일위라
야 아름다운 것인데, 그 偏財가 不逢冲破라야 영화를 누리게 되는
것이고 破財되거나 또는 劫財, 羊刃을 만나지 않아야만 부귀하게
된다는 것이다.

만약 時上偏財가 劫星을 만나 傷財되면 정원이 破盡하고   빈곤
으로 떨어지기 쉬운 것이며 또 傷妻 (喪妻) 혹은 損妾 (첩을   놓

-368-

친다) 하고 그 실됨이 이루 헤아릴수 없는 것이니 그 식생활에 있어서도 매우 곤경에 처하게 된다는 것이다.

그런데 만약 偏財가 正官을 같이 帶同하고 臨하면 四柱에 劫星이 나타나 있어도 그 복은 相干하게 된 것이다. 그 이유는 甲日의 偏財는 戊요, 劫星은 乙이 되는데 乙甲의 正官은 辛金이요, 辛金은 乙木 劫星을 제시하여 偏財 戊土를 구출하게 되는 까닭이다. 不宜한 것은 그렇게 正官이 있어 劫星을 制禦하고 있다 해도 또다시 運에서 劫星이 重來하여 오면 그때는 尅財하여 禍가 百端으로 일어나게 되는 것이다.

※ 前記한 바 있는 月偏財格과 동일 하다는 점을 명심하라.

예 ① 己未年 己巳月 庚辰日 寅時

						戊丁丙乙甲癸壬
年	己未	土土	帶	印綬	印綬	辰卯寅丑子亥戌
月	己巳	土火	生	印綬	偏官	
日	庚辰	金土	養	我身	偏印	
時	戊寅	土木	絶	偏印	偏財	

이 경우는 巳中戊土가 투출하고 庚日에 濕養之土 (辰土는 庚金의 養宮이 되어 濕養庚金之土라고도 함)로 더욱 강한 中己土가 重重 透出하여 身旺이다. 印綬 身旺으로 官을 用神함이 원칙인데 巳·未中丙·丁火官은 도리어 旺한 印綬土를 附合 단짝이 되어 用神으로써의 日主尅을 背任하게 되어 있으므로 不用하고 時支 寅中甲木 財로 爲用하여 制印하게 되는바 日主에 比하여 財가 弱하고 있다.

中年 寅卯 東運부터 발전하기 시작하여 乙運에는 궤도에 오르

-369-

고 癸亥運을 맞으면 福祿하게 될 四柱라 본다.

예 ② 庚寅年 乙酉月 甲子日 辰時

年	庚寅	金木	祿	偏官	比肩	丙丁戊己庚辛
月	乙酉	木金	胎	劫財	正官	戌亥子丑寅卯
日	甲子	木水	浴	我身	印綬	
時	戊辰	土土	衰	偏財	編財	

이 경우는 八月 甲木으로 本 身弱이나 寅木과 辰이 종합하고
그곳에 着根하였고 乙木이 투출하여 七殺庚金과 合去하고 獨有
酉金을 작용하고자 하나 酉金이 生子水하고 子水生 日主甲木하여
不用하고 時上偏財로 爲用하게 된다. 中年 戊運과 己丑運에 大
成하게 되는 四柱이다.

예 ③ 丁亥年 戊申月 壬申日 午時生

年	丁亥	火水	正財	比肩	丁丙乙甲癸
月	戊申	土金	偏官	偏印	未午巳辰卯
日	壬申	水金	我身	偏印	
時	丙午	火火	偏財	正財	

이 경우는 申月 壬日로 身宮旺인데 申宮戊土 偏官透出로
위용하고자 하나 坐下申宮에 泄氣太甚으로 殺印相生되어 印綬롤
生하여 주니 申旺만 助長하게 된다.

故로 官을 生하여 주고 印綬를 剋制하는 時上偏財를 위용하고
보니 金水凉寒에 丙火가 坐下 午에 根하여 온방을 시켜주니 어찌
기쁘지 않겠는가

運行 木火에 매우 발전하는 운이며 壬癸水運에는 蹇滯되었던 四柱다.

-370-

14. 日祿居時格의 意義와 構成

① 日祿居時格의 意義

日祿居時格은 一名歸祿格이라 칭한다. 歸祿格이라는 뜻은 正祿이 들어가 하나의 格이 成立됨을 말한다. 時間에 日主가 祿着하여 格이 成立되므로 이 格을 原名 日祿歸時 또는 日祿居時格이라고 하며 이 原名을 略稱하여 歸祿格이라고 한다.

甲日生이 寅月에 출생이면 建祿이요, 甲日生이 寅時에 출생이면 歸祿格이라고 칭하는 것이니 같은 格이다. 月令에 在함과 時에 在함에 따라 建祿 歸祿으로 구분하는 것이다.

그리고 이 格은 十種中 七種이 있는데 그것은 甲日寅時 乙日卯時, 丙日巳時, 丁日午時, 戊日巳時, 己日午時, 庚日申時, 辛日酉時, 壬日亥時, 癸日子時의 十種中 乙日 己卯時는 時上偏財格, 丙日癸巳時는 時上官星格, 辛日丁酉時는 時上偏官格으로써 月令 財官에 의하여 財官格으로 作用 하므로 祿助財官 하고 이 三日外에 七日만이 歸祿格으로 作用되는 것이라고 三車一覽賦에 記錄되어 있다.

이 格에 忌함이 여섯가지가 있으니 一日 刑冲으로써 建祿을 파괴시켜 日主地位(得位)를 弱化시킴이요

二曰 合으로써 祿의 作用을 못하게 함이요

三曰 倒食으로써 祿이 食神 傷官을 生하여 泄精을 도모하는데 倒食으로 食神을 打倒하여 破了傷官을 시킴이요

四曰 官星으로써 祿이 假傷官 食神格으로 잘 格을 이루는데 妨害가 되는 것이요

五曰 日月이 天元同으로써 日月祿이 같은 比肩이 되어 尅父尅妻 함이요

六曰 歲日 즉 生年이나 生日이 같은 比肩(甲日의 天元同은 甲年을 말함)으로써 生時祿에 같은 比肩으로 合作하여 尅妻尅財함이

다.

　그런데 이것도 一例로만 들어 무조건 나쁘다고만　판단해서는 안되는 것임을 명심하여야 한다.　예를들면 甲子, 丙子, 癸丑, 壬子時로 地元三子 즉 年子, 月子, 時子로 歸祿에 三比肩이　合作하였어도 尅妻 尅財하지 않고 聚福歸祿하게 된 四柱도 있는 것이다.

　② 構成

日 辰	甲	丁	戊	己	庚	壬	癸
時 支	寅	午	巳	午	申	亥	子

　※ 乙日卯時祿은 己卯時로써　時上偏財格이다.

　※ 丙日巳時祿은 癸巳時로써　時上官星格이다.

　※ 辛日酉時祿은 丁酉時로써　時上一位貴格이다.

　이상 月令 財官이면 각각 財官格으로 구성되므로 이 三種은 眞歸祿格이 아니라고 前記한 바 있어 이표에서는 제외하였다.

　③ 해설

　1. 歸祿格이 財를 만나면 身旺財旺으로써 名利가 双全하는 歸祿을 놓아 身主가 强하므로 財가 干頭에 透出되어도 忌하지 않는다.

　2. 이 格은 無破며 身旺으로 平生이 好한데 크게 두려워하는 것은 祿宮을 刑破하여 日主根을 제거하는 것과 또 한가지는 세월天元에 比肩이 있어 祿宮 比肩과 합세하여 尅財하는 것이다.

　3. 日祿歸時宮이 旺함을 要하는데 刑冲하는 것은 두렵고 食神, 傷官이 있어 그곳에 泄精함이 가장 기쁜 것이다.

　4. 傷官을 作用할 때에 두려운 것은 傷財運 즉 比肩運인 것이니 그것은 身旺에 好泄精하여 傷官生財가 되는 것인데, 比肩運이 들어와 生財에 妨害하므로 財가 生할수 없음에 財不富하고 또 財는 不能生官하여 官不高하게 되는 것이다.

5. 日祿歸時格은 가장 좋은데 두려워하는 것은 官殺이다. 歸祿이 刑冲破害를 당하든가 比肩을 많이 그대가 만나게 되면 모든 일이 난처함을 당하게 될 것이다.

6. 일찍 青春에 출세한 것은 歸祿格을 놓은 탓인데 또는 運命이 이것을 잘 놓으면 귀하고 또 奇特하게 된다.

7. 四柱에 冲없고 害도 이르러오지 않아 沒官星이 되어 있으면 少年에 힘들지 않고도 雲梯를 밟아 月中의 桂樹나무 가지를 꺾어쥐게 될 것이다. 즉 대성공한다는 것이다.

또한 이 格은 正祿으로써 六親의 比肩에 該當되므로 日主를 도와 用 劫될 때에 많이 작용되는 것이다.

※ 歸祿用食傷格은 日主가 旺하여 食神傷官에 泄精하는 경우를 말한다.

※ 歸祿用歸祿格은 四柱에 財多身弱 또는 食傷太旺으로 身弱인 경우 時支 歸祿으로 補强하는 경우를 말한다.

※ 歸祿用財格은 無印綬 比肩 劫財로 身旺한 四柱가 財를 作用하는 경우를 말한다.

※ 歸祿用印格 이 格은 있을 수 없다.

歸祿은 本來 身을 補하여 身이 旺해져 있으므로 印綬를 必要로 하지 않기 때문이다. 그리고 혹 이 歸祿格을 놓고 官殺이 旺하여 印綬를 用神으로 必要할 때가 없지는 않으나 그때는 이미 이 格은 沒官殺이라야 성립되는 것이므로 有官殺이 되어 이格 자체가 성립되지 않기 때문이다. 혹 歸祿을 食傷이 甚히 旺하여 用印하게 되는수 있으나 그것은 직접 傷官用印으로 定함이 낳은 것이다.

※ 歸祿用官格은 있을수 없다. 왜냐하면 이 格 자체가 沒官殺로 이루어지는 것이기 때문에 官用神이 있을 수 없다. 예를들어

午月 辛酉日生이 丁酉時에 生하고 다시 身이 더욱 旺하였을 경우 歸祿用丁火官殺格같이 보이나 이것은 午中丁火가 透出되어 偏官用偏官格으로 구성되어 時上一位貴라는 명칭을 얻고 있기 때문이다. 그래서 前에 辛日 丁酉時나 丙日 癸巳時는 歸祿이 되지 않는다고 한 것이다.

예 ① 甲子年 丁丑月 乙丑日 卯時生

年	甲子	木水	病	劫財	偏印		戊 己 庚 申 壬
月	丁丑	火土	衰	食神	偏財		寅 卯 辰 巳 午
日	乙丑	木土	衰	我身	偏財		
時	己卯	土木	祿	偏財	比肩		

이 경우는 歸祿格이 분명하다. 그러나 丙日癸巳時와 같이 三日은 歸祿格이 아니라고 제외된 격이 된다고 본다. 즉 乙日 卯時로써 歸祿은 명확하나 月支 丑中己土가 時干의 己卯時로 透出되어 時上偏財格이 구성이 되기 때문이라 본다.

다시 말한다면 月支藏蓄에 財가 있어 時干에 財가 있는 乙日己卯時例나 또는 月支藏蓄에 官이 있어 時干에 癸官殺이 있는 丙日癸巳時의 예나 또는 月支藏蓄에 偏官이 있어 偏官이 있는 辛日丁酉時 例등의 모두가 그 財官蓄과 時柱나 干頭에 놓여있는 財官格으로 구성이 되어 歸祿格이 이루어질 수 없다는 것이다.

그러므로 이 格은 時上偏財格인 身主가 약하여 時支 卯木의 힘을 받아야 偏財用劫財格이 되는 것이라 하겠다. 고로 이 四柱는 醫事業으로 학문과 명예가 彬彬하였다. 그런데 辛巳운에 巳丑으로 金局을 이루니 用神인 卯中乙木을 剋하고 庚子年 卯를 天爲地刑하였으니 不祿之客이 되고 말게 된다.

-374-

예 ② 丙午年 癸巳月 甲子日 寅時生

年	丙午	火火	死	食神	傷官	甲乙丙丁戊
月	癸巳	水火	病	印綬	食神	午未申酉戌
日	甲子	木水	浴	我身	印綬	
時	丙寅	火木	祿	食神	比肩	

이 경우는 歸祿印格이라 하는 것이나 그 中內수속을 떠나서 직접 傷官用印格이라 하여도 무방하겠다. 이 四柱는 金水運을 만나서 귀한 사람이 된 四柱이다.

예 ③ 丙申年 丙申月 丁未日 午時

年	丙申	火金	浴	劫財	正財	丁戊己庚辛壬
月	丙申	火金	浴	劫財	正財	酉戌亥子丑寅
日	丁未	火土	帶	我身	食神	
時	丙午	火火	祿	劫財	比肩	

이 경우는 丁日 午時生이다. 日祿居時로 되어 있다고 보라, 申年 申月로 財를 이루고 있으며 天干 丙火 두火가 각각 申上에 있으므로 病宮이 임하였다. 또한 壬水 長生 殺地에 있으니 金을 尅하고 身을 보호할 기운이 없다고 본다. 그러므로 午祿에 의거하여 未土傷官과 申金財를 作用할 수 있는데 午未申으로 淸局을 이루니 매우 貴格의 四柱라 하겠다.

예 ④ 戊子年 甲寅月 乙亥日 卯時生

年	戊子	土水	病	正財	偏印	乙丙丁戊己
月	甲寅	木木	旺	劫財	劫財	卯辰巳午未
日	乙亥	木水	死	我身	印綬	
時	己卯	土木	祿	偏財	比肩	

이 경우는 乙日己卯時로 時上偏財格이 되어 이 格이 안된다고 하였으나, 月支에 藏蓄되어 있는 그 財의 根이 없으므로 성립되는 것이라 하겠다. 또한 甲木 比肩 劫財와 地支水木이 왕하였으므로 오히려 歸祿格보다는 東方一片透氣로 보며 曲直仁壽格에 관련되는 四柱로써 乙卯가 時柱에 놓여있고 乙日에 태어나서 이 格을 주도하게 된다고 보겠다. 이때 다시 말한다면 戊子, 乙卯, 甲寅, 丁卯이었다고 할 때는 曲直仁壽格이라고 하게 되는 것이다.

※ 이 格은 曲直仁壽格이라고 하여도 무방하나 더 크게 성공하여 宰相까지 등장하였다는 매우 귀한 四柱이다.

15. 金神格의 意義와 構成

① 意義

가. 金神格이란 四柱時에 金神 巳酉丑으로써 구성된 格을 말하는데 日主를 기준하여는 二種으로 나타나고 있는 것이다.

그 하나는 甲日이 되고 또다른 하나는 己日이 되는데 甲日에 己酉丑時 金을 놓아 이루어진 것을 甲日金神格이라 하여 그 성격을 각자 달리하는 것이라 본다.

나. 金神이란 뜻을 말한다면 時에 巳酉丑金神이란 뜻이 확실히 나타나는 것이며 또 巳酉丑時란 己巳時, 癸酉時, 乙丑時를 말하는데 그 근본은 甲日, 己日의 金神인 즉 巳酉丑은 甲己夜坐에 生甲子로 시작하여 巳時는 己巳, 酉時는 癸酉, 丑時는 乙丑時가 되는 고로 金神은「癸酉, 己巳, 乙丑을 時上에 逢之면 是金神이라고 하게되는 것임을 명심하여야 겠다.

다. 甲日金神格은 時支에 金星이 됨으로써 時上一位貴 또는 時

上官星格으로 定하여 지는 경우도 있으며, 羊刃이 있을 경우는 殺
刃相停으로 眞貴人이 되는 수도 있는 것이다. 예를들면 癸未, 乙
卯, 甲子, 己巳의 四柱와도 같이 甲日己巳時로 甲日金神이 분명한
데 月에 羊刃 卯木이 있어 巳中에 金神庚이 月支卯中乙木 羊刃에
乙庚으로 合하여 殺刃相停이 이루게 되니 貴히 된 例등이 있으니
殺刃相臨眞貴人이라고도 보게되는 것이다. 그러나 대개 甲日金神
格인 경우에 있어서는 偏宜火制라 하여 過火를 귀히 다루고 있으
므로 甲午日 金神을 더욱 귀히 보고 있는 것인데 그 이유인 즉
午火로서 그 金神殺을 制한다는 뜻이며, 또한 己日金神은 時에 傷
官(己日에 傷官)이라 하여 假傷官에 火運 즉 印綬運은 傷官을 破
了시킨다하여 己日金神은 偏姉火制라고 해서 火를 大忌하고 있는
것이라 본다.

※ 지금까지 논한 것은 어디까지나 원칙 론에 불과한 것이지
절대적인 것은 아님을 말하고 싶다. 가령 金神이 약한 경우에 火가
太過하게 制하면 維喜篇에서 殺은 制하는 것이 좋으나 너무 과히
制하면 오히려 盡拕無民이 되어 불편하게 된다 하였다. 이런 경
우는 다시 運이 火鄕에 들면 禍殃不測이요, 金鄕이나 水鄕에 들면
病이 되는 火를 制하여 求함을 大喜하는 것이 사실이라는 것을 말
해 주고 싶다.

고로 甲日金神에는 喜火하고 忌金水 하는 것이나 이것도 不可一
例言이라는 것을 잊어서는 안된다는 점이다.

라. 己日金神인 경우 甲日과 반대로 火를 忌하고 金水를 좋아
하는 것이나 이것 역시 원칙론에 불과한 것이다. 己日이 弱한경
우 金神이 旺하면 日主가 盜氣되어 泄傷되는 것이니 이때에는 오
히려 金水鄕運에 凶해지고 火鄕運에 돌아오면 운이 발전하는 것이

사실이다. 또한 日主强에 金神弱인 경우는 두말할나위 없이 柱中
에서 金水를 만나거나 金水運이 吉하고 火運은 싫어하게 됨은 당
연한 사실이다. 그러나 이 格은 규정되어 있으나 이격도 四柱局
中에서 成局인가 아니면 광범위한 四柱인가를 잘 살펴 보아야겠음
을 명심하라.

② 構成

生　日	生　　　　時		
甲日金神	乙丑時	己巳時	癸酉時
己日金神	乙丑時	己巳時	癸酉時

③ 金神格의 해설

※ 甲午日主가 時에 金神을 보게되면 午火로 制金殺하게 되고
羊刃으로 補身 또는 合殺하여 吉해지는 것이며 殺과 刃이 相臨하
면 眞貴人이라고 한다.

※ 火木 즉 火를 制金殺하고 木으로 보신하면 財祿이 크게 발달
하게 되지만 만약 金水를 만나게 되면 金은 補殺하고 水는 制金
殺하는 火를 制하는 仇神이 되어 반드시 傷身이 되는 것이 분명
하다. 고로 金神이 火를 만나면 貴히 되는 것은 의심할바 없는
데 金水를 만나면 이미 災殃이 定해져 있는 것이라 하겠다.

※ 運이 火鄕에 이르면 매우 발달하는 것이 되니 官은 榮하고
家는 富하여 官事 家事가 모두 吉하게 된다. 時에 金神을 만나
면 貴氣가 많은 것인데 만약 羊刃을 만나게 되면 중화가 되는 것
이다.

※ 金神이 制함이 없이 또는 制弱인 경우 만약 水運을 만나면
빈곤하고 또 질병도 일어나는 것인데 그런때에 火運에 든다고 보
면 그 귀함이 山과 같이 높히 솟는다고 본다.

※ 癸酉, 己巳, 乙丑을 時에 만나면 이것을 복신이라고 한다.
이것은 모두 制伏을 마땅해 하는 것이며 또 殺과 羊刃이 交運되
어 있으면 殺刃相停으로써 또 補身强用殺로써 眞貴人이 되는 것
으로 본다. 이때 이 格에 해당되는 者는 그 성격이 좀 狼暴하기
는 하나 재주가 퍽 좋은데 水를 만나면 그 金神이 金水相生하여
困窮에 처하게 되는 것이다. 이때 殺이 약간 旺한 경우는 火局
을 만나면 만인에 우월함이 있어 귀함이 있도다.

④ 用神

이 格은 甲己日에 癸酉, 己巳, 乙丑時만으로는 用神을 정할 수
없다. 그러므로 四柱전체의 格局을 살펴서 용신을 정하여야 하므
로 用神일람표에 춘할 수 없다.

예 ① 丁未年 癸丑月 己未日 酉時

年	丁未	火(土)	帶	偏印	比肩	壬辛庚己戊
月	癸丑	水(土)	墓	偏財	比肩	子亥戌酉申
日	己未	土(土)	帶	我身	比肩	
時	癸酉	水(金)	生	偏財	食神	

이 경우는 己日金神格으로 金神酉가 丑으로 合金局을 이루었고
金神이 旺하다고 본다. 그러나 丑月 己日에 三陽之火가 進氣하
였고 丁火가 未中丁火에 根하여 透出하고 있으므로 丑月凍土라 하
나 溫暖之土가 되었으니 身이 旺하여 있으므로 土金傷官格이 된다
고 본다. 그런데 이곳에서 金神酉는 生天干 癸水하여 時上偏財格
을 이루고 있으며 火土는 癸水財의 病이 된 것인데 酉方金運에 이
르러 補强酉金 金神하니 貴함이 매우 큰 사주이다.

예 ② 己未年 庚午月 甲寅日 酉時生

-379-

年	己未	土土	墓	正財	正財
月	庚午	金火	死	偏官	傷官
日	甲寅	木木	祿	我身	比肩
時	癸酉	水金	胎	印綬	正官

辛壬癸甲乙
未申酉戌亥

　이 경우는 甲日 癸酉時에 甲日 金神格을 이루었다. 이 格은 火
를 好하는 바이나 四柱전체를 분석하여 볼 때 金火局을　이루어
사정이 좀 다르다고 본다.　그 金은 癸水를 生하여 木焚하는　甲
木을 生하게 함으로 吉해진다.　이렇게 되면 오히려 金水를 요구
하는바 그 運을 만나지 못하여 재수운이 좋았으나 발휘하여 보지 못
하고 寅運丙午年에 金水俱沒하며 金神之病이 되는 火가　太旺하여
重病으로 不祿한 四柱이다.

　예 ③ 甲寅年 甲戌月 己酉日 巳時生

年	甲寅	木木	死	正官	正官
月	甲戌	木土	養	正官	劫財
日	己酉	土金	生	我身	食神
時	己巳	土火	旺	比肩	印綬

乙丙丁戊己
卯辰巳午未

　이 경우는 甲己合하는 곳에 다른 甲이 있어 재합으로 불편하나
다행히 또다시 하나의 己가 있으니, 나는 日月로 甲己合하고　다른
甲은 時에 己와 合하여 舒配하고 있어 甲己가 잘 合을 이루었다.
그러나 이곳에서 化土하는데 戌土가 得令하였으며 또　寅戌이 合火
局하여 火生化土하였다.　고로 高強格을 이루었다.　이때 巳酉金
神局에 잘 泄精하여 神淸秀氣로 되어 있음을 알 수 있다. 이것은
과연 淸貴格이 되어 文學으로써 매우 출세 할 수 있음을 알　수
있는 四柱라 하겠다.

16. 六乙鼠貴格의 意義와 構成

① 六乙鼠貴格의 意義

가. 六乙鼠貴格을 알기위하여 우선 부분적으로 해석하는 것이 편리할 것으로 믿는다.

㉠ 六乙이라는 뜻은 여섯乙字 즉 乙丑·乙亥·乙酉·乙未·乙巳·乙卯日의 六乙을 말하는 것이다.

㉡ 鼠라 함은 쥐(子)를 의미하는 것이다.

㉢ 貴라 함은 貴히 됨을 말하는 것이다. 그리하여 총칭하여 六乙鼠貴라 한다. 六乙生이 子時 丙子時(乙日子時는 丙子時)에 출생함으로써 貴히 된다는 뜻이기도 한다.

나. 貴字에 대하여는 그 해석함이 兩論이 있는데 그 一論에서는 貴를 貴人이라 해석하여 玉堂天乙貴人 즉 乙巳에 鼠候鄕의 鼠를 들어 鼠貴라고 주장함이고, 또는 乙日生의 子時는 子中癸水를 內包(암장)하고 있다. 그러므로 子中癸水는 巳中戊土를 항상 동경하고 合하게 되는데 다시 巳는 申과 巳申으로 合한다.

다. 申宮庚金은 乙木의 正官으로써 官貴가 된다. 고로 六乙鼠貴의 鼠는 子로부터 原由하였다는 뜻이며, 貴는 官貴라고 주장하게 된다. 즉 후자의 주장은 엄격히 말하여 六乙鼠貴는 取할바 둘밖에 없으니 乙亥日과 乙未日에 丙子時 뿐이라고 말하고 있다.

라. 이 格은 庚金官을 遙動시켜 作用하는 格이므로 四柱에 官이 출현되어 있으면 塡實이 되어 破乙木하는 것이므로 못쓰게 되는데, 乙丑은 子時와 子丑으로 絆合하며 또 丑中辛金 官殺이 있어 不取하고, 乙巳日은 巳中庚金이 있어 不取하고 乙酉日은 酉中辛金이 있어 不取하는데 모두가 坐下에 官殺간직으로 破格되었고, 乙卯日은 子와 子刑卯로 刑殺이 되어 不取한다 말하고 있다. 그리고

-381-

또 한가지 午字를 만나면 子午로 역시 不用한다고 규정하고 있는 것이다. 그러나 이 兩者가 모두 四柱局中에 正格(正官・正財 時上偏財, 時上上位貴例)이 없을때에 作用하는 것이고 正格이 있을 경우 正格으로 다루어야 함은 말할 必要도 없는 것이며 또 **前者** 의 說은 그 理에 가까운 바 없는 것으로 대부분 생각하고 있다.

② 構成

日 時	眞 3 日			不 眞 3 日		
日 柱	乙亥	乙未	乙巳日	乙丑	乙酉	乙卯日
時 柱	丙	子	時	丙	子	時

③ 해설

乙日生이 丙子時에 출생하고 官殺이 나타나 있으며 殺을 冲破시키는 곳에 貴함이 있는 것이다. 六日中 三日을 除하고 乙亥, 乙未, 乙巳日의 眞三日을 通得하면 祿馬(財祿 즉 富貴)奇에 항상 잠겨 살게 될 것으로 定하여져 있다고 본다.

乙日生이 子時에 출생하면 그 이름이 貴하게 된다는 것이다. 특히 이때 午를 만나게 되면 鼠貴를 冲하게 되므로 절대적으로 **嫌** 하는 것이고 또 辛酉庚申을 만나게 되면 진실이 되어 모두 만족해 하지 않는다는 것이다. 이때 乙日이 비록 丙子時를 만났다 하더라도 午破를 만나지 않은곳에 더욱 귀함이 있게 되는 것이라 하겠다. 柱中에 申酉丑 만남을 忌하는 것인데 만약 官殺(庚申, 辛酉)을 만나지 않으면 丹墀에 절을 하게 될 것이다. 특히 陰木 즉 乙木이 丙子時에 출생하고 亥子를 많이 만나면 이 鼠貴格은 貴함이 한층 더 발전된다. 柱中에 午字(南離宮)를 만나면 가장 싫어 하는데 그렇게 되면 항상 곤고함이 끊임없고 근심 걱정이 끊어질 날이 없음을 알 수 있다. 그러므로 六乙生人이 시간에 丙子를 만나고 官星을 다시 만나면 또 위에서 말한바와 같이 되므로 柱中에 庚申 辛酉, 丑午 (馬午欺는 丑午를 말함이다) 字中 一字만 있어도 馬는 가깝게 되는 것임을 명심하여야겠다.

④ 用神

이格 역시 用神規則이 따로 없고 다만 眞三日과 亥子가 많으면 喜하고 庚申, 辛酉, 丑午를 간절히 忌한다는 것을 명심하여 주기 바란다.

예 ① 戊子年 癸亥月 乙未日 子時生의 경우

年	戊子	土水	病	正財	偏印	甲乙丙丁戊
月	癸亥	水水	死	偏印	印綬	子丑寅卯辰
日	乙未	木土	養	我身	偏財	
時	丙子	火水	病	傷官	偏印	

이 경우는 乙未日로써 眞貴格에 들어 가장 奇特하고 또 庚申,辛酉, 丑午를 만나지 않아 몸이 御閣에 올라 千種祿을 누리었던 四柱이다.

예 ② 庚申年 丁亥月 乙亥日 子時 경우

年	庚申	金金	胎	正官	正官	戊己庚亥壬
月	丁亥	火水	死	食神	印綬	子丑寅卯辰
日	乙亥	木水	死	劫財	偏印	
時	丙子	火水	病	劫財	偏印	

이 경우는 乙亥日 丙子時로 眞日 鼠貴格이 된다. 그러나 여기서 忌하는 庚申金이 塡實되어 不吉한 命이다. 庚申金은 生水하여 金水가 冷寒中 十月을 지나 極陰을 向하고 있을때가 된다. 丙

丁火를 從함이 可하여 위용하는데 일찍 水를 制하는 己丑運에 발전하기 시작하여 庚寅運, 丙丁火 有根으로 吉하였다.

辛卯運이 들어오면 丙辛合化水로 回頭剋하고 地支鼠貴의 子를 卯로 刑하고 壬寅年 壬水가 再剋鼠貴格 干頭丙火하여 不祿客이 된 四柱의 경우이다.

예 ③ 丁丑年 癸卯月 乙巳日 子時生 경우

年	丁丑	火土	衰	食神	偏財	壬辛庚己
月	癸卯	水木	帶	偏印	比肩	寅丑子亥
日	乙巳	木火	浴	我身	傷官	
時	丙子	火水	病	傷官	偏印	

이 경우는 乙日生이 卯月生하여 建祿으로 매우 발전 運을 만났다. 또한 癸水가 子水에 祿根을 세워 生乙木으로 身이 旺하여졌다. 喜泄漏로 時上에 丙火傷官이 爲君으로 用하게 되고 癸水로 臣을 삼아 卯月 乙日 丙癸兩透로 富貴가 의심없이 태어났다. 故로 이 四柱는 六乙鼠貴格의 子丑合으로 絆合 不吉論으로 評하지 않고 위와 같이 假傷官이 變眞傷官으로 論하여 크게 富貴가 된 四柱라 하겠다. 이때 癸祿은 在子 丙祿은 巳로써 印綬祿 子와 食神祿(傷官이나 好星으로 作用時는 食神祿이라 함) 巳가 交祿되어 있어 더욱 아름답다고 본다. 行印綬運에 매우 발전하였다고 보고 또 食神運에도 발복한 四柱인데 그 이유인 즉 印綬食神이 交互得祿한 탓이라 평하겠다.

17. 六陰朝陽格의 意義와 構成

① 六陰朝陽格의 意義

이 格은 六辛日 戊子時로써 構成되는 것으로 ◉ 六辛日이란 辛
未·辛巳·辛卯·辛丑·辛亥·辛酉의 여섯 辛日을 말하는 것이다.
◉ 朝陽이란 六陰이 極하고 陽이 始作된다는 뜻인데 一年之中의
陽은 子月多至에 시작하여 十二月이 二陽式으로 順行하는 것이고
一日之中의 陽은 子時부터 始生하는 法則에서 나온 말이다.

六辛은 모두 六陰인 故로 六陰朝陽이라 하게되는 것이고 이로써
格이 구성되었다하여 六陰朝陽格이라 하는 것이다. 또 六陰이란
뜻은 一陽 (朝陽)은 六陰이 極하고 陽이 비로소 生한다는 뜻과 六
辛日로 구성되어 있는中 辛은 모두가 陰으로 구성되어 있기 때문
에 六陰이라는 두 뜻이 내포되어 있는 것이다.

그런데 辛日戊子時로써 格이 구성되는 이유는 時의 子中癸水는
巳中戊土에 戊癸合으로 애인을 動搖시키게 되는데 丙火는 日主 辛
金之正官이 되어 貴함이 있다는 것이니 그렇게 되면 그 官과 戊
子時의 戊土印綬가 되어 正官 正印을 得하게 되는 것이라 본다.
또한 이 格에 있어서도 六乙鼠貴格과 같이 眞三格 不眞三格으로
定하고 있는데 眞三日이란 辛亥日, 辛酉日, 辛丑日의 戊子時를 말
하고 不眞三格日은 辛未日, 辛巳日, 辛卯日, 戊乙時를 말하는데 이
三日을 不眞으로 생각하는 이유는 이 四柱格에서 動合하여 작용하는
官星이 없어야 되는데 이 官星이 있으면 填實이 되어 不用하는 것
이다.

첫째로는 辛未日 戊子時는 未中丁火 官이 있고 辛巳日 戊子時는
巳中丙火官이 있으며, 辛卯日 戊子時는 官은 없으나 子卯로 日時刑
하여 不能動 巳中丙火官 시키는 까닭이라 하겠다.

眞三格中 辛丑日도 子時와 子丑으로 絆合되어 불능 巳中丙火官
한다는 이유를 들어 不眞格으로 해야 옳다고 한다.

② 構成

日 時	眞 三 格			不 眞 三 格		
生 日	辛亥	辛酉	辛丑日	辛巳	辛未	辛卯日
生 時	戊	子	時	戊	子	時

③ 해설

※ 辛日生이 戊子時에 출생하고 다시 柱中에 子字를 만나지 않으면 솔직한 六陰朝陽으로써 기쁘다 丙丁巳午는 이 格에 진실히 되어 不吉한 것인데 이것은 비단 四柱에서 뿐만 아니라 大運 歲運에서도 一例로 詳察하여야 한다.

남방운은 평운이고 북방운은 凶한 것인데 이중 서방운이 제일 吉하고 동방운은 서방 다음으로 吉하다고 본다.

이 格은 子字를 만남이 없으면 貴한 몸으로 朝廷에 이름 三子를 빛내게 될 것이다.

※ 戊子時가 日主 辛을 만나면 六陰朝陽으로 군중을 초월하여 귀위에 앉게될 것으로 본다. 官星 七殺을 만나면 안되고 또 午字와 巳字를 만나면 格局이 塡實이 되고 冲이 되어 싫어하는 것이다.

※ 歲運에 財는 別格으로 尋理(審理와 同意)하는데 辛日이 丑을 만나면 絆合이 되어 도리어 眞格이 이루어지지 않는다.

斷然코 이 格은 貴格으로 西方金運이 이르러 오면 大臣의 位에 이른다고 본다.

辛日이 戊子時를 만나는 것을 가장 마땅해 하는데 이름이 높이 올라 月中 발전하여 성공하게 되며, 辰戌丑未月이나 秋月에 출생하고 다시 亥字가 없으면 부귀와 영화를 누리며 대업을 성취하게 되는 대길운이다.

※ 六陰朝陽格은 西方運에 行함을 제일 吉하며 다음 東方運에

吉하고 北方運이 오면 凶하고 南方 午運에 임하여 子를 冲破하면 主로 災殃이 많이 일어나는 것이다.

⑤ 六陰朝陽格의 喜忌

이 格은 六乙鼠貴格과 같이 일정한 用神의 규정이 없고 格의 喜忌가 있을 뿐이므로 이곳에서는 喜忌로 표기키로 하고 또 이格 뿐만 아니라 앞으로는 모든 格이 主로 喜忌로 되어 있으므로 이제부터는 用神規定이 必要한 格을 제외하고는 모두 喜忌로 표현하기로 한다.

喜＝身旺, 丑未, 四秀, 秋生, 西方, 東方運
忌＝巳午, 重逢子, 南方運, 亥

예 ① 戊辰年 辛酉月 辛酉日 子時生

年	戊辰	土土	墓	印綬	印綬	壬癸甲乙丙
月	辛酉	金金	祿	比肩	比肩	戌亥子丑寅
日	辛酉	金金	祿	我身	比肩	
時	戊子	土水	生	印綬	食神	

이 경우는 辛日 戊子時生으로 純粹한 六陰朝陽格을 이루었다. 특히 秋生을 好하는바 仲秋八月에 출생하여 더욱 귀한 것으로 매우 복됨을 갖춘 四柱이다.

예 ② 己酉年 乙亥月 辛巳日 子時生

年	己酉	土金	祿	偏印	比肩	甲癸壬辛庚
月	乙亥	木水	浴	偏財	傷官	戌酉申未午
日	辛巳	金火	死	我身	正官	
時	戊子	土水	生	印綬	食神	

이 경우는 辛日戊子時만을 볼때는 六陽朝陽格이 되는데 不眞日이 되는 辛巳日에 출생하였고 또 亥를 싫어하는데 月建에 놓여 있으므로 이 格이 이루어지지 않는다. 그러므로 別格으로 다루게 되는바 亥子로 泄氣가 심하다. 그리고 시기는 심한 涼多月이라 마침 巳火가 있어 溫暖之氣하고 泄氣甚으로 扶弱之理로 用印하여 傷官用印格으로 作用한다고 본다. 이 사주는 교육자로 출세한 四柱인바 여기서 교수가 된 것은 用印格에 戊土印綬가 透出된 點도 있거니와 推命歌 三多月에 庚辛日生 고로 또한 敎育家라 이에 해당하고 있음을 알 수 있다.

18. 時墓格의 意義와 構成

① 時墓格의 意義

時墓格이란 時間에 墓 즉 庫藏으로서 格이 이루어 졌다는 뜻이다. 다시 말한다면 甲乙木의 庫는 未요, 丙丁火의 庫는 戌이 되고 戊己土 및 壬癸水의 庫는 辰이 된다. 庚辛金의 庫는 丑이 되는 것이므로 甲乙日生이 未時, 丙丁日生이 戌時에, 戊己壬癸日生이 辰時에, 庚辛日生이 丑時에 출생하였음을 말하는 것이라 하겠다.

이格 역시 雜氣財官格論에 설명한 바와 꼭같이 刑冲을 만나야하고 또 그 간직한 藏干中 그 所要되는 者가 透出됨이 있어야 한다는 것이다. 그러나 雜氣財官格과 한가지 다른것은 雜氣財官格은 生月 辰戌丑未에서 이루어지는데 反하여 이 時墓格은 辰戌丑未時에서 이루어지는 點인데 이 格들이 모두다 같이 財庫가 居生旺之地면 納栗奏名한다고 繼善篇에 記錄되어 있는바 財庫가 居生旺之地라는 구점에 두가지 說이 있다.

그중 한가지는 財庫가 있고 身이 旺한 곳에 方能發福한다는 뜻이라고 하여 繼善編의 論과 또 한가지는 生旺之地란 財庫의 生旺之地를 말하는 것이다.

前者는 甲子日 甲寅日生이 戊辰時라면 甲木의 財는 土요, 財土의 庫는 辰이 되어 이는 身도 旺하고, 財도 辰中戊土에 根하여 戊土가 透出되어 있으니 財도 旺하여 納栗奏名 할 수 있는 것이 아니겠는가 라고 말하고 있으니 이는 곳 日主生旺重點論者이다. 후자는 이것을 해석하여 辛金日生의 財는 木이다. 木의 庫는 未가 되므로 辛未日에 출생하고 그 財庫木을 生하는 亥子月 또는 亥子時에 낳거나 아니면 그 財庫가 旺하는 寅卯月 또는 寅卯時에 출생한 자를 말하고 있으니 이는 財庫生旺重點論者인 것이다. 이 時墓格은 그 성질이 雜氣財官格과 같으므로 命理學에서도 雜氣財官格에서 附時墓格이라 하여 同一하게 취급하고 있으니 만큼 雜氣財官格과 같이 相通시켜 연구하기 바란다.

② 構成

日柱 區分	甲·乙日	丙·丁日	戊·己日	庚·辛日	壬·癸日
身　庫	未	戊	辰	丑	辰
財　庫	辰	丑	辰	未	戊
官　庫	丑	辰	未	戊	辰
印綬庫	辰	未	戊	辰	丑
食神庫	戊	辰	丑	辰	未

③ 해설

財官이 四時 즉 다시 말하여 辰戊丑未 네 시간안에 藏蓄되어 있는데 刑冲을 만나서 開庫가 되면 이에 年少靑春에 가히 進身揚名하게 되는 것이지만 만약 刑冲을 만나지 않고 그 財·官·印綬가 壓伏重하여 있으면 그는 少年不發人이 되는 것이다.

※ 北方 壬癸日生이 戌時에 출생하고 西方庚辛日生이 未時에 출생하면 이는 모두 時財庫格인바 倉庫에는 金玉이 풍부하게 있어 항상 처세에 복과 녹이 따라 이 세상을 행복하고 너그럽게 살게될 것이라 판단하게 된다.

④ 알아두어야 할 사항

河魁란 子神后 丑大吉 寅工曺 卯太冲 辰天罡 巳太乙 午勝光 未小吉 申傳送 酉從魁 戌河魁 亥登明의 十二月 將神中의 하나로써 戌에 해당되며 軍禮倉庫基地인 것이며, 南城力吉이란 庚辛日未時를 말하는 것이다. 만약 時間에 財官墓庫가 무엇이냐 물어 온다고 하면 그것은 辰戌丑未時라고 대답하여 同一하게 추리하는 것이며 또 이 財官은 모두 갖추어 刑冲으로서 開庫함을 요하는 것인 즉 財官이 開門되지 못하고 壓住되어 있으면 이는 奇特치 못한 것이라 본다.

⑤ 喜忌

喜＝身旺에 冲刑開庫（歲運亦同）無冲壓伏重
忌＝身弱에 冲刑開庫（歲運亦同）冲刑出財官殺

예 ① 壬寅年 丁未月 丙寅日 辰時生의 경우

年	壬寅	水木	生	偏官	偏印	戊 己 庚 辛 壬 癸
月	丁未	火土'	衰	劫財	傷官	申 酉 戌 亥 子 丑
日	丙寅	火木	生	我身	偏印	
時	壬辰	水土	帶	偏官	食神	

-390-

이 경우는 未月生으로 二陰이 生이나 丁火透出하고 未中丁火가 尙存炎熱하여 壬水로 用하는바 自坐庫中 癸水에 根을 하고 있어 可美다. 그러나 甚히 乾水며 四柱에는 無補하고 時墓無冲하여 中年金水運에도 吉함을 맛보지 못하는 四柱이다.

예 ② 己卯年 乙亥月 乙未日 戌時生의 경우

年	己卯	土木	祿	偏財	比肩	甲癸壬辛庚
月	乙亥	木水	死	比肩	印綬	戌酉申未午
日	乙未	木土	養	我身	偏財	
時	丙戌	火土	墓	傷官	正財	

이 경우는 亥卯未 木局을 이루어 놓고 丙火가 時墓의 戌中丁火에 根을 하고 있는 중 冬月이 되어 더욱 아름답다 비교할때 泄氣口가 좀 허약하여 運轉南方에 老益精神하니 이름이 士林에 높이하고 청렴 귀인이 되는 四柱이다.

예 ③ 壬午年 己酉月 丙申日 未時生 경우

年	壬午	水火	旺	偏印	劫財	庚辛壬癸甲乙
月	己酉	土金	死	傷官	正官	戌亥子丑寅卯
日	丙申	火金	病	我身	偏財	
時	乙未	木土	衰	印綬	傷官	

이 경우는 酉月 丙申日로 身主甚弱이다. 丙日未時 墓庫는 木印綬之庫이므로 乙木正印이 未宮乙木에 根하여 透出함이 매우 귀하다.   신약에 乙木으로 用印하는바 申酉財가 壞印하여 病이다. 午火가 尅金하여 吉할 듯 보이나 火는 失時하였고 壬水의 尅을 받아 病 申酉를 制去할 能力이 없고 運에 火운을 만나지 못하여 不祿한 사주라 보겠다.

-391-

19. 六甲趨乾格의 意義와 構成

① 六甲 趨乾格의 意義

六甲이라 함은 甲子·甲戌·甲申·甲午·甲辰·甲寅의 여섯 甲을 말함이다.

趨乾이라 함은 乾을 向하여 달린다는 뜻이다. 또 乾은 戌亥間 乾方인데 亥字를 말하는 것이다. 즉 甲日生이 亥時에 출생함으로 써 格이 成立된다는 뜻이다.

甲日生이 亥時에 生하여 此格이 성립되었고 亥子月에 나서 印綬 局을 이루고 壬癸가 透出되어 있으면 이것은 正論 水多木漂가 되 는데 그때는 財土를 忌함이 아니라 喜하지 않겠는가, 이와같이 六 甲趨乾格이 逢印綬면 爲佳하므로 財星이 疊見이라도 位列名鄕이라 하였고, 또 말하기를 歲運에 逢官財旺處에 申字가 共來齊면 통관官 印相生하여 도리어 吉하여지니 財를 忌하고 喜하는 것은 四柱에 따라 論할 것이다. 故로 무조건 此格에서는 財를 好한다. 또는 忌한다고 斷定할 수 없는 것이고 四柱의 구성에 禍福이 目見되리 라는 것이다.

그리고 六甲趨乾格에 대하여 다음과 같이 논하고 있다. 六甲趨 乾格이라 함은 天의 門戶가 되어 있는데 甲日生이 그위에 臨하여 있음을 말하여 六甲趨乾格이라고 하였다.

② 構成

日　時	구　성　요　건					
生　日	甲子	甲戌	甲申	甲午	甲辰	甲寅
生　時	乙亥	乙亥	乙亥	乙亥	乙亥	乙亥

④ 喜忌

喜＝亥子多, 無巳字, 過水多에 財旺運 身弱中殺運에 逢子

忌＝逢巳字, 無印財官旺, 忌寅이나 此는 無妨하다.

예 ① 丙寅年 己亥月 甲子日 亥時의 경우

年	丙寅	火木	祿	食神	比肩	丁戊己庚辛壬
月	己亥	土水	生	正財	偏印	子丑寅卯辰巳
日	甲子	木水	浴	我身	印綬	
時	乙亥	木水	生	劫財	偏印	

이 경우 甲日亥時로 六甲趨乾格을 이루었고 亥子多하여 貴富奇
하였는데 運行 壬寅 流年 壬辰에 고시합격하여 현 법관으로 재직
중인데 이 四柱는 格局이 清正하여 清貴한 四柱로써 眞貴人의 이
름을 전할 것이다.

※ 이 四柱로 보아도 寅字는 不忌하는 것이 사실임을 입증한다.

예 ② 戊辰年 癸亥月 甲子日 亥時生

年	戊辰	土土	衰	偏財	偏財	甲乙丙丁戊
月	癸亥	水水	生	印綬	偏印	子丑寅卯辰
日	甲子	木水	浴	我身	印綬	
時	乙亥	木水	生	劫財	偏印	

이 경우에는 甲日亥時로써 六甲趨乾格이 분명하다. 이 格이 忌
亥字多라 하였는데 月令에 亥가 있고 또 이格에서 忌하는 財가 生
年에 戊辰이 있어 불미스럽다. 그러나 四柱에 透印印局이면 疊見
財星이라도 位列名鄕하리라고 古書에 記錄되어 있는데, 癸水로 透
印하여 亥子亥로 印局을 이루어 있음으로 戊辰見財하여서도 크게

-393-

귀히 된 사주이다.

20. 刑合格의 意義와 構成

① 刑合格의 意義

이 格은 六癸日 즉 癸酉, 癸未, 癸巳, 癸卯, 癸丑, 癸亥日 甲寅時로써 구성되는 것이다. 이 구성원리는 時間 寅과 刑이 되는 巳를 刑出시키면 巳中戊土가 暗出하여 癸日의 正官이 되며 戊癸로 合하는 까닭에 刑出合官하여 하나의 規格을 이루었다하여 총칭 刑合格이라고 한다. 그런데 이 格에 있어서 六乙鼠貴, 六陰朝陽格에서와 같이 眞格非眞格이 있는데 癸酉日, 癸亥日, 癸卯日, 甲寅時를 眞格으로 可用하고 癸巳, 癸未, 癸丑日은 非眞格으로 破格이 되어 불가한 것이다.

그 이유인 즉 癸巳日則, 巳中戊土 官이 있고 또 뿐만 아니라 寅이 巳를 無刑에 刑出시키는 것인데 巳가 나타나 있어 진실이 되어있는 까닭이며 癸未日, 癸丑日도 각각 坐下에 官殺이 暗伏되어 있기 때문인 것이다.

그런데 癸亥日 甲寅時에 對하여 二論이 있는데 그 하나는 亥는 寅時와 혼합되어 刑出을 불가능케 하므로 非眞格이라고 주장하는 경우가 있다. 또 다른 문제는 사실상은 그렇지 않고 癸亥日 甲寅時는 眞格으로 성립되어 귀히 됨을 往往보고 있다고 말하며 乙未, 癸亥, 甲寅의 四柱例를 들어 실증경험론자가 있는데 사실 성립됨을 보고 있다는 것이다. 그러므로 이 格에 있어서도 正格이 있으면 正格으로 다루는 것은 재론할 必要가 없다고 본다. 고로 月支亥子에 癸日 甲寅時는 假傷官으로 추심하게 되는 것이니 이런 경우 刑合格으로 하는것이 아니고 正格인 假傷官格으로 보게되

-394-

는 것이 좋다.

② 構成

日 時	眞　　　格	非　眞　格
日 柱	癸酉　癸亥　癸卯日	癸巳　癸未　癸丑日
時 間	甲　　寅　　時	甲　　寅　　時

③ 해설

四柱 時支에 寅이 있고 日干에 癸가 놓이면 刑合格이 되는데 이 사람은 酒色으로 몸이 상하게 된다는 것이다. 이때 羊刃 七殺이 같이 있으면 이 사람은 노상에서 변을 당하게 되는 매우 凶한 四柱로 본다. 六癸日生이 時柱에 甲寅이 있으면 刑合格인바 이 格에는 또한 非眞 眞格이 있게되는 것이며 또 月令에 만약 亥子가 있으면 이는 傷官格으로 推尋해야 하는 것이다.

※ 亥子月 癸日 甲寅時는 假傷官이 분명하지만 만약 甲子月, 亥卯日, 甲寅時라면 이는 곧 假傷官 變 眞傷官이 되므로 사주(四柱) 현황을 잘 살펴 논하여야 한다. 즉 癸日生이 甲寅時에 놓이면 가장 嫌하는 것은 柱中에 官星이 있어 진실됨이요, 만약 柱中에 戊己字와 寅을 冲하고 甲을 尅하는 庚字가 없으면 장년에 부귀영화로 생활하게 된다는 것이다.

④ 喜忌

喜＝身旺 逢酉丑合
忌＝庚·巳·戊己·癸丑日·癸未日·癸巳日

예 ① 己酉年 丁卯月 癸未日 寅時

年　己酉　土金　病　偏官　偏印

-395-

月　丁卯　火木　生　偏財　食神　　丙乙甲癸壬
日　癸未　水土　墓　我身　偏官　　寅丑子亥戌

時　甲寅　木木　浴　傷官　傷官

　이 경우 癸日 甲寅時 刑合格을 이루었다.　그러나 最忌하는 己字와 또 非眞格되는 癸未日에 출생되어 매우 凶하다.

　癸未日生이 七殺己土와 非眞格을 만나 甲子 大運 甲申年에 만주사건에 車中에서 유탄에 맞아 路上에서 객사한 사람의 四柱이다. 子運은 酉金用神이 死하는 곳이요, 申은 刑合格의 寅字를 冲하여 大不吉하게 된 것이라 본다.

　예 ② 丙寅年 癸巳月 癸丑日 寅時

年　丙寅　火木　浴　正財　傷官　　甲乙丙丁戊
月　癸巳　水火　胎　比肩　正財　　午未申酉戌

日　癸丑　水土　帶　我身　偏官
時　甲寅　木木　浴　傷官　傷官

　이 경우는 癸丑日 甲寅時로써 丑中己土 塡實官하여 非眞格인中 또다시 巳刑塡實을 만나 大忌한다.　故로 禍非輕이 되어 未運中에 교통사고로 죽었다가 살아난 四柱인데 그 未는 冲丑中辛金 用神을 冲出尅한 탓이고 살아난 것은 巳丑이 類金局으로 引酉金하여 補用神 辛金한 탓이다.

　예 ③ 乙未年 癸未月 癸亥日 寅時生 경우

年　乙未　木土　墓　食神　偏官　　壬辛庚己
月　癸未　水土　墓　比肩　偏官　　午巳辰卯

日　癸亥　水水　旺　我身　劫財
時　甲寅　木木　浴　傷官　傷官

-396-

이 경우는 癸日生에 甲寅이 들어왔고 또다시 癸亥日로써 眞格을 이루었다. 忌하는 凶星을 一無逢之하여 節度便까지 되었다는 四柱이다.

※ 參考

이 格에서 본바와 같이 眞格은 모두 귀하게 되는것을 보았고, 非眞格은 切忌하는 凶星 (庚·申·巳·戊·己)을 만난 者는 모두 노상에서 횡사 (橫死) 또는 교통사고 등으로 사망하게 되는 경우가 많다는 것이다. 그리고 여자의 경우는 자체구성으로써 불미한 일이 생긴다는 것이다. 즉 癸未, 癸丑, 癸巳日 生은 時上傷官 木으로 剋 未中己土官 또는 丑中己土官 또는 巳를 刑하여 巳中戊土官을 剋하는 등으로 剋官하여 夫君凶死를 보게되며 (官星白虎有剋 또는 官刑剋 是也) 癸亥日, 癸酉日, 癸卯日은 비록 眞格이라 하나 癸亥日은 甲木之生官이 된다. 癸卯日은 甲木之旺이 된다. 時柱의 甲寅木이 旺하여 柱中에 戊己 또는 辰戌丑未 官殺이 있으면 傷官太旺에 剋官殺하여 傷夫할 우려성이 다분히 존재하여 있고, 또 癸酉日 亦是 日主 梟神으로써 身旺 傷官旺이 되어 있으므로 柱逢官殺이 되면 傷夫할 확률이 매우 높다. 또 癸日生으로써 소년 定嫁白頭郎이 되어 夫官이 극히 凶한 格이 된다는 것이다.

옛 古書에서 보면 癸丑, 癸未, 癸巳日生 甲寅時를 만난자 (柱中 있는 자) 路上 橫厄, 負傷이니 酒色車馬 조심하라, 라는 글이 있음을 명심하여야 겠다.

21. 六壬趨艮格의 意義와 構成

① 六壬趨艮格의 意義

六壬이란 壬申, 壬午, 壬辰, 壬寅, 壬子, 壬戌의 여섯 壬을 말한다.

趨艮이란 艮을 따른다. 즉 艮을 向하여 달린다는 뜻이므로 六壬趨艮格이란 寅間의 艮(東北間)으로써 寅을 의미하는 것이다. 그런데 이 寅을 놓으면 무슨 이유로 貴하게 되는가에 對하여 古書에서 전하기를 이 格은 六壬日生이 寅時並 寅子가 많으므로써 이루어지는 것인데 이것을 말하자면 合祿과 같다고 했다. 故로 謂之 合祿格이라고도 하는데 壬日의 正祿은 「壬祿在亥」로 亥가 되는바 時柱 寅은 暗으로 寅亥合하여 暗殺이 되는 까닭에 富貴한다고 쓰여져 있음을 전하여 오고 있으며 실지 입증하고 있음을 확인할 수 있다. 但 이 格에서 不宜한 것은 柱中에서 逢冲破 하는 申을 大忌하는데 만약 만남이 없으면 可掌大權하게 되는 것이다. 이것은 四柱뿐만 아니라 年運(歲運)에서도 申運이 들면 직장을 그만두게(실직) 된다고 한다. 또 亥 역시 忌하는데 그것은 壬의 祿亥가 진실이 되고 따라서 壬趨艮에 있어 亥가 月에 임하였으니 貧하게 된다고 하였다. 또한 이 格을 다른 방향으로 설명하는 경우도 있는데 이는 丑寅間 艮이므로 壬趨艮이라 하면 실지 작용상 壬日寅時로 하지만 艮에는 丑寅이 內包되어 있어 寅中甲木은 丑中己土에 合하여 己土를 동원시켜 寅中丙火는 丑中己土와 같이 있는 辛金에 丙辛合하여 辛金을 동원하여 己土는 壬水의 官星이요, 辛金은 壬水의 印綬가 되므로 官印合作으로 귀히 되는 것이라 말하고 있다.

이 格 역시 獨立的으로 다루기에는 너무나 허무한 감이 없지않아 있으나 물론 正格이 있으면 正格으로 다루어야 타당하다고 본다. 亥日 壬趨艮格은 貧하다고 하는 말을 하는데 이 말은

-398-

너무 暗祿에만 치우친데서 생각된다고 본다.

丙申, 己亥, 壬子, 壬寅 八字가 있다고 하면 이 格은 亥月 壬子 日로써 身主 得令하고 또 多逢金水하여 특세하였으며, 또 壬子日로써 自坐旺地해서 正謂 最强格인바 要尅制하거나 泄精하지 않으면 안된다. 그런데 己土 官으로 尅制作用해 보고자 하나 己入亥宮하여 自坐 亥中甲木殺地로 不用하고 好泄精英하게 되는데 寅木宮 뿐으로는 排泄口가 너무나 좁은 中 다행히 月逢亥하여 寅亥로 合木局하니 泄氣口 확대로 大吉하다는 것이다. 이때 寅卯 大運이 들어오면 四柱 申金病을 寅申 冲去하며 假傷官格에 逢傷官運이면 대단히 발전하여 대부귀인이 될것이 틀림없는 格이라 본다. 그러므로 壬日寅時 趨艮에 逢亥月에 貧이라고만 고집할 수 없음을 입증하게 된다. 故로 이 格에서도 正格이 있으면 正格으로 우선하여 參考하는 것이 사실인데, 이 格은 이와같이 食神用神 또는 寅中丙火로 財用神과 또는 壬寅年 壬寅月 壬寅日이면 干支體同, 癸卯年月에 壬寅日이면 八字建珠五行相生格 등으로 貴格用神의 자질이 풍부하게 있으므로 귀격성립이 가능하게 되는점이 특색이 있는 것이라 본다. 故로 이 格은 壬趨艮用食神格이라고 하여 가상관으로 보아「부귀격」이 되는 것이다.

② 構成

日 辰	壬申	壬午	壬辰	壬寅	壬子	壬戌
時 柱	壬寅	壬寅	壬寅	壬寅	壬寅	壬寅

③ 해설

가. 壬日生이 寅時에 출생하면 貴格이 되는데 이 이름은 壬趨

艮格이라고 하며 그 福祿이 비상하도다.

이 格이 크게 싫어하는 것(또는 겁나는 것)은 刑冲 및 尅破가 되는 것인데, 이것은 오로지 四柱에서 뿐만아니라 歲運에서 相逢하는 것까지 忌하는 것인데 그렇게 만나면 禍가 이만저만이 아니라 하겠다.

　나. 壬은 寅을 만나는 것을 기뻐하는데 이 壬趨艮格은 辰을 또 대단히 좋아한다.

그렇게 壬日寅時에 나고 다시 辰을 만나면 雲龍風虎로써 越精神하게 될 것이다.

「연구」

壬辰日 壬寅時를 말함인데 壬은 水雲이요, 辰은 風龍인 故로 辰寅은 龍虎가 되는 까닭에 壬辰日 壬寅時를 雲龍風虎 越精神이라고 表現하는 것이다.

　④ 喜忌

喜＝身旺, 辰(특히 日辰) 無申亥·寅字多

忌＝身弱, 申亥(塡實·及 冲)

　예 ① 戊寅午 甲寅月 壬寅日 寅時의 경우

年	戊寅	土木	病	偏官	食神	乙丙丁戊
月	甲寅	木木	病	食神	食神	卯辰巳午
日	壬寅	水木	病	我身	食神	
時	壬寅	水木	病	比肩	食神	

이 경우는 壬日 寅時로 壬趨艮格을 이루었고 또 四柱地支에 冲戰을 만나지 않으며, 또 四柱가 전부 水木으로 이루어져 있는 五行相生格과 地支 全寅으로 地辰(地辰이란＝地支를 말함) 一氣를

-400-

이루어 高貴格으로 대단히 발전되는 吉한 四柱이다.

예 ② 甲子年 乙亥月 壬辰日 寅時生 女命경우

```
年  甲子  木水  旺  食神  劫財    甲亥壬辛庚
月  乙亥  木水  祿  傷官  比肩    戌酉申未午
日  壬辰  水土  墓  我身  偏官
時  壬寅  水木  病  比肩  食神
```

이 경우는 女命 四柱인데 壬日寅時로 壬趨艮格을 이루었는데 그만 이 格이 切忌하는 亥를 만났다고 본다(塡實故로 忌). 이 四柱를 보아 亥年 子月 辰日로 壬水가 得令·得位·得勢로 最强格이 되었다.

女命身强은 本不奇인데 亥水는 다시 寅木과 결합하고 天干에 甲木乙木이 透出하여 傷官이 太旺으로 尅日支 辰土官하므로 早年에 夫君을 拉致당하고 교원직업으로 혼자 살고있는 四柱이다.

※ 壬辰日, 壬戌日, 戊戌日, 庚辰日, 庚戌日生 女子는 夫君 拉致, 무단가출 등으로 불미스러운 일이 있는 日辰임을 기억하기 바란다.

예 ③ 甲子年 庚午月 壬午日 寅時生의 경우

```
年  甲子  木水  旺  食神  劫財    辛壬癸甲乙
月  庚午  金火  胎  偏官  正財    未申酉戌亥
日  壬午  水火  胎  我身  正財
時  壬寅  水木  病  比肩  劫財
```

이 경우는 壬日 寅時로 壬趨艮格을 純粹하게 無沖職으로 잘 이루었다. 그러나 寅午午로 財多되고, 身主의 根基 子를 午로 沖제거하여 從財가 便한데 壬子水가 있어 그만 假從이 分明하다고 보겠다. 그러므로 妻는 强旺하고 나는 미약하게 되니 惡妻를 만나

-401-

공처가로 살게 되었으며 평생 매사가 성취됨이 없이 고생하며 살아가고 있는 四柱이다.

예 ④ 壬寅年 壬寅月 壬寅日 寅時

年	壬寅	水木	病	比肩	食神	辛庚己戊丁
月	壬寅	水木	病	比肩	食神	丑子亥戌酉
日	壬寅	水木	病	我身	食神	
時	壬寅	水木	病	比肩	食神	

이 경우는 壬日寅時로 壬趨艮格을 이루었고 忌하는 凶星은 하나도 만나지 않았다. 天干 地支가 전부 四壬四寅으로 구성되어 있는 중이며 水木 水木으로 四干支同體 兩氣成象格이 되어 大貴人으로 이름을 높이 날린 사주이다.

22. 合祿格의 意義와 構成

① 合祿格의 意義

合祿이란 글자 그대로 祿을 合하여 이루어졌다는 뜻인데 이 祿이란 甲祿在寅乙木在卯의 祿宮을 말함이 아니라 祿馬라는 祿을 일컫는 것이니 즉 正官을 말하는 것이다. 그런데 이 格은 六戊日 申時와 六癸日 申時로 이루어 지는데 如戊癸日 申時는 庚申時로 申宮庚金은 卯中乙木을 作合하여 起動시키는바 乙木은 戊日의 正官이 되며, 卯는 正官乙木의 祿이 되는 것이니 官祿이라고 하는 것이다.

이것이 合하여 구성되었다 해서 合官祿이라 하며 약칭 合祿이라 하며, 合祿하여 하나의 規格이 성립되었다하여 合祿格이라 칭하게 되었다는 것이다. 그리고 癸日生 申時는 申이 巳申合하여 巳를 起動시키는데 巳中에는 戊土가 있어 癸日의 正官星이 되고 巳는 正官의 祿이.므로 合祿이 되는 것이니 이로써 하나의 格을 이루어 戊日 庚申時와 같이 癸日 庚申時도 合祿格이 이루어 지는 것이다.

우리가 이 格에서 주의할 점은 合祿이라하여 日主 正祿으로 알아서는 안되고 日主 正官의 祿이 合하여 格이 성립한다는 것을 알아야하며, 또 한가지는 祿 자리가 柱中에 나타나 이루어지는 것이 아니고 나타나지 아니한 곳에 허유 (無刑而合으로 맞이하는것)로 合해야 한다는 點이다. 故로 이곳에서도 戊日庚 申時格은 官이 되는 甲乙木이 없어야 하고, 또 그 庚金을 치는 丙火와 또 申宮을 冲剋하는 寅字와 또 官祿이 되는 卯字 진실이 없어야 하는데 喜忌篇에서는 다음과 같이 기술한 바 있다. 庚申時가 逢戊日이면 食神이 干旺之鄕인데 歲月에 犯甲丙寅卯면 此乃過而不過라 하여 이것은 合祿으로 보는것 보다 食神格으로 보는것이 적당하다고 하였다. 그리고 이것을 專旺食神格이라 또는 合神格이라고도 말하고 있다. 여하튼 이 合祿格은 戊日 庚申時 癸日 庚申時인데 모두 庚申時로써 合祿하므로 喜忌는 같은 것이다.

그리고 癸日 庚申時는 역시 庚金을 剋하는 丙火와 申을 冲하는 寅과 合祿하는 巳字와 癸日의 官(塡實)이 되는 戊己를 크게 忌하는 것이다. 故로 이 格은 食神格과 相通하여 前에도 말한바 있는 喜忌가 꼭 같다. 그런데 이곳에서 喜忌가 同一하다는 것은 戊日食神格이나 戊日庚申時, 癸日庚申時 合祿格이 모두 甲丙卯寅을 忌하는 것은 앞에서 설명한 바 있다.

故로 이 格은 다른 壬趨艮이나 甲趨乾格의 例와 같이 四柱에 따라서 正格으로써 참고로 추산해서 함이 타당하다고 본다.

② 構成

日 時	戊日　合祿格		癸日　合祿格	
日　辰	戊辰 戊寅 戊子 戊戌 戊申 戊午日		癸酉 癸未 癸巳 癸卯 癸丑 癸亥日	
時　柱	庚　申　時		庚　申　時	

戊日生人이 時上에 庚申을 만나고 만약 官印없이 秋多에 출생하여 貴하도다.　그리고 日主 戊의 官이 되는 甲木과 庚을 尅하는 丙火와 塡實이 되는 卯木과 그리고 申을 冲하는 寅字 癸日合祿에 日主의 官이 되는 戊己字 또는 癸日合祿에 塡實이 되는　巳字를 모두 忌하는 바 이것은 四柱에서 뿐만 아니라 歲運에서도 忌하는 것이다.

戊日 또는 癸日生이 時間에 庚申을 만나고 秋多月生이면 富貴人인데 크게 忌하는 것은 寅이 와서 申金을 損傷시키는 것이니 만약 春夏에 출생하였으면 困厄과 재산이 綿綿한다.

時柱에 庚申을 만난 癸日生은 癸日合祿格인데 이는 申에　巳를 合하여 官을 起用하므로 庚申時는 癸日의 印綬로 官印合이　되는 것이다.

이곳에 다시 官이 있으면 진실로 忌하고 또 陽丙火를　만나지 않으면 명예는 더욱 높아져 御前에 절하게 되는 것이다.

申時戊日은 戊日合祿格인바 이것이 戊日 庚申으로 食神이 되어 奇特한데 秋多生은 더욱 喜하여 福祿이 마땅하도다.　그러나　甲丙卯寅이 와서 尅破하면 만난것이 만나지 않은것만 같지　못하여 主로 고독, 이별 등으로 불행한 생애가 된다.

戊日 庚申時 合祿格은 食神旺이 되는데 刑尅이 없이 四柱에 놓이면 이것은 財官보다 더 勝하다.

癸日刑合이 官을 동원시켜서 庚金印綬와 合하여 官印相生으로 協助가 되면 소년시절부터 출세하게 된다.

④ 喜忌

戊日合祿格喜＝生在秋冬月　　忌＝甲丙卯寅乙

癸日合祿格喜＝生在秋冬月　　忌＝戊己庚寅巳

예 ① 丙子年 甲午月 癸亥日 申時生 경우

年	丙子	火水	祿	正財	比肩	乙丙丁戊
月	甲午	木火	絕	傷官	偏財	未申酉戌
日	癸亥	水水	旺	我身	劫財	
時	庚申	金金	死	印綬	印綬	

이 경우는 癸日 庚申時로 合祿格이나 格中에서 忌하는 甲丙을
만났고 또 夏月生으로 不眞格이 되는 것이다. 그러나 이 格은 午
月炎炎之時에 丙火가 透出 融融되어 癸水日 身이 弱하다. 그리고
亥水에 甲木이 透出되어 生하므로 亥水도 泄氣되어 庚金의 生을
要하는바 申酉金運을 맞으면 매우 발전하게 되는 四柱이다.

예 ② 辛酉年 辛丑月 戊寅日 申時生의 경우

年	辛酉	金金	死	傷官	傷官	庚己戊丁丙
月	辛丑	金土	養	傷官	劫財	子亥戌酉申
日	戊寅	土木	生	我身	傷官	
時	庚申	金金	病	食神	食神	

이 경우는 戊日庚申時로 合祿격인데 寅申이 冲破하여 憂厄이 많
다고 보겠다.

이 格은 神妙하게 변화했다. 즉 丑中辛金이 透出하였고 申酉
丑으로 合局을 이루고 있는데 또 天干에 土金一色으로 金透氣되
어 從金氣하고자 하는데 寅이 있어 寅中丙戊火土에 生을 依賴해
서 假從으로 從氣하게 되므로 寅木이 鬼物이 된다. 다행히 申을

-405-

만나 申寅冲으로 鬼物除去하여 貴奇로 영화를 누린 사주인데 대학
교수와 박사를 겸비한 四柱이다.

　예 ③ 壬申年 乙巳月 戊子日 申時生의 경우

年　壬申　水金　病　偏財　食神　　丙丁戊己
月　乙巳　木火　祿　正官　偏印　　午未申酉
日　戊子　土水　胎　我身　正財
時　庚申　金金　病　食神　食神

　이 경우는 戊日 庚申時로 合祿格하고 夏月에 출생하여 巳中丙火
戊土가 있으므로 從도 안되고 格混局濁하여 凶하다. 官이　無根
하여 難保偕老하고 戊子日生이 逢巳申刑하여 음독자살할 四柱이다.

23. 專財格의　意義와　構成

① 專財格의　意義

　이 格은 時柱에만 財를 놓으므로써 이루어지는 格이라 하여 오
로지전(專)字와 재물재(財)字를 붙여 專財格이라고 하는 것이다.
그리고 財를 馬라고도 하므로 合쳐서 財馬라고도 칭하는데 이 格
은 時柱에서 이루어지므로 一名 時馬格이라고도 부른다.　그 구성
을 仔細히 설명하여 甲日에 己巳時, 丙丁日이 申酉時, 戊己日이 亥
子時, 庚辛日이 寅卯時, 壬癸日이 巳午時 生이라 하였다.　이 格의
구성원리를 보면 甲日 己巳時라고만 하였을 뿐 乙日에　대해서는
一言半句없으나, 他格구성에 미루어 보아 甲乙日 辰戌丑未에　해당
될 것이라 보는 것이며, 또 甲日 己巳時라고 하였음은 巳中戊土가
있어 己土가 着根 存位하는 것으로 생각된다.　그러나 이 격은 너
무나 단조롭고 시간의 財하나만 가지고 凶하다, 吉하다를 論할 수

-406-

없는 것이므로 중요시 하지는 않지마는 四柱에 印綬身旺으로 인하여 時間財가 印綬用財格으로 作用되거나, 또는 身旺傷官弱으로 時間財가 傷官用財로 작용될 때에는 물론 전재격으로써 발복하는 것이 사실이다. 故로 이 格은 時上偏財格과도 관계되는 格인데 時上偏財格은 主로 時干 財에서 이 格은 主로 時支財에서 用神이 결정되는 것이라고 보아 타당하다고 본다.

② 구성

生 日	甲乙日	丙丁日	戊己日	庚辛日	壬癸日
時 柱	辰戌丑未巳	申 酉	亥 子	寅 卯	巳 午

③ 해설

甲日 辰·戌·丑·未·巳時와 丙丁日生이 申酉時와 戊己日生이 時柱에 亥子를 만나면 專財格이고 또 庚辛日生이 寅卯時, 壬癸日生이 巳午時를 만나면 이 또한 專財格이 되는 것이다. 이 格은 時上에 財가 秀氣되는 것을 찾기가 어려운데 이것을 일일이 推尋하여 보면 甲日戊辰時 또는 己巳時, 戊日 壬子時 또는 癸亥時, 壬日丙午時, 癸日 丁巳時의 六種인데 이것이 格에 들어 秀氣로 나타날 때면 金玉이 만당에 모든 福이 임하여 오는 것이다. 그런데 柱中에 또는 運中에 比肩·劫財에 이르러 오게되면 財가 分奪되어 資産成敗에 是非訟事가 들어 닥치는 것이다.

④ 喜忌

喜＝身旺, 印旺用財, 弱官滋殺, 傷官用財

忌＝身弱, 身旺에 比肩·劫財가 임하였을때

예 ① 己亥年 丙寅月 庚戌日 寅時生의 경우

-407-

年	己亥	土水	病	印綬	食神	戊己庚辛壬
月	丙寅	火木	絕	偏官	偏財	卯辰巳午未
日	庚戌	金土	衰	我身	偏印	
時	戊寅	土木	絕	偏印	偏官	

이 경우는 庚日 寅時로 專財格인데 年月 亥寅으로 財가 旺하다.
그러나 다행히 戌中辛金에 庚日主가 착근하였고 戊土·己土가 보
조하고 있으나 아직 寅木財가 得令 득세하니 財多 身弱格이 되
어있는中, 亥子運에는 더욱 身弱하여 천신만고 끝에 辛酉 庚申運
을 만나 재복이 발전하여 크게 부귀하게 된다. 이때 比肩을 大
忌한다고 하였는데 도리어 比肩運에 大成한 것은 四柱에 따라 財
多身弱에 身旺運이 들어와 身을 補한 이치라 하겠다.

예 ② 丁卯年 乙巳月 丙寅日 酉時生 坤命의 경우

年	丁卯	火木	浴	劫財	印綬	丙丁戊己庚
月	乙巳	木火	祿	印綬	比肩	午未申酉戌
日	丙寅	火木	生	我身	偏印	
時	丁酉	火金	死	劫財	正財	

이 경우 夏月炎天에 丙丁火가 많아 身이 甚히 旺하고 日主丙火
가 酉時에 專財格을 이루고 다시 巳酉로 結金財局하여 身旺財旺으
로 크게 富貴婦人이 되었으며 또 귀한 자손을 두게 된 사주다.
身旺丙火와 財를 對比하여 볼때에 身勝財弱하여 行 申酉金運에 大
富貴夫人이 된 여자의 四柱이다.

예 ③ 丁卯年 甲辰月 戊午日 亥時生의 경우(乾命)

年	丁卯	火木	浴	印綬	正官	癸壬辛庚巳
月	甲辰	木土	帶	偏官	比肩	卯寅丑子亥

日　戊午　土火　旺　我身　印綬
時　癸亥　水水　絕　正財　偏財

　이 경우는 戊日 亥時로 專財格을 이루고 있으나, 財는 다시 生木殺하는데 木이 亥卯 卯辰으로 結局하였고 甲木이 透出 亥水에 得長生하였으니 매우 生旺(亥에 生, 卯에 甲木에 旺)하였다. 또한 辰은 土己도 甲木이 득세하여 亥卯, 卯辰으로 尅木해서 그만 帶木之土로써 土領城이 전부 점령당하고 말았는데 木殺을 制하는 金星이 하나도 찾아 볼 수 없다. 故로 四柱에 殺은 딱 붙어 있으니(貼身七殺) 몸이 그 殺을 감당하기 어려워 평생을 문전걸식으로 살다가 亥運이 들며 木殺旺하니 죽고 말았다는 四柱이다.

「연구」
　이 사주에서 의심점을 연구하자.
　첫째, 中年에 庚辛運이 있었는데 이 四柱의 病이 되는 木殺을 制하여 大發하였다고 보는데 왜 大發치 못했으며 둘째로는, 柱中에 木殺旺인데 早年 寅卯 木殺運이 行할때 어찌하여 죽지 않았는가 하는 점이다. 이것은 前者는 庚辛金運이 있다고 하더라도 原無一點金星이 있었기 때문이다. 또 후자는 寅卯木運은 補殺하여 困苦는 하였다 하더라도 不祿하지 않고 넘긴것은 用神 戊己土를 生하는 丁火午火 印綬가 있어 一方尅土나 補殺生印으로 간접적으로 生用神하게 된 까닭이라 본다.

-409-

第 二 章　特殊日辰對生時의　構成의　格論

1. 子遙巳格의　意義와　構成

① 子遙巳格의　意義

이 格은 甲子日 甲子時로 구성되는데 그 원리는 子時의　癸水(子中癸水)가 멀리 巳中의 戊子를 憧憬하여 戊土와 合하게 되어 이루어 짐을 말한다.　巳中에 같이 있던 丙火가 戊土와 癸과 연애(교합)하는 것을 보고 자신도 마음이 통하여 酉宮辛金에 丙辛合으로 辛金을 起發시키게 되나 그 辛金은 곧 甲日對正官이 되는　것이다.　그러므로 子로 하여금 자기의 사랑하는 戊土가 巳中에 멀리 있어 항상 巳를 동경하여 바라보고 있음으로 子遙巳라 하였으니 그것으로 格이 成立되어서 甲子日 甲子時를 子遙巳格이라고 칭하게 되는 것이다.　이 格에서 庚辛申酉를 忌하는데 이는 진실이 되는 까닭이라 하겠다.　또 午・丑字를 忌하는데 午는 子를 冲함이요, 丑字는 子와 絆合으로 不能動辛金하는 까닭에 庚辛申酉, 丑午를 만나게 되면 破格이 된다는 것이다.

이 格에서 搖動시켜 작용하는 格이라면 子遙巳라는 遙字를 어찌하여 搖字를 쓰지않고 왜 遙字를 쓰는 것인가 하면 子字가　직접 辛金官을 動搖시키는 것이 아니고, 子는 다만 巳字를 바라보아(遙) 合할 뿐인데 그것이 丙火가 酉宮辛金을 動搖시키므로 子는　遙巳에 멈춰지므로 搖字를 쓰지 않고 遙字를 쓰는 것이다.

또 이 格은 月建에 正格이 있으면 正格으로 쓰는 것은　물론이요, 正格이 없을 경우 이 格으로 미루어 작용하여야 한다.　우리는 이곳에서도 또다시 身旺 身弱 또는 四柱에 食神, 印綬, 比肩,

官, 財 등 그 柱의 현황을 잘 살펴 참작하여 格을 다루어야 할것
인 즉 너무 輕스럽게 한가지만에 치우쳐 결정 (잡평) 해서는 안된
다는 점을 강조하고자 한다.

② 構成

甲 子 日	甲 子 時 生

③ 해설

甲子日이 時柱에 甲子를 만나면 官이 旺하지 않아야 되며 官이
旺하여 있으면 그것은 매우 마땅치 못한 현상이 된다.

月生日柱 즉 月支印綬를 놓아 나를 生하여 주는 根元이 튼튼하
면 그때에는 運이 金官鄉에 행함이 오히려 奇特하게 된다.

甲이 子時에 있으면 日時에 甲子로 俱金되어 있게되면 그때 蛇
官 (月中)에 올라 月中에 대발전 (소원성취) 하게 되지만 만약 그
렇게 임하였다 하더라도 丑字의 絆合이 있거나 午字의 冲이 있거
나 庚辛申酉의 官殺이 나타나 있을때에는 오히려 모든 일이 지연
되며 禍가 그칠날이 없다는 것이다. 또는 甲子가 거듭 時柱에 甲
子를 만나면 그 이름이 子遙巳格으로서 가장 吉하게 된다. (즉
좋아한다)

그러나 丑이나 午가 있어 絆合 혹은 冲子하면 모름지기 가정이
파산하게 된다. 歲運이 官을 만나는것 역시 奇特치 않은 것이라
본다. 甲子日이 運甲子時는 時柱 子가 地支의 巳酉를 합하게 되
는데 이렇게되면 巳中戊土와 子中癸水는 合이 되고 또 戊는 같이
있는 丙火를 능히 動搖시켜 酉와 合하게 되는 것이니 (酉中辛金과
丙辛合) 그 甲日은 辛金官을 얻어 가히 귀함을 알게 되는 것이라
본다. 그러나 不喜한 것은 庚辛申酉를 만나는 때인데 그뿐 아니

-411-

라 丑이 와서 絆合하는 것 역시 마땅치 않은 것이며 또다시 嫌하는 것은 午字가 와서 子字를 冲하는 것이다.

甲子日 甲子時에 庚辛申酉가 있으면 身旺官으로 破格이 되어도 官이 充分히 있고 身이 旺하므로 官鄕運도 아무 忌할바 없으므로 運入官鄕旺處奇라고 하게 되는 것이다.

④ 喜忌

喜＝身旺·印綬·比肩月이면 喜官鄕運（月生日主根元莊）
忌＝庚辛申酉丑午（塡實 絆合·冲害）

예 ① 己亥年 乙亥月 甲子日 子時의 경우

年	己亥	土水	生	正財	偏印	甲癸壬辛庚
月	乙亥	木水	生	劫財	偏印	戌酉申未午
日	甲子	木水	浴	我身	印綬	
時	甲子	木水	浴	比肩	印綬	

이 경우는 甲子日 甲子時로써 子遙巳格을 이루었다. 柱中에 忌하는것（庚辛申酉丑午）이 하나도 없으니 순수한 格을 이루었다. 그리고 더욱 吉한 것은 亥月로서 月生日生 根元壯되어 官旺運이라도 奇한바 中年 末年 庚辛申酉 四十年間 不斷宮으로써 官至宰相까지 되었던 四柱이다.

※ 이 四柱를 연구하여 보면 身旺에는 官星이 返成奇한 것이 명확하게 나타난다.

예 ② 丙寅年 壬辰月 甲子日 子時의 경우

年	丙寅	火木	祿	食神	比肩	癸甲乙丙丁
月	壬辰	水土	衰	偏印	偏財	巳午未申酉
日	甲子	木水	浴	我身	印綬	

時　甲子　木水　浴　比肩　印綬

　　이 경우는 甲子日 甲子時로써 子遙巳格 되었다.　辰月生으로 寅
卯辰 春氣요 또 아직 木의 餘氣가 있는데 寅辰으로 合木하여　身
主旺하여진다.　故로 官鄕運도 喜하여 行 申酉官鄕에 大단히　貴
히된 四柱이다.　子遙巳格에서 庚辛申酉 官運은 진실되어　나쁘다
는 글句를 액면 그대로 받아들이지 말고 사주 현황을 잘　살펴서
판단을 내려야 될 것으로 생각된다.

　　예 ③ 己丑年 乙亥月 甲子日 子時 坤命의 경우
年　己丑　土土　帶　正財　正財　　丙丁戊己庚
月　乙亥　木水　生　劫財　偏印　　子丑寅卯辰
日　甲子　木水　浴　我身　印綬
時　甲子　木水　浴　比肩　印綬

　　이 사주는 甲子日 甲子時로 子遙巳格이다.　다시 生月에 乙亥가
놓여 있으니 月生日 主根元壯으로 매우 吉하다.　그러나　不宜한
것은 丑字가 있어 子丑으로 絆合하여 不能動辛金하는 것이라 하겠
다.　그러므로 一生 夫婦가정생활에는 적합치 않은 四柱이니 夫
君의 덕은 조금도 없는 사주이며 이 者가 사회로 진출하면　출세
하는 四柱라 하겠다.

　　예 ④ 辛未年 甲午月 甲子日 子時 坤命의 경우
年　辛未　金土　墓　正官　正財　　乙丙丁戊己
月　甲午　木火　死　比肩　傷官　　未申酉戌亥
日　甲子　木水　浴　我身　印綬
時　甲子　木水　浴　比肩　印綬

-413-

이 경우는 甲子日 甲子時 俱金하여 子遙巳格이다. 不宜한 것
은 四柱中에 子午沖波가 되어 子는 不能動辛하게 되어있다.

辛金 진실이나 未土에 앉은 自坐殺地가 되므로(未中丁火) 官이
안전 보호될 수가 없다는 것으로 본다. 故로 평상인으로서 四十
여세 이날까지 처녀로 지내고 있는 四柱이다.

예 ⑤ 丁巳年 丁未月 甲子日 子時 乾命의 경우

					丙乙甲亥壬
年	丁巳	病	傷官	食神	午巳辰卯寅
月	丁未	墓	傷官	正財	
日	甲子	浴	我身	印綬	
時	甲子	浴	比肩	印綬	

이 경우는 甲子時가 다시 甲子日을 만나 萬格之中에서 子遙巳格
을 이루고 다행히 一無忌物하여 純粹格으로 문장이 뛰어난 四柱
이다. 이 格은 正格으로 未中丁火가 透出하여 眞傷官格이요 丁
巳, 丁未로 泄氣甚하여 子水에 木賴水生하게 되므로 傷官用印이
되는 것이다. 이 사주는 대학교수로 지낸 사람의 四柱이다.
「참고」

대학교수가 된 것은 推命歌에서 春夏月에 甲乙日生 三冬月에 壬
癸日生 酉月生人이 丁丑日生 舌端生金敎育家라 하였다. 大學敎授
는 이 四柱의 格局이 非凡하고 고상하게 이루어져 있는 것으로
알게 된 것이라 본다.

2. 丑遙巳格의 意義와 構成

① 丑遙巳格의 意義

이 格은 癸丑日生이 多逢丑 하거나 辛丑日生이 多逢丑으로써 成

格되는 것인 즉 그 구성되는 이유는 癸丑日인 경우 丑中癸水는 巳를 遙合하여 巳中 戊土로 하여금 癸水日主의 官으로 작용하는 까닭이며, 또한 辛丑日 경우 丑中辛金은 巳를 遙合하여 巳中丙火로 하여금 官으로 작용케 하는 까닭으로 辛癸二日 丑時가 巳를 遙合하여 格이 成立된다 해서 丑遙巳格이라 하는 것이다. 그런데 이 二日格이 모두 忌하는 것은 진실되는 巳와 絆合하는 子字이다. 辛癸日生이 多逢丑地(丑遙巳)에 不喜官星인데 歲時에 逢子巳 二官이면 허명허리(虛名虛利)라고 말한 것이라 하겠다. 그리고 이 格에 對하여 右書에서는 辛丑日 癸丑日의 丑字가 많으면 用比格이라하는데 丑中 癸辛이 巳中丙火 戊土를 動搖시켜 각각 官으로 작용하는 것이니 申酉 二字는 癸日의 印綬로 身旺이 되고 辛日에는 比肩으로 身旺되어 매우 기쁜데 官을 하나만 合起시켜 작용함이 妙하다. 四柱中에 子가 있어 絆合하고(原有子) 또는 巳字가 있어 진실되어 不龍去遙하거나 또는 原有 官殺이면 官殺重이 되어 모두 不妙하다. 이것은 柱中에서 뿐만 아니라 歲運에서도 亦同一인데 柱中에 原無比星들(官·子·巳)이라야 이 格을 奇妙하게 작용하는 것이라고 하였다.

이와같이 官殺을 고정적으로 忌하는 것이지만 경우에 따라서 喜官鄕運할 때가 있으니 그것은 전에 말한바와 같은 子遙巳格과 같이 日主가 심히 旺하였을 경우라 말할 수 있다. 故로 辛日生이 官殺되는 丙丁火가 없고 癸日生이 官殺되는 戊己가 없고 二日格이 모두 진실되는 巳字가 없으면 공명이 크게 나타나서 부귀영화로 만나 형통이라 하였다.

또한 子字 巳字가 없고 身이 旺하면 運이 官鄕에 들어서 도리어 吉하니 位列三公이라 하였다. 故로 巳字子字 官星을 忌한다 하나

身이 旺할 때는 도리어 官鄕運에 大成한다고 보면 되겠다.

이 格은 四柱현황을 참고하여 正格을 우선으로 다루어야 하는
것은 물론이고 또 이 격이 子遙巳格과 특이하게 다른 점은 子遙
巳格은 甲子日 甲子時로 구성되지만 이 格은 辛癸丑日生이 時柱
에 丑字를 놓지 않고도 年이나 月에 丑字를 놓아도 성립된다는
점을 명심하여야겠다.

② 構成

癸丑日生이 多逢丑	辛丑日生이 多逢丑

③ 해설

辛日生 또는 癸日生이 각각 丑字를 많이 만나면 그 이름은 丑
遙巳格인데 官星과 合이 되어 이루어 진다.

柱中에 官星이 旺하다 해서 不喜라고 말하지 말고 官이 오면
오히려 성공함이 있는것을 그 누가 믿겠는가?

※ 무조건 官運이 오면 성공한다는 뜻은 물론 아니고 또 官이
旺하여 있다고 무조건 凶하다고 믿지말라. 이글은 身弱에 官殺이
重이 되면 나쁘다는 뜻이며 身旺이면 官來라도 反有成이라는 뜻
이다.

辛丑 癸丑 二日干이면 丑은 능히 巳에 合하여 그 巳中丙戊가
丑日의 辛癸와 丙辛 戊癸로 각각 合하여 丙은 辛日의 官·戊는 癸
日의 官으로써 君臨하는 것이므로 巳宮에는 辛癸 丙日의 官이
간직되어 있는 것이라 하겠다.

丑日이 多見丑하면 妙한데 不宜한 것은 柱中에 子字 絆合이 있
는 것이다. 만약 柱中에 申酉가 있으면 더욱 吉한데 辛日 丑遙
巳에는 官이 되는 丙丁天干과 巳午地支를 싫어하는 것이다.
癸日丑遙巳가 戊己 또는 巳午를 싫어하는 것인데 이 二日格은

반드시 상세히 살펴보아 身弱이냐 身旺이냐를 가려서 論할 바이다. 辛癸二日이 丑을 만나게 되면 문득 巳宮에 암장으로 官이 들어있는 것을 아노라, 申酉는 이 格에 기쁜 것이니 그中 한 字라도 임하여 있으면 大喜한 것이나 만약 巳午를 만나면 忌하니 凶한 것이고 또 子月生도(子垣凶) 絆合되어 凶함은 더욱 말할나 위도 없다고 본다.

④ 喜忌

辛日丑遙巳格＝喜＝身旺·申酉·多逢丑

　　　　　　忌＝身弱·丙丁巳午子

癸日丑遙巳格＝喜＝身旺·申酉·多逢丑

　　　　　　忌＝身弱·戊己巳午子

예 ① 丙寅年 辛丑月 癸丑日 亥時生 경우

年	丙寅	火木	浴	正財	傷官	庚 子
月	辛丑	金土	帶	偏印	偏官	己 亥
						戊 戌
日	癸丑	水土	帶	我身	偏官	丁 酉
時	癸亥	水水	旺	比肩	劫財	丙 申

이 경우는 癸丑日에 다시 丑을 만나 丑遙巳格을 이루었고 다시 丙辛化水에 時上癸水로 水가 干頭에 汪하였다. 또다시 月日時의 丑丑亥中에 暗藏水로 水源이 流長하므로 인하여 日主根元壯을 이루고 있다. 故로 官을 忌하지 않는데 丙寅火가 있어 丑中己土를 보온하고 있어 쓸만하다고 본다. 運行은 巳午火土 財官鄉에 大成功하게 된 四柱이다.

이 사람은 외교관을 지내던 사람의 사주다.

예 ② 辛丑年 辛丑月 辛丑日 丑時生 경우

年　辛丑　金土　養　比肩　偏印　　庚己戊丁丙
月　辛丑　金土　養　比肩　偏印　　子亥戌酉申

日　辛丑　金土　養　我身　偏印
時　己丑　土土　養　偏印　偏印

　이 경우는 辛丑日生이 多逢丑하여 丑遙巳格이 분명하다. 柱中에 三辛으로 五合聚集格 四丑으로 地辰一氣格 純土金으로 五行成象格등으로 이루어져 있다. 또한 이 格에서 忌하는 鬼物은 하나도 없어 매우 보기드문 四柱라고 본다. 고로 主人公은 八一五 해방후 군정(미국) 당시 미국의 통역관으로 활약한바 있는 사람의 四柱이다.

「연구」

　영어를 能한것은 古書에서 말하기를(四柱中에 偏正多印은 외국어에 능통하며)에 해당되는 것인바 이 四柱 辛日主가 一己四丑으로 偏印이 많이 이루고 있기 때문이라고 한다.

예 ③ 辛丑年 辛丑月 辛丑日 寅時生의 경우

年　辛丑　金土　養　比肩　偏印　　庚己戊丁
月　辛丑　金土　養　比肩　偏印　　子亥戌酉
日　辛丑　金土　養　我身　偏印
時　庚寅　金木　胎　劫財　正財

　이 경우는 辛丑日生이 多逢丑한 丑遙巳格인데 三辛丑으로 더욱 貴奇하였던 四柱인데 중국사람으로써 매우 높은 벼슬(總制＝總督의 古稱)까지 오르렸던 사람의 四柱이다. (丑遙巳用財格이다)

3. 飛天祿馬格의 意義와 構成（附倒冲祿馬格）

① 飛天祿馬格의 意義

飛天祿馬란 여러 群象이 聚合하여 虛冲으로 祿馬 즉 財官을 飛天（冲出財飛天）시켜 나의 財官으로 作用하여 使用함으로써 格이 成立되는 것을 말한다. 이 格은 庚子日生이 子字多, 壬子日生이 子字多, 癸亥日生이 亥子多, 丁巳日生이 巳字多, 辛亥日生이 亥字多, 丙午日生이 午字多, 六種이 있는데 이 中 庚子, 壬子, 辛亥, 癸亥日의 四種을 正飛天祿馬라 하고 丙午 丁巳日의 二種을 倒飛天祿馬라 하는바 보통 號稱으로는 正飛天祿馬를 그대로 飛天祿馬, 倒飛天祿馬를 倒冲祿馬라고 각각 명칭하는 것이다. 이格 구성원리는 첫째 庚子日인 경우 多逢子로써 子는 午를 虛冲하여 午中丁火로 爲官星하고 同居中인 己土를 爲印綬하여 庚日이 得官印으로 貴格을 作用하는 것인데 만약 丑子가 있으면 子가 丑에 絆合하여 午를 冲하지 않아 쓰지 못하고 또 午字 巳字가 있으면 塡實로 不奇하여 破格이 되는 것이다. 둘째로는 壬子日인 경우 多逢子로 午를 虛冲하여 午中丁火로 爲財星하고 同居中인 己土로 爲官星하여 壬日이 得財官으로 貴格을 作用하는데 만약 丑字가 있으면 子가 絆合하여 午를 冲하지 않아 못쓰고 또 丁字, 己字, 午字가 있으면 財官冲宮 塡實로 不奇하여 破格이 되는 것이다. 셋째 辛亥日인 경우 多逢亥로 巳를 虛冲하여 巳中丙火로 爲官星하고 同居中인 戊土로 爲印綬하여 得官印으로 貴格을 作用하는데 만약 戌字가 있으면 戌亥로 天羅하여 巳를 冲하지 않아 쓰지 못하고 또 丙・戊・巳가 있으면 財印 冲宮 塡實로 不奇하여 破格이 되는 것이라 하겠다. 네째 癸亥日인 경

-419-

우 多逢亥로 巳를 虛冲하여 巳中丙火로 爲財星하고 同居中인 戊土로 爲官星하여 癸日이 得財官으로 貴格을 作用하는데 만약 戊字가 있으면 絆合天羅하여 巳를 冲하지 않으므로 쓰지 못하고 또 丙·戊·巳가 있으면 財官 冲宮 塡實로 不奇하여 破格이 된다.

다섯째 丙午日인 경우 多逢午로 子를 虛冲하여 子中癸水로 爲官星해서 貴格을 작용하는데 만약 未가 있으면 午未로 絆合하여 子를 冲하지 않아 쓰지 못하고 또 壬亥子가 있으면 官殺·冲宮塡實로 不奇하여 破格이 된다. 여섯째 丁巳日인 경우 多逢巳로 亥를 虛冲하여 亥中壬水로 爲官星하여 貴格으로 作用하는 것인데 만약 辰이 있으면 辰巳로 絆合 爲地網하여 亥를 冲하지 않아 쓰지 못하고 또 壬癸亥가 있으면 官殺冲宮 塡實로 不奇하여 破格이 된다.

이상에서 보는 바와같이 모두 虛冲하여 財官을 作用하는 四柱이기 때문에 그 각자의 官이 나타나 있으면 減半福하는 것이고, 또 庚子日生이 多逢子는 金水傷官으로 泄氣甚같으나 火官이 冲出되어 火暖으로 中和之道가 되는데 만약 金水氣가 太寒하여지면 午中和之道가 되어 不奇하는 것이며 庚子日, 壬子日, 癸亥日 三個日干이 亥子多 飛天祿馬는 見富貴라고 神峯書에 말하고 있는데 확실히 富貴하는 것이라 한다. 그리고 이 庚子日, 壬子日 飛天祿馬는 寅戌未가 있으며 더욱 貴奇하여진다.

② 構成

正飛天祿馬	庚子壬子日生＝多逢子, 辛亥癸亥日生＝多逢亥
倒飛天祿馬	丙午日生＝多逢午, 丁巳日生＝多逢巳

③ 해설

壬子日生 또는 庚子日生이 거듭 子字를 만나면 子는 午를 沖하여 午中 暗되어 있는 祿馬 즉 財官을 沖出 飛天시켜 作用하게 하므로 飛天祿馬 또는 倒冲祿馬라고 하는 것이다. 壬庚日主에 重重 子는 金水雙淸으로 淸貴함이 많게 되는데 運이 南方에 들게되면 午가 冲子하고 또 丙丁이 庚日 飛天祿馬인데 塡實이 되므로 不吉하여 염려되는 것이다. 庚子壬子日生이 鼠隊 즉 子多면 冲馬하여 그馬(午를 말한다) 中丁火로 庚日의 官으로 쓰고 己土는 壬日의 官으로 쓰는 것이며, 또 辛癸日이 여러 亥(衆猪)를 만나면 그 亥는 巳를 찾아 (尋蛇) 冲하여 巳中丙火로 辛日의 官星 戊土로 癸日의 官星을 作用한다는 것이다.

丙日이 여러 午馬(馬群)을 얻어 冲子하여 子中癸水祿(官을 祿이라고도 함)을 얻게 되는 것이고, 또 丁日이 여러 蛇를 얻어(蛇衆) 그 巳로 하여금 雙魚(亥)를 얻게되면 亥中壬水를 官으로 작용하기 때문에 이상은 모두가 飛天祿馬의 구성원리를 말하는 것이라 본다. 그런데 이 格에서 가장 忌하는 것은 絆合되는 것과 官星이 塡實되는 것인데 그렇게 되면 禍가 當途하게 될 것이다. (※ 當途란 나가는 길에 禍가 이르는다는 뜻으로 當到의 잘못이 아님) 그런데 絆合이란 如 壬子日, 庚子日인 경우 丑을 말함인데 子와 丑은 서로 合이 되기때문에 午를 冲하지 않고 (貪合忘冲) 또 官星 塡實이란 壬庚日主의 경우 子가 午를 冲하여 午中丁火로 爲庚之官星하고 己土로 爲壬之官星하는 것인바 미리 四柱에 庚日인 경우 丙丁이 나타나 있고 壬日인 경우 己가 미리 나타나 있으면 그 나타나 있는 官은 塡實官星 또는 官星塡實이라고 말한다. 그러나 이 絆合 塡實이 있어도 四柱의 구성과 歲運輕重등을 잘 참작하여 論할 바이나 冲하여 飛天하는데 그 用神이 傷하지 않아야만 冲天시킬수 있는 것이라, 이곳에서 用神이란 辛亥日 경우 多逢亥라야 冲巳하게 되는 것이므로 亥가 用神이 되는데 正格用神과는 그 성질이 다르다. 辛日이 거듭 亥字를 만나면(乾又乾) 格局中에 飛天祿馬라고 부르는데 이 格에서 酉字를 만나 이루어지면 壯年에 몸이 榮貴하게 되는데 巳運이 이르러 오게되면 亥를 冲하니 그렇게될 경우 壽가 完全하다고 말할 수 없게 된다. 祿馬飛天을 아는 사람은 적은데 庚壬二日을 그대에게 알려 주나니 年月日時에서 거듭 子를 만나고 冲破하는 午字가 없으면 富貴로써 貴奇하게 된다.

飛天祿馬를 놓은 者 貴함이 非常한데 辛癸二日이 모두 日柱가 强한 곳에 다시 年月日時中에 多見亥하고 無官(無塡實), 無絆 (合)하면 이에 선량한 인재가 되는 것이다.

亥字가 辛癸 (辛亥·癸亥)를 만나고 子字가 庚壬 (庚子·壬子)을 만나는 것은 飛天祿馬이니 상세히 살펴보아야 겠다.

歲運이 만약 官이 絶하여 보이지 않는 곳이면 일찍 相發心을 완수하여 功名을 얻는다. 日刃 즉 子日에 낳고 또 庚壬日과 子字多면 庚子日 壬子日이 子字多로써 飛天祿馬格이 純和하게 이루어지는 것인데 그 子字多는 冲午하여 그 午中官貴를 冲天시켜 그 貴氣를 合氣해서 작용하는 것인즉 만약 午나 壬庚日에 官을 만나 塡實이 되면 모든 研磨한 功은 挫折되고 마는 것이라 하겠다.

七殺官星 즉 壬日主에 戊·己 庚日主에 丙·丁이 犯하지 않고 丑이 와서 子丑으로 絆合하지 않아야 되는데 만약 天干 地支 人元(암장) 등으로 官殺이 와서 尅하고 丑이 와서 合하면 不興할뿐 아니라 波難이 萬丈하여 지는 것이다.

丁日生이 巳字를 거듭 만나면 局中에 亥字나 壬癸字 塡實官을 보지 않아야 貴하게 되는 것이니 官(壬癸亥)이 있으면 傷格되는 바 마땅히 그 官은 傷盡되어야 하는데 亥運이 와서 冲巳하면 그 午는 必空(亡한다)하는 것이라 본다.

丙丁은 巳午가 多臨함을 요구하는 것으로 丙午가 多逢午 丁巳가 多逢巳하므로 倒冲祿馬가 되는 까닭인 즉 그 巳午는 각각 巳亥冲 子午冲으로 官星을 冲出시키는 것이니 그 亥宮에는 丁火의 官星인 壬水貴氣가 있고 子宮에는 丙火의 官星인 癸水 貴氣가 있다는 것이다. 柱中에 官殺이 없다하여도 運에 官殺이 行하면 그 禍를 禁하기 어려운 것이라 하겠다.

丙丁巳午(難位)가 冲亥子(激江湖)하면 倒冲祿馬 格인데 歲運에 官이 없으면(無塡實) 仕途(벼슬길)에 오르게 된다.

丙丁이 각각 巳午로 亥子를 冲하여 亥子中의 正官을 專用(專祿)하는바 뜻하는 일이 완성하며 이름이 빛나게 될 것이니 그 몸은 활발하게 된다고 한다.

丙丁은 모름지기 巳午冲으로 格을 이루는 것인데 그 午는 능히 子를 冲하여 丙日의 官星으로 작용하는 것인데 오직 午가 絆合하기 때문에 嫌하는 것이요 그곳에 다시 子癸가 相逢하면 크게 凶함을 보게되는 것이다.

丁日生이 巳에 앉고 巳가 亥를 冲하면 倒冲祿馬格이 되는데 四柱中에 丁日의 官殺되는 壬癸가 이르러 오고 또 地支에 申字가 출현되어 있으면 申은 능히 巳字와 絆合하여 貴하기 어렵게 된다.

丁日生이 柱中에서 첩첩으로 巳를 보면 亥를 冲하여 亥中壬字 官星을 冲出시켜 格이 아름다운 것인즉 만약 亥申兼壬癸가 없으면 그 冲出官과 合官하여 비단 위에 繡을 놓은 格으로 吉한 中

-423-

에 더욱 吉하여 진다. 丁日에 亥字가 있으면 塡實되어 이 格에 원수가 되는데 申을 가까이하여 絆合으로 쟁차가 많게 되는 것이며 春秋는 半吉하고 多은 亥子로 진실되어 無用하게 되는 것이며 夏月에 生하면 巳午로써 丁日 多逢巳 身旺되어 영화를 누리게 된다는 것이다.

④ 喜忌 (正・倒飛天祿馬格)

日 主	喜	忌	分 類
壬 子	多逢子・寅戌未中一字	午戌己丑	飛天祿馬
庚 子	多逢子・寅戌未中一字	午丙丁丑	上 同
辛 亥	多逢亥・申酉丑中一字	巳丙丁戌	上 同
癸 亥	多逢亥・申酉丑中一字	巳戊己戌	上 同
丙 午	多逢 午	子 未	倒冲祿馬
丁 巳	多逢 巳	亥辰申	上 同

※ 此格의 絆合을 忌하므로 辛癸亥日飛天祿馬의 경우 亥를 絆合하는 寅을 忌하는데 反하여 舊經에서는 亥는 戌을 忌한다. 理由는 戌亥가 地綱이 되며 乾宮에 同臨되는 까닭이고 또 丁巳日 倒冲祿馬의 경우 巳를 絆合하는 申을 忌하는데 反하여 辰을 忌한다 하면서 그 理由는 辰巳가 天羅가 되어 巽宮에 同臨하고 있는 까닭이라 본다.

예 ① 辛亥年 庚子月 壬子日 未時

年	辛亥	金水	祿	印綬	比肩	辛 壬 癸 甲 乙
月	庚子	金水	旺	偏印	劫財	丑 寅 卯 辰 巳
日	壬子	水水	旺	我身	劫財	
時	丁未	火土	養	正財	正官	

이 경우는 壬日生이 逢重重子 하여 飛天祿馬格이다. 이 格에 忌하는 絆合 丑도 없고 또 官殺되는 戊己土도 만나지 않아 純粹格으로 대단히 발전하여 출세(官運)하였던 사람의 四柱이다.

예 ② 辛酉年 甲午月 丙午日 丑時의 경우

年	辛酉	金金	死	正官	正財	癸壬辛庚己
月	甲午	木火	旺	偏印	劫財	巳辰卯寅丑
日	丙午	火火	旺	我身	劫財	
時	己丑	土土	養	傷官	傷官	

이 경우는 丙午日生 重逢午하여 倒冲祿馬格이다. 一無忌物 하여 純粹格을 이루어 관계에 매우 발전하였던 四柱이다.

예 ③ 丙子年 丁酉月 庚子日 子時의 경우

年	丙子		死	偏官	傷官	丙乙甲癸
月	丁酉		旺	正官	劫財	申未午巳
日	庚子		死	我身	傷官	
時	丙子		死	偏官	傷官	

이 경우는 庚子日生이 重重子하여 飛天祿馬格이다. 丙丁火가 庚日의 官殺이 되어 진실로 不奇한 것 같이 보이나 多幸히 丙子 丁酉 丙子로 모두 丙丁火官이 無根失時 하였으므로 이 格을 쓸수 있어 관계에 입신 출세하였던 사람의 四柱이다.

예 ④ 壬子年 壬子月 壬子日 午時生 경우

年	壬子	水水	旺	比肩	劫財	癸甲乙丙丁
月	壬子	水水	旺	比肩	劫財	丑寅卯辰巳
日	壬子	水水	旺	我身	劫財	
時	丙午	火火	胎	偏財	正財	

-425-

이 경우는 壬子日生이 年月에 다시 壬子를 만나 과연 좋다. 그
러나 忌하는 午宮을 만나 不奇한 四柱다.　또 群劫爭財되어 損財
喪妻多連廚에 乞貧이 되어 문전걸식 하게 된 걸인의 四柱이다. 여
기서 壬寅時였다면 水木火로 통관이 잘되어 큰 부자가 될 사주였
다는 점이다.

4. 拱祿拱貴格의 意義와 構成

① 拱祿拱貴格의 意義

拱이라 함은 拱挾을 의미한다. 즉 껴안는다는 뜻인데 어떠한
物을 中間에 놓고 左右에서 또는 前後에서 껴안아 脫走를　不能
케 함을 말하는 것인데 이곳에서 拱挾은 虛를 놓고서 하는 말이
다.　모든 器血에 物이 차 있으면 어떠한 物을 용납할 수가　없
고 器血이 비어 있어야만 物을 담을수 있는것과 같이 拱挾하는
物이 柱中에 있으면 塡實이 되어 이 格에서는 大不吉로 하는　것
이라 본다.

物이라고한 것은 祿과 貴를 말하는데 이에 對하여 다음과 같이
두가지로 나누어 말하고져 한다.　첫째로 祿은 十干祿을 말함이고
貴는 官貴 (正官星)를 말한다. 하고 또 한가지는 祿은 財를　말하
는데 貴는 玉堂天乙貴人을 말하는 것이라 하고 있는데　이곳에서
格으로 다루고 있는 것은 前者의 것은 贊同하여 祿은 正祿, 貴는
官貴를 말하는 것이므로 拱祿拱貴格이라는 뜻을 日時에서 正祿을
虛로 인하여 拱하고 놓여져 있으면 拱祿格, 또 日時에서 官貴를
虛로 인하여 拱하고 놓여져 있으면 拱貴格이라고 하게 되는 것이
다.

※ **拱祿格**에는 다음 五개의 종류가 있다.

① 癸亥日 癸丑時로 癸日의 祿은 癸祿이 在子로 子가 되는바 亥
와 丑은 子를 虛로 하여 껴안고 있기 때문에 이 格에서 子가 나
타나 있으면 塡實로써 凶으로 하는 것이다.

② 癸丑日 癸亥日로 이 格도 前과 같이 癸日祿이 子인데 丑日과
亥時가 子를 중간에 虛를 껴안고 있는 것임으로 柱中에 子가 출
현되어 있으면 塡實로 凶이 되는 것이다.

③ 己未日 己巳時로 이 格은 己日生으로 祿이 午가 되는데 祿 午
를 未日과 巳時가 중간에 虛로 껴안고 있음으로써 格이 성립되는
것이니 만약 柱中에 午가 있으면 塡實로 凶이 되는 것이다.

④ 戊辰日 戊午時로 戊의 祿은 巳인데 辰日과 午時는 戊日主의
祿이 되는 巳를 虛로 껴안고 있으므로 格이 成立되는 것이니 만
약 柱中에 巳가 있으면 塡實로 凶이 되는 것이다.

⑤ 丁巳日 丁未時로 丁日의 祿은 午요, 巳日과 未時가 祿이 되는 午를
虛로 껴안고 있으므로 格이 成立되는데 만약 柱中에 午가 있으면
塡實로써 凶이 되는 것이다.

　이것을 다시 간추려 보면 癸亥日 癸丑時가 拱子, 癸丑日　癸亥
時가 拱子, 己未日 己巳時가 拱子, 戊辰日 戊午時가 拱巳, 丁巳日
丁未時가 拱午하고 있는데 이 각자가 껴안은 祿이 四柱中에 나타
나 있으면 塡實되어 凶하다.　또한 이 塡實을 忌하는 外에 祿을
껴안고 있는 者를 刑冲함과 또 日柱를 尅하는 七殺이라　하였으
니 癸亥日 癸丑時에는 巳亥冲, 丑未冲을 忌하는 것이고 또　七殺
은 己土가 되므로 이 格에 있어서는 丑·未·己·巳字를　忌하는
것이며 癸丑日 癸亥時도 以上과 꼭 같다.　그리고 己未日　己巳時
는 冲亥 冲丑 乙木七殺을 忌하는 것이고 戊辰日 戊午時　格에서
는 冲하는 戊·子 七殺되는 甲木을 忌하는 것이며, 丁巳日　丁未時

-427-

格에서는 冲하는 亥·丑 七殺되는 癸字를 忌하는 것이다. 이와같이 구성되어 있는데 어디에 財가 있느냐고 하면서 이 祿을 財라고 주장하는 후자의 설을 반박하는 것이다.

※ 拱貴格에도 五가지 格이 있는데 忌하는 것은 前格과 같다.

① 甲申日 甲戌時는 중간에 酉宮辛金 官貴를 拱하고 있는데 柱中에 酉가 있으면 塡實이 되어 不吉하고 寅·辰·庚이 있으면 冲·七殺되어 不吉한 것이다.

② 甲寅日 甲子時는 중간에 丑中辛金·官貴를 拱하고 있는데 丑字가 柱中에 있으면 塡實이 되어 不吉하고 申·午·庚이 있으면 冲·七殺이 되어 不吉하다.

③ 戊申日 戊午時는 未中乙木 官貴를 拱하고 있는데 柱中에 未가 있으면 塡實되어 못쓰고 寅·子·甲은 冲·七殺이 되어 不吉하다.

④ 乙未日 乙酉時는 중간에 申宮庚金 官貴를 拱하고 있는데 柱中에 申金이 있으면 진실되어 못쓰고 丑·卯·辛은 冲·七殺이 되어 不吉하다.

⑤ 辛丑日 辛卯時는 중간에 寅中丙火 官貴를 拱하고 있는데 柱中에 寅이 있으면 진실이 되어 못쓰고 未·酉·丁은 冲·七殺이 되어 不吉한 것이다.

이 격을 간추린다면 甲申日 甲戌時, 甲寅日 甲子時, 戊申日 戊午時, 乙未日 乙酉時, 辛丑日 辛卯時인데 중간에 拱하고 있는 것이 출현되면 塡實이라하여 不吉로 하고 또 拱貴하고 있는 日時를 相冲하는 者와 그 日主를 尅하는 者는 모두 冲刑 七殺이 되어 不吉로 하는 것이다. 이 拱貴 格을 볼때에는 甲申日 甲戌時를 제외하고는 모두 天乙貴人이 간직되어 있는 것이니 如 甲寅日 甲子時에는 甲戊庚 牛羊으로 丑 天乙貴人이 拱挾되어 있고, 또 戊申

日 戊午時에는 역시 甲戊庚牛羊으로 未天乙貴人이 拱挾되어 있고, 乙未日 乙酉時에는 乙己鼠候鄕으로 申 天乙貴人이 拱挾되어 있으며, 辛丑日 辛卯時에는 六辛逢馬虎로 寅 天乙貴人이 拱挾되어 있으므로 후자의 주장도 일리는 있으나 正論으로써 正官(正貴)을 作用하는 것으로 보아 마땅하고 또 天乙貴人이 拱挾되어 있으니 더욱 奇한 것은 사실이나 학설에서는 官貴說을 通說로 하고 있다.

② 構成

拱　祿　格		拱　貴　格	
癸亥日	癸丑時	甲申日	甲戊時
癸丑日	癸亥時	戊申日	戊午時
丁巳日	丁未時	甲寅日	甲子時
己未日	己巳時	乙未日	乙酉時
戊辰日	戊午時	辛丑日	辛卯時

③ 해설

拱祿·拱貴格은 格中에서도 만나기가 어려운데 이 格을 日時에 놓고도 다시 月令 地支를 살펴보아야 한다.

提綱 즉 月令에서 身이 旺하였다하여도 月令에 無官이라야 비로서 이 格을 쓰게 되는 것이다. 拱祿·拱貴는 格中에서 드물고 奇特한 것인데 이 格을 만난 者는 허리에 紫衣를 입고 출세하는 것인데 刑冲破害와 年月에 七殺이 따르지 않아야 한다.

그 拱하는 祿이나 拱하는 貴가 塡實이 되면 대단히 忌하는 것이요 또 傷官이 在月支하는 것도 겁내는 것이다.

羊刃이 거듭오면 이 格은 破가 되는 것이니 이 羊刃破가 없어야만 貴하게 되는 것이다. 癸日 亥時에 亥丑을 겸비하면 癸丑日

-429-

癸亥時, 癸亥日 癸丑時의 拱祿格이 되어 그 福이 重重하게 되는 것이다. 그러나 그렇게 格이 짜여져 있어도 官殺이 들어오면 안 되는 것이니 官殺이 와서 破格됨이 없어야만 이름이 천지에 오르는 길을 通하는 것이라 본다. 또한 이 拱祿 拱貴格에 그 祿이나 貴가 四柱에 塡實되어 있으면 本是좋지 않은 것이니 그 拱되는 祿이나 貴자리는 虛해야만 좋은 것이다. 여기서 마땅치 않은 것은 塡實되거나 官星을 보는 것이고 또다시 忌하는 것은 七殺이 와서 尅破하는 것이다. 甲子·甲寅은 그 사이에 丑中辛金 官貴를 拱하였고. 壬辰, 壬寅은 그 사이에 天乙貴人을 拱하고 있으니 이것 역시 拱貴로 간주하면 된다.

甲申이 庚午를 본것도 그사이에 未天乙貴人을 拱하고 있고 또 戊甲, 戊午도 그사이에 未中乙木 官貴를 拱하여 매우 발전하게 된다. 辛丑이 辛卯를 놓아도 그 사이에 寅中丙火를 拱하고 있고 乙未, 乙酉는 그사이에 申宮庚金 官貴를 拱하여 그 格이 매우 강하다. 그러나 이 格에 刑冲破害 塡實이 있으면 허리허명하게 되므로 切忌하는데 이러한 것이 없으면 金冠玉帶로 王家의 祿을 먹을 것이다.

④ 拱祿·拱貴格의 喜忌

拱祿格	喜	忌	拱貴格	喜	忌
癸丑日 癸亥時	身旺이면 喜傷官食神	未巳巳身弱이면 忌傷官食神	甲申日 甲戌時	有財印이면 喜傷官食神	寅辰庚 無財 印이면 忌傷食
癸亥日 癸丑時	上 同	上 同	戊甲日 戊午時	上 同	寅子甲 〃
戊辰日 戊午時	上 同	辰 子	辛丑日 辛卯時	上 同	未酉丁 〃
丁巳日 丁未時	上 同	亥 丑	乙未日 乙酉時	上 同	丑卯辛 〃
己未日 己巳時	上 同	丑 亥	甲寅日 甲子時	上 同	申午庚 〃

예 ① 戊寅年 辛酉月 丁巳日 未時의 경우

年	戊寅	土木	死	傷官	印綬	辛壬癸甲乙
月	辛酉	金金	生	偏財	偏財	戌亥子丑寅
日	丁巳	火火	旺	我身	傷官	
時	丁未	火土	帶	比肩	食神	

이 경우는 丁巳日 丁未時로서 正祿午火를 拱하고 있다. 巳午未
로 火祿局 丁日 丁時로써 天地炎熱되어 심히 太旺이 된다. 月支
酉金이 巳酉로 合金局하고 辛金이 透出하여 偏財를 用함에 足하다
그 戊土는 土生金 할듯하여 보이나 土燥火炎되어 不能生金이다. 火
가 金에 比하여 조금더 旺하므로 火가 用神之金에 病이 되어 北方
亥子運 또는 土生金과 巳酉丑 金局하는 丑運 모두가 大成功하였는
데 丙運 以後로는 무능하여 도로무익이라, 고로 허성세월을 보내고
있을 四柱이다.

예 ② 丁酉年 戊申月 戊申日 午時의 경우

年	丁酉	火金	死	印綬	傷官	己庚辛壬癸
月	戊申	土金	病	比肩	食神	酉戌亥子丑
日	戊申	土金	病	我身	食神	
時	戊午	土火	旺	比肩	印綬	

이 경우는 戊申日과 戊午時가 그 中間에 未天乙貴人이 들어오니
未申冲으로 地軸이 되는 甚히 貴奇하다고 하겠다.

三戊가 三朋으로 奇하나 申酉金局이 午月日에 놓여져 있어 泄氣
가 매우 甚하다. 故로 身을 보해야 하므로 午中丁火印綬를 用하
게 된다. 丁己祿이 在午로 丁火印綬祿이 時柱에 놓여있고 日主之
貴人 未가 있어 首尾一貫이다. 泄秀, 印祿, 貴人등 不傷相合하

여 火生土 土生金으로써 千古 文章이 되었으며 運走南方으로 名臣
이 된 四柱이다.

예 ③ 庚戌年 戊子月 壬辰日 寅時生 경우

							己庚辛壬癸
年	庚戌	金土	帶	偏印	偏印		丑寅卯辰巳
月	戊子	土水	旺	偏官	劫財		
日	壬辰	水土	墓	我身	偏官		
時	壬寅	水木	病	比肩	食神		

이 경우는 壬辰日 壬寅時가 拱卯天乙貴人을 이루고 있다. 壬日
은 子月에 得令하였고 또 自坐 庫中癸水에 着根하였으며 子辰이
水局을 이루어 庚金의 生을 받고 있다. 그래서 土를 用할수
있는바 寅木이 病이 된다. 行 庚寅운을 맞으며 庚申年에 출
세하게 되며 辛卯運이 들면 貴人이 塡實되었고 (나쁜것) 寅卯
辰이 木局을 이루어 病重으로 不祿之客이 된 四柱이다.

예 ④ 辛巳年 辛卯月 辛丑日 卯時生 경우

							庚己戊丁丙
年	辛巳	金火	死	比偏	正官		寅丑子亥戌
月	辛卯	金木	絕	比肩	偏財		
日	辛丑	金土	養	我身	偏印		
時	辛卯	金木	絕	比肩	偏財		

이 경우는 辛丑 辛卯가 寅을 拱하여 寅中丙火로 拱貴하고
있다고 본다. 그리고 年支 巳火와 日支 丑土가 巳丑으로 酉
字를 虛에 拱하고 있어 天으로는 全部 辛金으로 天元一氣를 이
루었다. 地支로는 金局을 이루었으며 天地가 交泰하여 있다. 그
리고 辛金이 丑土의 滋養을 받아 財를 用할 수 있는데 이 四柱는
財를 除하고는 別無他物이 되어 財物에만 정신이 가게 되어있는

사람이다.   運行은 酉運에 群比爭財로 因財致禍하여   財家亡身하
고 말은 四柱이다.

5. 夾丘拱財格의   意義와 構成

① 夾丘拱財格의 意義·

이 格은 拱祿格과 拱貴格 유사한 格인바 그 다른 점이란 拱祿
格은 日時에서 祿을 挾拱하여 이룬 格이며, 拱貴格은 日時에서 **官
貴**를 拱挾하여 이룬 格이다. 그러므로 이 格은 日時에서 **財**를 夾
拱하여 이루어진 점에서 다르다는 점이다.

다시 말한다면 日時에서 財를 夾拱하여 이루어진 格을 말함이다.
고로 이 格은 癸酉日 癸亥時, 甲寅日 甲子時, 己卯日 己巳時, 庚
午日 甲申時의 四종류가 있는데 그 구성에 있어서는 다음과 같다.
◎ 癸酉日 癸亥時 경우

日時 酉亥사이에 戌을 拱하고 있는데 그 戌은 火之庫로써 戌中
丁火 財가 있어 拱財格이 된다.
◎ 甲寅日 甲子時 경우

日時 寅子는 중간에 丑을 拱하고 있는데 그 丑中에는 己土 財
가 있어 拱財格이 된다.
◎ 己卯日 己巳時 경우

日時 卯巳는 새 중간에 辰을 拱하고 있는데 그 辰은 水財庫로
써 辰中癸水 財가 있으므로 拱財格이 이루어진다.
◎ 庚午日 甲申時인 경우

日時 午申은 가운데 未를 拱하고 있는데 그 未는 木財之庫로
써 未中乙木 財가 있어 拱財格이 구성되는 것이다.

-433-

그런데 이 格도 앞서말한 二格 (拱祿格과 拱貴格)과 같이 그日時를 冲破하는 것을 忌하는데 그 이유는 日時 二者가 財를 포위하며 지키고 있는 한편 冲하면 그만 그곳의 包圍網이 뚫여서 그 財가 탈출하게 되는 이치라 하겠다. 日時를 多方으로 合하고 生함이 되는 것은 더욱 吉하는 것이고, 각각 前格들과 같이 日主를 尅하는 七殺을 싫어하는 것이며 또 拱物이 되는 財가 柱中에 미리 나란히 있으면 그것을 塡實이라 하여 大忌하는 것이며, 또 日主之空亡에 財가 닿게되면 대단히 凶하게 여기는 것이니 요약하여 말한다면 一曰日時之 刑冲이요, 二曰 日干之七殺이요, 三曰 財之塡實이요, 四曰 財之空亡인 것이라 하겠다.

② 構成

眞格	癸酉日 癸亥時 (拱戌)	甲寅日 甲子時 (拱丑)
不眞格	己卯日 己巳時 (拱辰)	庚午日 甲申時 (拱未)

③ 해설

이格 역시 拱祿格과 같은 것인데 日時가 虛로 財를 拱하고 있는 것이다.

柱中에 그 夾하고 있는 財가 출현하지 않아 塡實됨이 없으면 金玉이 金庫에 가득 쌓여 石崇같은 富者가 된다는 것이다. 만약 七殺이 와서 日干를 尅하고 또 日時의 地支를 冲하여 그 拱하였던 財를 脫走시키면 그때는 財物이 散散히 흩어져 破家가 되는 것으로 본다. 癸酉日 癸亥時가 새 중간에 戌을 拱하여 戌中丁火 財로 하여금 拱財格이 이루어 지고 甲寅 甲子로써 새 중간에 丑을 夾하여 丑中己土로 하여금 拱財格을 이루었다. 이것은 모두 癸酉日의 空戌이 財空이 되고 또 甲寅日의 空·丑이 財空이 되는 것이나 모두 眞格으로 이루어져 학설과는 달리 財物은 山과 같이 쌓여 福祿이 높아진다. 反하여 己卯日 己巳時와 庚午日 甲申時는 학설에서는 좋다고하고 있으나 사실은 그와는 달리 中和가 되기가 어려워 이 格이 奇特함이 어렵더라. 중화가 이루어지기 어렵다는 말은 己卯日 己巳時인 경우 辰中癸水가 爲財인데 辰中戊土 巳中戊土 등으로 群劫爭財가 되고 또 財가 되는 亥子가 旺하였으면 日主 己卯가 허약체질이 되어 財多身弱 또는 財生殺되는 수가 많고, 또 庚午日 甲申時는 甲庚이 冲이 되어 있으며 또 午가 同一하지를 않고 이질적인 干으로 不和하여 中和되기가 어려우므로 拱했던 財를 놓치기가 쉬우므로 이 格으로서 作用할만한 것이 못되더라. 故로 이 格이 순수하게 잘 이루어지면 富하고 또 귀하게 사는 것이니 쌀, 보리가 倉庫에 가득차고 이름을 날리며 호화롭게 잘 사는 사람이라고 본다.

④ 喜忌

日 時	夾　拱	喜	忌
癸酉日 癸亥時	戌中丁火	身旺 日支生合	有　戌巳卯己
甲寅日 甲子時	丑中己土	上　　同	有　丑申午庚
己卯日 己巳時	辰中癸水	上　　同	有　辰酉亥乙
庚午日 甲申時	未中乙木	上　　同	有　未子寅丙庚

예 ① 庚戌年 戊子月 癸酉日 亥時

年　庚戌　金土　衰　印綬　正官　己庚辛壬癸甲

月　戊子　土水　祿　正官　比肩　丑寅卯辰巳午

日　癸酉　水金　病　我身　偏印

-435-

時　癸亥　水水　旺　比肩　劫財

　이 경우는 癸酉日 癸亥時로써 분명하다.　戌中丁火가 財를 夾하
여 拱財格을 이루었다고 본다.　그리고 亥는 月支의 子를　얻고
日의 酉는 年의 戌土를 얻어 그 祿을 지키는 亥子 酉戌로써　牙
城이 매우 견고하여 더욱 믿음직 하다고 본다.　子月은 極凉寒하
나 一陽이 始生하였고 또 戌中丁火가 있어 매우 有情하다.　溫土
로 能히 戌中戊土官으로 쓰고 또 拱戌丁火로 爲財하여 매우 吉하
다.　中年 巳午運에 水火旣濟之功으로 生土用神하여 매우 발전하
게된 四柱이다.

　예 ② 己未年　戊辰月　甲寅日　子時

年　己未　土土　墓　正財　正財　　己庚辛壬癸
月　戊辰　土土　衰　偏財　偏財　　巳午未申酉
日　甲寅　木木　祿　我身　比肩

時　甲子　木水　浴　比肩　印綬

　이 경우는 己卯日 己巳時로써 水財庫辰을 夾하여 辰中癸水로 爲
拱財格하는데 卯月卯日과 卯木 그리고 癸水透出로 水木이 심히 旺
하다고 본다.　補身이 요구 되는데 巳中丙火로 爲用神한다.　그
殺되는 卯木들은 生巳火하여 殺印相生으로 寅木運까지는　吉하고
辛丑 庚子運에는 재산이 손실되어 빈곤해 졌다가 亥運에　亥中壬
水가 沖尅 巳中丙火 印綬하여 不祿之客이 되고 만 매우　빈곤한
사람의 四柱이다.

第三章 特殊日辰自體의 構成論

1. 專祿格의 意義와 構成

① 意義

專祿이라 함은 專用祿이라는 뜻이다. 다시 말하면 내 日主에 직접 正祿을 놓고 있는 것을 말하는 것이다. 十干祿中 日主에 직접 專祿을 놓을 수 있는 것은 **甲寅日, 乙卯日, 庚申日, 辛酉日** 의 四日字밖에는 없는 것이다. 忌하는 것은 柱中이나 歲運에 官 殺 또는 刑冲破害를 만나는 것이다. 또 이 格의 구성원리를 살 펴보면 祿이 日支에 있음을 말하는 것이므로 ※ 甲寅日인 경우 甲祿은 在寅으로 地支에 직접 祿을 놓은것이 되어 해당되며 ※乙 卯日은 乙祿이 在卯로 ※ 庚申日은 庚祿이 在申으로 ※ 辛酉日은 辛祿이 在酉로써 각각 위와 같이 자기 地支에 전용으로 祿을 놓 아 구성되어 있으므로 專祿이라 하게 되었다. 이 격은 단순히 날자 하나만 가지고 吉凶 用神을 斷定하기가 어려운 것이다. 우 리가 이 격에서 의심이 나는 것은, 이상에서 말한 四日은 모두 干 與 支同으로써 地支藏干에 比肩이 모두 간직되어 있고 胞胎性으로 는 冠宮으로써 身旺이 되며 가령 得地 得勢法으로는 得地 (得位) 가 되어 매우 身旺으로 受制를 好하여 官殺을 要할 것인바 어찌 하여 官殺을 忌하는지가 문제다. 그것은 다름이 아니고 身이 甚 히 旺한데 日主 中心이 되어 좋은 다른 格이 成立될 소질이 대단 히 많은 것인바 예를들어 보면 첫째로는 ※ 甲寅日인 경우 癸亥 癸亥甲寅 癸亥로써 從旺格의 예이다. 둘째로는 ※ 壬子壬寅 甲 寅乙丑으로써 從强格의 예이다. 세째로는 ※ 乙卯己卯 乙卯 辛 巳로써 曲直格의 예라 하겠다. 넷째로는 ※ 乙酉 乙酉 庚申 丙 子로써 從革格의 例다. 다섯째로는 ※ 辛丑 壬辰 辛酉 丁酉로써

從旺格의 例와 같은 四柱이다. ① 格에서는 酉金官이 病이 되고 ② 格에서는 時支丑中辛金이 病이 되는 것이며 ③ 格에서는 時上辛金이 되는 것이다. ④ 格에서는 時上丙火가 病이 되는 것이며 ⑤ 格에서는 時上 丁火가 病이 되는 것이니 이 五格의 例와 같은 다른 格을 잘 구성되어 나가는데 根도 없는 官이 있어 官 구실을 못하고 공연히 방해만 하고 있는 경우의 官殺을 忌하는 것으로 본다.

四柱에 專祿格을 놓고 官殺이 있어도 그 官殺이 有能하여 官으로서의 제구실을 다할만 하면은 물론 官을 好할 것은 사실인 것이니 그 四柱日主 專祿만으로는 斷定할 수 없는 것이므로 그 專祿이 他에 연관되는 狀況을 잘 보아 官殺을 喜하느냐 忌하느냐를 推尋하여야 한다.

② 構成

甲寅日・乙卯日・庚申日・辛酉日生

③ 해설

專祿四日(甲寅・乙卯・庚申・辛酉日)이 가장 기특한데 그것은 甲寅・乙卯・庚申・辛酉가 日主에 임하여 있는것을 말한다.

이 專祿이 놓이면 人間에 富貴兒가 되는 것이다. 이 格은 貴氣가 深奧하여 局中에서 千變하는 것이므로 明心하여 보지 않으면 안되는 것이다. 즉 이 格은 從强格으로 변화되기도 쉽고 또 때로는 從旺格으로 변화되기도 쉽기 때문에 그 자체가 다변성을 내포하고 있는데 이 格은 모두 干支에서 官殺을 만남과 또는 冲을 忌하는 것이다. 그러나 身이 旺하고 官이 有根하여 興하면 그때는 오히려 그 官을 有能하게 진으로 쓸 수 있는 것이니 매우 官

運이 발전하는 格이다. 여기서 조심할 것은 이 格이 日柱만으로 이루어진 것을 가지고 무엇이 奇하다고 할 것인가 조금도 奇하다할 것이 하나도 없다고 輕스럽게 말하지 말라, 이 格이 변화해 나가는 현황을 잘 살피면 그 神妙함을 발견함이 있을 것이다.

④ 喜忌

專祿格	喜	忌
甲寅日 專祿	身旺에 喜官 有根	庚申 辛酉 己戌丑
乙卯日 〃	上 同	上 同
庚申日 〃	上 同	丙丁 寅巳 午未戌
辛酉日 〃	上 同	上 同

예 ① 甲戌年 壬申月 辛酉日 午時

年 甲戌 木土 帶 正財 印綬 　癸甲乙丙丁
月 壬申 水金 旺 傷官 劫財 　酉戌亥子丑

日 辛酉 金金 祿 我身 比肩
時 甲午 木火 病 正財 偏財

이 경우는 辛酉日이 專祿格되어 있다. 忌하는 官丁火(午中丁火)를 時支에 만나고 있어 못마땅하다. 그러나 午火는 다시 年支戌土와 午戌로 合하여 類聚火局으로 도리어 그 官을 作用할 수 있다. 故로 戌運에 午戌로 火를 起用하여 甲午年에 木火로 旺하여 매우 발전하였고 매우 두뇌가 우수한 四柱이다. 이 사람은 모인으로써 고등고시에 二十一세에 합격한 사주이기도 하다.

예 ② 乙丑年 丁亥月 庚申日 卯時

年 乙丑 木土 墓 正財 印綬 　辛壬癸甲乙
月 丁亥 火水 病 正官 食神 　子丑寅卯辰

日　庚申　金金　祿　我身　比肩
時　己卯　土木　胎　印綬　正財

　이　경우는　庚申日生으로　專祿을　놓았다.　月上　丁火가　格의　病
이　되었다.　그런데　丁火는　失時하고　自坐殺地하고　있어　金水甚旺
으로　孤立無依하여　用官할　능력도　없다.　故로　亥卯로　傷官用財
하여　부자가　된　四柱이다.

　예　③　戊辰年　乙卯月　乙卯日　巳時
年　戊辰　土土　帶　正財　正財　　甲癸壬辛庚
月　乙卯　木木　祿　比肩　比肩　　寅丑子亥戌
日　乙卯　木木　祿　我身　比肩
時　辛巳　金火　浴　偏官　傷官

　이　경우는　乙卯日로　專祿格을　이루었다.　그런데　이　格에서
忌하는　辛金官殺을　만나　不奇하다.　만약　辛金官이　根이　튼튼하
였더라면　時上一位貴로　크게　成功하였을　터인데　根이　없어　평상
인으로써　영화배우가　된　四柱이다.

2. 日貴格의 構成 및 意義

① 意義

　日貴格이란　生日에　貴人을　놓아　이루어　졌다는　格인바　그　貴人
이란　官貴를　말함이　아니요,　玉堂　天乙貴人을　말하는　것이다.　如
甲戊庚午羊　乙己鼠候郷·丙丁猪鷄位　六辛逢馬虎·壬癸蛇兎藏의　貴
人을　말함인데　이　貴人은　十二支中　辰戌을　빼고　十支가　모두　있
는바　직접　日支에　貴人이　臨할　수　있는　날자는　丁亥,　丁酉,　癸卯,
癸巳日의　四日　뿐이다.　그리고　이　天乙貴人이　辰戌位에　臨하지
않는것은　魁罡,　不正鄙陋之位가　되어서이다.

日貴 四日을 다시 晝貴, 夜貴로서 區別 되는데 癸卯와 癸巳는
卯巳로써 낮이라 하여 晝貴라 하고, 丁酉와 丁亥는 酉亥로써 밤이
라 하여 夜貴라고 하는것이다.

② 構成

日 辰	晝夜貴別	日 辰	晝夜貴別
癸卯癸巳	晝 貴	丁酉 丁亥	夜 貴

③ 해설

天乙貴人이 日支에 같이 있음을 日貴格이라고 하는 것이니 가
령 丁의 貴人은 丙丁猪爲位로써 酉亥가 되는 것인바 이것이 日主
地支(干支一位同)에 같이 놓여 있는 丁酉日 丁亥日을 말하는 것
인데 要約하여 丁酉日, 丁亥日, 癸巳日, 癸卯日生을 日貴格이라고
하는데 이 格은 空亡 刑冲을 忌하는 것이다. 이 격을 놓은 자는
그 性品이 仁慈하고 덕망이 있으며 紫色이 감도는데 財鄕이 會同
되면 스스로 숭고하게 되는 것이다.

丁日猪鷄 즉 丁亥日, 丁酉日과 貴黑蛇 즉 癸巳日에 刑冲破害가
있으면 우습고 슬퍼한다. 이 格이 會合해서 일컬어 臨하면 바야
흐로 貴히 되는 것인데 이것을 다시 晝貴로 分하여 봄이 住하도다.
癸巳, 癸卯, 丁酉, 丁亥日에 刑冲破害가 있으면 항상 禍가 몸을
따르는 것이다. 이 격은 순수하게 이루어 졌으면 인덕이 있으니
부귀로 존중받으며 稀奇하게 출현되는 人物이 되는 것이다.

癸卯日 癸巳日의 日貴格은 丁酉日 丁亥日의 日貴格에 우월하다
고 자랑하는 것인데 刑冲空亡이 그 日貴位에 만나지 아니하면 官
운이 매우 발달되어 큰 공을 세우는 인물이 된다는 것이다.

④ 喜忌

喜＝會, 會貴

忌＝有, 刑冲破害 空亡 辰戌 (魁罡)

예 ① 辛酉年 辛丑月 丁酉日 午時生

年	辛酉	金金	生	偏官	偏財
月	辛丑	金土	墓	偏官	食神
日	丁酉	火金	生	我身	偏財
時	丙午	火火	祿	劫財	比肩

庚己戊丁丙
子亥戌酉申

이 경우는 丁酉日生으로 日貴格이 분명하다. 忌物(刑冲空亡魁罡)을 만나지 아니하여 그 格이 매우 숭고하다. 다시 此格을 分之한데 夜貴格이 되는 것이며 貴가 酉丑酉로 會合하여 매우 吉하다. 生金하여 문학의 상으로 대부분 대학교수 등에 등장하는 四柱이다.

예 ② 癸亥年 乙丑月 癸巳日 午時경우 (坤命)

年	癸亥	水水	旺	比肩	劫財
月	乙丑	木土	帶	食神	偏官
日	癸巳	水火	胎	我身	正財
時	戊午	土火	絕	正官	偏財

甲乙丙丁戊
寅卯辰巳午

이 경우는 癸巳日로써 日貴格이 되었다. 그러나 時上戊土 巳中戊土, 午中己土, 丑中己土로 暗官 明官으로 多官殺하여 明暗 夫集으로 日主 癸水가 多官殺을 이겨낼 자신이 없어 여러번 출가하게 되었고, 또 巳中戊土에 戊癸合으로 暗合하여 남의 소실로 사는 여자의 四柱이다.

예 ③ 癸未年 戊午月 癸卯日 丑時 坤命

年 癸未 水土 墓 比肩 偏官　甲乙丙丁戊
月 戊午 土火 絶 正官 偏財　未申酉戌亥
日 癸卯 水木 生 我身 食神

時 乙丑 木土 帶 食神 偏官

이 경우는 癸日이 坐卯上하여 日貴格은 확실하다. 柱中에 未中己土 月上戊土, 月支 午中己土, 時支 丑中己土로써 너무 관살이 明暗으로 많다고 본다. 그런데 午未財局中에 官殺이 은거되어 있고 財局은 商이요 官殺은 夫星이다. 고로 장사하다 애인이 생겨서 卯未로 身과 合하니 未는 官으로 남편이요, 卯는 食神으로 딸이요(陰日에는 食神이 是女), 日主는 내몸이니 남편 내몸 子孫이 合하는 상이되니 처녀가 애기를 잉태하니 처녀 몸을 망치고 말은 四柱이다.

예 ④ 甲子年 癸卯月 癸卯日 寅時生 坤命경우

年 甲子 木水 祿 劫財 比肩　甲癸壬辛庚己
月 癸卯 水木 生 比肩 食神　寅丑子亥戌酉

日 癸卯 水木 生 我身 食神

時 甲寅 木木 浴 劫財 傷官

이 경우는 癸卯日生인바 日貴格이라 본다. 東西左右에 寅卯로 貴人이 合多하였고 또 時上 傷官으로 이루어졌다.(※ 柱局中 傷官透하니 必作堂前에 使喚人이라 하였다) 또는 合多合貴 좋으니 사랑에 죽어나니 밤낮 迎賓送客 逢別함이 如雷로다 하였다. 고로 이 四柱는 妓生몸이 되어 능한 가무와 문학 예능으로 명기(名妓)가 되는 四柱이다.

3. 日德格의 構成과 意義

① 意義

日德格의 구성은 甲寅日, 丙辰日, 戊辰日, 庚辰日, 壬戌日의 五日
노써 成立되는 것이다.   이것은 刑沖破害와 官星 財旺이 加臨會合
하는 것과 空亡을 懇切히 忌하는 것이다.   또 大忌하는 것은 格
中에 魁罡(辰戌)을 만나는 것이라 말하였다.   그리고 이 格이 喜
하는 것은 身旺格 또는 運行身旺인 것이며 그 日德이 많이 聚合
을 더욱 喜하는 것이다.   그리고 忌하는 財官이 만약 加臨되면 그
때는 他格으로 推尋해야 하는 것이다.

이 格을 만난 者가 身旺運을 벗어나 衰路에 들었을때 魁罡이 來
尅하여 온다면 그때는 죽을 길 밖에 없는데 만약 아직 發福하여
보지 못한 格이 大運에 魁罡을 만나면 禍患이 일어나면서 一變 脫
出하여 재발한다고 하였으니 要約하여 말한다면 發福해 보지 못한
日德格은 運行魁罡에 禍患에서 一脫大發하는 것이 되나 身旺發福
을 지난 日德格은 大運에 魁罡運이 오면 必死한다는 것이다.
그리고 이 格의 主人公 性情은 溫柔하며 慈善心이 많아 만인의 존
경을 받게되며, 장수하게 되며 또 이格 甲寅日, 丙辰日, 戊辰日, 庚
辰日, 壬戌日 외에 甲戌日, 丙戌日, 戊戌日, 庚戌日, 壬辰日生의
직업은 기술 방면에 吉하다고 보며, 만약 驛馬가 月建에 있으면 운
전수가 되며, 月逢印綬 또는 印綬局이 되어 있으면 男子는 인쇄업
이 吉하며 여자는 타자수 등의 직종이 吉하다.   또 月德이 들어
他에 火星이 合이 되면 전기공업, 土가 合이 되어오면 토건업의 직
종이 발달한다.   만약 자식들이 대학에 입학할때 적성에 맞는 과
목을 정할때 또는 응시할때에 工科에 간다고 하면서   科目까지도
지정해주면 四柱로도 알수 있느냐고 하면서 감탄하는 경우도   있

다. 이때 辰戌은 庫이다. 庫는 또 工場으로 상통한다는 점에서 처음 발견한 것이다. 또한 이 格은 文獻을 살펴본다면 舊賦에서는 ※ 德有五日하니 甲寅, 丙辰, 戊辰, 庚辰, 壬戌이 是也라 하였으니 그 구성을 밝혔고 또다시 其福은 要多而하고 忌는 刑·冲·破·害와 惡官星 憎財旺인데 加臨會合에 但空亡而見魁罡이면 此數者는 及格之大忌나 喜行身旺運이면 發福이니라 하였으니, 日德多逢과 身旺을 喜하여 有福하여 刑·冲·破·害·財官·空亡은 忌하여 凶으로 규정짓고 있음을 명심하여야겠다.

② 構成

甲寅日 丙辰日, 戊辰日, 庚辰日, 壬戌日

③ 해설

壬戌日, 庚辰日이 日德宮인데 甲寅日, 戊辰日, 丙辰日도 또한 日德宮이다.

運이 身旺에 行하면 그 마음이 자선심이 많고 또 日德이 柱中에 많이 있으면 福祿이 스스로 풍부하여 진다.

그러나 刑·冲·破·官·財旺이 오는것과 空亡 또는 魁罡이 會合하면 매우 凶하게 된다. 또 柱中에 刑冲이 있어 尅戰하게 되면 그는 孤貧하게 되며, 危險함이 甚하여 발달하기가 어렵고, 幸히 發達하였다 하더라도 마침내 命이 끝난다고 한다. 丙辰日德은 壬辰 魁罡을 간절히 忌하고, 壬戌日德은 戊戌 魁罡을 忌하여, 庚辰日德은 庚戌 魁罡을, 甲寅日德은 庚辰 魁罡을 크게 염려하는 것이다.

日德은 魁罡보는 것을 반가워하지 않는데 殺과 會合하면 대단히 忌하고 만약 局中에 거듭보게 되면 疾患의 厄이 있게되며 또다시 運에 再次 만나면 不歸客이 되고 마는 것이라 한다. 또한 日德을 계속 만나면 모든 재앙을 면하는데 官星과 財鄕을 切忌한다는

것이다. 柱中에 沖破·空亡·刑·尅을 만남이 없으면 한나라 朝
廷에 棟樑之材가 될 것이다.

甲寅 壬戌과 庚辰 또 丙辰·戊辰日이 眞으로 日德格인데 不喜한
것은 空亡·刑·沖·害인 것이다.

④ 喜忌

日　辰	喜	忌
甲寅日	喜身旺·重逢日德·不逢財官	刑·沖·空亡·庚辰·財官
丙辰日	上　　　同	刑·沖·空亡·壬辰·財官
戊辰日	〃	刑·沖·空亡·壬戌·財官
庚辰日	〃	刑·沖·空亡·庚戌·財官
壬戌日	〃	刑·沖·空亡·戊戌·財官

예 ① 乙酉年 乙酉月 庚辰日 辰時生의 경우

年	乙酉	木金	旺	正財	劫財	甲癸壬辛庚
月	乙酉	木金	旺	正財	劫財	申未午巳辰
日	庚辰	金土	養	我身	偏印	
時	庚辰	金土	養	比肩	偏印	

이 경우는 庚辰日生으로 日德格이 이루어졌다. 그中 喜하는 日
德, 庚辰은 중복되었고, 忌星은 하나도 없으며, 日月 乙庚이 合이 되
고 年時 乙庚이 合이 되어 化金하는데 地支에 또다시 辰辰酉酉로
辰酉, 辰酉로 合을 이루니 土生金하여 天地 交泰로 眞化格을 이
루었다고 본다. 運行은 午運에 官殺運이 되어 險路疊疊 하다가
一入 辛巳(巳는 巳酉로 化金吉) 庚辰 己土運이 들며 大 富子가
되는 四柱라 본다.

-446-

예 ② 己未年 己巳月 壬戌日 亥時生 경우

年　己未　土土　養　正官　正官　戊丁丙乙甲癸
月　己巳　土火　絶　正官　偏財　辰卯寅丑子亥

日　壬戌　水土　帶　我身　偏官

時　辛亥　金水　祿　印綬　比肩

　이 경우는 壬戌日로 日德格이 이루어졌다.　巳火財와　未戌刑을
만나니 別格을 찾아야 한다.　年月日에 火土가 旺하여 幫助를 要
하는바 당연히 時柱에 亥水祿을 놓아 壬이 着根할 수 있으므로
因하여 用神이 된다.　그런데 戊己土가 尅水하여 爲病인바 中年
寅卯運과 晩年 甲子運에 一大 富子가 된 사주인바 앞으로 癸亥운
을 맞으면서 더욱 발전하게 되며 또 앞으로 戌重이 돌아오면 四
柱土病이 太重하여 危命하다고 본다.

※ 이런 경우에는 四柱 그 用神이 亥에 있었으므로 正官用劫이 된
다.　또는 日德이다.　魁罡이다 라는 식은 생략하여 用神되는 亥
水를 기준해서 日祿居時 또는 歸祿格이다 라고 斷定하는 것이 좋
을 것으로 생각된다.

4. 魁罡格의 意義와 構成

① 魁罡格의 意義

　魁라 함은 河魁라는 뜻인데 十二月 將神의 戌月 神將에 해당함
을 말함이다.　또 罡이라 함은 天罡이라는 뜻인데 十二月 將神中
의 辰月 神將에 해당함을 말하는 것이니 그 이름하여 총칭　魁罡
이라 하였는데, 그 뜻은 河魁 戌과 天罡 辰의 略稱語로서 辰戌을
의미하는 것인즉 辰戌日로 格이 이루어졌다 하여 魁罡格이라한 것

-447-

이다. 고로 辰戌이라 하여 甲辰, 甲戌, 丙辰, 丙戌, 戊辰, 戊戌, 庚辰, 庚戌, 壬辰, 壬戌의 十格이 모두 성립되는 것이 아니고, 其中 壬辰, 壬戌, 庚辰, 庚戌의 四日로써만 성립된다고 格구성에서 규정하고 있는데, 神峯書에서는 庚辰, 庚戌, 壬辰, 戊戌이라고 하여 子平에서는 壬戌 神峯書에서는 戊戌로서 각각 다루고 있다. 戊戌도 물론 廣義의 魁罡으로는 해당하나 이곳의 格 魁罡에서는 壬戌로써 보고있는 것이다. 그리고 이 格은 魁罡을 更逢하는 것과 身旺함을 大喜하고 그의 性格은 자세히 하지는 않으나 文臣으로써 聰明하고 모든 일에 결단성이 있어 발복하는 것이나, 만약에 見 財官하면 禍殃이 立至하고 逢刑하면 受笞鞭(옛날 곤장볼기 맞는 것)하게 되고, 一位 魁罡에 冲을 많이 만나면 小人이 되며 刑罰災禍가 연달아 일어나는 것이다. 그런데 이 魁罡 四日 즉 庚辰, 庚戌, 壬辰, 壬戌日(戊戌日 포함)에 出生한 女子는 그 夫宮이 不吉하여 그 夫君이 전시 또는 화변에 의하여 납치, 흉사 등이 일어나던가, 夫君이 무책임하게 가출하거나 또는 부가(夫家)의 재산이 탕진되는 등의 재난을 맞보게 된다는 것이다.

② 構成

庚辰日　庚戌日　壬辰日　壬戌日生

③ 해설

魁罡四日 즉 庚辰, 庚戌, 壬辰, 壬戌이 가장 기특한데 이것이 거듭만나고 있으면 대권을 담당함이 있게 될 것이다.

庚戌, 庚辰, 壬辰, 壬戌日 魁罡이 官이 나타남과 財가 나타나 있음을 모두 두려워 하는 것이다. 魁罡을 놓은 主人 성격은 총명하고 지혜가 많으며 절대로 偏依하지 않고 果敢 勇斷性이 있게

-448-

되는 四柱에 刑冲 또는 破害가 있으면 貧困하게 되며, 또 苔刑을 받게 됨이 있는 것이나 魁罡 庚辰, 庚戌, 壬辰, 壬戌日이 중복되어 있고 신왕을 만나면 귀함이 비상하도다.

그러나 獨逢日主 魁罡이 重逢刑冲을 만나면 家事는 빈곤하여지며 모든 일이 불가당 하여진다. 魁罡이 日辰에 놓여있고 四柱에 다시 魁罡이 놓여져 있으면 귀함이 자연 그 가운데 있을 것이지만 日主가 獨逢魁罡하고 冲尅이 거듭있으며 또다시 財官이 나타나 있으면 그 禍가 그칠날 없다는 것이다.

④ 喜忌

喜＝身旺·疊相逢(重逢) － 庚辰日, 庚戌日, 壬辰日, 壬戌日
忌＝相冲·財官出顯 － 上日辰 同一

예 ① 辛丑年 辛丑月 壬辰日 丑時生 경우

年	辛丑	金土	衰	印綬	正官	庚己戊丁丙己
月	辛丑	金土	衰	印綬	正官	子亥戌酉申未
日	壬辰	水土	墓	我身	偏官	
時	辛丑	金土	衰	印綬	正官	

이 경우는 丑月로써 땅이 얼었고 天은 金水 年月日時로 甚히 涼寒한데 丑中辛金이 秀氣 (투출)하여 그 金氣를 從하여 多情하게 金水가 結合하고 있다. 運行西北運을 맞아 格은 더욱 淸貴히 되어 大貴하게 되었는데 이것은 곧 陽干이 丑中辛金 氣를 從하여 성공한 壬辰日 魁罡格의 四柱라 하겠다.

예 ② 癸亥年 乙丑月 庚戌日 子時生

年	癸亥	水水	病	傷官	食神

月　乙丑　木土　墓　正財　印綬　　甲癸壬辛庚
日　庚戌　金土　衰　我身　偏印　　子亥戌酉申

時　丙子　火水　死　偏官　傷官

　이 경우는 庚戌日辰으로 魁罡格으로 이루어 졌다.　丑中 癸水가
투출되고 地支에 亥子丑 北方水로 聚局하여 庚金의 氣가 너무나
洩泄되어 身을 補하여야 함에 印綬用神을 要하게 된다.　甚히 凉
寒한 時候에 丙火가 解凍하여 주어 기쁜것은 사실이나 그렇다하
여 丙火로 用神할 수는 없는 것이다.　이 格은 五行이 俱全하여
性稟은 安定되고 氣는 厚하였으며 不旺不弱體로 富貴長壽한 四柱
라 하겠다.

　예 ② 丁亥年 癸丑月 庚戌日 戌時生
年　丁亥　火水　病　正官　食神　　壬辛庚己戊丁丙
月　癸丑　水土　墓　傷官　印綬　　子亥戌酉申未午

日　庚戌　金土　衰　我身　偏印

時　丙戌　火土　衰　偏官　偏印

　이 경우는 庚戌日 魁罡格이 해당된다.　天은 寒하고 地는 凍하
여 火가 煉함을 喜하는데 丙丁火가 庫藏戌中丁火에 歸根하고 있
다.　본래 이 格은 財官을 忌하는 바이다.　이 四柱는 身旺하여
官을 조금도 겁내지 않고 도리어 吉해지므로 晩年 丁未 丙午 火
運을 당하여 幸福을 누리게되는 四柱이다.

　예 ③ 丁卯年 壬寅月 壬辰日 戌時 坤命의 경우
年　丁卯　火木　死　正財　傷官　　辛庚己戊丁
月　壬寅　水木　病　比肩　食神　　丑子亥戌酉

日　壬辰　水土　墓　我身　偏官
時　庚戌　金土　帶　偏印　編官

이 경우는 壬辰日 魁罡에 출생하였다.　庚戌 魁罡時를 만나 掌
大權할 四柱같이 보이나 女命에 不過하고 寅戌火財 辰戌官殺로써
不奇하여 夫君　拉致되고 再婚 老印하여 他子를 養育하여　삶을
누리는 一女命의 四柱이다.

5. 壬騎龍背格의 意義와 構成

① 壬騎龍背格의 意義

壬騎龍背라 함은 壬이 龍의 등에 올라 탔다는 말이니, 다시말
하면 壬이 辰위에 올라 앉아 있다는 뜻으로써 壬辰日生을　意味
하는 것이다.　이 格의 구성은 大別하여 二種으로 분류하는데 그
中 하나는 귀격이요 또다른 점은 富格인 것이라 하였다.　貴格이
되는 理由는 壬辰日이 年月時에 辰을 많이 만나면 그 辰은 戌을
冲하여 戌中戊土로써 壬日의 官으로 作用하여 貴히 된다는 것인
데 四柱에 戊子가 미리 나타나 있으면 官 塡實이 되어 不奇하므
로 四言獨步에서는 壬騎龍背가 見戊無情인데 寅多財 富요 辰多則
榮이라 하였고, 또 古歌에 云하되 壬騎龍背가 怕官居인데　重疊逢辰
에 貴有餘라고 한 것이다.　여기서 富格이 되는 원리는 그 壬辰
日 壬騎龍背가 戌을 冲하면 戌中丁火財가 있는데 寅多則 寅은 戌
과 寅戌로 成火財局하게 되므로 크게 부하게 된다는 것이다.　이
格이 좋아하는 것은 年月時中에 多聚辰字함과 또 年月時 中에 多
聚寅 함을 要하는 것이고 塡實이 되는 戊土官殺이 四柱에 出現되

-451-

어 있음을 大忌하는 것이다.

또 이 格도 柱中에 正格 또는 別格이 있으면 그것을 干先으로 하고 別 正格이 없을 경우 이 格을 참고하여 봄이 마땅함은 두 말할 것 없다.

② 構成

日 辰	貴格 年月時中에 해당	富格·年月時中에 해당
壬辰日	多 逢 辰 字	多 逢 寅 字

③ 해설

壬騎龍背가 非常하게 기쁜 格인데 寅이나 辰字가 많으면 크게 발달한다.

크게 忌함은 官星인데 官星이 있으면 破格이 되는 것이니 刑別 등 災殃이 연출하며 심지어는 壽元까지 傷함이 있게 되는 것이다. 故로 壬騎龍背는 官이 居하여 있음을 두려워 하는 것인바 그 官이 없이 重疊하여 辰을 보면 貴함이 남음이 있게 되는 것이다.

※ 柱中에 壬辰日에 출생하고 寅字가 많고 辰字가 적게 設置되어 있으면 그는 陶朱 石崇에 比할만한 富豪가 될 것이다. 고로 壬辰日이 또 辰時에 나고 그 生年日에 辰字가 많으면 가장 吉하게 된다. 柱中에 壬이 寅上에 있으면(壬寅日) 역시 壬辰日과 같이 發財 發福으로 두가지 모두 大吉하다. 그러나 壬寅과 壬辰을 놓고 볼때에 壬辰日만은 못한 것이므로 四柱에 辰字를 많이 보는것을 要한다. 辰字가 많으면 官殺重이요, 寅多면 富格으로써 可히 石崇에 이긴다고 比하게 된다. 生日에 壬辰으로 格을 이루고 格中에 疊見辰字하면 壬騎龍背라고 호칭한다.

④ 喜忌

日 辰	四柱中에	喜	忌
壬辰日	辰字多格	多逢辰	見戊
壬辰日	寅字多格	多逢寅	見戊

예 ① 壬辰年 甲辰月 壬辰日 寅時의 경우

年 壬辰 水土 墓 比肩 偏財　乙丙丁戊己
月 甲辰 木土 墓 食神 偏財　巳午未申酉
日 壬辰 水土 墓 我身 偏財
時 壬寅 水木 病 比肩 比肩

이 경우는 壬辰日生인바 三逢辰하였고 不見戊土하여 참다운 格이라 하겠다. 甲木이 寅에 祿根하여 있는中 또 辰中乙木 餘氣에 寅辰으로 合局하여 그 甲木이 能히 辰土를 制할 수 있으므로 日一將當關이 되는 것인데 크게 樞密官에 등용되었던 四柱이다.

예 ② 壬寅年 壬寅月 壬寅日 寅時의 경우

年 壬寅 水木 病 比肩 食神　癸甲乙丙丁戊
月 壬寅 水木 病 比肩 食神　卯辰巳午未申
日 壬寅 水木 病 我身 食神
時 壬寅 水木 病 比肩 食神

이 경우는 壬辰日 生으로 壬騎龍背格을 이루었고 年月時에 多逢寅으로 더욱 정교하게 이루어졌다. 이 格은 戊을 冲하고 戊은 寅과 無形에 合하여 戊中丁火(午)와 寅午戊 三合 財局을 이루어 매우 奇特한 四柱라 하겠다. 또 이 格은 네 기둥이 모두

-453-

四壬으로써 天元一氣에 水木으로 兩神成象格(相生)이 되어 매우 기특한 中 그 寅木은 다시 寅午戌火局을 生하여 水木火生으로 財局이 旺하여 大甲富가 된 사람의 四柱이다.

예 ③ 壬辰年 壬寅月 壬辰日 寅時의 경우

年　壬辰　水土　墓　比肩　偏官　　癸甲乙丙丁
月　壬寅　水木　病　比肩　食神　　卯辰巳午未

日　壬辰　水土　墓　我身　偏官

時　壬寅　水木　病　比肩　食神

이 경우는 壬辰日生人이 重逢辰하고 重逢寅하여 冲戌로 戌中丁火戊土 財官을 得하였고 戌과 寅으로써 寅午戌 財局을 이루어 財官에 從하게 되므로 크게 富貴가 되어 만인이 우러러 보게될 사주이다.

예 ④ 戊辰年 庚申月 壬辰日 寅時生 坤命의 경우

年　戊辰　墓　偏官　偏官　　丁丙乙甲癸壬
月　庚申　生　偏印　偏印　　未午巳辰卯寅

日　壬辰　墓　我身　偏官

時　壬寅　病　比肩　食神

이 경우는 壬辰日生으로 壬騎龍背格이 이루어 졌는데 辰字를 疊見하여 奇하다.

戊土가 塡實되어 있다하나 庚申月을 만나 金司令에 泄氣가 심한 중에 庚申金을 壬水에 泄하므로 戊土의 힘이 더욱 弱化된다. 年支 辰土도 申金에 泄하고 日支 辰土는 時支 寅木에 尅傷당하였고,또 辰土는 본래 乙木이 있어 帶木之土로 木의 尅을 받고

天乙妙旨라는 글에서 말하기를 그대는 祿馬貴人의 準據가 없음을 보지 못하였는가 五行구성 配列善惡을 잘 探究하라,천원이 리약이면 災地에 行하는 것이고 그 氣가 堅强하면 이에 권영이 있게 되는 것이라 하고 있다.

② 構成

癸巳日生	壬午日生

③ 해설

六壬日이 午位에 居하면(壬午日) 그中 丁火는 壬日의 官祿이요, 己土는 財馬가 되어 같이 살고 있으니 官祿과 財馬가 같이 있다하여 祿馬同鄕 또는 財官雙美라 하는 것이다. 이 格은 무엇 보다도 日主가 身弱宮에서 財官으로 因하여 身弱하므로 身强을 요하는데 水源이 通함을 기뻐하고 傷官과 空亡이 됨을 간절히 忌하는 것이라 하겠다. 亥月生이 未를 만나게되면 亥未로써 傷官이 되나 壬癸日生이 亥月은 得令하여 無妨하고 다시 七殺이 不見이면(休帶殺) 평생 어느 곳에를 가나 春風아님이 없이 吉하다는 것이다. 癸日生이 巳位에 앉아 있는것 역시 壬午日과 같이 생각하는 것이니 그것은 巳中丙火가 癸日의 財요 戊土가 官이 되어 같은 財官雙美格이 되는 것이다. 여기서 이 格이 아무리 吉하다고 하여도 천원리약 즉 日主가 弱하여서는 안되는 것이니 日主가 弱하다고 하면 財官이 아무리 있다해도 발전하기 어려운 것이며, 身主가 高强함이 富貴하는 것이니 四柱에 그 排定이 善이냐 惡이냐를 잘 살펴보아야 할 것이다. 그리고 干頭에 天月二德이 臨하여 있으면 金冠紫衣로 王庭에 出入이 있게 되는 것이다.

④ 喜忌

日 主	喜	忌
壬 午	秋多月生　身旺	春夏月生·戊·空亡·傷官
癸 巳	上　　同	春夏月生·己·空亡　傷官

예 ① 己卯年 乙亥月 壬午日 子時 乾命

年　己卯　土木　死　正官　傷官　　甲癸壬辛庚己
月　乙亥　木水　祿　傷官　比肩　　戌酉申未午巳
日　壬午　水火　胎　我身　正財
時　庚午　金火　胎　偏印　正財

이 경우는 壬午位로써 午中丁火財와 己土官을 얻어 財官雙美格
이 뚜렷하다. 더욱이 可美한 것은 亥月提에 壬祿在亥祿根으로 壬
水通源한 점이다. 고로 年月 亥卯가 傷官局을 이루었다 하나 四
柱에 또 庚子 金水時가 있어 身旺하므로 아무런 장해가 없이 순
조롭게 크게 귀하게 된 사람의 四柱이다.

예 ② 己酉年 丙寅月 癸巳日 申時生

年　己酉　土金　病　偏官　偏印　　乙甲癸壬辛庚
月　丙寅　火木　浴　正財　傷官　　丑子亥戌酉申
日　癸巳　水火　胎　我身　正財
時　丙申　火金　死　正財　印綬

이 경우는 癸巳日 生으로 財官雙美從財官假從格이 된다. 이 格
이 忌하는 春節 寅月에 출생하였고 또다시 大忌하는 七殺이 生年
干頭에 透出하여 破格으로 不可當하여 소원성취를 하지 못하고고

생하다가 腸毒之病으로 신음하던 사람의 四柱이다.

예 ③ 戊申年 丙辰月 壬午日 巳時生

年	戊申	土金	生	偏官	偏印	己庚辛壬癸甲
月	丙辰	火土	墓	偏財	偏官	巳午未申酉戌
日	壬午	水火	胎	我身	正財	
時	乙巳	木火	絶	傷官	偏財	

이 경우는 壬午日로 財官雙美用劫格을 이루었으나 大忌하는 七殺을 年上에 놓았고, 또다시 巳午辰으로 火土財殺이 旺하여 있는 中 行 戊土運에 財殺(火土)이 旺하며 殺官 (己戊土)이 混雜되어 소년시절에 사망한 사람의 四柱이다.

예 ④ 甲申年 癸酉月 癸巳日 寅時의 경우

年	甲申	木金	死	傷官	印綬	甲乙丙丁戊己
月	癸酉	水金	病	比肩	偏印	戌亥子丑寅卯
日	癸巳	水火	胎	我身	正財	
時	甲寅	木木	浴	傷官	傷官	

이 경우는 秋月 癸巳日生으로 財官雙美用印格을 이루었다. 고로 매우 貴奇한 四柱라 본다. 그러나 그만 年時上 甲木傷官이 寅에 祿根하고 있어 매우 不美하다. 고로 家富는 되었으나 功名은 이루지 못한 四柱이다.

「연구」

이 격은 秋生 申酉月을 好하고 傷官 帶殺을 忌한다고 하였는데 만약 申酉月生이 帶殺하였거나 傷官旺 하였을 경우 吉凶이 어떠한가의 문제이다.

-459-

즉 다시말하여 秋生으로 吉할 것인가 帶殺 또는 傷官에 의하여
凶한가의 문제인데 이런 경우는 申酉月生이 甲寅傷官을 帶同하여
功名을 이루지 못한 실례를 들어 不吉하다는 증거를 보여준 것인
데, 理由는 申酉月 金旺은 斯格의 印綬로써 金生水하여 水는 生하
고 金尅木하여 木은 死하므로(水生木死) 不能尅土殺하게 되어 그
土殺을 忌하는 것이다. 또 申酉月 斯格은 印綬로써 身旺을 이루
어 傷官이 生財하고 또 그 財가 官을 生하여 喜하므로(水木傷官
格은 財官兩見始爲勸 (財官雙美格이므로 자연 見財官)이라 하였는
데 申酉金月은 尅甲乙傷官木하여 不能生財하므로 그 木傷官도 忌
하는 것이다.

結論은 申酉月生은 好하나 帶殺(干頭) 또는 傷官이 同臨이면
凶하다. 라는 結論이 나오는 것이다. 이상의 연구함을 더욱 探
究하여 확실한 結論이 나오도록 노력하여야 될 줄 믿는다.

第 四 章　日辰對四柱全體　構成格의　論

1. 曲直格의　構成과　意義

① 意義

曲直格이란 甲乙日生이 寅卯辰全 또는 亥卯未全으로 이루어지는
格으로 이 格은 순전히 東方一片 秀氣의 木으로써 구성되는 것인
데 그 木의 性은 直하고 曲하므로 인하여 曲直이라 하였다. 또
木은 東方之仁이요 仁者는 壽하므로 仁壽라는 뜻도 가지게 되는

것인데 그 의미로써 격이 이루어졌다고 보므로 총칭하여　曲直格
또는　仁壽曲直格이라는 명칭을 붙이게 된 것이다.　고로 이　格은
金을 大忌하게 되어 申酉가 있어 冲破하거나 庚辛이 透出되어 있
으면 그것은 不奇하게 되는 것이다.

② 構成

甲乙日生이　寅卯辰　또는　亥卯未　全을　놓았을때

③ 해설

甲乙日에　출생한 사람이 寅卯辰 全되어 있으면 이것을 曲直格이
라 한다.　또는 仁壽格이라고도 한다.　그리고 寅卯辰 뿐만　아니
라 亥卯未全도 같다.　이　格은 모두 庚辛申酉를 싫어하는　바이나
만약 坎地 즉 다시 말하여 北方 亥子水運을 맞게되면 번영하게 된다.
이　格은 木日이 木局을 從하여 正으로 奇特히 이루어지는　것인데
寅卯春令에 출생하면 매우 기쁘다.　또한 이 格은 순수하게 得하
였을 경우 淸高하고 仁慈하며 또 壽하게 되는 것이고 또 그 木源
이 相會하여 이루어진 이 曲直格은 그 福源이 相濟하게 되는　것
이라 본다.

④ 喜忌

喜＝壬癸亥子
忌＝庚辛申酉

예 ① 甲寅年 丁卯月 乙卯日 巳時生 乾命의 경우

年	甲寅	木木	旺	劫財	劫財	戊己庚辛壬癸
月	丁卯	火木	祿	食神	比肩	辰巳午未申酉
日	乙卯	木木	祿	我身	比肩	
時	辛巳	金火	浴	偏官	傷官	

이 경우는 乙日生이 地支에 寅卯寅卯로써 木局全하였고 또다시 卯月로 得令하고 甲木이 透出하여 순수한 曲直仁壽格을 이루었다고 본다. 木局이 生丁火하고 丁火秀氣로 木火通明하여 四柱의 氣와 정신이 매우 강한 格으로 보아 의사의 직업으로 박사가 된 四柱이다.

예 ② 壬午年 壬寅月 甲寅日 亥時生 乾命의 경우

年	壬午	水火	死	編印	傷官	癸甲乙丙丁戊
月	壬寅	水木	祿	編印	比肩	卯辰巳午未申
日	甲寅	木木	祿	我身	比肩	
時	乙亥	木水	生	比肩	遍印	

이 경우는 甲日生이 寅月日 亥時로 曲直格을 이루고 있다. 亥도 合寅木하여 生木하고 또 木之長生宮으로 木으로 合長하였다. 고로 午字를 제외하고 모두 水木으로 成立되어 泄精을 要하는바 午를 찾아 寅午로 假傷官을 이루어 泄情함이 가하다. 巳運을 맞으면서 출세하게 되며 巳午未운을 받으면서 大富子가 되었다.

예 ③ 甲寅年 丁卯月 乙未日 子時生의 경우

年	甲寅	木(木)	旺	劫財	劫財	戊己庚辛壬癸
月	丁卯	火(木)	祿	食神	比肩	辰巳午未申酉
日	乙未	木(土)	養	我身	偏財	
時	丙子	火(水)	浴	傷官	偏印	

이 경우는 乙日生이 寅卯 卯未로 木局을 이루어 曲直格이 된다. 身主强旺으로 好泄精인바 木火通明으로 南方火運에 무관으로 출세하여 대군을 호령하였던 四柱이다. (군인 대장 사주였다)

2. 炎上格의 構成과 意義

① 意義

炎上이란 불이 피어 오른다는 뜻이다. 炎上格이란 불이 피어오르는 것으로 格이 이루어졌다는 뜻인데 불이 피어 오른다는 뜻은 丙丁火日 生이 또다시 地支에 火가 全하여야 하는 것이므로 그구성은 丙丁日生이 地支에 寅午戌全 또는 巳午未全을 말하는 것이다. 그러므로 格은 水剋火하는 것을 大忌하기 때문에 壬癸亥子가 있으면 破格이 되는 것이고, 또 金은 生水하여 同時에 剋木하여 木生火를 방해하므로 金星도 忌하는 것이며 好하는 것은 木火星인 것이다.

이 格도 神聚八法의 類象 屬象에 속하는 것이며 假傷官格 또는 傷官用財格 또는 財格 등으로 변하게 되는 例가 많은 것이니 그 去就를 잘 살펴서 喜忌를 판단해야 될 줄 믿는다.

② 構成

丙丁日生이 寅午戌全 또는 巳午未全일때

③ 해설

火는 남방에 속하며 또 巳午는 夏에 속하며 그 性은 炎上하여 피어 오르는데 四柱局中에 水가 없으면 이에 英豪의 格이 되는 것이다. 運이 木地 즉 東으로부터 오면 크게 성공할 것이니 크게 뛰어 大官직을 쟁취하게 될 것이다.

火가 聚多하여 衝天하는 곳에 玄玄(北方水)의 侵害가 없으면 바야흐로 富貴全이 되는 것이다.

④ 喜忌

喜 = 木·火

忌 = 金·水

예 ① 丙午年 癸巳月 丁巳日 辰時生 경우

| 年 | 丙午 | 火火 | 祿 | 劫財 | 比肩 | 丙乙甲癸壬辛 |
| 月 | 癸巳 | 水火 | 旺 | 偏官 | 劫財 | 辰卯寅丑子亥 |

日 丁巳 火火 旺 我身 劫財

時 甲辰 木土 衰 印綬 傷官

　이 경우는 丁日生이 巳火月에 출생하고 丙火가 透出하여 천지炎
熱之象으로 炎上格이 된다.

　月上癸水가 忌星이라고 보나 火局에 絕하여 관계 없다. 時支辰土
에 多情하게 泄精하고 있으므로(日假傷官) 甲木이 尅制하여 爲病
이다. 有病이므로 貴하여 진 四柱이다. 行 申酉金運이 들어 制
去病하며 傷官用神이 秀氣流行하여 大貴하게 되었고 또다시 戊戌
運에 泄氣口를 확장하여 大成功하게 된 四柱라 보겠다. (이 四柱
는 兪鎭午 박사의 四柱로 고려대학 총장·신민당 당수 등을 역임
한바 있다.)

　예 ② 乙未年 辛巳月 丙午日 午時生

| 年 | 乙未 | 木土 | 衰 | 印綬 | 傷官 | 甲癸壬辛庚己 |
| 月 | 辛巳 | 金火 | 祿 | 正財 | 比肩 | 辰卯寅丑子亥 |

日 丙午 火火 旺 我身 劫財

時 甲午 木火 旺 偏印 劫財

　이 경우는 巳月 丙日이 또다시 地支全 火局을 이루어 炎熱이 滿
天地하여 眞으로 炎上格을 이루었다. 富貴兒로써 百年 生涯가 陶
朱公을 勝하게 잘 살은 四柱이다.

3. 稼穡格의 構成과 意義

① 意義

稼穡이란 농사짓는다는 뜻인데 농사를 지으려면 농토가 必要하게 되므로 四柱에 土로써 이루어지는 格을 稼穡格이라고 말한다. 다시 말한다면 戊己土日生이 地支에 辰戌丑未全 또는 巳午未 多字로 구성되어 있음을 말하는 것이라 하겠다.

이 格은 木官殺이 있으면 안되는 것이고 또 辰戌丑未月中 未月만은 안되는 것이니 辰戌丑月生 戊己日로써 巳午未 또는 辰戌丑未字(月에 未만 아니면 他柱에 있어도 可) 全이면 純粹成格이 되는 것이다. 그 未를 月에 忌하는 理由는 未는 丁火가 암장되어 있고 또 火月炎天之土로서 火炎土燥가 되어 稼穡之功을 거두기가 어렵다는 것이다. 未土外 辰土는 辰中癸水로써 滋土가 되어 好하고 戌土는 尙存 辛金之氣가 有하여 그 旺土가 泄精하므로써 好하며 또 丑土月 역시 丑中辛金氣가 있어 그 丑土가 泄精하므로써 好한 것이다.

② 構成

戊己日生이 辰戌丑未全 혹은 巳午未가 많은 者

③ 해설

① 戊己日生이 辰戌丑未月에 출생하고 辰戌丑未 全逢이면 이 稼穡格이 성립된다.

② 이 格의 財는 喜하나 官殺은 嫌하는 것이니 運이 東方에 行함이 定코 凶함이 있게 되는 것이다.

③ 戊己가 거듭 辰戌丑未月에 출생하고 또 地支에 土居全한 것을 이 格으로 論하여야 한다.

④ 財星을 만나면 매우 福祿이 높은데 만약 官殺이 들면 그 福

에 얽매어 살게되는 것이라 본다.

④　喜忌

喜＝北・西・南 (丙丁巳午　庚辛申酉壬癸亥子)

忌＝東方 (甲乙寅卯)

예　①　丙寅年　戊戌月　己丑日　戌時　坤命

| 年 | 丙寅 | 火木 | 死 | 印綬 | 正官 |
| 月 | 戊戌 | 土土 | 養 | 劫財 | 劫財 |

丁丙乙甲癸壬
酉申未午巳辰

| 日 | 己丑 | 土土 | 墓 | 我身 | 比肩 |

| 時 | 甲戌 | 木土 | 養 | 正官 | 劫財 |

이 경우는 己日生이 寅戌로 類聚火局하여 生土하고 戌丑戌로 月時에 全土를 놓아 稼穡格을 이루었다. 그러나 時柱 甲木殺이 透出되어 破格直面하여 있으나 다행히 己土日柱를 만나 甲己로 化土하였으며 또 年月의 丙戌로써 化土가 되어 純粹化格으로 稼穡이 되어 酉申運 未午巳辰運으로 綿綿好運하여 女의학박사로 행복하게 잘 살고 있는데 말년 卯木運을 만나서 세상을 하직할 四柱이다.

예　②　己巳年　辛未月　己未日　未時

| 年 | 己巳 | 土火 | 旺 | 比肩 | 印綬 |
| 月 | 辛未 | 金土 | 帶 | 食神 | 比肩 |

庚己戊丁丙乙
午巳辰卯寅丑

| 日 | 己未 | 土土 | 帶 | 我身 | 比肩 |
| 時 | 辛未 | 金土 | 帶 | 食神 | 比肩 |

이 경우는 己日生이 地支에 全土(巳도장간 戊土)를 놓아 稼穡格이 되었다. 그러나 未月이 巳火를 會合하여 土燥火炎이 된다.

다행히도 巳中庚金에 辛金이 有根하여 있으며 또 未中己土가 透出되어 己土가 生辛金하니 假傷官格이 되어 있다.

고로 燥土가 逢辰運을 만나면 濕土가 되어 生金하니 관직에 매우 발전운이 된다. 木火運을 만나면 木生巳火하고 巳火生己土 己土生辛金으로 循環通關하여 안정된 생활을 하고 있는 四柱이며 만약 이 格이 申酉金運을 만나면 大富貴가 될 사주인데 그만 그 운은 없다.

4. 從革格의 構成과 意義

① 意義

從革格이란 革을 從하여 이루어진다는 뜻인데 그 革이란 고친다. 다시하다. 또는 가죽과 같이 벗겨낸다는 뜻이니 즉 更新이란 뜻으로도 通하며, 또 更新은 庚辛의 原義인 것이니 庚辛日生으로써 申酉戌金 또는 巳酉丑金으로 從하여 格이 이루어지는 것을 말함이다. 故로 이 格은 南方火를 忌하고 庚辛旺을 喜하는 것이다. 또 이 格은 문원을 찾아보면 格解라는 글에서는 庚辛日生이 見巳酉丑金 또는 申酉戌金者가 是也라, 忌南方運하고 若 庚辛旺運則 吉也라 하였으며 또 碧淵賦라는 글에 말하기를 庚辛局金巳酉丑이면 位重權高라 말하였으며 全備申酉戌之地에 富貴무휴라고 말하였다.

이 格은 正格으로 이루어졌을 때는 그 正格으로 추리하는 것은 사실이니 가령 庚辛日이 申酉戌金 혹은 巳酉丑 金으로써 時上에 七殺이 있고 그 殺에 根이 있으면 이는 그 殺로써 마땅히 用神하여야 할바인즉 運 역시 南方火運이 喜하여야 함은 사실이다. 고로 從革格이 泄氣口를 얻어 假傷官格이 되는 경우는 물론이거니와 食神 傷官運(北水運을 말한다)을 喜하게 되는 것이니, 이格 역시 格의 변운을 잘 살펴서 논하여야 함을 명심하기 바란다.

② 構成

庚辛日生이 見 申酉戌 또는 巳酉丑 全일때

③ 해설

① 庚辛日生이 申酉戌全 혹은 巳酉丑全을 얻으면 從革格으로써 宰相의 권리를 쥐게 될 것이다.

② 남방火가 來臨하여 害함이 없으면 정코 한나라 朝廷에 宰相官이 될 것이다.

③ 金이 從革에 居하게 되면 貴人命造인바 淸高하여 福祿이 참답게 되는 것이다.

④ 남방火가 와서 서로 混雜함이 있으면 그는 空門(佛門)에 들어가 僧侶가 되든가 아니면 예술인이 되어 헛되이 世上을 經綸하게 되리라.

④ 喜忌

喜 = 西方金, 忌 = 南方火

예 ① 辛酉年 甲午月 庚申日 戌時生의 경우

年 辛酉 金金 旺 劫財 劫財　癸壬辛庚己戊
月 甲午 木火 浴 偏財 正官　巳辰卯寅丑子

日 庚申 金金 祿 我身 比肩

時 丙戌 火土 衰 偏財 偏印

이 경우는 庚日生이 申酉戌 金으로 從革格이 분명한바 이 격이 제일 忌하는 丙丁火(午中丁火)를 만나서 從革格으로는 보지 못하

-468-

는 것이라 하겠다. 庚申日生이 申酉戌로써 身旺하여 官을 要하게 되므로 從革格은 변(變) 時上丙火一位貴格 用神이 분명하다. 그러므로 卯寅己運을 맞으면 무관으로 육군대장과 참모총장을 지낸바 있으며 국회의원이 된 사람의 四柱이다.

예② 戊申年 壬戌月 庚申日 酉時

年 戊申 土金 祿 偏印 比肩

月 壬戌 水土 衰 食神 偏印

日 庚申 金金 祿 我身 比肩

時 乙酉 木金 旺 正財 **劫財**

이 경우는 乙이 庚을 따라 金으로 化하고 地支에 申酉戌全으로 從革格을 이루고 있다. (化格도 亦從革) 그러므로 從其强勢하여 好壬水泄精으로 좋은데 壬之七殺 戊土가 尅制壬水하고 있어 不能引通泄氣하게 된다.   亥子運은 順其氣勢하여 財喜遂心하였으나 入丙寅運을 맞으면서 旺神金을 冲觸하여 大敗로 의식주에 크게 타격을 받다가 목을 매어 자살하고 말았다.   ※ 水用神의 病死宮도 된다.

예 ③ 辛巳年 辛丑月 辛酉日 午時의 경우

年 辛巳 金火 死 比肩 正官　　庚己戊丁丙乙
月 辛丑 金土 養 比肩 偏印　　子亥戌酉申未

日 辛酉 金金 祿 我身 比肩

時 甲午 木火 病 正財 偏官

이 경우는 辛日生이 巳酉丑 全金局하고 또 丑月 辛金이 年月日에 秀氣하여 三明으로 天地滿局金을 이루어 從革格이 되었다. 상황이 다른 점은 大忌하는 巳午火가 있다. 故로 從革格으로는 볼

-469-

수 없는 것이며 別格으로 推尋, 身旺 凉凍節로써 火를 用하게 되는데 行運은 亥運이 들자 用神이 絶하였고 또다시 己亥年에 재차 用神이 受尅入絶하였으므로 사망하였다고 판단된다.

5. 潤下格의 構成과 意義

① 意義

潤下格이란 潤滋즉 적신다. 습하다는 뜻이며 下라 함은 流下 흘러내린다. 壬癸水를 말하는 것이다.

潤下格이란 이 壬癸水로써 格이 이루어졌다는 뜻인바 壬癸日生이 地支에 申子辰全 또는 亥子丑全으로써 구성되는 格을 말하는 것이라 하겠다. 이 格은 辰戌丑未土가 있으면 그 流下하는 水가 막힘으로써 大忌하는 것이며 또 東方木運을 水가 水生木으로 泄氣되고 收縮되는 것이며 또 南方火는 炎熱하여 그 水가 熱하여지고 火는 生官殺土 하므로써 東南(甲乙寅卯・丙丁巳午) 運이 들면 不宜하다는 것이 된다. 宜한 것은 西方運인데 이것은 金生水로 潤下하게 되는 까닭이라 본다. 이 格도 正格으로 이루어질때는 正格으로 다뤄야 하는것이 원칙이므로 財官이 甚히 약하여 있을때 陰女陽男이 亥子水月에 生則 逆運으로 곧 亥子申酉運에 臨하게 된다. 이와같이 全格이 財官弱에 또다시 金水運이 會合하게 되면 이것을 曰 運會元辰이라고 하게 되는데 그렇게되면 須當妖折하게 된다고 五行原理消息賦라는 글에서 말한바 있다.

② 構成

壬癸日生이 亥子丑 또는 申子辰全일 경우다.

③ 해설

壬癸日生이 多月즉 亥子月에 출생함을 기뻐하는데 다시 申辰水局이 會合되어 있으며 潤下格이 성립되는 것이다.

그리고 또 外에 壬癸日生이 亥子丑이 全部 歸合되어도 格이 같은 것인데 그렇게 되면 힘 안들이고 平步로써 靑雲에 올라 桂樹나무 꽃가지를 꺽어보게 될 것이다. 壬癸生이 水局中 즉 亥子丑 혹은 申子辰全에 임하게 되면 그 水는 汪洋之水로 一會하여 生木으로 向하여 流하게 되는(向東流) 것이므로 여기에 木이 있으면 가상관격으로 크게 잘 成福하게 되는 것이지만, 만약에 土가 있으면(培土則 旺土는 別문제이다) 成 禍患하게 되므로 인하여 이에 土를 만나지 않으면 金冠에 紫衣를 입고(장관의 복장을 말함) 벼슬에 오르게 되는 것이다.

④ 喜忌

喜 = 西北

忌 = 南·東·辰戌丑未 冲

※ 여기서 西라 함은 庚辛申酉요 北이라 함은 壬癸亥子요 東이라 함은 甲乙寅卯요 南이라 함은 丙丁巳午를 말한다.

예 ① 壬申年 辛亥月 癸亥日 辰時生

						癸甲乙丙丁戊
年	壬申	水金	死	劫財	印綬	子丑寅卯辰巳
月	辛亥	金水	旺	偏印	劫財	
日	癸亥	水水	旺	我身	劫財	
時	丙辰	火土	養	正財	正官	

이 경우는 癸日生이 申宮壬水 兩亥中壬水 辰中癸水로써 水局全하여 潤下格을 이루고 있다. 그런데 時柱에 辰土가 있어 用하여 보고자 하나 藏蓄癸水하고 있는 까닭에 四柱에 汪洋한 金水를 능

-471-

히 制止시킬 수가 없으므로 難爲用辰土하고 亥中甲木에 泄精하고 있는中 甲木은 立多을 여러 날 지나 甲木司令에 접어들어 있으므로 能生丙火하게 된다. 그런데 丙火는 秀氣로써 木이 生을 받으며 辰土를 生하여 制水할 수 있으므로 매우 유동성이 있다고 본다. 故로 甲寅·乙卯·丙運을 맞아 大成功하게 되었다고 본다

「연구」

甲木司令이라는 뜻은 亥月中에 戊甲壬이 있는데 初氣戊가 七日 二分 다음 中氣 木이 七日二分, 壬水가 十四日 五分으로 되어있다. 그러므로 立多에서 七日까지는 戊土氣가 司令하고 七日에서 十四日까지는 甲木이 司令하고 立多十四日부터 (十五日間)는 壬水 本氣가 司令하고 있는데 이 四柱는 立多 七日後 (五日만 지나도 甲木에 가깝다)로써 甲木司令 中에 있다는 뜻이다.

예 ② 壬子年 戊申月 癸未日 子時

年	壬子	水水	祿	劫財	比肩	己庚辛壬癸甲
月	戊申	土金	死	正官	印綬	酉戌亥子丑寅
日	癸未	水土	墓	我身	偏官	
時	壬子	水水	祿	劫財	比肩	

이 경우 癸日生이 申子子로 水局을 이루어 潤下格을 이루었는데 이 格이 忌하는 未土와 戊土가 있다고 본다. 그런데 未土는 四柱干支 金水太旺으로써 물을 制止할 수없이 土流되고 戊土와 합세하여 制止水 하고져 하나 戊土는 地支의 申金을 生하여 더욱 水를 生하므로 합세 制止水할 수가 없다고 본다. 然中 地支 未土는 子와 破害하여 水로 合流하므로써 變 純粹 潤下格이 된다. 行運 金水運에 발전하게 된다. 이 四柱는 地方의 면장직으로 지내며 名望이 높았다는 사람의 四柱이다.

예 ③ 庚申年 己卯月 壬子日 子時生

年 庚申 金金 生 劫財 偏印
月 己卯 土木 死 正官 傷官

庚辛壬癸甲乙
辰巳午未申酉

日 壬子 水水 旺 我身 劫財

時 庚子 金水 旺 偏印 劫財

이 경우는 壬日生이 申子子로 水局全이며 羊刃 比劫으로 身强
인바 卯木에 洩氣하여 水木傷官 格인바 日 假傷官格이라고 한다.
그러나 좀 섭섭한 것은 庚金이 太旺(庚庚中)한 中 己土官이 庚
金에 泄하고 自坐 卯木殺地하여 無氣한 것과 또 柱中에 火가 없
어 洩泄口 卯木을 확장하지 못하며 同時에 이 四柱 用神 卯木을
尅하는 庚金病을 制去못하는 點이다. 또 한가지 火가 없어 官星
도 生하여 주지 못하여 南方火 運에서 原無財하고 無力官하여 富
貴는 누리지 못하고 淸貴人에 그치고 말은 四柱라 하겠다.

6. 井欄乂格의 構成과 意義

① 意義

井欄乂라는 것은 우물의 물 다시 말해서 地下水를 다스려(지하
수개발등) 하나의 格이 이루어졌다는 뜻이 된다. 즉 申子辰 全
을 만나면 그 申은 寅을 冲出시키고 그 子는 午를 冲出시키고 그
辰은 戌을 冲出시킬수 있으므로 그 申子辰全을 寅午戌全을 冲出
시킬 수가 있는 것인데 그 寅中甲木은 庚金日主의 財가 되고 그
午中 丁火는 庚金日主의 官이 되고 그 戌中 戊土는 庚金日主의 印
綬가 되어 그 寅午戌은 財官印의 作用을 하게 되므로 貴奇하게 되
는 것이라 본다. 그러므로 喜忌篇에서 말하기를 庚日이 全
逢潤下면 忌壬癸巳午之方인데 時過子申이면 其福이 減半

이라 하였으며 또 다른 문헌에서는 時過子申도 減半福한다는 理
由를 다음과 같이 기술하고 있다.   子는 庚日에 丙子時가 되어 火
官이 透出로써 이 格에 塡實官이 되며 時上一位貴가 되는 것이고
또 申은 庚日 申時로써 歸祿格이 된다.   고로 이 格에서는 其福
이 減半되는 것인즉 福氣가 不全하여 虛名薄利라고 한 것이다. 이
格에서 喜忌함을 다시 추려보면 寅午戌 巳午 塡實과 虛遊하여 作
用하는 官을 破하는 壬癸와 또 子時 時上一位貴와 申時   歸祿을
忌하는 것이고 喜함은 東方 즉 甲乙卯木이 되는 것이라 하겠다.
그 理由는 申子辰 水局이 生木하여 木으로 하여금 生火官케 하므
로 그 通關이 잘되는 것이기 때문이고 寅木이 이곳에서 除外되는
理由는 申을 冲하여 有塡實하는 까닭으로 이곳에서 좋아하지 않음
이 사실이다.

　② 構成

日　辰	四柱中
庚申日	申子辰全
庚子日	申子辰全
庚辰日	申子辰全

※ 이格 構成에서 地支에 申子辰　三字
中 一字만 없을지라도 格의 構成이　절
대로 아니되는 것이다.

　③ 해설

　庚申日 庚子日 또는 庚辰日生이 地支에 申子辰 三字中　一字도
빠짐없이 俱全되어 있으면 이것을 井欄乂格이라 칭하는데 그　申
子辰은 寅午戌을 冲出하여 官을 作用하는 한편 그 申子辰水는 官
星되는 火를 制하고 있다고 본다.   그 官을 虛遊하여　作用하는
格이므로 局中에 無火라야만 바야흐로 貴히 됨이요, 有火면 塡實이
되어 不奇한 것이다.   然이므로 月令에 申子辰中 子가　있을경우

-474-

午火가 있어 動破가 된다고 하면 그때는 禍와 官刑이 있게 되는 것이다. 庚日生人이 申子辰全을 기뻐하는 것인데 그곳에는 貴神 (財官印)을 개발하는 名田인 동시에 剋官하는 傷官 즉 井欄殺이 居하고 있도다. 丙丁巳午 만나는 것은 대단히 忌하는 것이고 申 子辰宮이 全함을 이에 아름다워 하는 것이다. 예를들어 본다면 時에 申時라면 이는 곧 歸祿格이요, 時에 丙子를 만나면 虛遊하 는 官과 重逢되어 塡實이 되니 殺神으로써 加臨되어 滅半福 하는 것이다. 申子辰 水局은 각각 申寅・子午・辰戌로 寅午戌을 얻어 내는 것을 절실히 요구하는바 만약 寅午戌中 미리 四柱에 一字만 있어도 그때는 塡實이 되어 祿이 조금도 여분이 없이 빽빽하게 살게되더라(매우 생활이 곤란한 것을 표시한다), 井欄乂은 水生木으로 東方地를 기뻐하는 것이기 때문에 東方財鄕의 運이 들게되면 그 富貴가 참담게 되더라, 丙丁巳午火는 세운에서 만나 더라도 火祿하고 破財하여 곤난한 세월을 보내게 되는 것이라 본 다.

庚日生이 潤下方 즉 申子辰을 全逢하여 格이 이루어져서도 癸 壬巳午字中 一字만 만나도 서로 塡實相剋하여 相傷(서로 상하는 것을 말함) 함이 있도다. 그리고 子時 申時生은 前에 말한바와 같이 其福이 滅半하나니 功名成敗가 자주 있어 그 영화는 영구히 누릴수 없다고 본다.

④ 喜忌

喜 = 東方 (甲乙卯)

忌 = 壬癸巳午・寅・午戌

「연구」

우리가 항상 格을 공부함에 있어서 주의할 점은 格이 構成되면

-475-

⏤것이 곧 用神이 되는 것으로 착각을 하는 사람이 많으므로
※ 예를들어 이 格이 구성되었다 할때에 무조건 此格에서는 壬癸
즉 水를 忌한다 하여 大端히 싫어하는 경향이 많은 것인데 그것
이 절대적이 아니고 이것은 어디까지나 원칙적인 것이기 때문에
때로는 이 忌한다는 壬癸水가 도리어 大喜함이 있을 경우도 있다
는 것을 알아두어야 한다. 즉 乙酉年 戊子月 庚申日 庚辰時 의
四柱라고 할 때에 子月 庚日은 本 신약이나 年支 酉金과 庚申日
兩金 그리고 또 時 庚辰으로 土金이 旺하여 變弱爲强이 되는 것
이다. 여기서는 그 申子辰이 冲 寅午戌하여 用火官한다 하나 그
火는 子月에 失時하고 無氣力하므로 子水로써 가상관을 작용함이
마땅하므로 이 格에서 忌한다는 水가 오히려 喜하게 되는 것이
니 언제나 格局과 用神을 縱的 橫的으로 연구하여 결정해야 한
다는 것을 잊지 말것이다.

  예 ① 庚申年 戊子月 庚辰日 丙時生

年 庚申 金金 祿 比肩 比肩 己庚辛壬癸甲
月 戊子 土水 死 偏印 傷官 丑寅卯辰巳午

日 庚辰 金土 養 我身 偏印

時 丙戌 火土 衰 偏官 偏印

  이 경우는 庚辰日生이 地支에 申子辰을 놓아 井欄乂格을 이루
고 있다. 庚申年 庚辰日 中間에 庚子月이 아니고 戊子月로 三
庚이 아니고 戊字가 끼어 있어도 이 格 구성에 무방한 것이다.
그러나 丙火 그리고 또 辰이 冲하는 戌이 四柱에 있어 塡實이 되
어 있고 또 子月에 火官이 時候를 失하여 減半福으로 한 生員에
멈추고 말은 四柱라 하겠다.

-476-

예 ② 戊辰年 庚申月 庚子日 卯時 坤命

年	戊辰	土土	養	偏印	偏印	己戊丁丙乙
月	庚申	金金	祿	比肩	比肩	未午巳辰卯
日	庚子	金水	死	我身	傷官	
時	己卯	土木	胎	印綬	正財	

　이 경우는 庚子日生이 地支에 潤下 즉 申子辰을 全逢하여 分明 井欄义格을 이루고 있다. 天干에는 庚申 庚子로 月日에 二庚을 갖추고 年干에는 庚을 갖추지 못하고 戊土로 이루어져 있다. 그 러나 그것은 무방하게 되어 있으니 순수한 격이 이루어지고 있 다. 더욱 此格이 喜하는 東方卯木을 얻어 아름답고 時候가 凉 寒으로 戊午, 丁巳, 丙辰 運과 또 그 官火를 生하는 乙卯, 甲寅, 東運이 綿綿하여 大幸福家의 夫人임에 틀림없는 四柱이다. 그후 癸丑運에는 忌하는 北水運이들게 되는데 그때는 수명이 다하여지는 것 이다. 一方 이 四柱는 신왕으로써 傷官用財(卯木爲神)로 財生官 하는 四柱임으로 계속하여 木火運으로 大喜하는 것이다.

7. 玄武當權格의 構成과 意義

① 意義

　玄武라 함은 北方 壬癸水를 말함이다. 當權이라 함은 持勢즉 다시 말하여 권세를 가졌다는 뜻인데 그 권세란 官力(官權), 金力 (財)을 가졌다는 뜻으로써 壬癸日生이 寅午戌火局 財와 辰戌丑 未 官을 俱全하여 놓으므로써 格이 壬寅, 壬午, 壬戌, 癸巳, 癸丑, 癸未日生이 地支에 前에 말한 財官이 갖추어 있으면 이 格이 成 立되는 것인데 喜 身旺하여 그 財官을 감내할 수 있어야 하는것이기 때문에 月令에 印綬나 比肩劫財의 生氣가 通하여 있는것을 貴로 하는 것이다. 그리고 大忌하는 것은 刑冲身弱과 또 木局 傷官이 重倂하여 오는 것인바 그렇게되면 不意의 凶事가 있다는 것이다. 만약 壬癸日生이 土局을 놓아 이 格이 이루어졌을때 火 重이면 金을 보면 대단히 좋아지는 것이니 그것은 그 火가 生土 하고 그 土는 다시 生金으로 生助壬癸水하여 주게 되므로 인하여 本身爲吉이라고 하게 되는 것이다.

② 構成

日 生	四 柱 中
壬癸日	寅午戌・辰戌丑未

③ 해설

玄武當權이 妙한데 入格하려고 하면 日干에 壬癸를 놓고 地支에 財星 즉 寅午戌을 놓아야 하는 것이다.

官星 즉 辰戌丑未가 四柱門戶에 居하고 그 官星이 破가 없으면 그는 大用人으로 나타나게 된다. 壬癸日 玄武神이라고 말하는 것인데 財官 즉 寅午戌辰戌丑未巳를 보았을때 참다운 格이 이루어 지는 것이다.

四柱局中에 冲破가 없을때 淸貴하게 되는 것이니 王室을 보좌 하는 한 老臣으로 두각을 나타나게 되는 것이라 본다.

④ 喜忌

喜 = 身旺・無冲破・生氣通月 從財 從殺

忌 = 身弱 有冲破

-478-

예 ① 庚戌年 丙戌月 壬戌日 辰時生 경우

年 庚戌 金土 帶 偏印 偏官   丁戊己庚辛壬
月 丙戌 火土 帶 偏財 偏官   亥子丑寅卯辰

日 壬戌 水土 帶 我身 偏官

時 甲辰 木土 墓 食神 偏官

이 경우는 壬日生이 戌丑未全中丑未는 없으나 全戌辰 土局으로 현무당권이 이루어졌다고 본다. 그런데 日主無根이요 甲木이 辰中乙木에 根하여 制土로써 食神制殺할듯하나 그 木은 九月에 失候週落하여 不能制止土하게 되므로 부득이 從殺局하게 된다. 고로 현무당권이 된 사주다.

이 四柱는 농협에 근무하던 사람의 四柱인데 필법 명필로 뛰어난 자질을 타고나서 해외까지 필법을 본받을 법한 사람의 四柱이다.

예 ② 壬午年 戊申月 壬寅日 寅時生

年 壬午 水火 胎 比肩 正財   己庚辛壬癸甲
月 戊申 土金 生 偏官 偏印   酉戌亥子丑寅

日 壬寅 水木 病 我身 食神

時 壬寅 水木 病 比肩 食神

이 경우는 壬寅日生으로 寅寅午로 火局을 이루어 현무당권이 되었다. 用月壬水가 秋水通凉으로 根하고 三明 壬水가 透出하여 身主가 旺하다. 고로 戊土官을 능히 堪耐할 수 있으니 그 戊土는 一將當關으로 君臨하게 된다. 그런데 坐下 申金에 그 戊土官이 泄하여 無氣力하여지는데 다행히 寅午火局에 戊土官이 根하여 財

滋弱殺로 매우 아름다워진다. 그러나 그만 申金 印綬에 根을 하고 身旺하였던바 寅이 沖申하고 또 寅午로 尅金하여 身이 弱化되므로 다시 申金의 坐에 用神하지 않으면 안되는바, 午火가 尅用神金하므로 그 午火는 나의 病이 된다. 故로 除去病하는 水運을 맞으면 補用神하는 金運에 발전하였으니 이는 곧 현무당권 用印格이다. 內格으로는 戊土殺이 火局에 根하여 그 金은 다시 生我하므로 殺印相生格이 되는 것이라 본다. 甲寅運中 寅運에 用神金이 絶하고 成火局하여 重病으로 尅用神하는 바람에 그만 세상을 하직하게 된 四柱이다.

8. 旬陳得位格의 構成과 意義

① 意義

이 格은 玄武當權格과 같은 理論으로써 戊己는 土요 屬中央으로 謂之旬陳이 되는 것이고 또 得位라는 뜻은 먼저 格과 꼭 같이 財官을 말하는 것이니 戊己日의 財가 되는 申子辰 水局과 그리고 또 戊己日의 官이 되는 寅卯辰 亥卯未木局이 地支全이면 이 格이 구성되는 것이다. 다시말하면 戊寅, 戊辰, 戊申, 戊子, 己亥, 己卯, 己未 七日生이 地支에 亥卯未나 寅卯辰 또는 申子辰이 俱全되어 있음을 말하는 것이다. 이 七日中 戊辰日과 己未日은 財官에 없어 보이므로 得位가 아니될듯하나 地支에 子申이 있으면 그 戊辰은 申子辰으로 水財局이 되는 것이고 또 地支에 寅卯가 있으면 寅卯辰 木局으로 되는 것이기 때문에 역시 이 格에 드는 것이며 또 己未日은 地支에 亥卯가 있으면 亥卯未 木局으로 되는 것이기 때문에 이 格에 드는 것이다.

옛 문헌에는 戊己旬陳이 財旺鄕이면 寅卯之宮號最强이라, 若是

-480-

更臨辰卯未하고 亥子相逢에 大吉昌이라 하여 戊寅, 己卯, 戊辰,己 未, 己亥, 戊子, 戊申(暗財)을 列記하여 이 格이 구성을 나타냈 고 이것을 相逢하면 大吉昌하다고 밝혀 놓은 것이다.

② 構成

日　　　　　　　　主	四　柱　中
戊寅 戊辰 戊申 戊子 己亥 己卯 己未日生	寅卯辰 또는 申子辰또는 亥卯未全

③ 해설

戊日 己日生이 鬼官 즉 殺官을 만나면 이것을 이름하여 勾陳得位格이라 하 는 것이다. 그리고 또 大財 다시 말하여 戊己日生이 申子辰 財 局을 보면 瑞氣가 비쳐 富貴하게 되는 것이니, 人生運命에 이것이 놓여져 있으면 朝進貴班에 列하게 되는 것이다. 勾陳得位란 戊 己日生이 地支에 財局 申子辰을 놓거나 또는 官局 寅卯辰이 會合 됨을 말하는 것인데 그곳에 沖破가 없어야만 그 命이 반드시 안 정하게 되는 것이라 본다. 申子辰 北方과 寅卯辰 東方木이 戊己 日에 태어나면 그는 반드시 옆에 印을 차고 宮殿出入이 있게 되 는 것이라 본다 戊己日生이 勾陳得位格을 混濁함이 없이 淸하 게 놓여져 있으면 다시 財格으로 이루어져 있는가, 官格으로 이 루어져 있는가를 분명히 하여 官格이면 貴하고 財格이면 富하게 되는 것을 가려 알아야만한다고 본다. 그렇게 솔직하게 잘 이루 고 세운에서 沖破를 만나지 아니하면 그는 富貴双全에 태평세월 을 누리게되는 것이라 하겠다.

4. 喜忌

喜 = 身旺, 若從財時는 財旺, 從殺時는 喜官殺旺
忌 = 沖破, 財格時는 忌劫財, 官格時는 忌傷官

예 ① 癸亥年 戊午月 己未日 寅時

年　癸亥　水水　胎　偏財　偏財　　丁丙乙甲癸戊

月　戊午　土火　祿　劫財　偏印　　巳辰卯寅丑子

日　己未　土土　帶　我身　比肩

時　丙寅　火木　死　印綬　正官

　이 경우는 己未日生이 亥未寅으로써 癸水가 透出하여 水木局으로 旬陳得位格을 이루고 있다. 그런데 午未寅午가 火局하고 干頭에 丙戊己로 透出하여 身主가 매우 강하여진다고 본다. 그러므로 能用水木하여 寅卯壬癸 水木運이 들면서 대발복하는 四柱이며 甲寅 乙卯에는 더욱 발전하여 무관으로 출세, 진급등이 있어 매우 발전하는 四柱라 본다.

예 ② 丁卯年 癸卯月 己未日 子時生

年　丁卯　火木　病　偏印　偏官　　壬辛庚己戊丁

月　癸卯　水木　病　偏財　偏官　　寅丑子亥戌酉

日　己未　土土　帶　我身　比肩

時　甲子　木水　絶　正官　正財

　이 경우는 己未日生이 卯卯未로 成類聚木局하고 또 癸水가 祿根於子하고 또 甲木이 透出하여 從木勢하게 되므로 從殺이 된다. 언듯보기에는 未中丁火己土로 火土氣가 있어 從하지 않을듯 하나 주변이 全部 卯未로 木局하고 또 陰干(己日) 從勢不情義라 하여 많은 水木의 勢를 따라 從殺하게 되는 것이다. 運이 水木에 들자 크게 성공하여 이는 육군장성이 되었는데 앞으로 甲寅　乙卯運이 들면 거듭 진급할 것으로 본다. 運이 酉方(酉金)이 들면 酉卯로 冲하게 되니 衰神(酉)이 冲旺(卯木)에 旺神發이라는 適

-482-

天髓의 말과 같이 强旺한 木이 怒發하여 朝天할 우려가 있다고 보겠다.

9. 福德格의 構成과 意義

① 意義

福德格은 三命通會에서는 福德秀氣格이라고 말하고 있는데 이 福德格이나 福德秀氣格에는 다른 의미는 없는 것이고 똑같은 뜻이다. 그런데 福德이란 두가지 의미를 나타내고 있다. 그 하나는 巳酉丑을 福德이라 하고 다른 하나는 傷官·食神 즉 我生者 子孫을 福德이라고 하는 말이 있는 것인데 이곳이 福德은 巳酉丑 三合의 福德을 말하는 것이다. 그 理由는 巳酉丑 三合이 乙木에 붙으면 從殺로 化하기 쉽고, 己土에 붙으면 從兒로 化하기 쉽고 辛金에 붙으면 從革(從旺)으로 化하기 쉽고 丁火에 붙으로 從財에 化하기 쉽고 癸水에 붙으면 從印(從强)에 化하기 쉬우니 어디를 가나 利하게 福이 되는 작용이 되어 德을 줄 수 있다는 의미에서 福德이라고 하게 되는 것이다.

가령 乙巳, 乙酉, 乙丑日生이 金이 殺이 되는데 喜印綬하고 또 喜制金하는 것이므로 만약 未月生이라면 그 木이 入墓하여 不喜하다고 하였다. 그리고 또 八月生이 不宜하지만 차라리 殺이 再露하면 從殺이 되고, 또는 運이 印綬에 行할때는 殺印相生하여 吉하고 또 殺旺運에는 문득 能히 發福한다고 말하고 있다. 그리고 丁巳, 丁酉, 丁丑 三日에는 丁의 官이 되는 壬을 合하여 化木으로 生火하여 喜하지만 그 巳酉丑 金은 旺하므로 生水殺旺으로 因하여 不喜하다는 것이며, 또 八月生은 그 火가 酉에 死하므로 功名이 跆蹬되어 不喜하는 것이고 또 十一月生으로 不喜하는 것인데 그 理由는 子中癸水가 殺이 되어 壽不耐하게 되는 까닭이라 하겠다. 그러나 柱中에 財官이 旺하면 그때는 오히려 從財가 되거나 從殺이 되어 爲貴하게 되는 것인데 그런때에 運行官旺이면 便可發福한다고 말하였다.

그리고 또 己巳, 己酉, 己丑 三日生은 이에 甲木으로 爲官하는 것인데 巳酉丑金局이 魁官으로 傷官이 되고 또 日主가 泄氣 당하여 무엇이 吉함이 있겠는가 라고 하는 術士가 있으나 그것은 甚히 모르는 말이다. 왜냐하면 그 傷官金은 生水財하여 財運에 크게 發한다라고 말하였으며, 이 格에서는 不要 丙丁寅午戌인데 그 火는 傷金局 刑冲破害하는 까닭이라고 말하였으며, 또 四月生을 不喜한다고 하였는데 그 四月 巳火는 爐冶之火로써 火旺하여 秀氣가 淺薄하고 立身이 在晩하며 多成多敗하게 되는 까닭이라고 말하였다.

그리고 또 辛巳, 辛酉, 辛丑 三日生은 柱全金局으로써 爲妙하다 하겠다. 만약 午戌火旺으로 보면 破格으로써 도리어 재화가 많게 되는 것인데 만일 丙火가 旺하여 있으면 正氣官星으로 身旺官旺하여 吉하여지게 되는데 혹시 寅位가 놓여져 있으면 辛日에 天乙貴人이 갖추어져 매우 吉해지는바 歲運에서도 亦同이라고 말하였다. 그리고 또 癸巳, 癸酉, 癸丑 三日生이 그 金局을 爲印綬하는 것이기 때문에 그 印綬金은 能生癸水하여 喜秋多하게 되는 것이고 巳月生은 그 水가 絕하여 不喜할듯하나 그 巳宮은 金의 長生宮이 되어 生水하므로 不喜하지 않는 것이고, 得 官印運하면 便能發福이라고 하였으며 다만 嫌하는 것은 火財傷金하는 것이라 말하였다. 그런데 이 格을 飛天祿馬와 같이 巳月生을 月臨風이라고 말하는 것이며 貴位를 塡實하였다는 말과 또한 通하는 것이

라고 하였다. 그런데 그 塡實이라는 뜻은 癸日巳酉丑 印綬가 旺
하면 要官星하는 것이니 巳月中 戊土가 나타나 있어 塡實이라고
하는 말 같이 보인다.

② 構成

日　　主	四　柱　中
乙巳　乙酉　乙丑日	巳酉丑
丁巳　丁酉　丁丑日	巳酉丑
己巳　己酉　己丑日	巳酉丑
辛巳　辛酉　辛丑日	巳酉丑
癸巳　癸酉　癸酉日	巳酉丑

③ 해설

陰木이 加臨酉蛇 즉 乙日生에 丑酉巳가 와서 加臨하면 이 福德
格이 구성되는 것인데, 六月生이면 모든 일이 暗暗하며 슬픔이 생
기더라 또 이 格은 乙日 巳酉丑 金局이 되어 身衰殺旺으로 되어
있어 官祿을 得한다 하여도 長久하기 어려우니 마침내 文章으로
태어나서도 誇示함에는 不足함이 있게 되는 것이다. 陰火 즉 丁
火가 巳酉丑을 같이 대동하고 臨하면 이는 福德格이 成立되는 것
인데 十二月生이면 丑中癸水殺이 旺하여 그 壽命이 길기가 어려
운 것이다.

陰土가 逢蛇金與(酉), 午(丑) 즉 己土日이 逢巳酉丑으로써 福
德이다. 또는 용감스러운 것이라고도 하는 것인데 火가 와서 侵
尅하면 非眞格이 되어 명리는 모두 一日一休하여 공허로 돌아가
게 되는 것이다. 陰金 즉 辛金이 巳酉丑合 金局을 보면 그 前程
이 洋洋하니 造化가 무궁하게 되며 淸奇하여 發利名하게 되는 것
이나 만약 四柱에 火가 있어 尅破하게 되면 그때는 이름도 財利

-485-

도 두가지가 모두다 성공하지 못한다는 것을 알게되는 것이다. 酉方 金氣가 坐陰柔 즉 辛金日이 巳酉丑으로 놓았을 때에는 조금 金氣休하였다 하더라도 凶함도 두려울것도 없는 것이다. 官殺이 있을 때에는 身旺官旺으로 발복하여 공명은 서서히 일어나기 시작하여 마침내 성공할 수 있다고 본다.

癸巳, 癸酉, 癸丑 福德이 月臨風 즉 다시 말하여 巳月生이면 (巳者 巽爲風故也) 名利가 遲進되며 또 疑心이 많게되어 作事는 水泡로 돌아가고 富貴生成에 期待하기 어려우니 그 成敗와 苦生이 忽然히 일어나게 되는것을 비로소 알 수 있게 될 것이다. 春生이 丁壬合化木도 福德으로 기뻐하는 바이며, 여름에 甲己合化土가 戊癸合火를 모두다 좋아하는 것이다. 그리고 乙庚合化金과 丙辛合化水는 秋令에서 각각 妙하게 合함을 喜하는 것인데 이것은 모두 合化하여 化神이 得令하거나 또는 相生하여서인데 이것을 만나게 되면 吉祥하여 眞으로 아름답게 되는 것이다.

③ 해설
乙巳, 乙酉 倂乙丑의 八月生은 그 사람의 수명이 짧다. 四柱 中에서 만약 火傷官이 있어 尅官하면 官職이 降等되거나 실직함이 반드시 있게되는 것이다.

丁巳, 丁酉, 倂丁丑이 八月出生은 무엇이나 그 吉함이 不久하게 되는 것이요, 또 그 名利前程에 對하여 可다 否다 區區하게 되는 것인데 다시 忌하는 것은 八月도 그렇지만 外에 飮酒하는 것 交友하는 것 등에 신경을 써서 忌해야 하는 것이다.

己巳, 己酉, 又己丑은 福德秀氣格으로 造化가 깃들여 있는 것이다. 이 格의 大忌는 火가 尅金하여 오는 것인데 그런 때에는 마침내 功名을 얻었다하더라도 그 공명은 長久히 가지 못하는 것이다.

西方金氣가 坐陰柔 즉 軟柔한 陰金이 巳酉丑을 얻어 福德이 이루어 있을 때에는 休도 囚도 두려울 것이 조금도 없다.

④ 喜忌

福德의 區分	喜	忌
乙巳 乙酉 乙丑日格	印綬 制殺 아니면 從殺	未月 八月生
丁巳 丁酉 丁丑日格	從·殺·財	酉·子·丑月生
己巳 己酉 己丑日格	喜·見·財	巳月生·丙丁寅午火
辛巳 辛酉 辛丑日格	喜·丙火有根	從革則 忌午戌
癸巳 癸酉 癸丑日格	喜·秋多生 得官印	見火傷金

예 ① 戊子年 乙丑月 辛酉日 巳時

年　戊子　土水　生　印綬　食神
月　辛酉　木土　養　偏財　偏印
日　乙丑　金金　祿　我身　比肩
時　辛巳　水火　死　食神　正官

一一二三四五
一一一一一
庚己戊丁丙乙
申未午巳辰卯

이 경우는 乙丑日生이 巳酉丑 金하여 福德秀氣格이다. 그런데 乙丑日生人이 無根하여 從殺格으로 매우 無根하여 從殺格으로 매우　貴하게 됨이 의심없다. 더욱이 그 從殺金은 癸水에 泄하여 더욱더　좋아진다. 그러나 한가지 흠은 四柱는 이와같이　좋으나　運이 없는 점이다. 庚申運에는 참말로 잘 자라났고 己未戊燥土이지만 서로 그런대로 평평한 생활을 하였고, 午丁巳 南方運에는 火旺傷金하여 모두가 水泡로 돌아갔으며 辰運에는 濕土로써 生金하여 다시 안정된 생활을 하며 傷舊 一路로 行하려다가 그만 乙木運이 들자 다시 沒落되어 慈善事業을 하더니 그후 卯運에 冲旺酉金으로 사망하게 된

四柱이다.

　예 ② 丁巳年 丙午月 己酉日 丑時生

年　丁巳　火火　旺　偏印　正官　　一二三四
月　丙午　火火　祿　印綬　偏印　　〇〇〇〇
日　己酉　土金　生　我身　食神　　甲癸壬辛
時　乙丑　木土　墓　偏官　比肩　　巳辰卯寅

　이 경우는 己酉日生이 地支에 巳酉丑을 얻어 福德格을　이루어
金이 威勢를 跨示하려고 했으나 그만 年月丁未 丙午가 午未로　火
局하고 天干으로 丙丁火하여 그 火勢 역시도 融融하므로 身旺이 되
어 능히 그 金을 製鍊할 수 있으므로 그 金에 用神할 수가 있는 것
이다.　月逢印綬에 喜官星으로 時上乙木官을 用하고 싶은 욕심이
있으나　丑中辛金에 自坐殺地하고 五月 炎咽渴에 臨死宮하여 不用
하고 酉金으로 위용하게 되는 것이다.　火가 爲病인데 일찍　巳火
運에 大 不吉할 듯 하였으나 巳火運은 丑濕土에 晦氣하며　巳酉丑
金局으로 化하여 좋았었고, 다음 辰運에는 炎火가 生濕土에　晦氣하
여 發財利名으로 癸運까지 잘 지내다가 卯運에 들자 用神　酉金을
冲하고 無根之時上乙木이 卯에 根하며 生火病神하여 尅金用神 하여
乙木은 또다시 丑土喜神을 尅破하여 家資如洗로　破産되고 말았으
며 乙未年에 喜神 丑土를 冲하여 生金用神을 不能케 하므로 인하
여 不祿之客이 되고 말은 四柱이다.

10. 棄命從財格 (附棄印從財格)의 意義와 構成

① 意義

棄命從이란 日主가 甚히 弱하여 生助 (印綬) 또는 幇身 (比肩劫財)의 도움을 받아도 自發的으로 기능을 발휘할 수가 없어 모든 幇助를 抛棄하는 것을 말한다.

從財란 旺한 財로 財에 從하지 않으면 안될경우 그 旺財에 從해야 된다는 뜻이다. 棄命從財格이란 財로 인해 身이 甚히 弱하여 印授의 生助나 比肩 劫財의 幇助를 받아도 기능을 발휘할수 없을 경우 부득이 모든것을 기권하고 財에 從하여 格이 이루어졌다는 뜻이다. 만약 여기에 印授가 旺하였다하면 身旺用財가 되든가 아니면 財用印綬格이 되었을 것은 사실이다. 그리고 財와 印綬가 倂立되어 있을때 印綬는 無根하여 도저히 印綬의 힘을 믿을수가 없을 경우 그때는 차라리 旺한 財의 힘을 따라 印綬의 힘을 포기해야 되는 것이니 그런경우를 棄印從財라고 하는 것이다. 그런데 이와 같이 輕한것을 버리고 旺한者를 따라야 된다는 法則인 것이다. 이것을 말하여 輕捨重之法則이라고 하는것인즉 棄命從財나 棄印從財나 똑같이 취급하는 것이다. 또 이 格의 구성에 있어서 從財하려면 從財해야할 이유가 있어야 하는 것인데 그이유로서 첫째 日主가 無根이어야 하며, 둘째 財가 地支에 財局全을 이루어야 되며, 셋째 그 財가 干頭에 나타나 있음을 더욱 喜한다. 넷째 日主가 幇助를 받음이 없어야 한다. 이상 네가지의 요소가 갖추어 있어야 格이 이루어진다는 것이다.

그리고 棄印從財를 一名 棄印就財라고도 하는데 經에 말하기를 棄印就財는 正印과 偏印을 가려서 論하라, 正印이 月令에 居하고 있는者 財를보면 不可한데 만약 年月日時에 財가 旺하여 있으면 다 못 財格으로 用하게 되는데 그 財는 나를 生하여주는 印綬를

-489-

剋하여 적이되는 것이나 그財는 도리어 복이되는 것이다.

  그러나 偏印은 먼저 正印과 사정이 달라 年月日時에 財를 보아
도 무방하다. 왜냐하면 壬日生이 偏印 申月에 놓였거나 또는 丙
日生이 偏印 寅月에 출생하면 그들은 모두 각각 日主之長生宮이되
어 年時에 得財하여도 그는 身旺에 喜見財地되어 무방한 것이다.
그리고 이 正印 偏印과 財의 관계에 있어서 사주현황을 보아 그조
화가 무궁하게 변화하여 이루어지는 四柱는 棄祖基에 자수창업하게
되는 것이며 또한 母妻간에 정화가 이루어지기 힘들어 처를 따르
자니 어머니가 울고, 어머니를 따르자니 처가 울게되기 쉬운데 棄
印從財는 格글자 그대로 어머니를 떠나 처를 따라 대부자가 되는
四柱格이 된다.

  ② 구성

日　　主	干　　頭	地　　　支	要　　　件
甲乙日生	戊 또는 己土	辰戌丑未 土局金	日主·無根·財·旺
丙丁日生	庚 또는 辛金	巳酉丑申酉戌 金局金	日主·無根·財·旺
戊己日生	壬 또는 癸水	申子辰亥子丑 水局金	日主·無根·財·旺
庚辛日生	甲 또는 乙木	亥卯未寅卯辰 木局金	日主·無根·財·旺
壬癸日生	丙 또는 丁火	寅午戌巳午未 火局金	日主·無根·財·旺

  ③ 해설

  日主에 比肩 劫財 또는 印綬의 幫助가 없어 無根한 四柱에 財가
二重三重으로 犯하여 있을때에 印綬가 旺하여 身宮이 旺하게 됨을
만나면 반드시 가업이 興하게 되는 것이나 만약 財가 印綬를 破
하여 財印이 相爭될 때에는 그만 平生作事가 모두 이에 空으로

-490-

돌아가는 것이다.

日干無氣의 四柱가 天干으로 財가 透出되고 地支로 財가 局을 이루어 財의 기반이 꽉차 있을때면 그때는 자신 日柱之主見을 기권하고 財에 相從하여 從財格을 이루어 도리어 福胎가 되는 것이라 본다. 그런데 이格에 財官이 旺한 運에 行하면 모두 富貴영화를 누릴수 있게되나 만약 日主를 돕는 印綬運이 와서 財와 상쟁하거나 또는 比肩 劫財運이 와서 日主를 도우며 財를 剋하게 되는 때에는 오히려 재난이 일어나게 되는것이다.

④ 喜 忌

區 別	喜	忌
甲乙日 從財格	土金 運	水木運 冲財
丙丁日 從財格	金水 運	木火運 冲財
戊己日 從財格	水木 運	火土運 冲財
庚辛日 從財格	木火 運	土金運 冲財
壬癸日 從財格	火土 運	金水運 冲財

예① 癸酉年 辛酉月 丁酉日 丑時

年	癸酉	水金	生	偏官 偏財
月	辛酉	金金	生	偏財 偏財
日	丁酉	火金	生	我身 偏財
時	辛丑	金土	墓	偏財 食神

七 一 二 三 四 五
七 七 七 七 七
庚 己 戊 丁 丙 乙
申 未 午 巳 辰 卯

이 경우는 酉月丁日에 月辛金 財가 투출하고 地支에 三酉一丑으로 丑酉金局하여 財滿盤하였으며 日主가 無根하여 從財格을 이루고 있다. 그리하여 早年 辛酉庚申 金運의 財運에 父母의 덕으로

-491-

매우 金耶玉耶로 고히 자랐으며 己未戊運中未運이 冲丑土하여 약간의 풍파가 있었고 대체적으로 吉하였다. 午運에 火剋金財로 大不吉할 듯 하나 순탄한 것은 四柱丑土 濕氣에 그 午火가 泡泄되어 火生丑土 丑土生金한 탓이며 앞으로 巳運도 火로써 不吉할 듯 하나 三合金局으로 財에 化하여 대성하게 될것이다. 辰土는 濕土으로 生金하여 부귀공명하게 될것이 틀림 없다고 본다. 卯運으로 變하여 들어오면 旺財를 冲하여 一朝에 敗北하고 身北하고 身命도 매우 위험하게 될것이 틀림이 없는 일이니 이것은 衰神이 冲旺하니 旺神發이라는 문헌을 입증한다고 본다.

예② 乙亥年 己卯月 庚寅日 卯時生

年	乙亥	木水	病	正財	食神	三一二三四五
月	己卯	土木	胎	印綬	正財	三三三三三三
日	庚寅	金木	絶	我身	偏財	戊丁丙乙甲癸
時	己卯	土木	胎	印綬	正財	寅丑子亥戌酉

이 경우는 卯木財月에 庚寅日主로써 地支가 全木局財하고 日主無根에 乙木財가 나타나있다. 고로 從財格이 된다. 그리고 乙庚이 合化金인데 財로 化하여 있으니 그金이 財를 따라 化하게 되는 것이므로 이格은 從財가 되는 同時 化財로도 되는 것이라 하겠으나 그런데 여기서 庚金은 乙木之夫요 乙木은 庚金之妻가 되는 것인데 庚金夫가 乙木妻를 따라 合化하였으므로 이것을 日夫從妻化라고 하게 되는 것이라 본다. 月時上 己土 印綬가 있다고보나 無根之土로써 自坐殺地하여 不能生金으로 用하지 못하는 것이며 金部 木一色으로 化하였으므로 이것을 獨象格이라고도하여 旺喜順

勢로 大喜 水木火運하는 셋이다. 초년이후로 丁丙子乙亥 運으로 계속 成富一路에 있을 것이다.

　大運 亥水에 甲寅 乙卯木 세운을 만나 일약 갑부가 될 것이다. 그후 戊運에는 己土가 根하여 從財에 妨害하므로 印綬의 힘을 믿을까, 財를 따를까 하는 형상이므로 岐路에서 좀 彷徨하게 될 것이며 癸運에 다시 富貴하게 되다가, 酉運이 들면서 旺財를 冲하여 妻厄 損財 또 疾病으로 순탄치 못함이 있을 것으로 본다.

　예③　壬寅年　壬寅月　庚寅日　寅時生

年	壬寅	水木	絕	食神	偏財	癸甲乙丙丁戊
月	壬寅	水木	絕	食神	偏財	卯辰巳午未申
日	庚寅	金木	絕	我身	偏財	
時	戊寅	土木	絕	偏印	偏財	

　이 경우는 庚金日生이 孟春 寅月에 출생하고 네기둥 地支가 全部 寅木으로 이루어졌으니 日主가 자연 약화되어있으므로 戊土 印綬의 힘을 빌리고저 하나 自坐殺地하고 또 臨死宮하여 用하지 못하게 된다 고 보겠다. 이때에는 從財할수 밖에 없는 것이다.

　그런데 庚金이 生壬水하고 壬水가 生寅木하여 秀氣流行이 되어 더욱 좋다고 보겠다. 從財寅木하게 되면 金이 爲病이다. 故로 東南 즉 木火運이 大吉하여 그運에 일찍 사회에 진출하여 대성공할 四柱임에 틀림없다고 본다.

부　　　록

一. 出生支로 月運見 特秘

누구는 통계학적으로 보면 비슷비슷하다고 보므로 다음과 같이 기록하니 하나의 연구과제로 생각하고 참고하기 바란다.

1. 子生의 경우

一月 매우 활약할 수있는 달이다. 무엇을 하거나 생각이상의 좋은 결과를 얻는다. 그러나 너무 욕심부리지 말라.

二月 好運氣가 계속되나 散財가 많다고 본다. 새로운 계획은 실현되나 매사를 자중하여 한번오는 기회를 놓치지 말고 굳은 마음으로 시행하라.

三月 散財가 많다. 방심하면 실패가 따른다. 종전의 업을 계속하면 후일에 매우 발전하게 된다.

四月 運氣絶頂 成運에 醉해서 방심하게 되면 후일에 커다란 실패가 다가온다. 중순이후에는 매사 조심하라.

五月 중순부터는 매사여의치 못하니 신규사업은 가능한 보류하라.

六月 매사가 소강상태의 시기이다. 자칫하면 욕정에 흘러 그로인하여 대실패를 초래하기 쉬우니 매사 욕심부리지 말라.

七月 하순은 大吉하나 大事는 삼가하라.

八月 활동의 폭에 비하여 결과는 적다.
      이달이후는 특히 주의하라.

九月 매우 凶한 달이다. 계획한 일은 가능한 이달 후반으로 하라. 질병, 강도에 주의하라.

十月 하순부터 吉하여진다. 계획하고 있는 일은 하순부터 시행하면 성취한다.

十一月 운기는 상승세에 있다. 매사를 이달부터 시작하면 되

리라.

十二月 매사가 투쟁의 달이다. 이제부터 순조로웠던 자는 大吉, 나쁘던 일은 좋은 결과가 오게된다

2. 표生의 경우

一月 운기가 약세이다. 매사 기분대로 처신함은 금물. 조심성 있게 소극적인 것이 바람직하다.

二月 초순이후부터는 매사 실행에 옮겨도 吉, 하순이 될수록 좋으나 운기가 본격적이 아님으로 기분대로 하지말고 꾸준히 노력함을 요한다.

三月 만사가 여의대로 전개되는 달이다. 경거망동은 금물이다.

四月 財祿의 운덕이 있어 평화스러운 달이나 하순에 불의의 사고가 생기기 쉽고 사소한일에도 주의하라.

五月 초순을 지나면 서서히 운기가 돌아온다. 매사 성급함은 실패운이 된다.

六月 무한한 달 무엇이든 서둘지 말고 착실하게 노력하면 기대 이상의 결과를 얻는다. 그러나 매사에 소극적임이 吉하다.

七月 이달은 매사가 여의치 못하다. 특히 매사 조심성있게 처신하라.

八月 凶運의 달이다. 무리함은 대금물 특히 질병등으로 조심하라.

九月 생각한대로 되지 않는달, 거래나 사업은 약간 조심있게 소극적으로 그러나 소강상태의 운이다.

十月 凶運의 달, 욕심을 부리지 말고 본업을 굳게 지키며 노력함이 중요하다.

十一月 함부로 움직이면 大凶, 어떠한 일에나 매사를 심중히 검

토하고 앞일을 보고 처신하여야 겠다.

十二月 초조함은 금물. 근실한 노력만이 소강을 얻을수 있는 열쇠이다.

3. 寅生의 경우

一月 運氣가 겨우 下旬부터 動한다. 초조히 서둘지 말라. 착실히 노력하라.

二月 매우 길한 달이다. 매사 자기가 마음먹고 있는일을 실행할것이며 좋은 결과를 얻을 수 있다.

三月 운기가 본격적으로 되는때, 매사가 마음 먹은대로 실행되며 좋은 결과를 얻을 수 있다.

四月 적극적으로 밀고 나가도 좋으나 二十日부터는 약간 헤이해진다. 이때에는 좀 조심성 있게 소극적으로, 散財는 주의 타인에게 일임하지 말고 본인이 직접 매사에 행 하라.

五月 상순은 고통스러우나 중순이후에는 매사가 여의하게 된다 생각한대로 실행하다 좋은 결과를 얻는다.

六月 이달은 매우 凶吉한 달이다. 결단성있게 매사실행하여 옮겨도 좋은 결과를 얻는다. 남에게 의뢰하지 말고 자주적으로 처리·처신하라.

七月 하순에서부터 재운이 막힌다. 본래의 업이나 거래는 진행해도 무방하나 신규사업은 때를 기다려야 한다.

八月 이달은 행동은 충분한 계획에 의하여 움직일것이나 경거망동한 일은 후일에 파손의 원인만 남게된다.

九月 운기가 점차 쇠퇴하여 가는중이다. 모든일에 무리하지 말고 본업만 충실하게 실천함이 吉하다.

十月 상순은 순조로우나 여의한 달이 못된다. 신규사업은 실

행하지 못하니 무모한 움직임을 삼가하라.

十一月 생각하고 있는 것이나 매사가 초조하게 되며 매사가 무너지는 시기이다.

十二月 중순에는 재정면에 다소 호전되나 하고져하는 일은 성사하기 힘들다.

4. 卯生의 경우

一月 運氣가 정지하고 있는 달이다. 모든 일은 시기를 기다리는 태도가 필요하다. 하순에는 건강에 주의하라.

二月 왕성한 달이다. 好運 勢를 믿고 망동은 금물, 재정면 보다 업무면에 운기가 강하다고 본다.

三月 運氣가 好運期를 맞이한 달이나 지나치면 생각지 않은 실패가 돌아오는 경우가 생긴다. 固執을 부리는 것을 조심하라.

四月 大活動을 보장받은 吉한 달이다. 재정면에는 매우크게 왕성하나 겸손과 주저함이 해를 자처한다.

五月 상순에는 약간의 차질이 생기는 시기이다. 그러나 운기는 상승세가 무르익어간다. 신규사업을 착수하면 행운을 잡게 된다.

六月 운기가 자신만을 위하여 存在하는 것 같은달, 매사 불의함이 없다. 그러나 방심은 금물이다.

七月 하순은 惡循環의 狀態, 상순부터 일찍이 매사를 조이고 들어가지 않으면 후일에 후회하게 된다.

八月 상순에는 運이 나쁘다. 중순이후부터 소강상태이다. 그러나 비관은 금물이다. 외견보다 내실적이고 근실한 노력이 필요하다.

九月 하순은 약간 길하니 너무 서둘지 말고 시기를 기다리라

무리하게 시행하다가는 실패하게 된다.

十月 하순은 운기가 나쁘다. 질병에 주의하라. 건축이나 이사, 이전등은 나쁘며 매사에 욕심을 부리지 말라

十一月 타인의 감언이설에 말려들지 말라. 건강주의, 二十日전후에 의외의 기쁨이 있으나 안심은 금물, 초조해하지 말고 시기를 기다려야 한다.

十二月 실속이 없는 말이 많은 달이다. 희망사는 내년에 기대하고 준비에 만전을 기해야 할 때, 대사는 불리하며 작은 일은 吉하다.

5. 辰生의 경우

一月 질병주의 새로운 사업 불가 금전관계의 거래도 신중하고 소극적 戊辰生인은 만사 주의하라.

二月 運氣가 약하다 이달은 금전운이 매우 좋다. 그러나 건강에 주의하여야하며 신규사업은 불리하다.

三月 다사 다난 실패가 많다. 만사에 細心한 주의를 기우려라 노고의 댓가는 반대로 약하다.

四月 잘 될듯하면서도 잘 되지 못하는 달, 거래면에 사고가 많이 생김, 쉬지 말고 꾸준히 노력하며 본업을 지킬 것.

五月 이제까지의 고통스러운 면에서 겨우 빠져나올 수 있다. 시기미달의 달, 中旬頃부터 매사에 적극적으로 해결해 나갈것

六月 이달은 매사에 용기와 강한 의지로서 처리해 갈것, 만사여의라 단지 타인의 유언비어에만 주의하라.

七月 하순에는 특히 주의를 요한다. 방심하면 이제까지의 공덕이 하루아침에 이슬로 변한다.

八月 과거지사의 해결로 매사가 결단성이 있으면 중순이후부터

작은 일에는 吉하다.

九月 표면적이 강한 운에 망동하지 말라. 실제의 운기는 약하다. 시비 구설 쟁사는 절대로 피하라.

十月 상순에는 소강상태에 이르렀다. 매사의 거래는 매우 주의하라.

十一月 매사가 매우 좋은 달이다. 이제까지 멋대로 매사를 처사해 온 사람은 반드시 구설이 생기게되는 시기이니 매사 신중히 처신하라.

十二月 이달도 생각한대로 되지 않는다. 건강에 주의, 감정적 처사도 금물, 시기를 기다리는 마음가짐으로 진행하라.

6. 巳生인 경우

一月 운기가 약하다. 질병 거래 사업등 모든 면에 충분한 주의가 필요하다.

二月 매우 나쁜 달이다. 특히 건강조심, 강도 기타의 재난에 주의, 매사 삼가할 것, 이제까지 해오는 일에는 細心한 주의를 하여야 한다.

三月 급히 서두르는 것은 금물 착실한 노력만이 절대로 필요하다.

四月 시기를 기다리는 마음가짐이 중요하다. 하순에는 특히몸 조심 불시의 재난에 대비하라.

五月 사업면에는 운기가 강하게 통한다. 이제까지 불운했던 자는 이달부터 吉하다. 반대로 무지각한 행동을 하면 불의의 대 실패가 있다.

六月 사업상 거래등 모든면에 大吉 그렇다면 무분별하면 大損이 不意에 닥침으로 주의할 것.

七月 성대한 운기이나 중순이후 부터는 사고연발 매사를 조심하여야 겠다.

八月 중순부터 겨우 운기를 맞이하여 활발하게 움직이기 시작한다. 기초를 든든히 하고 계획을 세워라. 건강주의 .

九月 대성운의 달, 용기를 갖고 결단성 있게 활동하면 장래의 기초를 다진다. 操心하며 破滅親和를 주의하라.

十月 금월은 매사에 주의하며 처신하지 않으면 하순에 가서는 한번 실망하게 된다. 매사에 조심하라.

十一月 흉한달이다. 매사에 차질이 생겨서 가다가 멈추어지기 쉬운달이니 신규사업 개점, 건축등은 보유함이 가하다. 질병에 주의.

十二月 자주적 행동은 실패하기 쉬우니 웃사람의 조언이 필요한 시기다.

7. 午生의 경우

一月 실패의 결과가 생길 달이다. 매사에 신중한 처사를 기우려라.

二月 운세가 吉한달 같으나 이달은 운세가 나쁘기 때문에 차질이 많다. 신중하게 행하면 오히려 예상밖에 큰 수확을 얻을 수 있다.

三月 생각한대로 될듯하면서도 않되는 달, 새로운 일은 노고는 많으나 반대로 결과는 나쁘다.

四月 하순부터 漸進的으로 좋아진다. 그러나 새로운 일에 착수할때는 아니다.

五月 중순부터 좋아진다. 새로운 일을 기획 실행에 옮겨도 무방하다.

六月　성운의 달이라 왠지 여의치 않은 달이다.　신규사업은 하지 말라.

七月　방심은 금물 의외의 실패라는 伏兵이 있음을 잊지 말라.

八月　무난한 달이다.　모든것이 吉하다.

九月　맹활동의 시기이다.　재복이 충만하다.　색정관계는 금물, 새로운 일에 착수하는 것은 대단히 좋다.

十月　하순에 주의하여 실패하지 않도록 주의하면 변경운이 있는 달이다.

十一月　소강상태, 무모한 행동은 오히려 손실이 생긴다.

十二月　운기가 본격적이 아니기 때문에 더욱이 불의의 사고가 생기기 쉬운달, 만사 충분한 주의를 쏟는 것이 좋다.

8. 未生인 경우

一月　전반적으로 이달은 생각대로 되지 않는다.　친지나 知人의 도움을 청하라.

二月　자중을 제일신조로 삼을것. 신규사업은 중지하라, 착실하게 본업을 지키면 의외로 성공이 있다.　건강주의 .

三月　사치스럽고 호화한 사업은 금물이다.

四月　약간 운기가 호전되는 시기이다.　무모한 일은 삼가하라 타의 유혹에 빠지지 말 것이다.

五月　실패하기 쉬운달도 만사조심, 새로운 일은 중지하고 본업을 지킬것.

六月　本업의 운기가 약함으로 매사 임하며 신중하게 처리할것, 교우관계 조심하라.

七月　분수에 넘는 일은 삼가하라 무엇이던지 계획한 일이 성사되지 않는다.

八月 재운면에서 기쁨이 있는 달이다. 상순을 조심성있게 넘겨라.

九月 성운의 달이다. 방심하지 말라. 좋은 벗을 얻으면 일생의 대계획이 세워 진다.

十月 신규사업을 하지 말라, 본업에 치중하라.

十一月 신중하게 노력하라, 만사에 순조로움이 있다.

十二月 욕정에 빠지지 않으면 평온하다. 무리한 일은 헛된일이다. 타인을 부러워하지 말고 본업에 충실하라.

9. 申生인 경우

一月 운세가 쇠해지는 달이다. 하순에 가서야 겨우 호전되나 그것도 오래가지 않는다. 방심하지 말라.

二月 중순부터 凶함이 있다. 매사에 감정을 누르고 친절과 봉사로 대하라.

三月 운세가 약하다. 본업을 지키고 노력함이 무엇에 비할수 없는 성공의 비결이다.

四月 대단히 흔들리는 달 무지각한 행동을 삼가하여야 한다. 하순에는 소강상태이다.

五月 중순부터 매사에 선후배의 협조를 얻으면 의외로 좋은 성과가 있도다.

六月 사고가 생기기 쉬운달 새로운 일은 삼가할 것, 타인과 분쟁하면 손실이 크다.

七月 하순에는 좋다. 새로운 일이나 무엇이든지간에 중순이후에 실행하라 후일에 성과가 있다.

八月 대활동의 달이다. 그러나 지나쳐서 실패한다. 細心한 마음을 가짐으로 行動하면 大吉하여진다.

九月　사업면에 확장은 가장 좋은 때이다.　활동적인 달임으로
신중하게 고려하여 노력하라 大吉.

十月　남을 부러워할때 그러나 하순부터 운기가 변함으로 이에
대처하여 마음가짐에 방심은 절대 금물.

十一月　모든일에 적극적으로 실행하고 추진하여도 가함.　타인
에게 속기쉬우니 만사에 임하여 방심해서는 안된다.　시비나　구
설을 피하라 그렇지 않으면 손실이 크다.

十二月　이달은 매사에 조심스럽게 처신하라　자칫하여　방심하
면 후일에 후회를 할 원인을 만들게 된다.

10. 酉生인 경우

一月　온건의 달이다.

二月　무난한 달이라 할 수 있으나 상순에는 호전인 반면 중순
이후는 도무지 기대에 어긋나는 일만 생긴다.

三月　건강에 주의, 교우관계에 있어서는 특히나 주의할 것,매사
방심하면 의외로 손실이 많다고 본다.

四月 하순에 접어들면 좋다.　재운은 吉하다.

五月　질병 친척관계와 재난 기타 주변에서 생기는 재난을 주의
만사에 무리하지 말라.

六月　凶한 달이다.　어떤때는 불시에 재난이 닥칠지 모르는 까
닭에 가정, 친지, 친우 관계에 주의하여야 한다.

七月　만사에 결단성과 용기를 갖고 실행하여도 吉한 달이다.
의외의 好結果을 얻을 수 있다.　상순은 凶하다.

八月　하순에 재운의 기쁨이 있다.　新規事業, 건축사업　기타
백사가 생각대로 斷行하여도 可한 달이다.

九月　運氣최상의 달,이제까지 凶하면 사람은 이제부터 좋아진

단지 사고가 생기기 쉬운달임으로 下旬에 주의가 요구된다.

十月 하기에 따라서 신생의 달이다. 할수 있을 정도 運氣가 강한 때 결심대로 실행하라, 매사 주저하거나 지나친 조심성들은 오히려 해가온다.

十一月 평온한 달이다. 견실하고 착실한 일에 착수하는 것이 중요하다.

十二月 행복한 달이나 적극성을 잃었다면 생각한 결론을 얻지 못한다. 자기의 협조를 얻는다면 큰 好運을 잡을수 있다.

11. 戌生인 경우

一月 諸事가 생각하는대로 되는듯이 보이나 결과는 그렇게 좋지 않다. 무엇이던 한번 잡으면 놓치지 않을 곧은 결심이 緊要하다.

二月 중순이후 諸事를 若干조심성있고 한발물러나는 기분으로 行하면 만사 생각한 대로될 달이나 방심하면 실패를 하게 된다.

三月 신규사업은 조심하라, 마음먹은대로 되지 않는다. 초조히 굴면 損害·분수만 지키면 전반적으로 무난한 달이다.

四月 막히는 일이 많은 달이다. 하순이 되어서야 약간 좋아진다. 교우와 거래관계 특히 화합을 찾는 입장과 心思로 對할 것을 노력하라.

五月 생각되지 않는 달이다. 끊임없는 노력을 연속하라.

六月 때를 기다려라 초조히 굴지말라 운이 약간 늦은감이 있으나 후일에 吉하여진다.

七月 하순은 良好, 평화스러운 달인것 같으나 생각지도 못한 사고가 생기기 마련이다. 매사 신중하게 처신함이 제일 중요하다.

八月 중순이후에는 나쁘다. 시비 구설 등이 생기기 쉬운달이니 매사에 임하여 만사 조심하여야 하겠다.

九月 쇠운의 달이다, 초조하게 서둘지 말고 차분히 시기를 기다려라, 급히 서둘면 오히려 돌이킬수 없는 실패를 당하게 된다.

十月 상순은 매사 凶함이 많다. 하순에는 갑자기 吉해진다. 신규사업은 중순이후부터 착수함이 가하다.

十一月 재정운은 吉하나 반면 散財面에 주의, 하순이 되면 운기가 매우 吉하다.

十二月 낭비가 많고 실이 따르지 않은 달이다. 본업을 굳게 지키며 노력하는 일이 가장 중요하다. 소강상태의 달이다.

12. 亥生인 경우

一月 사업은 성대하게 할수록 가하다. 금전운은 그렇지도 않다. 억지로 금전을 얻으면 후일에 분쟁이 생긴다.

二月 매사 생각대로 실행하라, 지나치면 후회할 일이 생기니 好惡의 분별을 확실히 하라.

三月 점점 매사성공의 달, 친지나 친구를 소홀히하지말라, 낭비를 삼가하라.

四月 왕성한 운의달이다. 하순부터 특히 사업면에 발전을 기대할 수 있으나 매사 확실하고 틀림없이 행하라.

五月 중순부터 차질이 생긴다. 그러나 자포자기 하는 행동을 삼가하라.

六月 어떠한 술책을 써도 이달은 결과가 나쁘다. 서둘면 서둘수록 나쁜 방향으로 깊이 빠져든다. 본업을 지켜라.

七月 중순이후 한때 곤란에서 해방되거나 길게 가지 못한다.

八月 무엇이던 즉시 해결하라 길게 끌면 재미없다. 새로운 일

은 좋지 않다.

　九月　운기가 아직 미달한 운이니 진실하고 정직한 일만 행하라.

　十月　하순부터 운세가 강해진다.　무엇이나 행하여도 성취할수 있다.

　十一月　새로운 일에 착수하라 그러나 신중한 계획이　필요한 시기이다.

　十二月　활동이 활발해지는 달이다.　그러나 무분별하고 경거망동한 처세를 삼가하라 뜻하지 않은 사고가 발생한다.

二. 당사주 (十二星의 論)

1. 十二支와 十二星의 論

인간은 이들 天星의 正氣를 받아 태어나며 그 天星 (천성) 의 정기에 따라 일생의 운명이 영향을 받게 된다는데 근거한 것이 十二星에 의한 운명 감정법인데 당사주라고 한다.

또한 十二支 즉 子 (자), 丑 (축), 寅 (인), 卯 (묘), 辰(진) 巳 (사), 午 (오), 未 (미), 申 (신), 酉 (유), 戌 (술), 亥 (해) 등이 十二支라 하는데 十二支별 각 天星을 부합하여 감평하게 되다.

다음 도표를 참고 하면 된다.

天　　　　星	十二支	표　　상
天貴星 (천귀성)	子	쥐
天厄星 (천액성)	丑	소
天權星 (천권성)	寅	범
天破星 (천파성)	卯	토 끼
天奸星 (천간성)	辰	용
天文星 (천문성)	巳	뱀
天福星 (천복성)	午	말
天驛星 (천역성)	未	양
天孤星 (천고성)	申	원숭이
天刃星 (천인성)	酉	닭
天藝星 (천예성)	戌	개
天壽星 (천수성)	亥	돼 지

2. 감정방법

생년, 생월, 생일, 생시 (生年月日時) 를 기초로하여 풀이하게 된다.

예를들면,

一九五五年 二月 十五日 辰時

년 乙未年

　　己卯月

　　己巳日

　　戊辰時

이때 乙未年 (양띠) 의 地支 未 (양) 는 天驛星 (천역성) 에 해당되므로 태세 (太歲) 는 천역성이 된다.

◉ 생월 (生月) 이 二月이므로 生年 支가 未였으므로 未를 기점으로 二번째인 申 (신) 에 이르니 天孤星에 해당되며,

◉ 생일 (生日) 이 十五日이므로 天孤星을 기점으로 十五日이 天藝星 (천예성) 이 된다.

◉ 생시 (生時) 역시 생일 천예성 (戊) 을 기점으로 하여 다섯번째인 天權星 (천권성) 에 해당 된다.

위의 경우를 다시 정리하면 다음과 같다.

生年 (태세) - 천역성 (天驛星)

生月 (月建) - 천고성 (天孤星)

生日 (日辰) - 천예성 (天藝星)

生時 (時門) - 천권성 (天權星)

<h1 style="text-align:center">十二天星表</h1>

3. 年柱 星別의 감정

① 子生 (年天貴星)

총명하여 과거에 등과를 하나 항상 수심이 가득하고 많은 병이 따라 다니는 액이 있으며 지혜가 뛰어났다. 초년은 고생하고 후년에는 재복이 들어와 태평하게 지내리라.

② 丑生 (年天厄星)

재산이 많으면 조실부모하게 되며 고향을 떠나 자수성가 할것이다. 그러나 항상 몸에 액이 따르니 매우 조심하라.

③ 寅生 (年天權星)

두 어머니 아니면 양자가 되고 성격이 활발하여 돈쓰기를 좋아하며 자수성가하여 권력을 얻어 평생 귀한 팔자다.

④ 卯生 (年天破星) 또는 天敗星이라고도 한다.

사업을 하여도 시작은 있으나 끝이 없다. 또 노력은 해도 공이 없고 손재와 액이 몸에서 떠날줄 모른다. 그러므로 사방으로 여행을 하면 다소 호전된다.

⑤ 辰生 (年天奸星)

재주가 있고 관록이 사방에 떨친다. 만인이 나를 따르니 하고져 하는 일이 순조롭게 이루리라.

⑥ 巳生 (年天文星)

미남으로 태생하여 학문으로 출세하게 되며, 단정한 용모로 대장부다운 기질을 가졌으며 지휘자로 손색이 없는 기상 이나 처와 이별하는등 풍파가 있다고 본다.

⑦ 午生 (年天福星)

몸과 재산이 왕성하고 매사에 통달하니 그복이 하늘에 있도다. 일찍 남녀교제도 겸하게 되나 혼전에 소복을 입게 되리라.

⑧ 未生 (年天驛星)

초년에 조실부모하고 고향을 떠나 객지에서 자수성가하여 평생 재산이 풍족하나 처궁의 흉합이 있도다.

⑨ 申生 (年天孤星)

조실부모하며 형제·처자와도 이별하게 된다. 철학등 종교업에 종사하면 길하리라.

⑩ 酉生 (年天刃星)   天害星이라고도 한다.

신체에 이상이 있으며 (즉 수술, 신경질환) 기술업에 종사하면 길하나 항상 그늘에서 세월을 보내는 경우도 있으니 이 天害星을 가진자는 불자로 출가하면 길하며 생명을 연장하리라.

⑪ 戌生 (年天藝星)   天才星이라고도 한다.

자수성가 하며 예능에 소질이 있으며 어질어 친구가 많다. 특히 정력발달하여 남녀관계가 복잡한 경우가 많다.

⑫ 亥生 (年天壽星)

마음이 청명하고 어질은 성격의 소유자다. 항상 의식주에 부족
함이 없으나 형제운이 없어 독신이 아니면 평생 풍파가 따르게 되
리라.

4. 月柱星別의 감정

① 子月生 (月天貴星)

자수성가하여 부귀와 영화를 누리나 부인에게 뜻하지 않을 병액
이 따르며 특히 유흥과 여색을 주의하지 않으면 폐가 망신하게 된
다.

② 丑月生 (月天厄星)

부모덕이 없던가 조실부모하게 되며 부인과 이별하여 객지로 방
황하든가 상처하는 경우도 있다. 그러나 말년에는 자수성가 하
게 된다.

③ 寅月生 (月天權星)

많은 사람이 스스로 따르니 사교성이 특이하여 뭇사람이 서로 도
우니 자수성가하여 대성대길하게 된다.

④ 卯月生 (月天敗星) 또는 (天破星)

형제간에 우애가 없어 고독하게 지내는 상이다. 성격이 쾌활하며
초년에는 사업에 실패하나 중년부터 대길하다.

⑤ 辰月生 (月天奸星)

성격이 불과 같으나 금방 눈녹듯하며 지혜가 뛰어나나 학업을
중단하게 되며, 중년에 관재를 조심하면 말년은 원만하다.

⑥ 巳月生 (月天文星)

문학인으로 성공하여 사람들이 우러러 보게 되며 많은 일을 잘

-514-

해나가는 사람이나 중도에 중단하게 된다. 그러나 의식주는 부족함이 없는 사람이다.

⑦ 午月生 (月天福星)

처궁이 불길하며 질병으로 고생은 하나 외국출입이 길하며 중년이후 부터는 재산이 많은 부자가 되겠다.

⑧ 未月生 (月天驛星)

분에 맞지않은 일을 하다 실패하게 된다. 항상 관재를 조심하라.

⑨ 申月生 (月天孤星)

육친과 이별하고 형제와도 우애가 없으며 사방으로 헤메다가 후에는 길하겠다.

⑩ 酉月生 (月天刃星)

성격이 급하여 매사에 심중치 못하여 실패가 거듭되며 소년시절은 (수술) 중병으로 가정에 풍파가 생긴다.

⑪ 戌月生 (月天藝星)

예술방면에 나가면 출세하게 되고 만인이 우러러보며 평생 안락하게 되리라. 특히 손 재주가 있는 사람이다.

⑫ 亥月生 (月天壽星)

하늘은 하나요 땅은 둘이다. 즉 양부모을 두는 팔자다. 초년은 고생하나 후일에는 재운과 명예가 있도다.

5. 日柱星別의 감정

① 子日生 (日天貴星)

성격이 강직하며 응변이 뛰어나니 사업을하면 부귀하게 된다. 초년에는 부부운이 불길하나 중년이후부터는 길하여지고 주위에서는

-515-

모두 우러러 보는 사람이 된다.

② 丑日生 (日天厄星)

공직에 있으면 길하나 그렇지 않으면 신병과 관재가 침노하고 부부와 사별하게 되는 운이다.

③ 寅日生 (日天權星)

부모재산을 상속하면 형제간에 우애가 없어지고 재산상에 풍파가 있으며 중년후부터는 이름이 사방에 떨친다.

④ 卯日生 (日天破星)

자수성가 하고 남을도와도 오히려 원수되니 남을 도우지 말며 자신의 일에 몰두하면 말년에 吉하게 된다.

⑤ 辰日生 (日天奸星)

두뇌가 총명하여 외부에 나가 출세하여 금의환향할 운이다.

⑥ 巳日生 (日天文星)

부친이 먼저 사망하며 처궁이 흉함이 있고 자손은 출세한다.

⑦ 午日生 (日天福星)

재복이 많으며 친구와 처의 덕이 있으니 남에게 존경받는 사람이다.

⑧ 未日生 (日天驛星)

장사를 하면 큰 재물을 얻을수 있으며 더욱이 장소를 옮기면서 업을하면 더욱 발전하여 큰 재물을 갖게되는 운이다.

⑨ 申日生 (日天孤星)

강산을 두루다니니 운수가 거기에 있도다. 초년은 고독하나 중년이후부터는 자손의 덕으로 화목한 가정을 이룬다.

⑩ 酉日生 (日天刃星)

고향을 떠나면 길하고 그렇치 않으면 수술 및 몸에 상처가 생기며 손재수도 따르나 말년에는 평탄하리라.

⑪ 戌日生 (日天藝星)

중년부터 평탄한 운을 가지나 자손의 덕이 없으니 외로운 운이라 본다. 이런 경우는 승려나 적선을하면 吉하리라.

⑫ 亥日生 (日天壽星)

정직한 마음을 가지라. 그러면 장수하며 복이 있도다.

6. 時柱星別의 감정

① 子時 (時天貴星)

노년에는 의식이 풍족하고 어릴때 고생이 많고 신병으로 고생하나 말년에 공명을 떨친다.

② 丑時 (時天厄星)

동분서주하고 설상가상으로 자식이 먼저 사망하는등 질병으로 곤란을 당하나 말년에는 운이 돌아온다.

③ 寅時 (時天權星)

장사하면 성공한다. 부지런히 일하니 사방에 권력을 누리며 말년 대형통한다.

④ 卯時 (時天破星)

운이 중년부터 돌아오니 영화와 부귀가 겸비하고 자손에 매우 발전운이다.

⑤ 辰時 (時天奸星)

머리가 총명하여 관록이 스스로 따르니 명예와 재운이 있으며 특히 사업에 종사하면 매우 큰 재물을 얻게된다.

⑥ 巳時 (時天文星)

평생 불 (화재) 을 조심하라, 관재수와 구설수도 있으며 처궁이

흉하여 처가 먼저 가는 경우가 있으니 서러워하지 말지어다. 귀인을 얻어 여생을 편히 지내리라

⑦ 午時 (時天福星)

부귀와 영화를 누리고 귀한 자식을 얻게 되며 관록이 매우 좋은 사람이다.

⑧ 未時 (時天驛星)

육친의 덕이 없으며 이사를 자주하게 되며 재산이 사방에 흩어져 있으니 외로운 신세나, 후세에는 모두 출세하여 영화를 누리게 된다.

⑨ 申時 (時天孤星)

불자의 팔자이다. 초년에는 고생하나 말년에는 부귀하게 지낸다.

⑩ 酉時 (時天刃星)

가는곳이 집이로다. 집이 없음을 한탄하지 말라 마음의 안정을 이르지 못하면 중병으로 고생하리라.

⑪ 戌時 (時天藝星)

초년에 몸의 관리가 매우 중요하다. 중년에 중풍등 중병이 우려된다. 재복은 많으나 성패가 자주 생긴다.

⑫ 亥時 (時天壽星)

의식주가 풍족하나 초년에는 곤경하고 말년에는 태평하리라 특히 장수한다.

三. 擇日法 (殺夫, 合家, 知法)

1. 殺夫, 合家, 知法

春三期는 春節 三個月을 말하는데 봄 구십일간은 何日을 막론하고 아래 일자에 該當되면 殺夫日이 되는 것이다.

- ◉ 春三朔 甲子 乙丑日
- ◉ 夏三朔 丙子 丁丑日
- ◉ 秋三朔 庚子 辛丑日
- ◉ 多三朔 壬子 癸丑日

2. 婚姻忌日

不吉 中에 더욱 不吉한 殺日은 다음과 같다.

月厭 厭對 男女本命日 禍害 絶命日 每月 亥日 天賦 受死 月殺 月忌 月破日

3. 婚姻總忌日

아래 해당하는 日에 결혼하게 되면 부부간에 생사별수가 있으며 아니면 자손이 없던가 질병으로 고생 하게 된다.

- ◉ 立春 立夏 立秋 立多 春分 十惡 披疣 伏斷 多至 端午 四月 八日 初四日 初三日 十二日 二十四日 二十六日 二十八日 天空日 地空日에는 결혼하면 대흉하다.

4. 大空亡日

甲申 戊申 甲戌 甲午 壬子 壬寅 壬辰 癸卯 乙丑 乙亥 乙酉日은 吉한 날이다. 그러나 祈禱 祭祀등에는 쓰이지 않는다고 한다.

逐月陰陽 不將吉日 (婚姻에 쓴다)

◉ 正月＝丙寅・庚寅・丁卯・辛卯・戊寅・丁丑・乙丑・己卯・庚子
戊子日

◉ 二月＝丙子・丙戌・丙寅・庚子・庚戌・庚寅・戊寅・戊子・戊戌・乙丑
丁丑・己丑日

◉ 三月＝丙子・丙戌・甲子・甲戌・乙丑・丁丑・丁酉・乙丑・己酉・戊子
戊戌日

◉ 四月＝甲子・甲戌・甲申・丙子・丙申・丙戌・戊子・戊申・戊戌・乙酉
丁酉・己酉日

◉ 五月＝甲申・甲戌・丙申・丙戌・戊戌・戊申・乙未・乙酉・癸未
癸酉日

◉ 六月＝甲戌・甲申・甲午・辛巳・辛未・壬辰・壬午・壬申・癸巳・癸未
日

◉ 七月＝甲午・甲申・乙巳・乙未・乙酉・壬午・壬申・癸巳・癸未・癸酉
日

◉ 八月＝甲辰・甲午・甲申・辛巳・辛未・壬辰・壬午・壬申・癸巳・癸未
日

◉ 九月＝庚辰・庚午・辛卯・辛巳・辛未・壬辰・壬午・癸卯・癸巳・癸酉
日

◉ 十月＝庚寅・庚辰・庚午・辛卯・辛巳・壬寅・壬辰・壬午・癸卯
癸巳日

◉ 十一月＝庚寅・庚辰・辛丑・辛卯・辛巳・丁丑・丁卯・丁巳・己
丑・己卯・壬寅日

◉ 十二月＝庚子・庚寅・丙子・丙寅・丙辰・戊子・戊寅・戊辰・辛
卯・辛酉・丁卯・丁丑・己卯・己丑日・月을 기준으로 日辰을 보는
데 해당되는 日字는 각 음양 不將吉日이 된다. 또한 각 신살이

-520-

해소된다는 날이므로 특별한 길일이라 본다.

그러므로 택일등은 가능한 이 日字를 사용함이 吉하다고 본다.

특히 三吉星이 있는 날에는 擇日字로 통용되고 있으니 참고 하기 바란다.

◉ 一月七月 四月十月 丙子 丁丑 庚辰日

5. 人動日

每月 一日, 八日, 十日, 十三日, 十五日, 十八日 , 二十日,二十二日, 二十四日에 결혼하면 풍파가 발생한다고 전해오니 결혼백일을 피하는 것이 좋다.

6. 十惡日

甲辰 · 乙巳 · 壬申 · 丙申 · 丁酉 · 庚辰 · 戊戌 · 己亥 · 己丑 · 庚寅 癸亥 · 丁亥日

7. 十惡敗日

擇日에 大忌하는 날이다. 年 月의 기준으로 日字로 본다.

甲己之年 三月 戊戌日, 七月 癸亥日, 十月 丙申日, 十一月 丁亥日

乙庚之年 四月 壬申日, 九月 己巳日, 丙辛之年 三月 辛巳日 九月 庚辰日 甲辰日, 丁壬之年 無

戊癸之年 六月 己丑日

8. 太白殺

옛 속담에 손 걸러가는 날이다.

一日東方 二日東南間 三日南方 四日南西方, 五日西方, 六日西北方 七日北方, 八日東北間, 九日 十日은 殺이 없다.

9. 玉女所在方

玉女 각시가 절기를 따라 노는 方所이므로 결혼후 신부가 처음

<u>으</u>로 신랑의 집에 갈때 入門하여 玉女각시 方所에 앉으면 不祥事
가 있다.

- ⊙ 春三朔=甲寅·乙卯·丙子·丁丑方=신부가 사망한다.
- ⊙ 夏三朔=丙午·丁未·丙子·丁丑方=부모에게 흉함이 있다.
- ⊙ 秋三朔=庚申·辛酉·丙子·丁丑方=大不吉한 방향이다.
- ⊙ 多三朔=壬子·癸丑·丙子·丁丑方=大不吉한 방향이다.

春 卯方, 夏 午方, 秋 酉方, 多 子方

春灶, 夏門, 秋井, 多庭

10. 胎兒 男女知法

- ⊙ 子午卯酉　男爲一四七胎
- ⊙ 辰戌丑未　男爲二五八胎
- ⊙ 寅申巳亥　男爲三六九胎
- ⊙ 子午卯酉　女是二五八胎
- ⊙ 辰戌丑未　女是三六九胎
- ⊙ 寅申巳亥　女是一四七胎

11. 三災法

- ⊙ 巳酉丑生　亥子丑年
- ⊙ 亥卯未生　巳午未年
- ⊙ 申子辰生　寅卯辰年
- ⊙ 寅午戌生　申酉戌年

12. 傷夫婦生 離死別의 日辰

甲寅　乙卯　丙午　戊申　辛酉　己未　戊辰　戊戌　己丑　壬子
庚申

◈ 편저 윤 재 옥 ◈

• 대한명리학학회 회장
• 저서 : 현대적 사주총서
　　　　사주추명학(공저)

운세 · 사주 묘법과 신비　　　　**정가 28,000원**

2017年 6月 15日　인쇄
2017年 6月 20日　발행
　편　저 : 윤 재 옥
　발행인 : 김 현 호
　발행처 : 법문 북스
　공급처 : 법률미디어

152-050
서울 구로구 경인로 54길4(구로동 636-62)
TEL : 2636-2911~2, FAX : 2636-3012
등록 : 1979년 8월 27일 제5-22호
Home : www.lawb.co.kr

▌ISBN 978-89-7535-600-1 (03150)
▌이 도서의 국립중앙도서관 출판예정도서목록(CIP)은 서지정보유통지
원시스템 홈페이지(http://seoji.nl.go.kr)와 국가자료공동목록시스템
(http://www.nl.go.kr/kolisnet)에서 이용하실 수 있습니다. (CIP
제어번호 : CIP2017013856)
▌파본은 교환해 드립니다.
▌본서의 무단 전재·복제행위는 저작권법에 의거, 3년 이하의
징역 또는 3,000만원 이하의 벌금에 처해집니다.

사주학 원리
오행 정법
형극 · 파해살의 특징
흉살 → 고신
육신의 구성
특징 운로 및 세운
대운의 해설
형극 용신 분류법

- 부록 자료 -

출생지로 월운견 특비
당사주(12성의 논)
택일법

03150

9 788975 356001
ISBN 978-89-7535-600-1

28,000원